ドロテー・ボーレ＋ベーラ・グレシュコヴィッチ
堀林 巧・田中 宏・林 裕明・柳原剛司・高田 公 訳

欧州周辺資本主義の多様性

● 東欧革命後の軌跡

Dorothee Bohle &
Bela Greskovits

ナカニシヤ出版

凡　　例

1. 本書は Dorothee Bohle and Béla Greskovits, *Capitalist Diversity on Europe's Periphery*, Cornell University Press, 2012 の全訳である。
2. 原文の引用文中における原著者の補足は［　］で示した。また、原文におけるイタリックによる強調箇所はゴシックで示した。
3. 訳者による補足は〔　〕で示した。

日本語版への序文

　ホールとソスキスが強い影響力をもった著書『資本主義の多様性』（日本語版 2007 年）を出版したのが 2001 年だったが、それ以降、比較政治経済学は資本主義の多様性（ダイバーシティ）に深い関心をもつようになってきた。本書の目的は、中東欧をこの論争の渦中に投げ込むことである。ホールとソスキスの接近法がこの地域に直接適用されて実りあるものになるとは信じていないが、観察すると、この地域にも多様性が生まれていることは本当に驚きである。ここで展開されている枠組みは、カール・ポランニーの『大転換』に基づいており、いかに資本主義がポスト社会主義諸国の中で構築され安定してきたかについて探究している。

　本書は、活力とそしてその形態の点で異なっている、三つの顕著な資本主義の多様性を識別している。体制転換の主役たちが市場経済を構築し、そして同時に社会的結束と政治的正統性を保持するために国家権力を利用してきたのは、この活力とその形態によってである。**純粋に新自由主義的な**バルト諸国（エストニア、ラトヴィア、リトアニア）は急進的な市場主義とマクロ経済安定化でチャンピオンになっているが、しかしながら、それは産業転換と社会的包摂の失敗という犠牲の上に成り立っている。主要に中道右派政党の連立が安定的だがむしろ排他的な民主制を統治してきている。これとは対照的に、ヴィシェグラード諸国（チェコ共和国、スロヴァキア共和国、ハンガリー、ポーランド）は**埋め込まれた新自由主義的**でありながら市場急進主義ではなく、社会的にはより包摂的な国家になっている。これらの諸国はまた、大量の直接投資を通じて競争的な複雑な輸出産業を構築することでより良い成果をあげている。正確にいうと、これらの諸国で新自由主義の埋め込みを顕著なものにしているのは、社会保障と産業政策の諸手段と諸制度の確立であった。これらの国ではかなり包摂的な民主制がより多くの不満の表明に直面してきた。それは、中道右派と中道左派の政治勢力が政権交代を繰り

返していることに現われているだろう。最後に、**ネオコーポラティスト**であるスロヴェニアは唯一、市場化の最も急進的でない戦略を、この地域の中でとられた体制転換の敗者を補償するもっとも寛大な努力と結びつけることに成功した国である。それ以上に、この国が民主的コーポラティスト政体の多くの特徴を有しているのは、このポスト社会主義の世界ではユニークである。というのは、そこではビジネス界と労働界、国家の間の多層的な交渉が政治的敵対を妥協的解決へと方向転換させているからである。最後に、異なった経路でしかも遅れながら、ブルガリアとルーマニアは多くの新自由主義的な特徴をもつモデルを、そしてクロアチアのほうは埋め込まれた特徴をもつ新自由主義的なレジームを採用してきていることを明らかにしている。本書がこれらの資本主義の多様性への経路を追跡できているのは、複雑で多面的な説明の枠組みを利用したからである。この枠組みの中では、市場諸条件は移行前の経済構造、現在の国家諸能力、異なる形態の民族構築そして近隣に対する脅威（の知覚）と相互作用している。

　最終章を除いて、本書は出版の時点で進行中の「大不況」の反響については体系的な研究を行なうことができていない。しかしながら、欧州の他のところと同じように、この危機は、中東欧の資本主義の経済的生存能力や民主的正統性に対して重大な挑戦を行なっている。危機に突入してからいまや7年の歳月が経過したので、その危機が資本主義のそれぞれの多様性にいかに影響を及ぼしたのか、そしてわれわれの分析枠組みがまだ有効なのかどうかを判断できるもっと見晴らしのよい地点に立っている。創発している構図は複雑である。一方では、バルト諸国の新自由主義への傾倒は「大不況」の間にも強化さえされている。これら3カ国は世界で最も厳しい不況を経験したという事実にもかかわらず、その政治経済の方向性が変更されることはなかった。それ以上に、これら3カ国はいずれも危機からの回復が比較的急速で、ユーロ導入もやり遂げた。たしかにこの成功は（例えばEUの構造基金のような）多くの外的要因にも基づくものである。そして前に分析したいくつかの弱点も露呈している。例えば、産業の高度化ではなくむしろ資源輸出やトランジットサービスに強く依存している。にもかかわらず、新自由主義的な

日本語版への序文

危機管理がいくつかの成果をもたらしてきたことは疑うことができないだろう。ネオリベラルな危機管理は、その伝統どおりに、アイデンティティ政治の大々的な活用に依存してきた。そのことを**緊縮経済ナショナリズム**と呼ぶことができるだろう。このような文脈のなかで、バルト諸国は南欧の重債務周辺国のためのロールモデルとしていまやEUからも大事にされてきていることは興味深い。

　スロヴェニアはこれとは顕著な対照性をみせている。この国は、危機の中で、バルト諸国とは違って、以前のポスト共産主義のパターンから外れている。本書ですでに言及したように、ネオコーポラティストのモデルは危機の前に消耗の兆候をすでにみせてきている。労働組合は多くの組合員を失い、さらに分裂している。他方では私的企業はビジネス団体を維持して、労働側にもっと厳しく敵対するようになった。この双方の過程が資本と労働の間の団体交渉とその妥協を掘り崩したのである。それに加えて、政党政治も激しく分極化した。この危機は次のようなもう一つの要素が付け加わった。つまり、スロヴェニアの主要な強さの一つであった、そのインサイダー私有化と銀行セクターの国内支配はいまや主要な弱さに転落している。スロヴェニアの市民の中には、政治的エリートの国家資産管理はきわめてまずく、どこまでも続く汚職の餌食になっていると決めかかっている人が増えていた。そうこうするうちに、銀行部門で燻っていた問題が2012年に発火してしまった。（これまで）スロヴェニアは対外的救済を求める要求を避けてきたが、45億ユーロの不良債権を吸収するためにスロヴェニア「不良資産銀行」を設立するという協定は、国内銀行への貧弱な規制は外銀の貧弱な規制と類似した問題を引き起こすことがありうるという点を想起させるものであった。それゆえに、スロヴェニアは、危機が現存する資本主義モデルにもっとも深刻な反響を与えてきている事例となっている。現在のところこのジレンマに対する解決策はまだ視界に入っていない。

　最後に、ハンガリーのケースは難問である。その解決はこの本の範囲を超えている。この国が埋め込まれた新自由主義から大規模に離脱しいているのは、経済モデルというよりむしろ政治的不満である。現在の右翼的政府は、

2010年に政権にさっそうとつき、2014年に再選されたが、前代未聞の国会議席数の3分の2を超える絶対多数を使って経済の姿を根本的に再編した。例えば、さまざまなレベルがこの新しいモデル、経済ナショナリズムに適応してきている。だが、経済ナショナリズムというラベルが暗示するほどに経済戦略に一貫性があるわけではないと思われる。ハンガリーの新しい経済モデルは金融ナショナリズム、統制経済主義、新自由主義の混合物のようにみえる。金融ナショナリズムは政府の「債務奴隷と闘う」という点で識別でき、外銀に対して政府を闘わせている。その闘いは以前の外銀による貸付業務と外銀所有の支配との両方に向いている。対照的に、フラットな税制を課すような所得税改革やいくつかの福祉国家改革は、急進的な市場新自由主義へ傾倒している。最後に価格規制あるいはエネルギーセクター、雇用、中央銀行政策になると、国家は再び主要な役割を引き受けはじめてきている。このようにみてくると、これは定着した新しいモデルであるかどうか判断することができないだろう。しかしながら、真実は次の点にある。すべてのリベラル派の預言はすぐに失敗するだろうと予告したが、これまでは大胆にもそれを裏切っている。オルバーン・ヴィクトル首相は最近ハンガリーモデルを「マルハナバチ」と特徴づけたが、ある意味で、これは一片の真理を含んでいるのかもしれない。科学者によれば、このハチはその体重、サイズ、翼幅のために飛ぶことができないが、しかしいまのところは飛んでいるのである。

　この地域の資本主義に対しては将来も二つの挑戦が持続的な反響を巻き起こすだろうが、結論として、その2点について述べておこう。第一に、ユーロゾーンの危機がこの地域に及ぼす影響は一様ではなく、創出される欧州経済ガバナンスにもっと強く統合される国もでるし、そうでない国も現われるだろう。第二に、ウクライナの危機とロシア・ウクライナの衝突は安全保障の局面が世の耳目を引くようになるだろうが、この点はこの地域の政治経済を将来どのように理解しようとする場合でも考慮する必要があるだろう。

ドロテー・ボーレ、ベーラ・グレシュコヴィッチ
ブダペスト、2015年2月22日

目　次

日本語版への序文　*iii*

序　章　ポスト社会主義国の資本主義の成功、脆弱性、多様性 …… *3*

第1章　社会主義以後の資本主義の多様性 …………………… *13*
　東欧資本主義を比較する　*16*
　ポランニー的多様性　*22*
　ポスト社会主義レジームのコンセプト　*28*
　制度と実績のマトリクス　*38*
　小国のパターンの難問　*73*

第2章　ポスト社会主義国の資本主義への諸経路 ……………… *75*
　東側を離れる　*79*
　同意を取りつける　*85*
　西側への回帰――超国家化と欧州統合　*116*

第3章　国民形成と新自由主義――バルト三国 …………………… *135*
　国民的プロジェクトおよび国民化プロジェクトの起源　*137*
　排除的および包摂的民主主義　*140*
　初期の経済改革の政治学　*146*
　ナショナリスト的な社会契約　*159*
　エストニアのサクセス・ストーリーを組み立てる　*174*
　国際化、欧州統合とバルト経済の奇跡　*184*

第4章　工業化の奇跡と福祉国家の諸問題——ヴィシェグラード・グループ……193
　失敗に終わった実験と諸刃の遺産　*195*
　福祉主義的社会契約　*213*
　競い合う工業化の奇跡　*227*
　ユーロ導入を競う　*243*

第5章　ネオコーポラティズムと非力な国家——南東欧諸国…257
　闘争に勝利し戦争に敗れた労働者　*259*
　強力な国家と非力な国家におけるポスト社会主義国の資本主義　*280*
　ネオコーポラティズムによる均衡維持か危機主導の経路の修正か　*298*

第6章　厳しい時代への回帰……317
　リセッションと財政緊縮、代替案の欠如——バルト三国　*321*
　準中心への特化と分極化した民主主義と緊縮政策——危機に瀕したヴィシェグラード・モデル　*337*
　危機とネオコーポラティズムと非力な国家——南東欧　*351*
　責任ある政府か統治不能の恐れか　*361*

結　論　ポスト社会主義諸国の資本主義の20年……367
　遺産と初期の選択、他の選択肢の抑制　*368*
　市場と福祉、民主主義、アイデンティティ——両立性とトレード・オフ　*373*
　国際統合深化の長所と短所　*376*
　グローバルな収斂か資本主義の多様性か　*379*
　新たなグローバルな転換　*382*

訳者あとがき　*391*
人名索引　*399*
事項索引　*403*

欧州周辺資本主義の多様性──東欧革命後の軌跡

序　章
ポスト社会主義国の資本主義の成功、脆弱性、多様性

　本書は、中東欧の新資本主義的秩序の成功、脆弱性、多様性に対するわれわれの長年に及ぶ関心から生まれたものである。この成功、脆弱性、多様性の三つの側面は、ポスト社会主義国の転換と欧州統合に関する論争の中心舞台を占めてきた。最近のグローバル危機が、危機以前の中東欧の国家の成果に影を投げかけているとしても、ポスト社会主義国が達成できるもののうちで中東欧地域の国家が最大の成功を示してきたとする見解は、比較に携わる専門家たちによっていまなお広く共有されている。本書の目的のために、エストニア、ラトヴィア、リトアニアからなるバルト諸国〔バルト三国のこと〕、チェコ共和国、スロヴァキア共和国、ハンガリー、ポーランドからなるヴィシェグラード・グループ〔故事にちなんで1991年ハンガリーの古城都市ヴィシェグラードで開催された3カ国（のちにチェコとスロヴァキア分離）の首脳会議で合意された、全欧州統合に参加するための相互支援を行なう緩やかで非制度的な協議体〕、スロヴェニア、ブルガリア、ルーマニア、クロアチアを含む地域を中東欧とするが、この中東欧に対する肯定的評価は、この地域が社会主義崩壊以後、市場経済と民主主義の主要な諸制度をたくみに取り入れ、欧州連合（EU）に加わったという事実に基づいてなされている。

　これらの成功は、予言されたものではなかった。また、容易に達成されたものでもなかった。むしろ、1990年代の期間全体を通じて、多くの学者はポスト社会主義の土壌に、資本主義的民主主義の種が根づくことを疑っていた。いく人かは、文化的、政治的、経済的前提条件が欠如していること、あるいは過去の遺産が新しい秩序と対立することを根拠にして、資本主義的民主主義が根づく可能性に疑問を呈した。他の学者は、市場と民主主義を、最初の段階から同時に形成することは、両立しがたい課題を課すことであると考え、

〔資本主義的民主主義が根づくことに〕懐疑的であった。冷戦が終焉したという国際的背景も、悲観主義の一因となった。すなわち、新自由主義的グローバル経済は、公平性と政治的安定をともなう高度成長という西側民主主義の戦後のパターンを見習う余地を、ポスト社会主義諸国という新参者には、ほとんど残していないと論じられたのである。

　これらの複合的ハンディキャップから次のような皮肉な事実を説明することが可能である。つまり、かつてソ連研究者が社会主義崩壊のシナリオについて語ってきたよりも、体制転換始発期の移行学者が、新しい市場社会の不安定化あるいは崩壊について述べてきたほうがよりいっそう詳細であった。実際のところ、悲観的な予言は、まったくのまちがいというわけではなかった。よりいっそうの地固めに前進したにもかかわらず、新しい秩序は脆弱であった。1990年代はじめの危機のまっただなかに、中東欧資本主義は生まれた。中東欧資本主義はその後も脆弱であり、2000年代の末には危機に陥りやすいことがわかった。しかし、少なくともこれまでについていえば、中東欧の社会は、あらゆる障害を克服し、資本主義的であり民主主義的である状態にとどまってきた。われわれは、厳しい時期を生き残るための中東欧諸国の努力に関する研究を通じて、現代資本主義の政治経済学の領域に対して、三つの点で貢献することを試みる。

　第一に、カール・ポランニーが、資本主義に固有な問題と考えているもの、すなわち、市場の効率、社会的結束、政治的正統性の間の根本的対立、に対する先進市場社会の解決のあり方が、これまで一貫して〔現代資本主義の政治経済学の〕研究の主題であったのに対して、本書は欧州の発展度が低い周辺におけるこれらの対立を解決するためのユニークな試みを詳しく説明する。つまり、本書は不利な諸条件の下で、資本主義的民主主義を可能にしたのは何かという問題に答えるものである。

　第二に、以前の研究は、両大戦間における西側諸国の経験が、戦後の進歩に及ぼした影響を詳細に示してきたのに対して、本書は、社会主義体制の、その後の資本主義的発展に対する意図せざる貢献を強調する。われわれは、社会主義以後に残された資産と負債が、新しい市場社会の形成に及ぼした影

響の態様を明らかにする。

　第三に、比較政治経済学者が、世界市場の中に存在し、競争している先進資本主義の制度総体の多様性を同定してきたのに対して、われわれは社会主義の崩壊が、それぞれ強さと弱さの非対称性を有する制度的配置の多様性の出現に至ったと論じる。制度的多様性の特有の諸要因と諸帰結を理解するために、われわれはポランニーに触発された資本主義の多様性についての類型論を発展させ、それを中東欧資本主義の静態的および動態的比較のために利用する。

　学者たちは、新しい資本主義の輪郭を明確にする特質を叙述するために、新自由主義、福祉資本主義、コーポラティズムなど競合するパラダイムを提示してきた。本書は、これらの見方は、どれも単一では満足のゆく特徴づけには至らないことを示しながら、この論争に加わる。社会主義体制が崩壊したとき、その破片は、なりゆきまかせというよりは、多様だが、パターン化された軌道の上を動きはじめた。そして、それは市場社会の単一のバリアントのかわりに、市場社会の多様性を生み出した。にもかかわらず、われわれの見解を示すのは、アルベール・ハーシュマンの以下の一節である。

　　　たとえさまざまな理論は相互に両立しなくとも、ある時間の範囲の中で、所与の国ないしは国のグループに当てはまるのである。各々の理論には「真実の時間」と（あるいは）「真実の国」がある[1]。

　われわれの類型論が新しい諸レジームを識別するのは、転換を行なうアクターたちが国家権力を使ってきた力の度合いと形態によってである。その権力の使用は、新自由主義の諸目標を実現する市場社会を形成し、そして福祉資本主義と民主的あるいはネオコーポラティズム的政府のアジェンダに従って、社会的結束と政治的正統性を保持するためにであった。これらの点からみて、ポスト社会主義諸国の資本主義は国ごとに、そして時期ごとに、異な

1） Albert O. Hirshman, "Rival Views of Market Society," in *Rival Views of Market Society and Other Recent Essays* (Cambridge: Harvard University Press, 1992), 137.

って編成されてきた。具体的にいえば、本書は中東欧社会の転換から三つの資本主義が出現したことを明らかにする。すなわち、バルト三国の**新自由主義**型、ヴィシェグラード諸国の**埋め込まれた新自由主義**型、スロヴェニアの**ネオコーポラティズム**型である。

　要約していえば、バルト三国の新自由主義の顕著な特質は、市場急進主義と、転換のコストに対する不充分な補償の結合からなり、さらに民主主義政治や政策決定における市民および組織された社会集団の影響に対する厳しい制限がそれに加わる。次に、ヴィシェグラード諸国家の埋め込まれた新自由主義は、市場転換と社会的結束の間の妥協の絶えざる探究によって、さらにはいつも効率的システムであるとは限らない民主的政府によって特徴づけられる。

　スロヴェニアは、急進性がもっとも弱い市場化戦略と、中東欧地域の中で転換の敗者を補償することにおいてもっとも寛容な試みとを組み合わせてきた。さらに、ポスト社会主義世界の中でユニークなのは、この国が民主的コーポラティズム的政策の多くの特徴を示しており、そこでは産業界、労働界、国家の間の多次元の交渉的関係が、政治的ライバルたちを妥協的解決に導いていることである。最後に、われわれは異なった経路を経て、また遅れをともなって、ブルガリアとルーマニアが新自由主義モデルの多くの特質を、クロアチアが埋め込まれた新自由主義レジームの多くの特質を受け入れたことを示す。第1章では、われわれの類型論の源泉となった広範な学術的論争を検討する。そして、中東欧の資本主義の多様性を取り扱うことを可能にし、実証を通じてそれを示す。

　三つのレジームの出現の起源と論理を明らかにしようとする際には、国内エージェンシー（機関）の役割、対外的影響、過去の遺産と現在の政治的決定、制度的模倣とイノベーションなど複合的な問題が出てくる。核心的な問題は、どの程度中東欧諸国自身がポスト社会主義の歴史の方向に影響を及ぼしてきたかというものである。それらの国がたどった経路は、これら小国によって実際に選択されたというよりはむしろ、外側から課され、これらの国の過去に規定され、あるいは純粋に偶然の産物だというのが真実ではないの

か？　社会主義崩壊以来、多くの対外的影響と中東欧地域の遺産が、中東欧諸国の転換を行なうエージェンシーに影響を及ぼしてきたことは疑いようがない。しかし、対外的圧力と過去から受け継がれた制約は、中東欧地域の新秩序が経済的・政治的自由、安定化、福祉にとって重要な意味をもつ、けっして小さくない資本主義のパターンの相違を示しているという事実との間で折り合いをつけなければならない。この資本主義モデルの多様性と、資本主義諸モデルの種々の特徴を超えて起きるコンフリクトの頻繁さこそ、政治的エージェンシーの不在ではなくて、政治的エージェンシーの決定的重要性を証明するものである。

　したがって、われわれの重要な前提は、国際秩序に備わっている制約と機会の枠内で、そして不完全な近代化と西欧化という中東欧地域の遺産の枠内で、中東欧諸国はみずからの未来を形成することを可能にする類まれな歴史的好機を利用しようとしてきたということである。われわれは、中東欧諸国の選択は、政治的に条件づけられていたとともに、政治的結果として起きたと主張する。これらの理由により、転換のビジョンと行動がいかにして新興資本主義社会の制度的動態を形成できるかの論証を通じて、本書は資本主義社会の変化の要因と論理に関わる広範な論争に寄与している。第2章は、以下の三つの要因群の相互作用を解明することにより、この論証を行なっている。

　第一に、われわれは政治エリートとテクノクラート（行政・専門家）・エリートによる転換戦略の**最初の選択**が、レジーム形成の異なる経路を方向づけることに寄与したと論じる。そうした選択は、社会主義時代とそれ以前の過去の遺産の制約を受け、また国家の転換遂行能力と国家と社会の関係によっても形づくられた。しかし、われわれは他の客観的制約と同じく、過去の遺産も直接的に政治的帰結に作用するわけではないという事実を、真剣に考慮に入れている。むしろ、過去の影響は、これら過去から受け継がれたものを政策担当者と市民がどのように**知覚**するかによって媒介される。そしてまた、過去のどの側面が社会主義以後に長い影響を及ぼすかは、人間の感情とビジョンに左右される。この文脈において、われわれは、影響力のある政治

的・経済的アクターが、経済的発展かあるいは国民主権の観点から遺産をどの程度資産として、どの程度負債として、あるいはどの程度脅威とみなしたかが、ポスト社会主義レジームに深い影響を及ぼしたと主張する。遺産の知覚のあり方、それと関連する最初の選択が、新秩序に向かう経路上での、民主主義的包摂の度合いと、抵抗と忍耐の異なるパターンにとっても重要であった。

　第二に、われわれは、**不確実性と危機**が転換のビジョンと実践に及ぼす影響を考慮するときにだけ、現実界のレジーム形成の動態を充分に捉えることができると考えている。すなわち、新自由主義、埋め込まれた新自由主義、ネオコーポラティズムの各レジームは、事前に存在するマスター・プランや、そこから生まれる目的達成のための行為の直接の帰結であると説明することはできない。そうではなく、これらの帰結〔新自由主義、埋め込まれた新自由主義、ネオコーポラティズム〕は、ポランニーが説く運動と対抗運動およびそれぞれの運動の唱道者の政治闘争の産物として、よりよく理解される。極端な不確実性という条件の下では、諸政策と諸制度は、しばしば、首尾一貫した長期的アジェンダの追求からというよりは、もっと急を要するとみなされる問題解決の副産物あるいは意図せざる帰結として生成してきたのである。圧力と緊張の感覚は政治経済的脆弱性によって強められるが、その脆弱性は、新しい秩序を究極のところ決める人間の忠誠心を耐えざるストレスの下にさらす。これらのことのすべては、実際のレジームの帰結に対して代替案がはじめに追求され、やがて放棄されるか、あるいは以前に拒絶された解決法が前面に出てくるようなプロセスに関する本書の叙述の中で示される。

　第三に、われわれは、**超国家的および国際的要因とアクター**が、レジームの多様性の出現において本質的役割をもっていたことを強調する。われわれは、この影響を二様のものとみなしている。一方で、最初の選択は、新自由主義的な改革戦略が選択の余地のないもののようにみえる国際的背景から行なわれたものであった。したがって、中東欧の資本主義の多様性は、スロヴェニアという顕著な例外をもつものの、新自由主義の**枠内**での多様性に限られる。他方で、早い時期の選択の帰結として、ますます中東欧は欧州資本主

義とその諸制度の回路に巻き込まれることになった。国内政治との相互作用の中で、さまざまなタイプの超国家企業や国際金融諸制度、EU、サブリージョナルな協力と競争が、新しい諸レジームを次のような経路にロックインしてきた。すなわち、上記の対外的アクターが有する性質の多くが再生産され、他の性質については挑戦を受けたり、変化させられるという経路である。

　第3章から第5章では、上述した論理の実証的叙述を行なう。第3章では、バルト諸国家におけるナショナリズムと新自由主義の結婚の政治的・政策的帰結を示す。第4章では、外国主導の再工業化と、少数の納税者と社会保険料納付者によって賄われる膨張気味の福祉国家という、多大な費用を必要とし、相反する目的を同時に追求したヴィシェグラード諸国のレジームを解明する。第5章では、スロヴェニアの能力ある国家によって組織されたネオコーポラティズム、およびブルガリア、ルーマニア、クロアチアにおいて染みついている国家の弱体性が、レジームの多様性と安定性という点で、南東欧をもっとも異種混合的な中東欧のサブリージョンにしてきた点を明らかにする。第3章から第5章までの各章では、国ごとの相違と地域ごとの論理の相違が、最初に踏み出した経路を強めるか、あるいはその経路からの分岐をもたらしたかという論点を取り扱っている。

　これらのレジームはたんなる過渡的な事象なのであろうか、それともレジームの重要な諸特質を再生産し、その存在を地固めすることができるような存続する秩序なのであろうか？　地固めの兆候がみられる一方で、繰り返される危機はレジームの安定性に対する挑戦となってきた。その深さと長さにおいて1929〜1933年の大不況に匹敵するような尋常でないリセッションが、社会主義の断末魔の苦悶から噴出した。転換の先頭ランナーも、遅れた走者もその影響を受けた。中東欧地域は、経済危機と並んで、平和的ないしは暴力をともなう独立国民国家（再）形成過程の影響を受けた。新たな金融的衝撃と経済的衝撃の波が、いくつかの場合には大衆の抵抗をともないながら、一連の国々を動揺させた1990年代の後半には、回復はほとんどはじまっていなかった。すべてこれらの乱気流が資本主義の経路の方向を変え、超国家的資本主義への道を切り開いた。

9

1990年代の末から2000年代半ばにかけて、中東欧地域は、生産物の国内外需要の速やかな増大、多くの外資流入、生活水準の向上をともなう短い黄金時代を享受した。EU加盟の実現は、将来展望についての楽観的評価の広がりに寄与した。超国家的資本主義は、世界規模で揺さぶられる2000年代末までは、かなりよく機能したように思われる。

　EU拡大のあとしばらくすると、資本主義的民主主義の脆弱さが、強い勢いで再度現われた。暴動や大衆的デモが起き、中道政党が急進的になり、政治領域において極右と極左のアジェンダを混ぜ合わせた非リベラル勢力が権力の座についた。新しい、「真の」転換という急進的プログラムが人気を博した。急進的主張の興隆は、多くの市民の公式政治からの撤退と同時に起きた。そのことは、何よりも投票率の劇的な低下で確認される。世論調査は、民主主義に対する強い不満と民主主義諸制度に対する信頼の欠如を示すようになってきている。中東欧地域の多くの国々において、新しいミレニアムの最初の10年の最後の歳月における著しい金融的・経済的沈滞が政治生活の不安定化をもたらしたが、何ともはや、不安定は現在に至るまで続いている。

　社会主義からの離脱と超国家的資本主義に進むことが、1990年代においては解答であったように思われる。しかし、2000年代の末までには、ますます緊張の度合いが高まり、不安定さを増しているグローバル秩序のリスクに完全にさらされることが、中東欧地域の抱える問題の一部となっていた。第6章で検討するように、転換の先頭ランナーの多くは、その通貨に対する野蛮な投機、銀行の取り付け騒ぎ、資本逃避、外資にコントロールされている部門の景気後退、失業増加、外国債務増加などに直面してきた。したがって、もっとも成功してきたポスト社会主義市場社会のいくつかについても、その持続可能性を懸念する理由がある。旧社会主義諸国が最終的に、豊かで、連帯心があり、民主主義的な西欧標準に収斂するかどうかについての解答は、現在、以前と比べ明白ではなくなってきている。実際に、中東欧地域を分析する専門家は政治と経済の退歩の可能性に備えるべきである。

　たぶん、危機と現在進行中の大転換は、比較資本主義論の分野で古い論争を再開させ、新しい論争を引き起こすであろう。本書が、ポスト社会主義諸

国の「大転換」のいままでにない新しい洞察を通じてこれらの論争に寄与することを願っている。ポスト社会主義諸国の「大転換」は制度的差異化と経済的・政治的進歩をもたらしてきたが、それはまたシステムの多くの脆弱性とその破壊的で非合理的傾向、すなわち、**手短かにいえば資本主義の特質**を示してきたのである。

第1章
社会主義以後の資本主義の多様性

　ポスト社会主義政治経済の多様性が東欧研究者の主要論点となったのは1990年代末以後のことである。それ以前の議論において支配的だったのは「形容詞抜き」の市場経済への道という論点であった。それと関連してジェフリー・サックスは次のように述べた。

　　経済改革の主な論点は、移行の着地点ではなくて手段である。しかし、東欧諸国は着地点についても議論することになるだろう。たとえば、スウェーデン型の社会民主主義をめざすのか、それともサッチャー主義的自由主義をめざすのかどうかを議論することになるだろう。しかし、それはまだ先のことである。スウェーデンとイギリスはどちらもほぼ完成された私的所有、民間金融市場、活発な労働市場を有している。東欧は現在のところ、これらのどの制度も有していない。したがって、東欧諸国にとって西欧の代替的モデルはほとんど同一のものなのである[1]。

　上記の順序を確証するかのように、社会主義崩壊からはじまり、それに続く市場改革の持続的試みの20年の歳月を経て、東欧は資本主義の異なったモデルを生み出し、それとともに移行学は比較学に取って代わられたようである。しかし、これまでの比較学の諸文献は重要な貢献を果たしているにもかかわらず、研究者にとって未解明な問題と課題が残されている。本書は、その未解明な問題と課題をめぐる主要な論点を検討する。すなわち、本書が検討するのは、ポスト社会主義諸国の資本主義の成功、その資本主義の脆弱

---

1) Jeffrey Sachs, "Eastern Europe's Economies: What Is to Be Done?" *Economist*, January 12, 1990, 19.

性と多様性、出現した諸制度、さらにたんなる資本主義の多様性というよりはむしろ出現した資本主義の特徴といった諸論点である。

1990年代の議論において、転換の先頭ランナーは、漸進的で小出しの改革ではなくて急進的で包括的な改革を実施しており、改革をもっともうまく実践しているせいで優れた実績を収めていることにより、転換の遅れた国と区別された。指標を作成し、あるいは一般に使用されている指標表示を研究し、それらを使ってポスト社会主義諸国の成功の度合いを測り、それぞれの国のランクづけを行なうことは可能であろう。しかし、われわれの主張は、移行指標のスコアかインフレーション率あるいは雇用、それにくわえてGDPは、ポスト社会主義地域の資本主義的民主主義の状態を完全に示すことができないというものである。われわれは、部分的指標に実質的な意味を与えるために、本章において、もっと広範で理論的根拠をもつ成功の判断基準を作成する。そして、その成功の判断基準は、資本主義的進歩の複雑な性格、すなわち資本主義的進歩に特有の緊張と、資本主義の進歩が直面する障害も含む複雑性を真剣に考慮に入れたものである。

分析者たちは、実際に、その誕生のときから東欧全体の資本主義の脆弱性を強調してきた。そして、その脆弱性を説明する際に、移行の課題が負担過重であるかあるいは、全身全霊を込めたものではない改革から出現した諸制度が矛盾に満ちたものであること、あるいは最終的には、ポスト社会主義諸国が回帰した資本主義世界の中でその諸国がとくに脆弱な部分に当たることを指摘してきた。本章では、これらの個別的要因が際立っていたことを否定しないで、脆弱性のシステム上の源泉についても強調すべきであると指摘する。脆弱性のシステム上の源泉とわれわれが考えるのは、とりわけ資本主義それ自体であり、中東欧が深くグローバルな経済統合に組み込まれていることである。グローバル経済はそれ自身の拡大、収縮のサイクル、さらに周期的に起きる安定性喪失によって規定され、よいときにはその構成部分に報償を与えるが、厳しい時期には、グローバル経済の構成部分に対して（それらが進んだ段階にあろうが、より遅れた段階にあろうが）アウトサイダーに比べていっそう多く罰を与えるかもしれないのである。

第 1 章　社会主義以後の資本主義の多様性

　比較研究者は、東欧の新社会秩序の多様性を捉えるために、いくつかの代替モデルを提唱してきたけれども、新興資本主義自体が必要な理論的広さと深さにおいてこれまで分析されてきたことはまれである[2]。われわれは、まずもって**資本主義**の理論に関して決着をつけることをしないままでは、説得力のある複数の**資本主義**の概念をつくりあげることはできないと論じる。本書は、カール・ポランニーの市場社会認識を知的ロード・マップとして採用し、『大転換[3]』が焦点を合わせている諸制度と諸対立により、資本主義の多様性を特徴づける。

　われわれは、ポランニーのフレームワークは他の代替的アプローチに対していくつかの優位性をもっていると考える。ポランニーは、資本主義について、それが複数の分析レベルと制度的次元を有するという独創的な考えをもっていた。それは、システムの特質および興亡の諸要因を理解するための鍵を提供し、また一つのシステムの枠内における多様性を捉える理論的な後ろ盾を容易に提供する。そこから導かれる類型論の主要点はポスト社会主義世界で運用可能なものにすることができるし、実証的に確かめることができる。最後に、以下で述べ、また本書で詳細に示されるように、ポランニーのアプローチは静態的かつ動態的な比較を可能にする。

　われわれは、東欧資本主義に関する以前の、そして最近の比較論を選び出し、それらを簡潔に批判的に概観することからはじめる。その後、われわれによるポランニーのフレームワークを示し、そのフレームワークを中東欧の新体制の態様に適用する。最後に、われわれの類型論を実証事例の領域に結びつけるための証拠を示す。

2）しかし、早い時期の研究がいくつかあり、その卓越したものが János Kornai, *The Socialist System: The Political Economy of Communism* (Princeton: Princeton University Press, 1992) である。それは、冷戦期の社会システム比較の伝統を引き継ぎ、社会主義を資本主義と比較している。

3）Karl Polanyi, *The Great Transformation: The Political and Economic Origins of Our Time* (Boston: Beacon Press, 1957 [1944]).〔カール・ポランニー『［新訳］大転換——市場社会の形成と崩壊』野口建彦・栖原学訳、東洋経済新報社、2009 年〕

東欧資本主義を比較する

　エイアル、セレーニ、タウンズリーは、新しい資本主義を「ありうる到達点の多様性……階級関係と制度編成の大きな多様性をもつ社会経済システムの世界[4]」として捉える最初の研究者の中にいた。具体的にいえば、彼らは中東欧と旧ソ連の諸共和国の間の分断線を同定した。中東欧では市場化が私的所有階級生成に先んずるペースで進み、その結果経営者による「資本家なき資本主義」が出現したのに対して、旧ソ連の諸共和国では逆のミス・マッチが生じた。そこでは、市場経済のコアとなるすべての制度が形成される前に、新しい資本家たちが、資本主義なしで国家財産を占有したのである。

　資本主義的多様性の源泉に関して、エイアル、セレーニ、タウンズリーは〔以前のレジームから〕引き継がれたエリートの一群と、彼らの新たな連合の役割を強調した。早い時期の比較研究のもう一つの影響力をもつ例としてスタークとブルストがいる。彼らは転換に際しての政治的選択が、旧社会秩序からの「異なった出口の経路」に導くこと、また「組み換えられた」社会経済ネットワークが新しい社会秩序に及ぼす影響に焦点を合わせた[5]。これらの研究や他のパイオニア的研究は重要であるが、それらは国際的そして超国家的影響についてはほとんど何も語っていなかった。

　新千年紀のはじめ以来、比較研究者は、われわれの研究にとって重要な二つの方向に向かって進んでいる。最初の方向は、経路依存性の伝統を引き継ぐ最近の著者たちによって代表されるものであるが、彼らはまた、彼らの先行者と比べて、国際的次元により多くの注意を払っている。エイアル、セレーニ、タウンズリーの概念に基づきながら、キングは原材料輸出に依存し「退化[6]」に至る世襲的形態の存在と、資本輸入と製造業輸出に依存し、いく

---

4) Gil Eyal, Iván Szelényi, and Eleanor Townsley, *Making Capitalism without Capitalists: The New Ruling Elites in Eastern Europe* (London: Verso, 1998), 16, 4-5.

5) David Stark and László Bruszt, *Post-Socialist Pathways: Transforming Politics and Property in East Central Europe* (Cambridge: Cambridge University Press, 1998).

らかの発展に到達する自由主義的形態の存在を観察している。

　キングの区別はロシアとポーランドの事例にのみ基づくものであるが、その妥当性は他の研究によっても確認されてきた。キングの区別は、消滅したソ連帝国〔ソ連の勢力圏〕のうちで、発達した市場経済と民主主義を有する西側周辺国と、天然資源への依存やエスニックな対立、権威主義的な性質のため、かつて第三世界と呼ばれたものを連想させる独立国家共同体（CIS）メンバー国とを対比する文献の中で広く受容されるものとなってきた[7]。

　しかしながら、多くの国家はこれら両極の間に位置している。最近になって、ポスト社会主義世界に存在する資本主義の多様なタイプをもっと体系的に描写する試みがなされてきた。現在までのところ、もっとも包括的な分類法では、ロシア、東欧と中央アジアをカバーする五つの形態が同定されている。国際統合と国内国家構造の異なった諸形態に基づいて、ミャントとドラホコウピルは次のものを区別してきた。すなわち、外国投資（FDI）ベースの市場経済、周辺的な市場経済、オリガルヒー的で恩顧主義的な資本主義、指令国家、送金ベースないしは援助ベースの経済である[8]。

　第二の新しい一連の研究は、資本主義の多様性（VoC）アプローチに触発されて、中東欧の枠内における資本主義の多様性を解明している。影響力のある著書の中で、ホールとソスキスおよび彼らの共同研究者は、先進資本主義諸国においてグローバル経済の諸課題に対処するために、異なる諸制度配置が企業行動と国民的戦略をどのように形成するかについて説得力のある説明を展開してきた[9]。

---

6) Lawrence King, "Postcommunist Divergence: A Comparative Analysis of the Transition to Capitalism in Poland and Russia," *Studies in Comparative International Development* 37, no. 3 (2002): 28.
7) László Bruszt, "Making Markets and Eastern Enlargement: Diverging Convergence?" *West European Politics* 25, no. 2 (2002): 121-40; László Csaba, *The New Political Economy of Emerging Europe* (Budapest: Akadémiai Kiadó, 2005); David Lane and Martin Myant, eds., *Varieties of a Capitalism in Post-Communist Countries* (Basingstoke: Palgrave Macmillan, 2007).
8) Martin Myant and Jan Drahokoupil, *Transition Economies: Political Economy in Russia, Eastern Europe, and Central Asia* (Hoboken: Wiley-Blackwell, 2010).

よく知られているように、彼らが説く基本的制度配置の一つである自由な市場経済（LME）は、コーポレート・ガバナンスとファイナンス、労使関係、企業間契約、スキルの（再）生産の分野における市場関係の優勢で特徴づけられる。この市場が生み出すフレキシビリティはラディカルなイノベーション促進戦略によく適合している。したがって、自由市場経済群（LMEs）は、ハイテク、ハイリスク部門での競争で成功している。それとは対照的に、ホールとソスキスのコーディネートされた市場経済（CME）は、企業間および企業と銀行との間、社会的パートナー〔経営者と労働者〕の間のコンセンサス志向と協力的関係に、より多く依拠している。コーディネートされた市場経済群（CMEs）はラディカルなイノベーションを促進する準備において劣るとはいえ、漸進的イノベーションが成功の鍵である諸部門においては、世界市場を制している。

　VoC〔アプローチ〕を中東欧に適用した著者のいく人かはスロヴェニアとエストニアに焦点を合わせ、それぞれをCME（スロヴェニア）とLME（エストニア）と同定してきた[10]。他の著者は、中東欧地域の国々を「純粋」な資本主義ではなく、むしろ「混合型」の位置にあることを強調してきた[11]。しかし、たとえ最近の比較の波が、ポスト社会主義諸制度のいくつかのパターン化される相違に光を当てているにしても、VoC〔アプローチ〕の限界が、社会主義以後の資本主義の多様性を理解しようとするこれらの研究の有用さ

---

9) Peter A. Hall and David Soskice, eds., *Varieties of Capitalism: The Institutional Foundations of Comparative Advantage*, Oxford: Oxford University Press, 2001.〔ピーター・A・ホール、デヴィッド・ソスキス編『資本主義の多様性――比較優位の制度的基礎』遠山弘徳ほか訳、ナカニシヤ出版、2007年〕

10) Magnus Feldmann, "Emerging Varieties of Capitalism in Transition Countries: Industrial Relations and Wage Bargaining in Estonia and Slovenia," *Comparative Political Studies* 39, no. 7 (2006): 829-54; Clemens Buchen, "Estonia and Slovenia as Antipodes," in Lane and Myant, *Varieties*, 65-89.

11) Vland Mykhnenko, "Strengths and Weaknesses of 'Weak' Coordination: Economic Institutions, Revealed Comparative Advantages, and Socioeconomic Performance of Mixed Market Economies in Poland and Ukraine," in *Beyond Varieties of Capitalism: Conflict, Contradictions, and Complementarities in the European Economy*, ed. Bod Hancké, Martin Rhodes, and Mark Thatcher (Oxford: Oxford University Press, 2007), 351-78.

に対して疑問を投げかけている[12]。

　第一に、VoC アプローチは先進国経済を分析するためにデザインされてきており、その多くの洞察は、ドイツ、イギリス、アメリカの資本主義諸形態の分析から引き出されたものである。しかし、VoC のモデルが、もっと発展度の低い市場社会にも容易に適用可能であると想定することは、あまりに無理な解釈であると思われる。言い換えると、LME と CME という多様性のセットには、真の資本主義の多様性の過小評価があるが、われわれが欧州の中核から周辺に〔分析対象を〕移動させる場合にとくにそのことがいえる。

　第二に、ポスト社会主義経済がグローバルな圧力にさらされたときに、新しい経済的、政治的諸制度はまだ整えられていなかった。したがって、諸制度の出現と、その地固めは、西側諸国の事例において通常そうである以上に、はるかに多く国際的、超国家的諸要因やアクターの影響を受けてきたのである。その影響は、VoC 文献におけるよりも、もっと真剣に考察されねばならない。ポスト社会主義諸国の資本主義の多様性に適切にアプローチするためには、ナショナルな諸制度の国際的および超国家的埋め込みの具体的形態と、その条件から生ずる、相反する圧力を描写できなければならないし、注意深くそれを評価できるものでなければならない。

　最近の論文において、ネルケとヴリーゲンタートは上記の〔VoC アプローチの〕限界を乗り越えようと試みている[13]。VoC 文献のもっと立ち入った読み込みから出発して、彼らはオリジナルな三つめの類型を付け加えている。それは、依存的市場経済（dependent market economy, DME）であり、そ

[12) VoC アプローチの最近の批判的レビューととそれによって引き起こされた論争については次のものを参照されたい。Dorothee Bohle and Béla Greskovits, "Varieties of Capitalism and Capitalism *Tout Court*," *European Journal of Sociology* 50, no. 3 (2009): 355-86. Wolfgang Streeck, "E Pluribus Unum? Varieties and Commonalities of Capitalism," Discussion Paper 10/12 (Cologne: Max-Planck-Institut für Gesellschaftsforschung, 2010); Jamie Peck and Nik Theodore, "Variegated Capitalism," *Progress in Human Geography* 31, no. 6 (2007): 731-72.

13) Andreas Nölke and Arjan Vlegenthart, "Enlarging the Varieties of Capitalism: The Emergence of Dependent Market Economies in East Central Europe," *World Politics* 61, no. 4 (October 2009): 670-702.

の例としてヴィシェグラード地域を指摘している。また、東欧における超国家的資本主義に関する彼ら以前の研究に触発され、ラテン・アメリカを特徴づけるためのシュナイダーによって考案されたヒエラルキー的市場経済のポスト社会主義国における変形として DME をもち出している[14]。

ネルケとヴリーゲンタートの見解においては、ヴィシェグラード諸国の経済は、超国家企業群（TNCs）枠内での位階層的な企業間関係によっておおむねコーディネートされており、豊富な熟練労働者によって生産される準標準的工業財の輸出基地として比較優位を示している。VoC 学派と同じく、ネルケとヴリーゲンタートは、比較優位と実績の優秀さという論点を、（外国投資と銀行を通ずる）投資ファイナンス制度、（外国企業の本社による）コーポレート・ガバナンス、分断的労使関係（企業レベルにおける熟練労働者のための集団交渉）、（再）訓練のための限定的制度配置、超国家企業群の生産システム枠内でのテクノロジー移転など、諸制度の補完性をたどって明らかにしている[15]。

著者たちに、ヴィシェグラード諸国の経済の TNCs への強い依存についての関心があったせいで、彼らは中東欧地域の重要な特質を理解するために一歩前進したのである。同時に、もち出したのが依存的市場経済という一つの新しい**型**だけであったので、彼らは、多種の直接投資（FDI）と生産システムが、中東欧の**多様**な依存諸形態にとってもつ際立った特徴を軽視している。もっと一般的にいえば、この「依存的市場経済」という術語を厳密に一握りの国々のためにとっておいて用いることは誤解を招きやすいと思われる。これらの国々〔中東欧諸国〕は、その固有の歴史のせいで、通常依存に起因する一つの危険性、つまり人的資本の長期的希少性を首尾よく回避できた国であ

---

14) Ben Ross Schneider, "Hierarchical Market Economies and Varieties of Capitalism in Latin America," *Journal of Latin American Studies* 41, no. 3 (2009): 533-71.

15) Nölke and Vlegenthart, "Enlarging," 680. アマーブルは制度の補完性を次のように定義している。「一方の存在が、他方の効率を高めるときに二つの制度を補完的であるということができる」。Bruno Amable, *The Diversity of Modern Capitalism* (Oxford: Oxford University Press, 2003), 6.〔ブルーノ・アマーブル『五つの資本主義――グローバリズム時代における社会経済システムの多様性』山田鋭夫訳、藤原書店、2005年、19頁〕

るからである。そう考えれば、DMEモデルは大多数の依存経済をカバーできない。したがって、皮肉にも、DMEモデルは、ラテン・アメリカにおける依存と発展の型に関するカルドソおよびファレットの洗練された類型論と比べたとき、一歩後退を意味するのである[16]。

　もっと重要なことは、VoC概念の独創的な、または東欧に広げて適用するすべての試みは、諸制度の出現についての理解が問題となるときに、概念上の欠陥に悩まされることになるということである。すなわち制度の出現はポスト社会主義経済の核心的な論点である。ポスト社会主義経済では、市場秩序はやっと最近になって形成され、その確立を当然のことであるとみなすことはできないからである。東欧地域一帯で起きたラディカルな変化を背景にして、ポスト社会主義秩序の起源の一部は存在する諸制度の領域の外側に求めなければならない。したがって、新しい制度配置の意味あるどんな概念化も、転換を進めるエージェントと彼らのトランス・ナショナル、スーパー・ナショナルなアクターとの相互作用についての説明を含まなければならない。

　エージェンシーの重要性に気づき、ネルケとヴリーゲンタートは、彼らのモデルケースに関連する事柄と詳細を解明し、そのことによってモデルの骨子に歴史的肉づけを与えるよう研究者を促している。しかし、われわれは歴史的肉づけだけで、提示されているモデルからの政治の排除という問題の解決となるかどうかに疑いをもっている。問題は解決されそうにない。なぜなら、VoCのフレームワークは国家と民主主義政治にほとんど自律性を与えていないからである。その一つの帰結として、VoCのフレームワークは、資本主義システムの特性の核心的次元を捉える視野が欠如している。すなわち、経済と政治の領域を分離する傾向、双方の領域で起きる核心的諸制度に関わる絶えざる闘争を見逃す[17]。

　これらすべての理由から、われわれは、VoCアプローチはわれわれの探究

---

16) Fernando H. Cardoso and Enzo Faletto, *Dependency and Development in Latin America* (Berkeley: University of California Press, 1979).

17) Amable, *The Diversity of Modern Capitalism*, Wolfgang Streeck, *Re-Forming Capitalism: Institutional Change in the German Political Economy* (Oxford: Oxford University Press, 2009).

にとってまったく適切ではないと考える。いまや、いかにポランニー的観点がポスト社会主義的資本主義とその多様性に関して上記で同定された欠陥を克服できるかを示すときである。

ポランニー的多様性

　ポランニーの著書を熟読し、われわれは彼の資本主義概念には次のような相互依存的な諸側面があることを見出してきた。ポランニーにとって、資本主義は多次元的（国際的および国内的）政治経済形態である。資本主義は「自己調整的市場メカニズム」と、それが生み出す危険に対抗する保護的諸制度との間の絶えざる対立という代償を払って、莫大な富と自由を生み出すことができる。資本主義は、果てしなき差異化の循環の中で拡大し、縮小する。資本主義は市場を支持する商業階級の運動と、地主と労働者階級の保護的「対抗運動」との間の対立から生じる実存リスクにつねにさらされるが、その対立の和解は困難であり、その結果資本主義の政治生活が稼働する。

　資本主義の国際的側面に関していえば、ポランニーの分析は、彼が19世紀的文明と呼んだところのものと両大戦間期の19世紀文明の崩壊に焦点を合わせた。まず、資本主義の最初の世界秩序の経済的支柱は、自由貿易と金本位制であった。資本主義の世界秩序の政治的支柱には、列強間の均衡と自由主義国家の興隆が含まれ、自由主義国家は、国際的圧力を増幅し媒介するものとして行動することができた。戦間期にこれらの基盤は崩壊した。自由貿易は退けられ保護主義となり、金本位制は崩壊し、バランス・オブ・パワーは競争に道を譲り、国民形成は攻撃的な軍国主義の源泉となった。

　自由な国際秩序の興亡は、本質的に、ポランニーが二重運動と呼んだ有名な事柄、すなわち自己調整的市場に向かう持続的圧力と、市場諸力への従属に対する社会の自然発生的抵抗の間の緊張に結びついていた。二重運動が制度化されるようになるのは国民的レベルにおいてである。資本主義を規定する諸制度に関するポランニーの考え方は、彼の先駆的な著書の最初の略述の中で、すでにみごとな明晰さをもって示されている。19世紀と20世紀の最

第 1 章　社会主義以後の資本主義の多様性

初の数十年に言及しながら彼は次のように記している。「**この期間には、市場メカニズムの自己調整の部分でなく、そのメカニズムの危険に対する保護的諸制度でもなく、あるいは結局、これらの相互作用の帰結でもないところの政治あるいは経済制度、特有のストレスあるいは緊張といったものはほとんど存在しなかった**[18]」。

　実際のところ、資本主義のすべての秩序は、自己調整的市場と社会保護の諸制度に吸収されるか、それに影響を受けるので、これらの領域はシステムの理解にとって鍵となる重要性をもつ。他方で、それらの対立的相互作用が資本主義形成の 3 番目の領域を形成する。すなわち、政治制度である。

　上で引用した一節において、政治諸制度は直接には二重運動によって形成されるとみなされている一方で、のちの著書において、ポランニーはまた政治領域を、より自律性があるとみなしている。「産業のように、立法機関は、社会のなかで果たすその公式の機能を有する。立法機関の構成員は、国内および国外に向けた共同社会の意志の形成、公共政策の方向、長期プログラム制定を委ねられた。どのような複雑な社会も政治的性格をもつ立法機関と執行機関の機能なしには存立しえない[19]」。これらは政治分野の自律性に関するいくらか異なる二つの見方であるが、それが示す事実は、ポランニーが、ウェーバー主義の伝統を継承する著者や、一連のマルクス主義的著者と同様に、資本主義的民主主義に内在的な緊張をみていたことである。すなわち、政治諸制度は具体的な社会の諸利害に深く絡まれていながら、他方では、全体としての社会の目標を定式化するために政治諸制度が一定の自律性を必要とするとポランニーはみなしていた。

　上記から明らかなのは、ポランニーが市場社会を多くの緊張と対立をもつ

---

[18] "Memorandum concerning the plan of a book on the "Origins of the Cataclysm. A Political and Economic Inquiry," 3. ゴチック体の部分は原典で強調されている。タイプ原稿がニューヨークのスリーピー・ホローのロックフェラーラー・アルヒーフ・センターに保管されている。われわれとフォトコピーを共有しているリチャード・スウェードバーグによって 1941 年の日付が書かれている。

[19] Polanyi, *The Great Transformation*, 235. 〔『[新訳] 大転換』420 頁。以下翻訳は [新訳] 版に準拠していない。〕

高度に動態的な存在として概念化していたことである。大不況という有利な時点で書いているので、ポランニーはまたこれらの緊張の破壊力にもよく気づいていた。よく知られている一節において、彼は二重運動に潜む二つの危険に満ちた帰結の大要を示している。「そのような制度［自己調整的市場経済］は、社会の人間的および自然的実存を破壊することなしに一瞬たりとも存在しうることはなかった。……必然的に社会は社会自身を防衛するための手段を行使した。しかし、社会が行使した手段がどのようなものであったとしても、それは市場の自己調整を傷つけ、産業生活を乱し、こうして社会を別のやり方で危険にさらすことになった[20]」。過度に「離床した」市場から生じる社会的惨事と、過度の、そして誤った市場の「再埋め込み」から生じる経済的混乱に加えて、システムはまた、政治の機能不全、そして（あるいは）正統性の欠如によって引き起こされる政治的崩壊のリスクにもさらされる。そのような危険についてポランニーが示している例がドイツである。そこでは1930年代に政治システム自身が危機の要因となっており、階級対立は緩和されず、国家と経済諸制度双方の麻痺に至った[21]。

ポランニーの見解では、持続可能な社会の多様性は、社会が上記のような危険に満ちたシナリオを首尾よく回避するという条件の下でのみ可能となる。そして、そのためには「生産諸要素——土地と労働と貨幣——を市場から取り除く」ことが必要になる。ポランニーは、この新しい発展が、戦間期大不況、ファシズム、第二次世界大戦のあとにやってくると考えた。「実際に、一様な市場経済の解体は、すでに新しい社会の**多様性**をもたらしつつある。市場社会の終焉は、けっして市場の欠如を意味しない。市場は、種々の形態で、消費者の選択の自由を保障し続け、需要の変化を示し続け、生産者の所得に影響を与え続け、会計の道具として奉仕し続ける一方で、経済的自己調整の機関であることをやめる[22]」。

こうした分析が、ポランニーに触発されたわれわれの資本主義の多様性概

---

20) *Ibid.*, 3-4.〔前掲書、6頁〕
21) *Ibid.*, 235.〔前掲書、420頁〕
22) *Ibid.*, 252.〔前掲書、457頁〕

念の基礎となる。所与の国際秩序に刻印されている機会とリスクの下で、危険に満ちたシナリオに向かうか、そこから離れようとする対立的な動機、社会諸勢力、諸制度に押されたり引かれたりしつつも、資本主義的発展は絶えず「火遊び」をともなう。したがって、存続しうる資本主義の多様性――どれだけの多様性があるか、また多様性の形態については存在する世界秩序によって変化するのであるが――のすべては、特定の歴史的時間の中に繋ぎ止められるものでなければならない。そしてすべての多様性は、社会的解体と経済的乱調および（あるいは）政治的崩壊が設定する境界のどれかに危険なほど近づくことはなくて、境界の枠内の空間の中で変容しないわけがない。したがって、存続可能な多様性は、資本主義が有するコンフリクトに対処し、経済の市場化、それと対立する社会の防衛という目標、そして広義の政治システムという三つの核心的領域の制度全体の存続を保障することを可能にする固有の制度配置と調整能力に応じて識別され、比較されることができる。

　そこから生じる分類はマックス・ウェーバー的意味での「理念型」的であるとみなされうる。彼のいうところによれば、「相反する「生活秩序」の理論的に構築された諸類型は、特定時点で、なにがしかの内的相反がありうること、そしてその内的相反が「理由のあるもの」であることを示すことだけを意図している」。この趣旨に即していえば、ポランニーの理論は、われわれが「現実にはまれにしかみられない合理的整合性を有する」資本主義諸モデルを考案することを可能にする。「しかし、それら［資本主義諸モデル］は、現実にも、歴史的に重要な諸機会において現われることが**できる**し、現われてきたのである[23]」。

　一定の政治的経済的均衡が資本主義の持続性のために要請されるという暗示は、1990年代末に、われわれのうちの一人が提案した低水準均衡という考え方と関連している。この術語は、次のような事柄を意味した。社会主義の崩壊ののち、「民主主義と市場経済は、双方ともが完全には実現されなかったからこそ同時に導入されることができた。危機と経済的転換に起因して、民主主義はその質的側面のいくつかを犠牲にしてのみ安定的でありえた。次に、経済転換はその速度と急進主義を犠牲にしてのみ可能であり、経済転換

の多くの不完全さは、とりわけ変化の民主的フレームワークに起因している[24]」。われわれの新しいフレームワークは、均衡に導く諸要因と諸傾向と不均衡に導く諸要因と諸傾向との相互作用とサイクルによって特徴づけられるダイナミズムという見方で、市場と政治を分析することにより、発想を広げるものである。

しかし、ポランニーの二重運動のダイナミズムはバランスのとれた状況という可能性を本質的に排除しているというのが真実ではないのだろうか？　われわれはそうは考えない。ポランニーもまた資本主義の「静かな時期」とその危機的な時期を区別した。彼自身の文章によれば次のとおりである。1930年代という「通常の方法では不充分である時期には、通常でない方法が試みられるであろう……それは社会主義的であろう……。まさしくこの示唆自身が市場を混乱に陥らせ、普遍的なパニックを引き起こすに充分であろう……経済的利害の分岐は、通常は妥協で終わるのであるが、政治領域と経済領域の分離は、なにがしかの衝突を、コミュニティにとって深刻な帰結に至らしめる傾向がある[25]」。

経済領域と政治領域の分離の下で、資本主義を維持するための主な負担は政治領域に課せられる。すでに述べたように、資本主義的民主主義と国家は生来の緊張で特徴づけられるので、これは容易な課題ではない。ブロックとサマーズの表現を使えば次のとおりである。「ポランニーの見解をいっそう

---

23) Max Weber, "Religious Rejections of the World and Their Directions," in *From Max Weber: Essays in Sociology*, ed. Hans H. Gerth and C. Wright Mills (London: Routledge, 1948 [1920]), 323-24. ゴチック体の部分は原典で強調されている。ポスト社会主義国の資本主義のウェーバー流の理念型を構築しようとする試みはベッカーのいくつかのアイデアをを思い起こさせる。Uwe Becker, *Open Varieties of Capitalism: Continuity, Change and Performance* (Houndsmills: Palgrave Macmillan, 2009); "How Comparatively to Map Changing Capitalist Varieties: Methodological Considerations Illustrated by Examples from the BRICs," paper presented at the SASE annual meeting, June 14, 2011. われわれと彼の主な相違は、われわれがポランニーの理論の体系的適用から理念型を構築している点にある。

24) Béla Greskovits, *The Political Economy of Protest and Patience: East European and Latin American Transformations Compared* (Budapest: Central European University Press, 1998), 181-87.

25) Polanyi, *The Great Transformation*, 235. 〔『[新訳] 大転換』420頁〕

複雑にしているのは、資本主義諸関係の再生産が社会を維持するために必要なので、国家は……必然的に市場に対する社会の諸利害を表現する普遍的国家であるとともに、資本家階級のアジェンダを遂行する階級国家となるという独特の状況を自己調整的市場はつくり出したとする洞察に由来している[26]」。

この解釈は、政治領域を、資本主義のシステムと関わる問題の一分野であるとみなすとともに、資本主義のシステムと関わる問題を一時的に解決する一分野とみなすというわれわれの提案と一致する。これらを根拠にして、われわれが捉え、具体的に表現しようと試みるのは、資本主義的発展にとっての政治的アクターと政治制度の一般的意義であり、それだけでなく資本主義的発展のプロセスにおける波乱をうまく操縦する政治的アクターと政治制度の能力の差異についてでもある。

次に、政治を、取るに足らないものでなくて明確に確認できる役割をもつものと捉えることは、われわれが資本主義的民主主義でもってポスト社会主義の成功の判断基準をつくることを助ける。この成功の基準は、本質的には政治的能力に由来する持続可能性という尺度である。その能力とは、第一に成功しそうな方法で市場の効率と社会保護を結合する能力、第二に何らかの制度配置から経済的自由、社会的結束、政治的自由をもっとも多く得る能力である。**最終的には資本主義の成功の謎は、政治領域の能力の中にあるのである**。われわれは、何らかの部分的指標のように明快でぶれることのない、ポスト社会主義諸国かグループの序列化のための判断基準を生み出すことができないことを知っている。しかし、われわれの判断基準の付加価値は、次の点に光を当てているところにあると考える。すなわち、成功の複数の（補完的あるいは対立的）次元、成功の程度の異なりだけでなくさまざまな種類の成功の意義、さらには政治的行動にともない、そしてまたその政治的行動の利害関心を左右する機会とリスクとトレード・オフのマトリクスに光を当

---

[26] Fred Block and Margaret R. Somers, "Beyond the Economistic Fallacy: The Holistic Social Science of karl Polanyi," in *Vision and Method in Historical Sociology*, ed. Theda Skocpol (Cambridge: Cambridge University Press, 1984), 68.

ている点にある[27]。それでは、それを具体的に表現する課題に戻ろう。

ポスト社会主義レジームのコンセプト

ほとんどの学者は、経済的および政治的実績をみて、中東欧国家をポスト社会主義的転換の成功物語としてみなすべきであるという点を否定しないだろう。しばしばなされるもう一つの主張は、1990年代のグローバル資本主義システムが、新参者の資本主義への復帰に際して、戦後システムなら提供したと思われるよりももっと厳しい環境を提供したというものである。それはなぜかを理解するために、20世紀後半の世界秩序のダイナミクスを思い起こすことが役に立つ。偶然であるが、この秩序の重要ないくつかの概念化は、ポランニーの知的遺産によって触発されたものである。

その著書の最後のいくつかの章において、ポランニーは戦後秩序を予測しているが、その多くの具体化された例を、1944年のブレトン・ウッズの会議で採用された国際秩序の中に発見することができる。ジョン・ラギーは、適切にもこの秩序を「埋め込まれた自由主義」によってもたらされた秩序であると述べた。そのエッセンスは「1930年代の経済ナショナリズムとは違って、性格において多国間主義であり、金本位制と自由貿易の自由主義ではなくて、その多国間主義は国内の国家介入主義に基礎をおいている」点にある[28]。重要なのは、埋め込まれた自由主義は規制された国際金融と、財とサービスの競争的市場のみならず、「民主的コーポラティズム」といくつかの「複数の福祉世界」——それぞれはカッツェンスタインとエスピン＝アンデルセンによって理論化されている——に関する国民レベルの約束もともなっていたことである[29]。

---

27) これらの考え方もカッツェンスタインから刺激を受けて生まれたものである。Peter J. Katzenstein, *Small States in World Markets: Industrial Policy in Europe* (Ithaca: Cornell University Press, 1985), esp. 27-30.

28) John G. Ruggie, "International Regimes, Transactions, and Change: Embedded Liberalism in the Postwar Economic Order," *International Organization* 36, no. 2 (Spring 1982): 393.

しかし、戦後秩序を、資本主義が恐るべきライバルのソ連型社会主義に打ち勝ったという国際的脈絡と比較するなら、その対照性はそれほど際立った特徴にはなりえないであろう。冷戦の終焉は、19 世紀の経済的自由主義の**新自由主義**としての復活によって準備され、また新自由主義によって刻印される新しい環境をもたらしたのであるが、それは、批判的見地からすれば、システムの戦後ダイナミクスを「バックギア」に入れたのである[30]。

新しい時代においては、激しく変動するグローバル金融がブレトン・ウッズ体制に代わっている。マネタリスト的調整がケインズ主義的需要管理に、そしてフレキシブルな専門化がフォーディズム的大量生産に取って代わった。実際のところ、その誕生時からポスト社会主義諸国の資本主義は、新しいグローバルな環境の一部となったのである。ストリークの簡明な表現で示せば、そのことはたんに「国家の枠組みの中で市場」の拡張を促すばかりではなく、「市場の枠組みの中に国家」を押し込み、公的権威の境界を不鮮明にし、社会防衛の機会に制限を加えるものであった[31]。その帰結として、社会防衛はグローバル競争の利益に対して従属的となった。最後に、旧社会主義国家は戦間期の惨事を忘れさせるイデオロギー的環境というリスクと脅威に対処しなければならなかった。これは、国際資本主義秩序の新しい変種である。国民的多様性は、その秩序の枠内で概念化される必要がある。はじめのうちは大方において好意的だったが、のちにはもっと議論の余地のあるものとなった EU の影響もまた計算に入れなければならない。

中東欧が転換の諸課題に対応するのに全体として成功したという考え方は、一般的に受け入れられているが、その制度的基礎に関してはコンセンサスが得られていない。中東欧の新しい資本主義の本質、およびその生存能力に貢献している諸要素を理解するために、いくつかのパラダイムが提示されてき

---

29) Katzenstein, *Small States*, and Gösta Esping-Andersen, *Three Worlds of Welfare Capitalism* (Cambridge: Polity Press, 1990).
30) Mark Blyth, *Great Transformations: Economic Ideas and Institutional Change in the Twentieth Century* (Cambridge: Cambridge University Press, 2002), 6.
31) Wolfgang Streeck, " 'Globalization': Nothing New Under the Sun?" *Socio-Economic Review* 5, no. 3 (July 2007): 540.

た。

　1990年代の前半に多くの中東欧の国家が、転換の政治的支持を生み出し、最低賃金を決め、年金や健康保険基金を運営すべく、公式に設立された社会的対話のための三者制度に頼ってきたことを認めながら、タトゥールは、そのことを「コーポラティズム」と呼び、イアンコヴァは「転換コーポラティズム」と称した[32]。他方でオストは、このコーポラティズムは「新自由主義的な結果を生み出すために利用され」、労働側が弱体化していくことを受け入れるよう、さらに福祉国家の「ラディカルな縮小」を受け入るように利用されたので、「幻想」であったと主張している[33]。同様に、批判的国際政治経済学の伝統の支持者たちも、新自由主義がポスト社会主義国の資本主義を特徴づける適切な術語であると述べてきた[34]。

　同時に、新しい市場経済が、どれほど自由主義であったかということについては、実際に、これまで論争があった。東欧の転換戦略を検討しながら、ミューレルは「全体としてみれば、これは経済史におけるもっともドラマティックな自由化の逸話である」と結論づけた[35]。これとは対照的に、改革派政府の国際アドバイザーは自由化が好ましい成果を生むに充分なところまでいっているとはいえないと懸念し、福祉国家が縮小しているという見解に疑問を提示した[36]。たとえば、サックスは「中東欧地域の政治的ダイナミズム

---

32) Melanie Tatur, "Towards Corporatism?—The Transformation of Interest Policy and Interest Regulation in Eastern Europe," in *Industrial Transformation in Europe: Process and Contexts*, ed. Eckhard J. Dittrich, Richard Whitley, and Gerd Schmidt (London: Sage, 1995), 163-84; Elena A. Iankova, *Eastern European Capitalism in the Making* (Cambridge: Cambridge University Press, 2002). これらの研究は Philippe Schmitter の古典的著作 "Still the Century of Corporatism?" *Review of Politics* 36, no. 1 (1974): 85-131 を確認している。

33) David Ost, "Illusory Corporatism in Eastern Europe: Neoliberal Tripartism and Postcommunist Class Identities," *Politics and Society* 28, no. 4 (December 2000): 504-5, 507.

34) Dorothee Bohle, Hugo Radice, and Stuart Shields, eds., "State, Capital and Labor: The Political Economy of Capitalist Diversity in Easter Europe," special issue, *Competition and Change* 11, no. 2 (June 2007).

35) Peter Murrell, "How Far Has the Transition Progressed?" *Journal of Economic Perspectives* 10, no. 2 (1996): 31.

に関する真の洞察が明らかにしているのは、いわれているような、社会的支出の削減などは起きておらず、社会的支出は高い水準にあり増加しているということである」と述べている[37]。不充分な自由化と福祉のための過度の支出という市場急進主義者の認識の基礎となる規範的な関心事に与しないものの、カッツェンスタインも、中東欧地域全体を新自由主義と称することには疑問を呈している。転換コーポラティズムか新自由主義かという論争にコメントしながら、彼は次のように主張している。「中東欧のレジームをすべて「新自由主義」と呼ぶことは、概念の濫用になる。もし、中東欧のさまざまな経験を包括的なものに組み込むために一つのラベルを選択しなければならないとすれば、おそらくそれは「欧州型福祉資本主義」となるであろう[38]」。

　われわれのアプローチは、上記の諸パラダイムを一つの整合性のあるフレームワークに統合するのを助ける。上記の各々のパラダイムは、ポランニーの中心的諸制度と能力のトリアーデと整合的であり、すべての資本主義諸モデルの中に存在しているに違いない論理を指摘しているが、その論理はモデルのどれかによってもつ意義が異なるかもしれない。新自由主義は効率的市場の創出を優先し、福祉資本主義はラディカルな社会‐経済的変化のコストを補償し、民主的コーポラティズムは政治的調整の核となる三つの制度的次元を前景に掲げる。すなわち、民主的コーポラティズムは、決定権限をもつ公共体の政策選択に対する選挙民と組織された経営者と労働の影響を考慮に入れるからである。こうして、われわれのポスト社会主義レジームの定義は次のものに注意を払う。つまり、(1) 国民的な政治経済の諸タイプは、(2) 深いけれども、異なった様式で、新自由主義的なグローバルな秩序と欧州の秩序に統合されながら、(3) 市場化と転換コストの補償を、異なった力の入

---

36) Anders Aslund, "Possible Future Directions for Economics in Transition," in *Transforming Post-Communist Political Economies*, ed. Joan M. Nelson, Charles Tilly, and Lee Walker (Washington, D.C.: National Academy Press, 1997), 457.

37) Jeffrey Sachs, "Postcommunist Parties and the Politics of Entitlements," *Beyond Transition: The Newsletter about Reforming Economies*, 1995, 1, http://www.worldbank.org/html/prddr/trans/mar95/pgs1-4.htm (2009年2月20日アクセス).

38) Peter J. Katzenstein, "*Small States* and Small States Revisited," *New Political Economy* 8, no. 1 (2003): 22.

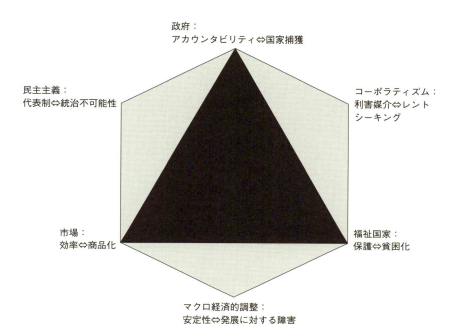

図1.1 資本主義的民主主義の共通善と共通悪と緊張の制度的基礎——ポランニーのトリアーデ・スキームとわれわれの拡張された六角形のスキーム

注）黒色部分はポランニーの政治、保護、市場のトリアーデ・スキームを示す。灰色部分は拡張された六角形のスキームを示す。

れ方と異なった形態で追求する傾向があり、そして（4）政治的にはこれらの対立的でかつ競合的な社会的目的の追求を、異なったやり方および異なった有効性をともないながら調整するということに留意する。

　以上から出てくる制度配置を例示するなら、六次元の属性空間で記すことができる。その属性空間は、われわれのレジーム概念のポランニー的起源と、われわれによるレジーム概念の拡張の双方を示す（**図1.1**）。その六角形の「ダイヤモンド」図のうち、二つの角は、完全に自立的な市場に対する福祉国家給付と産業政策を通じてなされる大規模な転換コストの補償の対比、最高レベルの経済的自由に対する最高レベルの福祉国家給付と産業政策の配置から予想される社会的結束の両極を示すものである。三つ目の角は、有効なマクロ経済的（財政的および／あるいは金融的）調整の制度と、それらがも

たらす経済的安定を示す。残り三つの角は、それぞれ民主的決定、全般的行政能力、ネオコーポラティズム的な社会的パートナーシップ〔労使諸関係に関する政労使間の安定的で温厚な交渉・協議・情報交換〕と関わり、政治的システムの全体の潜在力を規定する諸制度を示す。これらの角は、最高のガバナンスの質、最大の政治的自由、政治が提供する最大の包摂度を、それぞれ示すものである。

　このようにして、ダイヤモンドの複数の頂点は、資本主義が理想的にもたらすことができる経済的、社会的、政治的便益を表現し、一般的利益を示すものである。中東欧の状況との関連でいえば、資本主義のもっともよい状態の構造は、経済移行指標、社会的保護支出指標、財政金融諸制度の強さ、民主化、交渉的労使関係、官僚の能力に関する指標の最高のスコアの組み合わせによって——まるでこれらの高いスコアのすべてが、一国あるいは一つのレジームの達成物であったかのように——言い表わすことができよう。

　ポランニー的概念に従えば、まさにその同じスキームが、逆の「もっとも悪い」資本主義、すなわち「一般的不利益」の源泉としての資本主義の構造についてもヒントを与える。あれこれの制度的次元の拡張に成功すれば、その過程の中で不可避的に生み出される外部効果が、他の制度によってカウンターバランスされないか、あるいは少なくとも外部効果が緩和されないときにはいつでも、失敗の種をまくであろう。市場が、人間と自然の双方ともが商品化されるという犠牲を払って、経済的自由と効率をもたらすことは明らかである。社会的保護は安全をもたらすが、温情的方法でそれが付与されるときには、それは小児症的で貧しい社会をもたらす可能性がある。マクロ経済的有効性は、構造的硬直性あるいは調整の高いコストという犠牲を払うかもしれない。同様に、民主主義は政治的自由と代表制をもたらすが、統治不全ないしは多数者の専制をもたらすかもしれない。コーポラティズムは対立する利害の媒介と調整をもたらすが、他方で特殊利害の共通利害に対する優位をもたらすかもしれない。最後に、政府は、そのアカウンタビリティの国家捕獲への堕落を避け、また個人としての達成を損なう行政的能力の過度の官僚制への転換を避けるという課題を負っている。

これらすべてのことが意味するのは、システムに内在する緊張と外部効果の複雑性を所与とすれば、すべて良いこと（ついでにいえば、すべて悪いこと）が手を携えて進むような資本主義は存在しないということである。われわれがレジームと名づける特定の制度の配置と実績は、理念的資本主義のスキームのいくつかの端にはより近く、他の端からはより遠いというように、多かれ少なかれ絶えず非対称的となる。各レジーム群とそのメンバーの制度と実績のマトリクスの特徴は、それらの補完性、トレード・オフとそしてそれらに特有の課題を示す。

　次に、各レジームが追求し調整することを切望している（あるいは調整できる）社会的諸目的の範囲と複合性は、各々のマトリクスで包摂される領域の大きさで示される。その際、「資本主義的」、「民主主義」、「秩序」という名に、「まだ」あるいは「もはや」値しない配置を示すようなダイヤモンドの中心に近い地域もある。注意されたいことは、図1.1は、社会が生存可能な資本主義的民主主義をもつことに達しないかもしれない、少なくとも二つの異なった道があることを示すということである。一つの道は、市場か、民主主義、社会防衛、あるいは資本主義を構築する他の重要な要素を制度化することに対する抵抗か、もしくはそれを制度化する能力がないことに起因するものであるかもしれない。それだけでなく、もう一つの道は、いくつかの領域の過度の拡張と他の領域の無視から生じる社会秩序崩壊に起因するものであるかもしれない。

　上述の主旨に沿って、われわれは最初に三つの資本主義の存在と出現、すなわち、バルト三国の**純粋な新自由主義**型、ヴィシェグラード諸国の**埋め込まれた新自由主義**型、スロヴェニアの**ネオコーポラティズム**型について説明する。最初に、図1.1の理念的スキームに、定型的な実証的内容を付け加えることによってこれらのタイプを描写する。そのうえで三つのレジームの特質を簡潔に説明する。

　新自由主義レジーム群であるエストニア、ラトヴィア、リトアニアは急速に市場経済を制度化したが、産業界のリスクと損失を緩和するか、あるいは適切な産業政策を通じて、産業界が確実な特定市場分野を獲得することを助

第 1 章　社会主義以後の資本主義の多様性

けるようなことをほとんどしなかった。同様に、バルト三国の福祉国家は不平等と社会的混沌に対して期待される充分な防衛を提供しなかった。リトアニアを例外として、バルト三国の政府は完璧に民主主義的というわけではなく、まったくコーポラティスト的でもなかった。むしろ、エストニアとラトヴィアの民主主義は、住民人口の重要な部分を法律の上で排除することによって、さらには全般的な低い政治参加率によって土台が崩れている。リトアニアの民主主義には法律上の排除はないが、そこでの政治参加はバルトの隣国と同じように限定的であった。最後に、バルト三国の社会的パートナーシップ（労使関係）は中東欧の中で制度化がもっとも遅れている（図 1.2）。

　1990 年代の大部分を経済的、政治的無秩序（図 1.3 ではノン・レジームと表現）の中で費やしたあと、ブルガリアとルーマニアも新自由主義的市場社会となった。しかし、弱い国家諸制度により両国は、バルト三国という類似の社会とは区別される。ブルガリア、ルーマニアとエストニア、ラトヴィアとの間のもう一つの差異は、ブルガリアとルーマニアの低い水準の政治参加は法律的な排除の反映ではなく、むしろ大きな社会集団の事実上の欠如の反映であるということである。最悪の場合には、新自由主義レジームはポランニー的な危機のレジーム、すなわち社会的解体に近づくのである。

　次に、ヴィシェグラード諸国は、社会的に、そして政治的にも、より包摂的な戦略を選択した。チェコ共和国、スロヴァキア共和国、ハンガリー、ポーランド（最初はどんな種類の社会秩序も欠いていたクロアチアが、のちにそれらの国に続いた）は、社会主義から引き継がれた国内企業の転換コストを補償し、国内企業が育つように大切に扱い、のちには新しい超国家企業の拡大を援助するため、かなりの資金を活用した。相対的に寛大な福祉スキームは、大きな社会集団が下層階級の地位に転落するのを避けるか、少なくとも遅らせるのに役立った。正確にいえば、ヴィシェグラード諸国家の新自由主義を埋め込み[39]、他と区別しているのは、市場への転換と社会的結束の間での妥協の追求である。ヴィシェグラード諸国のレジームは、政治的諸権利をすべての市民に認めているので、政治的な観点からはバルト三国のパターンとは異なる[40]。しかし、社会的パートナーシップの制度を考慮に入れれば、

35

ヴィシェグラード諸国とバルト三国の差異はあまりめだたないものとなる。ヴィシェグラード諸国のネオコーポラティズムの制度は、はじめは相対的にうまく設けられたものの、時間が経つにつれて退化した。さらに、2000年代の半ばから、ヴィシェグラード諸国の民主主義は、周期的に、転換のアジェンダを充分効果的に調整することのできない状態に陥った。とくに、ハンガリーが直面したのは、不適切な埋め込みがもたらす政策に関連する症状と、その政治的症状が組み合わさって起きる事態であった。すなわち、マクロ経済的不均衡と、それと対をなして起きた急進的勢力の影響力の強まりであった。それは政治経済的安定への挑戦と、ひいては埋め込まれた新自由主義の統治能力に対する挑戦となった（図1.4）。

スロヴェニアはもっとも急進的でない市場化と、中東欧地域で転換のコストに関してもっとも寛容でかつ対象を定めた補償の努力を結びつける戦略を採用してきた。ヴィシェグラード諸国の産業政策がしだいに外資を選好するようになってきたのとは異なり、スロヴェニアの政策は社会主義から引き継いだ産業に向けられ、国内の企業家および経営者の才能を養成してきた。しかし、国家は一定の活動の外資主導の近代化については、選択的支援を実施してきた。スロヴェニアの福祉国家は中東欧のなかでもっとも寛大であった。中東欧地域ではユニークなことであるが、このレジームはカッツェンスタインの「民主的コーポラティスト」政治にもっとも近い。そこでは、法律上の裏づけをもつ経営者と労働の間の交渉関係は、団体交渉による合意にまで広げられた。そして、産業界と労働界、政府が社会的パートナーとして行為するよう求める社会契約が、長らく包摂的な転換戦略をバランスよく追求することを可能にしてきた（図1.5）。

---

39)「埋めこまれた新自由主義」という術語はアペルドーンによってつくられたものである。Bastiaan van Apeldoorn, *Transnational Capitalism and the Struggle Over European Integration* (London: Routledge, 2002). アペルドーンは、その術語を新自由主義のヘゲモニーの下にある EU 政治経済学を特徴づけるために使っており、ここでの意味とは相違がある。

40) スロヴァキアとクロアチアは 1990 年代はじめから半ばにかけて、権威主義的巻き返しを経験した。

第 1 章　社会主義以後の資本主義の多様性

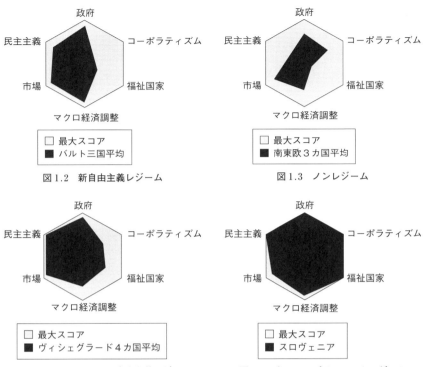

図 1.2　新自由主義レジーム　　　　図 1.3　ノンレジーム

図 1.4　埋め込まれた新自由主義レジーム　　図 1.5　ネオコーポラティストレジーム

図 1.2〜1.5 の定義と出所：
　最大スコアについては、六次元のそれぞれに関して、1998 年に（あるいはデータが入手可能な 1998 年にもっとも近い年に）中東欧 11 カ国のうちのどれかによって達成されたスコア。レジーム平均は、最大スコアに対する百分比を示す。政府については、政府の有能性、規制の質、法の支配、汚職のコントロールの総和。次のものに示されるデータに基づき著者が計算。Kaufmann, Krray and Mastruzzi "Governance Matters VIII." コーポラティズムについては、賃金交渉、それが行なわれるレベル、組合のない企業に至るまでの集団協約の適用範囲の総和。次のものに示されるデータに基づき著者が計算。Jelle Vissar, *ICTWSS: Institutional Characteristics of Trade Union, Wage Setting, State Intervention, and Social Pacts*（Amsterdam: Amsterdam Institute for Advanced Labour Studies, 2001), http://www.uvaaias.net（2011 年 8 月 15 日アクセス）。福祉国家については、1 人当たり社会給付支出で示される（購買力平価、ユーロ）。出所は EUROSTAT, http://epp.eurosat.cc.europa.eu（2011 年 9 月 18 日アクセス）。マクロ経済調整については、次のものに基づく予算制度指標を示す。Mark Hallerberg, Rolf R. Strauch and Jürgen von Hagen, *Fiscal Governance in Europe*（Cambridge University Press, 2009）の表 6.1, 144。市場については EBRD の九つの移行指標の平均。http://www.ebrd.com/pages/research/economics/data.shtml（2010 年 9 月 20 日アクセス）民主主義については、Polity index, Polity IV 2010。http://www.systemicpeace.org/inscr/inscr.htm（2011 年 8 月 12 日アクセス）。

ここで、われわれの類型論のもう一つのウェーバー的側面を示そう。ウェーバーの言葉では、理念型として構築されたものは「歴史的現象の類型論的な位置を定めるのを可能にする。理念型として構築されたものは、諸現象の個別の特性あるいは総体としての性格の点で、歴史的現象が、われわれが構築したものの一つに近いかどうかをみることを可能にする。すなわち、歴史的現象が理論的に構築したものにどれほど近いかを定めることを可能にする[41]」。したがって、われわれの上記の三つのモデルは「理念型と実証的事例を区別する。その際、前者は固定的な実在であり、後者は動きを伴う実在[42]」である。こうして、われわれのモデルは、事例横断的で、かつまた時間に沿った比較に役立つのである。

　所与の時点においては、三つのレジームタイプと、人々が住んでいる11の具体的な社会は、それらの経済がどの程度、どのような形態で市場化されているか、社会と経済の構成員がどの程度、どのような形態で転換コストを補償されているか、政治的および政策過程が能力ある官僚制によって統治されている程度と形態、民主主義の形態の相違、社会的パートナーシップの程度の相違などによって区別される。

　次に、ポランニー的運動と対抗運動によって動かされて、社会はいっそう市場化されるか、反対に市場化が弱まるかの間で、そして（あるいは）社会的・政治的にもっと包摂的な制度的配置になるかの間で揺れ動き、さらにその変化が、それ自身のレジームの枠内での変化か、それとも一つのタイプから他のタイプにラディカルに移行するかのどちらであるかがみえてくるときに動態的な比較が可能になる。

制度と実績のマトリクス

　社会主義崩壊以後の20年は、三つのレジームの諸特質を詳細に検討するために都合のよい時間枠である。重要なことは、その時間枠は困難な時期と

---

41) Gerth and Mills, *From Max Weber*, 324.
42) Becker, "How Comparatively to Map," 5.

良い時期の社会的および政治的動態の比較を可能にすることである[43]。1989～98 年の期間は、大きないくつもの危機で何度も中断されながら、ポスト社会主義諸国の資本主義の形をつくるための核心的決定がなされたいくつかの歴史的転換点を含む。それに続く 1999～2007 年の期間は安定をもたらしたが、成果と損失の分配をめぐる激しい闘争もみられた。

以下でわれわれは、次の三つのレジームの中心的次元に関わる形跡を示す。三つの次元とは、市場の開始・規制・安定化、経済と社会における転換コストに対する補償、民主主義およびネオコーポラティズム諸制度を通じての統治と国家能力の実態である。次いで、経済的・社会的実績の三つの関連する重要領域について描写する。すなわち、準中心的か半周辺的な国際経済的統合ならびに社会的結束かそれとも社会的崩壊・地位喪失かについて、そしてマクロ経済的（不）安定の対外的・国内的側面に関して描写する。これに関連する指標は、ポスト社会主義諸国の資本主義が生存可能であることを示した領域の中で、多次元での施策を成功させてきたことを捉えることを意図している。

市場の開始、規制、安定化

1989～98 年においてヴィシェグラード諸国とスロヴェニアは市場化の達成水準においてリーダーであったのに対して、最初はバルト三国、クロアチア、ブルガリア、ルーマニアはこれらの諸国に遅れをとっていた。1999～2007 年の期間になると、バルト三国がヴィシェグラード諸国に追いついていたが、南東欧諸国ははじめの頃の不利な位置から部分的には抜け出ていたものの、遅れた国の状態が続いた。

しかし、2007 年までに市場化水準の差異は取るに足りないものになったが、そのような結果に至る改革経路における急進主義の程度については一貫した相違があった。われわれは、市場改革が導入され新しい制度が形成された速

---

43) この点も含め多くの点でわれわれはグーレヴィッチから示唆を得ている。Peter A. Gourevitch, *Politics in Hard Times: Comparative Responses to International Economic Crisis* (Ithaca: Cornell University Press, 1986).

度を測るための一つの代用数字として利用する欧州復興開発銀行の移行指標の年間進行度の比較から、次のような結論に到達する。市場経済の採用においてバルト三国はもっとも急進的であり、急進性の程度がもっとも低かったのはスロヴェニアであった。そして、ヴィシェグラード諸国はそれらの中間の位置を占める。最後に、クロアチア、ブルガリア、ルーマニアは最初の10年間には緩慢な改革国であったが、第二の期間にすばやく前進した。

　この相違を理解するために、以下の二つの事実が考慮に入れられなければならない。社会主義の下での市場改革の長い経験のおかげで、ハンガリー、ポーランド、旧ユーゴスラヴィア継承諸国家は1989年においてすでに相対的に自由化された経済を有していた。そして、それらの国は市場志向の制度と実践の遺産を利用することができた。しかし、バルト三国、チェコスロヴァキア、ブルガリア、ルーマニアは、この点で不利であり、おおかたのところはじめから市場を形成した。それは、市場化とは、異なった出発点と同じ到達点の間の異なる距離を踏破しなければならない競争者たちの間でのレースであったということを意味する。

　そのうえ、いくつかのレース参加者は、他の参加者と比べて、スタートの合図が遅く、追いつくためにスパートしなければならなかった。1991年8月にエストニア、ラトヴィア、リトアニアは独立のための闘いを完遂した。そのため、それらの国の包括的な市場改革は他の国々と比べて2年遅れではじまり、フルスピードで実施された[44]。1999～2007年の期間までには、西側の市場の制度的標準への収斂において、バルト諸国がヴィシェグラード諸国に追いつき、スロヴェニアを追い越したのは、バルト三国が移行指標の点でもっとも大きな年間進捗度を実現したという急速な改革に起因するものであった。

　影響力をもつ見解のいくつかは、市場化水準達成だけをみることによって、ハンガリー、ポーランド、スロヴェニアの市場化に関わる全般的に高い数値は、転換の早いペースに起因するのではなくて、むしろ社会主義の終焉以前

---

[44] とはいえ、とくにエストニアの独立以前の改革については本書第3章の「国民的および国民化プロジェクトの起源」を参照されたい。

からこれらの国が改革を開始し、社会主義崩壊以後に完遂したという改革の累積効果を多く反映したものである事実を無視している[45]。この点での誤った理解が、政策アドバイスにとって広範囲の帰結をもたらすことになった。1990年代を通して、急進主義の模範であるバルト三国は、それらと比べ急進的でないヴィシェグラード諸国よりも、成長、FDI、社会的結束などの指標において実績は悪かった。しかし、バルト三国、ヴィシェグラード諸国とスロヴェニアを「早い」「包括的な」改革国というラベルの下にひとまとめにし、当該諸国の優位な実績平均を、遅れている国といわれる南東欧の実績平均と対比することで、すばやい市場化は世界経済における後発者の成功の鍵であるとする国際金融諸機関（IFIs）の疑わしい主張を支持する根拠を与えたのである[46]。

　周知のように、市場の形成は、自由化、規制緩和、小規模私有化という「第一段階」の改革でもっては終息しなかった。国家は大規模私有化、企業統治と競争の組織的・法的フレームワーク、金融セクター・電気通信・運輸・公益事業のための新たな規制を考案し、実施に移さなければならなかった。表1.1のデータは、レジームごとのペースの相違にかかわらず、国家の経済からの撤退を通じて市場を開放することよりも、市場と調和する規制制度を形成することのほうが、全体としてずっと困難であったことを示している。ネルソンは、そのことを次の事実から説明している。これら「第二段階」の諸方策は、「広範囲の制度的、法制上の変化を必要とし、立法府、裁判所、そして多数の中央、地方機関を巻き込む。さらに、安定化の初期のコストの多くは、一時的であり、多くの国民に及ぶのに対して、部門と制度の改革は、通常、個別利害関係者に集中し、それらに永続的損失を負わせる。したがっ

---

45) *From Plan to Market: World Development Report 1996* (Washington, D.C.: World Bank, 1997); Stephen Fish, "The Determinants of Economic Reform in the Post-Communist World," *East European Politics and Societies* 12, no.1 (1998): 31-78. しかし、われわれが分析するところ、1989〜98年の間だけチェコ共和国の改革はバルト三国の改革と同じような速度で進められた。しかし、批判者は、大規模私有化や企業統治の指標がチェコの改革の急進主義をはるかに過大に評価していると論じた。

46) *From Plan to Market*, 9-10.

表 1.1　市場の開始と規制に関わる実績（1989〜98 年と 1999〜2007 年）

	年間改革 進捗状況 （％）[a]	全般的 改革水準 （％）[b]	第一段階の 改革の水準 （％）[c]	第二段階の 改革水準 （％）[d]
1989〜98 年平均				
バルト三国	6.6（1992〜98 年）	54	70	44
ヴィシェグラード諸国	6.2	64	81	53
スロヴェニア	4.4	59	83	45
クロアチア・ブルガリア・ルーマニア	4.5	50	70	38
1999〜2007 年平均				
バルト三国	1.4	84	99	75
ヴィシェグラード諸国	0.8	87	100	79
スロヴェニア	0.3	79	98	67
クロアチア・ブルガリア・ルーマニア	1.5	78	96	67

（出所）EBRD のデータに基づく著者自身の計算。http://www.ebrd.com/pages/research/econo
mics/data.shtml（2009 年 8 月 11 日アクセス）。
[a] 8 つの移行指標平均の年間変化率。
[b] 8 つの移行指標の平均水準。
[c] 国内価格自由化、貿易と為替自由化、小規模私有化の平均水準。
[d] 大規模私有化、競争政策、銀行および非銀行金融部門の改革、全般的インフラストラクチャー改革の平均水準。

てそれらは強い抵抗を引き起こす[47)]」。

　上記の行政的、政治的課題に対する異なった対応について実りある研究がなされうる一つの核心的エリアは、市場に調和する金融規制の領域であり、その領域は経済全体の安定機能に大きな影響を及ぼしてきた。この分野において、おそらくもっとも重要な発展は、引き継がれた金融システムの転換から一つの新しい制度、すなわち独立した中央銀行が出現したことであり、中央銀行はマクロ経済的安定性が優先的政策であると規定する能力をもち、それと対抗する優先諸課題に対してマクロ経済的安定性を制度化し、それ自身

---

47) Joan M. Nelson, "Overview: How Market Reforms and Democratic Consolidation Affect Each Other," in *Intricate Links: Democratization and Market Reforms in Latin America and Eastern Europe*, ed. Joan M. Nelson, Jacek Kochanowicz, Kálmán Mizsei and Oscar Muñoz（New Brunswick: Transaction Publishers, 1994), 14.

の課題に沿った経済実績を収める力をもつものとなった。

　中東欧諸国は中央銀行の独立性を制度化する点で先頭ランナーであり、この点では1990年代なかばまでに西欧にキャッチ・アップしたようにみえる[48]。EU加盟の時期までに、中東欧で任命された中央銀行の総裁は、法的によく保護され、恵まれた報酬を得ることができ、選挙で選ばれる政権に与えられる期間を上回る6年の任期を有した。総裁は、国により程度は異なるものの、副総裁と理事会メンバーの任命に対してかなり大きな影響力をもっていた。職業的な資格を有することが理事の地位に任命される条件となった。かなり大きく、国際的つながりをもつ研究部門は、金融当局が、信頼のおけるデータ収集、分析、予測を行なう拠りどころとなりえた。EU基準の法制化は、財政赤字を賄う中央銀行の役割にいっそうの制限を課し、最終的にはそれを廃止した。

　これらの点で類似点があったものの、異なったレジームの間で重要な差異があった。第一に、新しい金融当局は、中央銀行が伝統的な機能を保持する程度において異なっていた。1990年代の間にバルト三国のうちの二国とブルガリアで採用されたカレンシー・ボードのメカニズムは、中央銀行が、金利政策を通じてマネー・サプライに影響を及ぼすこと、最後の貸し手として行動することを妨げた。かわって、マネー・サプライは外貨準備高によって決定されてきた。そして、中央銀行は困難を抱える商業銀行と産業企業を救済することを拒否してきた。これに対して、ヴィシェグラード諸国とスロヴェニア、クロアチアは金利をコントロールする権限、最後の貸し手として行動する権限を保持した。

　第二に、さまざまな政策分野において、とくに財政当局、労使関係レジーム、商業銀行との間の関係において、中央銀行の行動には相違があった。バルト三国、ブルガリア、スロヴェニアでは、独立性を有する中央銀行が、財務省といっしょになって、健全な金融財政政策により、マクロ経済的安定性を（再）確保するため行動してきた。対照的に、いくつかのヴィシェグラー

---

48) Sylvia Maxfield, *Gatekeepers of Growth: The International Political Economy of Central Banking in Developing Countries* (Princeton: Princeton University Press, 1997).

ド諸国においては金融当局と財政当局の間の対立が、効率的マクロ経済調整を何度も阻害してきた。

　第三に、制度間の関係の相違は、中央銀行の力をみずからの目的として利用し、中央銀行の役割を損なおうとする政党の試みから、中央銀行がどの程度守られているかの相違を反映するものであった。したがって、中央銀行の独立性に至る道は、急進性の度合いと政治的論争の観点からみると異なったものであった。バルト三国とブルガリアでは、金融当局と政治システムとの離婚状態や、国内経済と国際経済の間および国家と社会の間の関係を媒介する金融当局のヘゲモニーに対する実質的挑戦はまれであった。スロヴェニアにおける中央銀行の独立性と、その政治的含意についてはもっと論争があった。そこでは、最初激しい論争が起きたが、結局好ましいコンセンサスに到達した。国別の違いは大きいけれども、大部分のヴィシェグラード諸国とルーマニアにおける中央銀行の独立性への前進は漸進的で部分的であり、その前進は、繰り返し政党間の政治闘争と官僚制との抗争を引き起こしてきた。

　上で述べたすべての態様が、経済実績に影響を及ぼす中央銀行の能力を形づくってきた。最後に、中央銀行の力は時間とともに変化してきた。1989～98年の期間に、相対的に早く独立した金融当局が形成され、マクロ経済的安定の回復がもたらされたのとは対照的に、2000年代になって、中央銀行のヘゲモニーとマーストリヒト基準に従うという課題に関して政治的論争が復活したことは重要である。

転換コストの補償

　市場を開放し、制度化することは、大きな社会的混乱を招き、破壊的な社会的、政治的対立という脅威を突きつけた。この挑戦に対処する一つの方法は、経済的アクターと市民の転換のコストを補償し、それによって彼らの支持を、あるいは少なくとも不確実性と経済的苦難に直面している彼らの黙認を取りつけることであった。われわれは、補償という術語を、国家が資本主義的転換への反対を制し、変化を政治的に可能にし、新秩序を生存可能にするための利益の連合をつくり出し、維持しようとする政策と政治的意思表示

第1章　社会主義以後の資本主義の多様性

を意味するものであると定義する[49]。採用されるさまざまな施策を特徴づける前に、あらかじめいくつかの論点について明確にしておく必要がある。

　第一に、われわれの目的にとって、補償とは、引き継がれた国内産業、新しい超国家産業を関税、補助金、特別の規制によって保護することから、対象が中間階級であれ、もっとも傷つきやすい貧困者であれ、彼らを保護する社会福祉政策を実施することまでを含む、異なったタイプの広範な国家介入のための共通名称を指す[50]。ある時期の、ある目的のための支出は直接に他への支出を制限するという現実的な根拠から、政治的言説は、産業への補助と社会支出を対立させる傾向にあるが、これら二つの種類の補償の間の相反は、全体として、敵対的ではないかもしれない。

　マクロレベルでは、存在する仕事を守り、新しい仕事を創造するために、私的アクターを助ける国家援助は、失業給付や早期退職や障害年金のかわりになるであろう。逆に、教育や健康への公的支出は、部分的には健康で熟練した労働者に頼っている企業にとって補助金とみなされうるであろう。特定の例においては、経営者個人の選好はそのようなマクロ社会的な解決策と一致しうる。しかし、企業のミクロ・ロジックは、対立する社会集団が相互に責任を取り合うことを要求するどのようなマクロ・ロジックとも対立する可能性がある。したがって、たとえ、諸国家が共通に受け入れられる解決を考案する能力と意思の点で異なっているとしても、集団行為問題が起きる確率が高くなればなるほど、それを解決するための公的介入の必要が出てくるのである。

　第二の論点は、勝者と敗者に関わる論点である。転換は、複数の社会集団

---

[49] この定義と以下の議論については次のものを参照されたい。Greskovits, *The Political Economy*, esp. 137-41.
[50] われわれの解釈はポランニーの考えに共感するものである。「とても刺激的で深い分析をともなう著書というものはさまざまな点で論争を起こし、疑問を突きつけられる運命にある。いく人かは、自己調整的な市場に対する「防衛」の異なった形態に異なった評価がなされたであろうと願っており、彼らにとっては関税を推進する者と社会立法を行なう者が親しい仲間として現われるように思われることを受け入れることは少し不安なことであるかもしれない」(Robert M. MacIver's foreword to *The Great Transformation*, xi)。

に、重大な影響を同時に及ぼすが、相反する仕方で影響を及ぼすので、その
ことがアクター自身の状況についての認知を混乱させる。と同時に、予想さ
れる勝者と敗者の同定を試み、適切な政策によって彼らに向き合おうと試み
る政治家の判断も混乱させる。転換によって不利となる種々の集団間の競争
も、救済諸施策をもっとも必要とされる人々に向ける政府の能力を制約する
であろう[51]。

　実際に、国家資金をめぐる競争が敗者だけに限定されることはまれであっ
た。むしろ、現実の勝者の個々の集団が、公的資金を求めて互いに競争する
こと、およびとりわけ敗者と競争することを妨げるものは何もなかった。勝
者が十分な政治権力を行使する場合、彼らの機会はかなり大きかった。こう
して、大きな国内企業や超国家企業が認知しているコストとリスクを緩和す
るために、また旧中間階層および新興中間階層の地位に関わる悩みを和らげ
るために、さらに特定のエリートや中間階層グループの上昇機会の限界に関
する懸念を減らすために、政府が公的資金を使用する傾向があった。エスニ
ック・マイノリティの中に多くみられる貧困者のような、より大きなハンデ
ィキャップをもっているが、市場改革と政治的安定化を頓挫させる可能性の
低い人々は、しばしば寛大でない公的救済に甘んじなければならなかった。

　上述したことから、経済効率と政治的正統性の間をつなぐ戦略としての補
償は容易に失敗するということが明らかになる。転換の勝者に報い励ます報
奨金、不利であるが改革に逆らうことができない人々への補償、支持者への
レントと利権に吸収される資金が、おのずと混じり合うこととなる[52]。政策
戦略家は、効率的な企業に対して最大限前向きな合図を送り、最大限の政治
的報酬をもって補償支払いを企画し実際に支払い、他方でレントと利権を最
小化しようと努めたことはたしかである。しかし、われわれのポランニー的
枠組みと合致して、その成功が保障されているというには、現実は程遠かっ

---

51) Joan M. Nelson, "The Politics of Pro-Poor Adjustment," in *Fragile Coalitions: The Politics of Economic Adjustment*, ed. Joan M. Nelson (New Brunswick: Transaction Publishers, 1989), 95-114.
52) John Waterbury, "The Political Management of Economic Adjustment and Reform," in Nelson, *Fragile Coalitions*, 41. See also Katzenstein, *Small States*, 29.

表1.2 転換の経済的コストの補償の水準（1989～98年と1999～2007年）

	適用関税率平均(%)[a]	予算補助金と経常移転（対GDP比(%)）	私的セクターに対する国内信用供与（対GDP比(%)）	投資インセンティブに関わるスコア[b]	投資促進エージェンシーに関わるスコア[b]
1989～98年平均					
バルト三国	2.5	1.2	13.9	2.2	1.9
ヴィシェグラード諸国	8.1	4.5	28.7	2.5	2.6
スロヴェニア	10.6	2.7	26.4	2.7	1.6
クロアチア・ブルガリア・ルーマニア	15.7	7.9	18.8	2.3	1.5
1999～2007年平均					
バルト三国	1.7	2.1	33.5	2.7	2.3
ヴィシェグラード諸国	3.6	3.4	35.1	4.1	3.0
スロヴェニア	5.0	3.4	45.7	2.8	2.7
クロアチア・ブルガリア・ルーマニア	7.7	10.9	30.3	2.8	1.7

（出所）次のデータに基づく著者の計算。関税についてはUNCTAD TRAINSデータベースおよびWTO IDBデータ。予算、移転、国内信用についてはEBRD, http://www.ebrd.com/pages/research/economics/data.shtml（2009年6月9日アクセス）。投資インセンティブ、促進エージェンシーについてはFergus Cass, "Attracting FDI to Transition Countries: The Role and Impact of Incentives and Promotion Agencies," M. A. thesis draft（London: University College London, School of Slavonic and Eastern European Studies, January 2006）, appendixes 2a, 2b, 3, 48-50.
[a] 単純平均の百分比
[b] 平均投資インセンティブ・スコア。データは1994～98年と1999～2005年。EBRDの場合の移行指標と同様に、最小値は1、最大値は4.33。

た。

　最後だが重要なことは、改革への反対を制し、喪失感をもっている人々に的を絞った利用可能な政治的施策の持ち駒のすべてに補償がなるわけではない。中東欧の改革志向の政府は、部分的であるにしろ、ともかく改革反対者の政治的経済的基礎を破壊することをめざした。特定の私有化政策、官僚のパージ、労働組合と政党に対する制限、政治的自由の選択的付与などがその事例である。このような一連の施策は、経済的政治的便益の分配とは逆である剥奪を意味するので、補償とは区別しなければならない。後者の種類の施策〔剥奪〕の主な脅威は、財政負担あるいは調整の行政的ないし政治的調整の困難の中にはない。むしろ、脅威は民主主義の質を損ない、社会的アパシ

ーを生む点において、もしかすると、コストのかかるものとなりうる。

　中東欧レジームのすべてが種々の産業政策と社会政策のミックスを採用したけれども、補償へのアプローチは顕著な差異を示した。産業政策の多様性を捉えるために、われわれは五つの代用指標をもち出す。適用関税率平均、企業と家計に供与された補助金額、私的セクターに対する国内信用、主に製造業における TNCs に提供された投資奨励金、投資促進機関によって外国投資家に与えられたサービスの範囲と質である（表1.2）。

　1989～98 年に、市場化はシステム崩壊の衝撃を与えながら、引き継がれた社会主義企業を厳しい適応圧力に向き合わせた。放っておけば、それらの企業は、そのような重大な挑戦に対処しようとはしなかったであろう。したがって、危機の 10 年間に中東欧経済の産業政策指針において支配的であったのは、間にあわせの臨時的なダメージ・コントロール策であった。すべてではないにしろ、ポスト社会主義諸国の行政当局は、補助金廃止における漸進主義、保護主義的な関税率の部分的存続、生き残りと（あるいは）再構築のための新しい信用供与などを異なった形で組み合わせて、調整を容易にしようと努めた。産業政策の最初の焦点は国内企業に合わせられていたが、同時にいくつかの国家は外国投資家を呼び込むために、奨励金のパッケージ、輸出加工ゾーンや販売促進機関に向けた基礎固めを実施した。ハイリスクをともなう移行環境における先駆的投資のコストに対して寛大な補償を与えることにより、TNCs に的を絞ったのは、最初はハンガリーだけであったが、それより程度は低かったものの、ポーランドとルーマニアもそれを実施した。

　当該期間（1989～98 年）に加速化した銀行セクターへの外国資本の浸透は二つの重要な帰結をもたらした。一方で、「外国人所有は、結果としてよりよき銀行経営と収益性をもたらした[53]」。他方で、金融部門における大外国銀行の圧倒的優位は外国企業に対する融資の偏向をもたらした[54]。

---

53) Piroska Mohácsi Nagy, "Financial Market Governance: Evolution and Convergence," in *Enlarging the Euro Area: External Empowerment and Domestic Transformation in East Central Europe*, ed. Kenneth Dyson (Oxford: Oxford University Press, 2006), 245.

理解しやすいことだが、外国銀行は、よりリスクの高い中小企業に対して事業融資を行なうよりも、定評のある顧客に融資するほうを好んだ。とりわけ、小企業のニーズに合わせた金融サービスは非常にゆっくりとしか発展しなかったため、1990年代の間、中小の国内私的セクターは必要とされる資金調達上の希少性に悩まされた。中東欧地域一帯で、プチ・ブルジョアジー消滅といった事態が起きることを防いだのは、彼らに向けてなされた産業政策ではなくて、ほぼ間違いなくむしろポスト社会主義国家の徴税と社会保険料徴収の能力不足と（あるいは）それを行なう意志の弱さ、あるいは「グレイ」あるいは「シャドー」経済において労働市場規制を強める点での能力と意志の弱さであった。

1999〜2007年には、外国商業銀行は与信額を増加したが、そのときには信用は小企業も含む私的アクターに提供された。同時に、EU標準に収斂するため、ヴィシェグラード諸国とスロヴェニアは関税と補助金を半減させた。しかし、2000年代はじめまでの期間に、時期と形態と内容に相違があったものの、すべてのヴィシェグラード諸国が、それまでよりも意識的な産業政策努力という点で収斂傾向を強め、外国資本導入を加速し、幼稚超国家産業の誕生と育成に役立つ寛容な奨励金とサービスのパッケージを企画したのはもっとも重要なことであった[55]。いくらか遅れ、それほど首尾一貫しなかったが、クロアチア、ブルガリア、ルーマニアは国内志向から外国資本に焦点を合わせる産業政策に重点を移す点で、ヴィシェグラード諸国のあとを追った。

双方の時期（すなわち1989〜98年、1999〜2007年）において、バルト三国の産業政策を通じた補償へのアプローチは、他の諸国のアプローチとは異なっていた。エストニア、ラトヴィア、リトアニアは、すでに1992〜98年に事実上関税と補助金を廃止した。そして、旧ソ連市場とサプライヤー・ネットワーク崩壊の影響から、企業を保護することを渋った。さらに、カレンシー・ボード制の下での中央銀行による厳格な金融政策に起因して企業は危機

---

54) 銀行部門が2000年代末まで大部分国内所有であったスロヴェニアは例外であった。
55) Jan Drahokoupil, *Globalization and the State in Central and Eastern Europe: The Politics of Foreign Direct Investment* (London: Routledge, 2009).

の 10 年（1989〜98 年）間にクレジット・クランチに直面した。

　TNCs に対する産業政策も同様に最小限主義の下にあった。低い税率に重点が置かれ、TNCs には、全体として限定的な奨励金が提供されただけであった。外国からの投資を促進するための機関は若干遅れて設けられたが、その活動範囲と予算は相対的に控えめであった[56]。商業銀行の信用を得ることがはるかに容易になり、外国企業に与えられる奨励金とサービスが、より寛大になりはじめたことを除けば、バルト三国の産業政策は 1999〜2007 年の期間にも大きくは変化しなかった。バルト地域は、外資誘致のためのインセンティブ・パッケージの点でヴィシェグラード諸国に遅れをとり続けた。

　中東欧一帯において、危機にさらされる国内企業と産業に対する国家の援助と、その後の再工業化の超国家的エージェントに対する援助は、弱い社会集団への公的福祉援助によって補完されてきた。相対的に寛容なハンガリーの福祉国家を「時期尚早」と呼んだヤーノシュ・コルナイに続いて、ハガードとカウフマンは中東欧の福祉支出の内的構造は、福祉支出の規模と同じく、独特のものであることを見出した。中東欧諸国はラテン・アメリカあるいはアジアの新興工業化諸国群（NICs）よりも社会保護向けに、はるかに多くの支出を行なってきたばかりでなく、年金・家族・住宅給付の点で大幅に新興工業化諸国群を上回ってきた[57]。さらに、2000 年代においてポスト社会主義国の公的セクターはまだ NICs のそれの 2 倍にあたる雇用を提供していた。この点で中東欧の雇用構造は西欧小国の国家のそれに近かった。

　中東欧の社会政策には類似性があるにもかかわらず、その社会政策と福祉資本主義のそれぞれの異なる世界との結びつきには、あるパターンがあった。違いを強調するために、われわれはポスト社会主義諸国の福祉国家を、社会保護支出総額と 1 人当たり支出総額、年金・教育支出の GDP に占める比重、——そしてもっと広い福祉の定義を使って——、公共部門の雇用に関するデ

---

56) Fergus Cass, "Attracting FDI to Transition Countries: The Use of Incentives and Promotion Agencies," *Transnational Corporations* 16, no. 2 (August 2007): 77-122.

57) Stephan Haggard and Robert R. Kaufman, *Development, Democracy, and Welfare States: Latin America, East Asia, and Eastern Europe* (Princeton: Princeton University Press, 2009).

第1章　社会主義以後の資本主義の多様性

表1.3　転換の社会的コストの補償の水準（1989～95年および1999～2006年）

	社会保護への総支出（対GDP比(%))[a]	人口1人当たり社会給付（EUR, PPS）	年金への支出（対GDP比(%))	教育への支出（対GDP比(%))	公的部門での雇用（対15歳以上の人口比(%))
1989～95年平均（公的部門雇用については1998年またはそれにもっとも近い年）					
バルト三国	15.5	875	6.9	5.9	17.3
ヴィシェグラード諸国	21.1	1,752	9.6	5.1	14.9
スロヴェニア	24.6	2,929	12.8	4.5	15.1
ブルガリア・ルーマニア	15.5	n.a.	7.9	4.1	14.0
1999～2006年平均（公的部門雇用については2006年またはそれにもっとも近い年）					
バルト三国	13.7	1,331	7.1	5.5	15.2
ヴィシェグラード諸国	19.7	2,371	9.6	4.7	11.78
スロヴェニア	23.8	4,021	10.8	6.0	13.7
ブルガリア・ルーマニア	14.6	1,075	7.2	3.8	10.4

（出所）次のものに示されるデータに基づき著者が計算。*Social protection:* 1989-95, *Children at Risk in Central and Eastern Europe: Perils and Promises*, Economies in Transitions Studies Regional Monitoring Report 4 (Florence: UNICEF, 1997), 135; 1999-2006, EUROSTAT, http://epp.eurostat.ec.europa.eu (2008年11月18日アクセス). 社会給付については、EUROSTAT. *Pensions, education:* 1989-95, *Children at Risk,* 136-37; 1999-2006, EUROSTAT. *Public sector.* LABORSTA, http://laborsta.ilo.org/cgi-bin/brokerv8.exe (2008年5月22日アクセス).
[a] 以下の二つのデータのセットは完全に比較可能なものではないが、すべての時系列データを入手することが不可能なので、これらを例証のために使用している。

ータによって特徴づける（**表1.3**）。

　危機の10年間にバルト三国とブルガリアとルーマニアは、社会の補償を目的とする支出の対GDP比が全体としてかなり小さいという点で、ヴィシェグラード諸国およびスロヴェニアとは区別される。バルト三国の個人に供与される社会給付額は、ヴィシェグラード諸国の一市民が期待できる基準額の半分であり、スロヴェニア市民が当てにできる額の3分の1の水準にあった。バルト三国において提供される貧弱な救済額は、これら諸国の経済が転換リセッションによってもっとも大きな打撃を受けたという事実と照らし合わせるならば、とりわけ強い印象を与えるものである。

　回復の10年は、この地域間パターンを大きくは変化させなかった。実際に、

1999～2007 年において GDP に対する社会支出のシェアの相違はなお大きくなった。他方で、1 人当たりの社会給付額の差異は、おおむね以前の 10 年間と同程度に留まった。2000 年代の後半までの期間に、バルト三国の 1 人当たりの平均 GDP はヴィシェグラード諸国のそれとほぼ同じになっていたので、それは驚くべきことである。すなわち、2006 年にエストニアの購買力平価での 1 人当たり GDP はチェコ共和国に次いで 2 番目に大きく、ラトヴィアとリトアニアはポーランドよりも豊かであった。概していえば、厳しい時期であろうと良い時期であろうと、バルト三国は、国家の支援に依存しながらも生活水準が低い人々にとって、住むべき場所でなかった。とりわけ、年金生活者にとって良い場所でなかった。

　社会に対する補償の対象とされた集団についていえば、バルト三国は三つの特徴により、ヴィシェグラード諸国と区別された。バルト三国の年金支出の対 GDP は、ヴィシェグラード諸国のそれと比べ低い水準であり、バルト三国の教育支出の対 GDP についていえば、ヴィシェラード諸国と比べて同じか、ときおり高い数値を示した。他方で、バルト三国は、ヴィシェグラード諸国と比べて、いっそう多くの公的部門雇用を維持していた。こうして、バルトのパターンは、高齢者や失業者と比べ、教育を受け私的セクターで働く青年、国家セクターで働く中間階級を援助するものであったように思われる。

　次に、ヴィシェグラード諸国の福祉国家は、過去に労働かそれ以外の理由で尊敬される社会的地位にあったが、その後は一時的に「非生産的」になるか、あるいは部分的かまたは全面的に「非生産的」となった社会集団を援助するというバイアスをもつ傾向にあった。この「非生産的」社会集団には、早期退職をした「退職年齢以下」の年金生活者（とくに、ハンガリーとポーランド）、子どもをもつ若い母親（ハンガリー）などが含まれる[58]。スロヴェニアは、中東欧の中で年金と教育の双方でもっとも多く支出する国であり、

---

58) これらの国の異常な年金ブームの洞察力のある分析については次のものを参照されたい。Pieter Vanhuysse, *Divide and Pacify: Strategic Policies and Political Protests in Post-Communist Democracies* (Budapest: Central European University Press, 2006).

公共的部門の雇用のシェアに関していえば、バルト三国とヴィシェグラード諸国の中間にあった。これらすべての面で、ブルガリアとルーマニアは後塵を拝していた[59]。

　総じて、危機と回復の時期を通して、バルト三国の国家は経済アクターと社会構成員の転換コストを補償する意志がもっとも乏しく、スロヴェニアはその意志がもっとも強かった。ヴィシェグラード諸国は、その両極端の中間にあったが、補償の際、産業政策か社会政策かのどちらを優先するかについて、これらの国の間では相違があった。補償をもっとも優先した実例はチェコ共和国で、2番目はポーランドであった。最後に、ブルガリアとルーマニアは、経済アクターに対しいっそう多くを補償をしようと努めたが、他方で、福祉国家的な給付の対GDPシェアと寛容性において、両国はヴィシェグラード諸国の後塵を拝した。

　最後に留意すべきは、年齢やエスニックに起因して同定される種々の集団の貧困化リスクを緩和する方法において、バルト三国とヴィシェグラード諸国の福祉世界にも相違があったことである（詳細は本書第3、4章を参照）。

民主主義、社会的パートナーシップ、国家能力

　抗議と政治的不安定、社会の解体の脅威ならびに私的活動に対する公的規制への抵抗そして広い政策分野に及ぶ調整の諸課題は、ポスト社会主義レジーム形成の政治を特徴づけてきた。新しい政府は、想定されるリスクと機会の間でいかにして策をめぐらすことができたであろうか。より限定していえば、民主的でネオコーポラティズム的な諸制度は、異なるレジームの改革当局に対して、どのような仕方で制約を課したのか、そして（あるいは）可能性を与えたのか。

　よく知られている他の経済転換と発展の成功物語における政府の形態につ

---

[59] クロアチアについて比較可能な証拠は乏しいが、存在するデータは寛大な福祉支出と公的セクターでの雇用が多いという点でクロアチアが1999〜2007年にヴィシェグラード諸国に近づいたとの印象を与える。その説明に関しては本書第5章「ネオコーポラティズムによる均衡維持か危機主導の経路の修正か」を参照されたい。

いて短い比較論的言及を行なうことが、資本主義への多様な経路にとって民主主義が適切であるかどうかの理解に役立つであろう。アジアとラテン・アメリカのNICsが適切な例である。これらの諸国家のいくつかは、まだ権威主義的であるか、あるいはせいぜいのところ部分的にのみ自由である。そして、民主化が行なわれたのは経済転換が成果をもたらす以前ではなく、成果をもたらした以後であった。権威主義は、それらの国家がスムーズな国際的統合と早い経済成長の制度的な手段を適切に配置するのを助けたのであろうか。これは複雑な問いであり、それに対し、これまで対立する回答がなされてきた[60]。

にもかかわらず、中東欧の大部分の国は社会主義崩壊直後に政治的自由を達成したので、中東欧の指導者は転換と発展が成功したという観点から、民主的政府は有利である可能性をもつことに満足しなければならなかった。この有利さの一つはロドリックによって指摘されている。彼は「参加的な政治諸制度は、ローカルな知識を引き出し、集計し、よりよい制度が形成されるのに役立つ制度内制度である」とみなしている[61]。

この見方においては、民主主義は、選択を容易にし、政治決定が少数者の特権であるような他のシステムよりも、いっそう大きな多様性に富む制度に導く。さらに、民主主義は国家と社会の対話を好むので、実験とフィードバック、誤った決定の矯正、将来性のない経路の変更などを通じて、制度を微調整していくという目的と理想的に合致している。強調する必要もないが、これらの属性が現実となるのは、社会が代表され、そして（あるいは）社会が実際の重要な政治的決定と政策選択に参加する形態と程度にかかっている。参加も代表制も乏しいような民主主義の制度的成果は、概して劣ったものとなるであろう。なぜならそのようなシステムでは社会全体としてローカルな

---

60) 要旨として次のものを参照されたい。Stephan Haggard, "Institutions and Growth in East Asia," *Studies in Comparative International Development* 38, no. 4 (Winter 2004): esp. 57-64.
61) Dani Rodrik, "Institutions for High-Quality Growth: What They Are and How To Acquire Them?" *Studies in Comparative International Development* 35, no. 3 (Summer 2000): 14.

知識を引き出し、集計する能力が相対的に限られているからである。

　カッツェンスタインは、制度の成果を参加的政治制度と関連づけるのに異なった可能性があることを提示した。彼は「財政の有効性は、政策部門が異なると分岐していくような政策諸目的の調整を測る経済的成果の間接的な物差しになることができる」と想定しながら、参加的制度がよりよい調整を行なうだろうと示唆した[62]。彼は、西欧の小国を証拠にして、すなわち、そこでは民主的コーポラティズムが複合的政策アジェンダの実施のために必要とされるバランスのとれた行為をもたらしていることを明示しながらこの主張を立証した。

　どのような方法で、中東欧において参加的政治諸制度は、諸政策の実験、微調整、修正、効果的な調整を行なう国家能力に影響を与え、そして資本主義の生存のリスクとなるものを遠ざけることができたのであろうか。われわれの見解は（その詳細は本書第3～6章で検討される）、次のような民主主義の質を測るうえで代用となる数字に基づいている。それは、人々の新しいシステムの受容（**表1.4参照**）、制度的－手続的特徴、包摂が政治的形態であろうとコーポラティスト的形態であろうと参加を引き出す諸属性、そして最後にガバナンスの質など、民主主義の質を測定するための代用数字である。すべてこれらは、事例ごとに、また時間とともに大きな相違を示す。

　最初に、民主的政府形態に対する市民の承認は、遡って共産主義権威主義の承認と比較される。これらのどちらの政治システムも完全には拒絶されていない。しかし、中東欧の人々は、一般的には共産主義的一党制政府よりも民主的政府を好む。ところが、1989～98年の期間にバルト三国において民主主義への承認から不承認を差し引いた正味の承認は、ぎりぎりの程度であったのに対し、他の諸国の市民は共産主義以上にはるかに民主主義を評価していた。概して、安定度が高い諸国では、民主主義の掛け値なしの承認が、政治的権利の量と質、市民に与えられている市民的自由の量と質と相関している。したがって、最初、バルト三国は、民主主義の質の点でヴィシェグラー

---

62) Katzenstein, *Small States*, 93.

表1.4 民主的政府に関わる指標（1989～98年および1999～2007年）

	民主主義の純承認率(%)[a]	フリーダム・ハウスのスコア	国民議会選挙の投票率(%)[b]	選挙民の浮動性[c]	ボイスとアカウンタビリティのスコア[d]
1989～98年平均（発言と説明責任については1996～98年）					
バルト三国	2	2.4	59	77	0.71
ヴィシェグラード諸国	17	2.0	72	42	0.86
スロヴェニア	19	1.8	80	28	0.91
クロアチア・ブルガリア・ルーマニア	21	3.2	76	39	−0.03
1999～2007年平均（発言と説明責任については2000～2005年）					
バルト三国	4	1.4	51	54	0.95
ヴィシェグラード諸国	10	1.3	62	29	1.03
スロヴェニア	5	1.2	67	34	1.06
クロアチア・ブルガリア・ルーマニア	−7	1.9	63	46	0.46

(出所) 次のものにあるデータに基づき著者が計算。純承認については Richard Rose, "Diverging Paths of Post-Communist Countries: New Europe Barometer Trends Since 1991," *Studies in Public Policy* 418, (Aberdeen: Centre for the Study of Public Policy, 2006), 22-23。フリーダム・ハウスのスコアについては、Freedom House, *Freedom in the World 2007*, www.freedomhouse.org. （2008年12月7日アクセス）。投票率については IDEA Database, http://www.idea.int/vt/country_cfm（2008年12月18日アクセス）。欠けている年については、投票年齢人口が次のものから推定されている。LABORSTA データ、http://laborsta.ilo.org/cgi-bin/brokerv8.exe（2008年5月22日アクセス）。浮動性については、Conor O'Dwyer and Branislav Kovalcik, "And the Last Shall be First: Party System Institutionalization and Second-Generation Economic Reform in Postcommunist Europe," *Studies in Comparative International Development* 41, no. 4 (2007): 3-26。選挙の結果については、Sten Berglund, Joakim Ekman, and Frank H. Aarebort, eds., *The Handbook of Political Change in Eastern Europe* (Cheltenham, UK: Edward Elgar, 2004) と Wikipedia。発言と説明責任については、Kaufmann, Kraay, and Mastruzzi, "Governance Matters VIII"。

[a] このデータは、「自由選挙と多党制をともなう現行のシステム」か「旧共産主義レジーム」かを問い、前者から後者を引いた数字で1991～98年と2001～14年の平均。
[b] 投票人口に対する投票者の百分比。
[c] 出所に従って、われわれは浮動性を次のように計算指定。浮動性を V とし、$V = 0.5 \, \text{sum}(vpt - vpt_{-1})$。ここで vpt は選挙における政党の得票率、vpt_{-1} = はその政党の前回選挙の得票率。なお、分裂した政党や合併した政党は新政党としてカウントされる。
[d] 当該指標は−2.5（最小値）から2.5（最大値）の範囲にある。

ド諸国とスロヴェニアの後塵を拝していた。そのことと、フリーダム・ハウスの指標との差異をみられたい[63]。もっと驚くべきことは民主主義の正味の承認が南東欧諸国家でもっとも高いことである。フリーダム・ハウスのスコアでは、それは1990年代にもっとも低かったのであるが。

われわれは、民主的な政治参加の実際の程度を二つの指標で測る。これらの個々の尺度を選ぶとき、われわれは最近の民主主義の質の大量調査型研究法（large N study）の著者たちと見解が一致する。その著者によれば「市民が参加の権利をもつだけでは充分ではない。民主主義を意味あるものにするためには、そして他の統治システムと異なるものにするためには、市民はその権利を積極的に行使しなければならない[64]」のである。われわれの観点から、彼らのもっとも興味深い所見は「参加は民主主義の核心的要素であるが、それは参加が現在の民主主義をいっそう完全にするからだけでなく、参加は、民主主義が将来において持続すること、そして進歩することさえも、よりいっそう可能にするからである[65]」という点にある。

国民議会選挙における投票率で測れば、バルト三国の民主主義の参加率がもっとも低く、スロヴェニアがもっとも高く、ヴィシェグラード諸国といくつかの南東欧諸国はこれらの両極の中間にある。実際の参加の2番目の物差しである選挙の変動性は、1990～98年にバルト三国で非常に高かったが、ヴィシェグラード諸国の大部分とスロヴェニアの投票者は全般的にみて、彼らが選好する政党に対する忠誠の度合いのほうがいくぶん高かった。

第二の時期までに、民主主義の正味の承認は中東欧地域の大部分で減少した。だがバルト三国においては、民主主義の積極的評価がかろうじて増加した。この展開は驚くべきことである。なぜなら、フリーダム・ハウスのスコ

---

63) 同様の相違についてはPolity IVによっても確認される。Political Regime Characteristics and Transitions, 1800-2010, http://www.systemicpeace.org/inscr/inscr.htm（2009年10月15日アクセス）．

64) Bruce E. Moon, Jennifer H. Birdsall, Sylvia Ciesluk, Lauren M. Garlett, Joshua J. Hermias, Elizabeth Mendenhall, Patrick D. Schmid and Wai H. Wong, "Woting Counts: Participation in the Measurement of democracy," *Studies in Comparative International Development* 41, no. 2

65) *Ibid.*, 18.

アが全般的に改善されているにもかかわらず、そうした事態が起きたからである。それと比べ、それほど驚くことでないのは、民主主義の正味の承認の減少が選挙参加の低下と一致していたことである。回復と成長の期間において西側標準への手続き‐制度面での収斂があったにもかかわらず、新しく樹立された民主主義的諸組織の効力を行使しないことを選ぶ中東欧の市民の数が増加したのである。

　1989～98年に徐々に現われたレジームの差異は、1990年代末から2000年代の経済的黄金時代に再生産されたように思われる。なぜなら、民主主義の正味の承認、手続き‐制度の質、公的政治への参加に関する数値において、バルト三国はヴィシェグラード諸国とスロヴェニアと比べて低く、選挙の変動性は高かったからである。これらの測定結果は民主主義の赤字の増加がバルト三国で最大であり、これに南東欧諸国とヴィシェグラード諸国が続いたことを示すものである。スロヴェニアの民主主義は引き続きもっともよい成果を収めている。

　これを背景にすれば、世界銀行のアナリストが六つのガバナンスの質を測る指標の一つとみなしている発言(ボイス)と説明責任(アカウンタビリティ)が、1996～2007年の全期間において中東欧で総じて安定的であったとしているのは人を当惑させるものである[66]。中東欧地域全体の公式の政治参加と民主主義の正味の承認の低下傾向と照らし合わせるなら、新しいミレニアムにおいて、誰の発言が聞かれ、ポスト社会主義政府が誰に対して説明責任を果たしていたのかは明白だとはいいがたい。

　たとえば、参加的労働関係は、参加民主主義のそれと同様に、増加し、その後減少するという短いサイクルをたどったため、組織された労働者に対する説明責任があったといえば、それが正しい解答になる可能性は低い。他の学者の観察と同じく、われわれがもっている証拠もまた、組織された労働者の集団行動は危機の10年間の半ばにピークに達し、その時期の末までにお

---

66) David Kaufmann, Aart Kraay and Massimo Mastruzzi, "Governance Matters VIII: Aggregate and Individual Governance Indicators 1996-2008," Policy Research Working Paper 4978 (Washington, D.C.: World Bank, June 2009).

表1.5 社会的パートナーシップ制度の傾向（1989〜98年と1999〜2007年）

	労働組合組織率（%）	工業の労働組合組織率（%）	労働者のストライキ参加[a]	集団協約適用率（%）	賃金交渉の調整の程度[b]
1989〜98年平均					
バルト三国	35	n.a.	0.0	26	1.0
ヴィシェグラード諸国	55	n.a.	3.8	55	2.4
スロヴェニア	56	n.a.	n.a.	100	3.1
ブルガリア・ルーマニア	47	n.a.	2.9(ルーマニア)	n.a.	3.7
1999〜2007年平均					
バルト三国	17	5	0.6	18	1.0
ヴィシェグラード諸国	23	19	1.2	40	2.2
スロヴェニア	41	52	n.a	100	4.0
ブルガリア・ルーマニア	29	n.a.	2.1(ルーマニア)	25	2.7

（出所）次のものにあるデータに基づき著者が計算。労働組合組織率、工業の労働組合組織率、集団協約適用率、賃金交渉の調整の程度については、Jelle Visser, Institutional Characteristics of Trade Unions, Wage Setting, State Intervention, and Social Pacts (ICT-WSS), an international database, (Amsterdam: Amsterdam Institute for Advanced Labour Studies, AIAS 2008), http://www.uva-aias.net.（2009年11月9日アクセス）。ストライキについては、LABORSTA, http://laborsta.ilo.org/cgi-bin/brokerv8.exe（2008年5月22日アクセス）。
[a] 生産年齢である15歳以上の1000人当たりの、年間ストライキ参加者数。
[b] 賃金交渉調整指標は、企業レベルの交渉が最小値1であり、最大値5は全国レベルでの交渉を示す。

おかた終焉を迎えていたことを示している。われわれは、労働組合の組織率、労働者の集団的抗議、集団交渉の合意の適用範囲、賃金交渉の調整などの水準と傾向を、制度化され参加をともなう社会的パートナーシップ編成のために重要である集団行動能力の指標であるとみなしている。これらの指標についていえば、中東欧地域全体の一様な傾向とともに、地域内の相違を示している（表1.5）。

1989〜98年の期間に、中東欧の労使関係システムはまだ、少なくとも公式の制度の点に即していえば、相対的に労働包摂的であるようにみえた。社会主義崩壊以後、労働者の組織権、ストライキ権は法的に保障された。引き継がれた共産党系の労働組合は解体されるか改革され、また新しい労働組合が

形成された。それらは、リストラクチャリング、私有化の過程、雇用、賃金、労働条件などに影響を及ぼす手段をもつことを許された。一連の国々で、組織された労働は、新しく形成された健康保険や年金基金の委員会において制度化された代表権を獲得した。中東欧地域一帯において国民レベルの三者協議機関が設立された。

これらを根拠にして、イアンコヴァは、体制転換過程を平和的で、時として効率的な結末に至らしめたアクターと制度と政策の相互関係を転換コーポラティズムとして特徴づけたのである[67]。コーポラティズムの実際の役割についてもっと懐疑的であるが、オストは次のことを確認している。「模倣は追従の最たる形態であるが、東欧諸国は西欧スタイルのコーポラティズムにまったくのところ魅了されており、1989年以後、すべての東欧諸国はかなりの程度コーポラティズム〔創設〕に精力を注いだ[68]」ことを確認した。

しかし、それに続いたのは社会的パートナーシップ編成の急速な減退の兆しであり、その傾向が示すのは、転換コーポラティズムは、中東欧地域一帯で永続的かつ一般的性質ではなくて、一時的、例外的であるということであった。1999～2007年の期間に、大部分の国において労働組合の組織率は劇的に低下した。公的部門の組織率は相対的に高かったが、新興私的セクターでは、労働組合はほとんどない状態であった。製造部門はグローバルな競争にさらされ、ストライキ停止に追い込まれた。概して、ポスト社会主義諸国では、賃金交渉が分権化され、賃金交渉の調整度が低くなり、集団協約の適用範囲が狭くなったため、それらの国家は西欧の小国コーポラティスト国家と乖離することになった。

このような一般的な傾向の中でも、バルト三国の労働者はもっとも大きな敗北を受けたように思われる。そのことは、中東欧地域の中でもっとも低い労組の組織率と、もっとも弱い集団行動能力で証明される。労働者の組織力と戦闘性は、ヴィシェグラード諸国の大部分においてもまた劇的に低下した。これらとは対照的に、スロヴェニアの労働者の力は堅固であり、制度化され

---

67) Iankova, *Eastern European Capitalism*.
68) Ost, "Illusory Corporatism," 503-4.

表 1.6 国家能力の水準（1996〜98 年と 2000〜2008 年）

	政府の有能性	規制の質	法の支配	汚職の コントロール
1996〜98 年平均				
バルト三国	0.28	0.97	0.49	−0.08
ヴィシェグラード諸国	0.75	0.71	0.76	0.54
スロヴェニア	0.82	0.95	0.97	1.06
クロアチア・ブルガリア・ルーマニア	−0.28	0.04	−0.22	−0.43
2000〜2008 年平均				
バルト三国	0.77	1.09	0.69	0.46
ヴィシェグラード諸国	0.78	0.98	0.71	0.46
スロヴェニア	0.96	0.81	0.91	0.95
クロアチア・ブルガリア・ルーマニア	0.12	0.36	−0.12	−0.04

（出所）次のものにあるデータに基づき著者が計算。Kaufmann, Kraay and Mastruzzi, "Governance Matters VIII."
（注）上の四つの指標の値はボイスとアカウンタビリティの最小値−2.5 から最大値 2.5 の範囲にある。

てきた。この傾向は、集団交渉の適応範囲の他の国との相違、集団交渉の中央集権的性格によっても確認される。

　要約すれば、中東欧小国の新参者の経済制度が民主的でコーポラティズムを有する西欧の小国と比べてまだ非常に異なっていたときには、参加的政治制度によって転換国家に与えられる制約と機会の点において中東欧小国の新参者は西欧の小国と強い類似性を有していた。逆に、ポスト社会主義経済制度の西欧標準への収斂は、経営者と労働者の交渉的関係、三者協議制、参加民主主義の機能と質の点で、裂け目が広がりはじめるのと同時に起きた。

　民主的なコーポラティズムをもつ小国を含む旧 EU 加盟国においても、「民主主義の掘り崩し」とコーポラティズム構造の弱体化という症状が最近観察されることはたしかである[69]。にもかかわらず、症状の強さと同時進行

---

69) Peter Mair, "Ruling the Void? The Hollowing of Western Democracy," *New Left Review* 42 (November-December, 2006): 25-51; Colin Crouch, "The Euro and Labour Market and Wage Policies," in *European States and the Euro*, ed. Kenneth Dyson (Oxford: Oxford University Press, 2002), 276-304.

から明らかなことは、「民主主義の掘り崩し」とコーポラティズム構造の弱体化という双方の過程は、中東欧でいっそう早く先まで進んだということである。時間の経過とともに、ポスト社会主義レジームのガバナンスは、社会的利害諸組織や民主主義選挙の有権者の支持を得ることが少なくなり、またそれらによる制限を受けなくなってきているのである。

最後に、国家行政能力と統治の質を測るもっともよい利用可能な直接的代用諸指標についていえば、それは、政府の有能性、規制の質、法の支配、汚職のコントロールの指標からなる（表1.6）。

1990年代の期間、これらの測定値は、すでに見た政治システムの能力に関する間接的指標の測定値と同じような相違をみせている。スロヴェニアがもっとも国家能力があるように思われ、ヴィシェグラード諸国、バルト三国の順序で続く。他の南東欧諸国はこの期間に大きな能力をもっていたとは思われない。2000年代の期間、概してこれらのレジームのランキングは変化しなかったものの、相違はより小さくなった。実際に、平均するなら、バルト三国はヴィシェグラード諸国よりも〔その期間に〕業績を高めた（スロヴェニアよりもよかったわけではないが）のに対して、南東欧はまあまあの能力を獲得したにすぎなかった。

2000年代の最初の10年はまた、EU加盟準備と実現の時期、それは大がかりな国家（再）形成を意味する時期だったこともあり（第2章の「欧州回帰」を参照）、興味深いことに南東欧諸国とバルト三国において急激にガバナンスの能力と質が改善された。これに対して、ヴィシェグラード諸国で、それがほとんど停滞し、もっとも驚くべきことにスロヴェニアでもいくらか低下した。EU加盟は、新自由主義レジームの国家能力を強化したが、埋め込まれた新自由主義やネオコーポラティズムのレジームについては、そうでなかったようである。同様に興味深いことは、政治システムの手続き-制度の質と、説明責任の双方はEU拡大過程において改善されたのに対し、参加的政治と産業民主主義は下降傾向にあり、前者と対照的であるという事実である（われわれは第6章でこの論点に立ち戻る）。それでは、新自由主義、埋め込まれた新自由主義、ネオコーポラティズムが異なる実績を示してきた核とな

る諸領域における証拠を提示することによって、三つのレジームの特徴づけを完成させることにしたい。

国際的経済統合――準中核と半周辺プロフィール

　われわれは、ポスト社会主義諸国の市場社会の国際経済への統合の（多かれ少なかれ）有望な経路をわかりやすく示すために五つの指標を採用する。製造業全体に占める複雑産業の産出量の比率、製造業全体に占める複雑産業の雇用の比率、財輸出全体に占める複雑財の輸出シェア、FDI ストック全体に占める複雑産業において蓄積される FDI ストックのシェア、複雑産業におけるオーストリアの労働コストに対する当該地域の労働コストの比率である。複雑産業は、その物質的および人的資本の強さによって特徴づけられる。すなわち、複雑な装置とテクノロジー、生産的インフラストラクチャー、集約的な研究開発（R & D）、スキルをもつ労働力である。統計的証拠からみれば、おおむねよく似た状態から出発しながら、中東欧の資本主義はこれらの要因のすべてにおいて、異なる実績によって特徴づけられるようになった。

　1990年代の早い時期に、中東欧で製造業産出高の4分の1は複雑産業であり、それは雇用の3分の1を提供していた。ヴィシェグラード諸国とスロヴェニアはいくらか多めの製造業セクターを引き継いだけれども、それらの国とバルト三国、ブルガリア、ルーマニア、クロアチアの相違は当初は小さなものであった。

　これら二つのグループの経路が急速に分岐しはじめたのは危機の10年の期間であった。1989〜98年に、バルト三国と南東欧の二つの国家〔ブルガリア、ルーマニア〕の工業リストラクチャリングがなされたのは非熟練化を通じてであった。これらすべての国は、複雑製造業の産出高、雇用、輸出において大きな損失を被った。対照的に、ヴィシェグラードとスロヴェニアの諸経済は、もっと穏やかな複雑産業設備縮小で困難な時期を乗り切った。

　相違は、大部分、TNCs の活動に起因していた。TNCs の活動がなければ、とくに新参者にとって、複雑製造業の生産セグメントと市場ニッチを形成するのは不可能である。表1.7 に示されるように、五つの要素のうちの一つで

表 1.7　国際経済統合の準中心と半周辺の位置（1989～98 年と 1999～2007 年）

	複雑製造業の産出高[ab]	複雑製造業の雇用[ab]	複雑製造業の輸出[bc]	複雑製造業のFDIストック[d]	複雑製造業の単位労働コスト[e]
1989～98 年平均					
バルト三国	18(-8)	26(-6)	27(-1)	7(51)	48
ヴィシェグラード諸国	31(-1)	35(-3)	37(-5)	17(231)	25
スロヴェニア	37(-3)	31(0)	42(-4)	24(351)	53
クロアチア・ブルガリア・ルーマニア	27(-1)	30(-2)	29(-3)	n. a.	38
1999～2007 年平均					
バルト三国	16(-3)	17(0)	28(-5)	4(222)	56
ヴィシェグラード諸国	44(-9)	35(-2)	54(-8)	17(1,045)	33
スロヴェニア	44(-7)	33(-2)	50(-6)	25(880)	66
クロアチア・ブルガリア・ルーマニア	25(-1)	26(0)	29(-4)	13(541)	50

（出所）次のものにあるデータに基づき著者が計算。生産高と雇用については、wiiw Industrial Database Eastern Europe (Vienna: The Vienna Institute for International Economic Studies, 2008)。輸出については United Nations TRADECOM DATABASE http://comtrade.un.org/db/。FDI ストックと単位労働コストについては、wiiw Foreign Direct Investment Database Central and Eastern Europe (Vienna: The Vienna Institute for International Economic Studies, 2008)。
[a] 製造業の生産総額（2002 年価格）に対する百分比。化学、機械、電気、光学、輸送機器を含む（NACE codes DG, DK, DL, DM）。
[b] 括弧内のデータについて、1989～98 年は平均値と入手可能なもっとも早い時期の数値の間の差異を、1999～2007 年については平均値と入手可能な直近の数値差異を示す（%）。
[c] 時価での財輸出総額に対する百分比。複雑輸出製品は化学、機械、装置（SITC 1 digit codes 5 と 7）。
[d] FDI 流入ストック総額に対する百分比。括弧内の数値は生産年齢人口（15 歳以上）の 1 人当たりの額を示す（単位はユーロ）。
[e] オーストリアの複雑製造業の単位労働コストに対する百分比。

　ある複雑産業の FDI 流入は、1 人当たりでみると、1989～98 年の期間、ヴィシェグラード諸国とスロヴェニアが、バルト三国を上回っていた。したがって、バルト・グループの賃金のほうがヴィシェグラード諸国よりもはるかに低いにもかかわらず、ヴィシェグラード諸国の単位労働コストがバルト・グループの半分であったのは驚くべきことではない。

　分岐の過程の強化は、高度成長の時代に起きた。1999～2007 年にヴィシェグラードとスロヴェニアの諸経済における複雑製造業産業のシェアは、産出量、雇用、輸出のすべての面でバルト諸国および南東欧諸国の 2 倍となった。

複雑産業FDIストックと単位労働コストの以前の相違も持続していることがはっきりと示された。知識集約的サービスの雇用データも同様の相違を示している。2000年代はじめにバルト三国のサービス雇用総数に占める知識集約型サービスの雇用はわずか2.3％であり、ヴィシェグラード諸国の6.5％、スロヴェニアの7.9％とは対照的であった。この点では、クロアチア、ブルガリア、ルーマニアでさえ、バルト三国よりも状況は良好であった[70]。

上記の事実は、中東欧の国際経済統合の経路における強さと弱さ、および将来の見通しについて述べることを可能にする。ヴィシェグラード諸国とスロヴェニアは（そして、はるかに低い程度ではあるがクロアチアも）、西欧小国を含む先進工業経済と類似する役割を担って、欧州とグローバルな生産・商業システムの回路への統合を果たしてきた。

このようなスペクトルの反対の端に位置して、ブルガリア、ルーマニアは多くの繊維、衣類、靴下を西欧市場向けに生産する輸出志向の劣悪な賃金・労働条件の工場の所在地となってきた。両国は、上述した品目への輸出特化と、鉄、鉄鋼、非鉄金属などローテクおよび半ばローテクの重工業品の輸出を結びつけている。また、伝統的軽工業と重工業輸出産業の製品、とくに食品、繊維、木材、金属などの製品はバルト三国において重要である。

概して、ヴィシェグラード諸国とスロヴェニアの諸経済は、国際経済統合に関して**準中核**の特徴を身につけてきたように思われる。われわれは、イマニュエル・ウォーラーステインの仮定と推定と予言にかならずしも同意するわけではない。しかし、中東欧のいくつかの国が中核国の特化と明白な類似性をもつにもかかわらず、それらの国の発展ステータスを特徴づけるに際しては、以下の二つの理由により、ウォーラーステインの世界システム論の用語法を敷衍した混合術語〔準中心〕が適切であると考える[71]。

まず第一に、ヴィシェグラード諸国とスロヴェニアの諸経済は、相対的に

---

70) EUROSTAT, http://epp.eurostat.ec.europa.eu（2008年11月18日アクセス）.

71) Immanuel Wallerstein, *The Capitalist World-Economy* (Cambridge: Cambridge University Press, 1979). 準中心と半周辺の地位の最初の区別と実証については次のものを参照されたい。Béla Greskovits, "Leading Sectors and the Varieties of Capitalism in Eastern Europe," *Actes de Gerpisa* 39 (2005): 113-28.

多くの経験とスキルを有する労働者をもっており、さらに現地の経営者として、企業家として、ある程度まで才能をもつ人々がいることを示してきたが、それらの経済は、資本、テクノロジー、グローバルな企業家のスキル（デザイン、世界大の投入財ソーシング、マーケットアクセス、知識など）に必要とされるものに関しては先進経済に頼らざるをえなかった。したがって、ヴィシェグラード諸国とスロヴェニアの諸経済が、新たに手に入れた複雑部門における競争力は、外国の投入資本と密接に結びついていた。第二に、テクノロジーの格上げ面での最近の進歩にもかかわらず、ヴィシェグラード経済の複雑製造部門の実際の生産上の役割は、同じ超国家的部門の西側諸国にある生産単位に集中している活動よりも自律性、洗練度、スキルにおいて、まだ全般的に低い水準にある。

対照的に、複雑製造部門とその生産物の出現が確固たる状況でないことに示されているように、ブルガリア、ルーマニア、バルト三国の経済は準中心のステータスには到達せず、**半周辺**とみなされるほうがふさわしい。にもかかわらず、バルト三国の経済は共通する特徴によってもまた区別される。いまや EU 域内にある旧ソヴィエト連邦のもっとも西側の小地域として、これらの国家はまだロシアの原油や他の資源のトランジット貿易に関係するサービス（およびロシアによって輸入される財）から、生き残りのために都合のよい役割を得ている。開放性、サービス志向、大きな経済的後背地への依存など、流通中心経済としてのいくつかの特徴、そして経済的政治的な対外的ショックに対する脆弱性が、バルト三国の経済の特性に加わるであろう[72]。

重要なことは、国際経済への統合の点で中東欧諸国のどれもが、われわれにとっては完全な**周辺的な国**とは思えないことである。完全な周辺という特徴づけは、旧ソ連の大半の共和国の状況がふさわしいと思われる。なぜなら、そこでは原油、ガス、金属、綿、食品などが輸出の大半を占め、複雑部門の製品の輸出は 10% 以下であるからである。われわれの見地からすればロシアも例外ではない。いく人かの論者はロシアを半周辺と特徴づけるけれども、

---

[72] Stephan Haggard, *Pathways from the Periphery: The Politics of Growth in the Newly Industrializing Countries* (Ithaca: Cornell University Press, 1990).

ロシアの資源に依拠する特化とは、かつての恐るべきライバルの突然の崩壊について見下したような論調で述べた以前の西側の語り口のように思われる。つまり、ロンドンのタイムズ紙が記したように、ソ連は近代工業社会ではなかった。それは、むしろ「第一世界の武器をもつ第三世界の国」であったのである[73]。

概して、市場経済を採用するにあたって、これまでのところ新自由主義的プログラムは中東欧の国家が周辺という地位に陥ることを避けるのに役立った。しかし、埋め込まれた新自由主義という類型だけが「中心」が有するような製造業特化と結びついているように思われる。このことを、急進主義的な市場開放がFDI、産業リストラクチャリング、テクノロジーの格上げにつながるとする大きな楽観的な期待があったことと照らし合わせてみると、上で述べた実際に起きた帰結は驚くべきものである。

社会的結束、物質的損失、生存に関わるストレス

所得不平等、失業、貧困に関するデータは、転換にともなう社会的ストレスの規模に関して過度に陰鬱な状況を示しているわけではない。中東欧において失業および長期失業、貧困化リスクは高かったけれども、EU旧加盟国もまた1989〜2007年の期間にそうした脅威を免れはしなかった[74]（**表1.8**）。

このことは次のことを物語っている。社会主義の下では、たとえ経済効率面での損失があったとしても、完全雇用と低い賃金格差という条件の中で中東欧の人々は長らく暮らしてきたが、そこから中東欧地域の人々にとってハイリスクと不確実性の中での生活が常態になるまでのスピードはめざましく速かった。そのことを考慮に入れなければ、社会的衝撃の真の度合いを思い描くことはできない。以前に起きた変化の社会的制限に関わる叙述において、ポランニーは次のように主張した。急激なスピードの進歩は、「建設的な事柄であることにかわって、過程そのものを退行的なものに」転換させる可能

---

[73] Jane J. Kirkpatrick, "Beyond the Cold War," *Foreign Affairs* 69, no. 1 (1990): 5.
[74] このことは、5分位所得階級割合のような他の指標でも確認される。EUROSTAT, http://epp.eurostat.ec.europa.eu（2008年11月18日アクセス）。

表1.8 社会的結束、物質的損失、生存のストレスの水準(1990年代と2000年代なかば頃までの時期)

	所得の ジニ係数	全体失業率 (％)[a]	長期失業率 (％)[b]	社会的移転支 出後の貧困リ スク率（％）	出生時の男 性の平均寿 命の増減[c]
1990～98年平均（貧困リスク率については2000年）					
バルト三国	0.343	12.7	6.5	17.0	−2.3
ヴィシェグラード諸国	0.253	9.9	4.5	13.5	0.8
スロヴェニア	0.253	7.9	3.4	11.0	1.2
クロアチア・ブルガリア・ルーマニア	0.327	11.2	2.4（ルーマニア）	15.5	0.0
1999～2006年平均（貧困リスク率については2001～07年）					
バルト三国	0.359	11.4	5.5	19.5	−0.1
ヴィシェグラード諸国	0.280	12.2	6.7	13.0	3.6
スロヴェニア	0.243	6.3	3.4	12.0	4.1
クロアチア・ブルガリア・ルーマニア	0.342	12.0	6.8	16.8	1.9

(出所) 次のものにあるデータに基づき著者が計算。所得、全体失業率、平均寿命については、Transmonee Database UNISEF Innocenti Research Centre, www.unicef-irc.org で公表された様々なデータ。長期失業と貧困リスク率については、EUROSTAT, http://epp.eurostat.ec.europa.eu（2008年11月18日アクセス）。
[a]LFS（労働力サーベイ）。総労働力人口に対する百分比。
[b]12カ月を上回る失業者。経済活動人口に対する百分比。
[c]1989年を基準とした寿命の増減。

性があった。「というのは、所有権を奪われた人が、人間的、経済的、肉体的、道徳的実存に致命的打撃を受けることなく、自分自身を諸条件の変化に適応させることができるかどうかは、主に変化のスピードに依存していたからである[75]」。

しかし、現実において、ポスト社会主義諸国の市場化は社会的結束に対する深刻な脅威となったのであろうか。新自由主義者たちはこれに疑問を呈する。サックスは社会的状況が急速に改善されたという事実を引き合いに出し次のように述べている。「（旧体制に広く認められていた不足の実像を示さない実質賃金指標ではなくて）一つの例として、実際の家計消費を吟味すれば、人々の生活水準は実際には低下していない[76]」。同様に、オスランドは、是認

---

75) Polanyi, *The Great Transformation*, 37.〔『［新訳］大転換』65頁〕
76) Sachs, "Postcommunist Parties," 1.

されない福祉支出のような悪い政策、歪められた公式統計、誤った分析とネガティブな宣伝によって起きた大衆感情など「数々の愚行」を引き合いに出し、この調子で「いわれているようなポスト社会主義の悲惨は、主に、本当は共産主義のコストの遅れた発見なのである[77]」と主張している。

1990年代の新自由主義者たちが、19世紀の彼らの先駆者の見解に多くを付け加えるものではなかったことは明白である。先駆者たちは、産業革命は人々の物質的生活水準を引き下げたのではなく改善したと述べていたからである。しかし、ポランニーは次のように主張した。産業革命の社会的苦難は「主に文化的であり、所得の状況や人口統計によって測ることのできる経済的現象ではない。……当然のことながら、経済過程は破壊の手段を提供するといって差し支えないだろうし、ほとんど変わることのない経済的劣位は、その地位をいっそう弱める。しかし、そのような者の破滅の直接の原因はその経済的理由のためではない。それは、そのような者の社会的実在が具現されている諸制度に対するひどく不当な扱いにある。その帰結は、自己に対する尊敬と規範の喪失である[78]」。

ポランニーにならって、われわれも新興資本主義の社会的結束に対する主な脅威を、純粋な経済的困難ではなくて、何よりも安全の感覚、自己への尊敬、尊厳、社会的に有用であるという自覚、広範な社会階層において認知されていた地位に打撃的影響が及ぼされる点に見出す。このような解釈は、物質的福祉の「客観的」水準の低下から生じているものを理解するというよりも、もっと根本的な悩みを緩和するという役割に焦点を合わせて補償を本質的に理解するという次元を開くことになる。しかし、われわれは深い苦悩という衝撃の程度を計量化し測定することの困難さ(そして、おそらく不可能性)を知っている。われわれは、種々の補償のための諸政策がこの衝撃をどの程度緩和するかも評価できない。しかし、われわれは、社会的規範・価値

---

77) Anders Aslund, "The Myth of Output Collapse after Communism," Working Paper 18 (Washington D.C.: Carnegie Endowment for International Peace, Post-Soviet Economies Project of the Russian and Eurasian Program, March 2001), 17-18.
78) Polanyi, *The Great Transformation*, 157. 〔『[新訳] 大転換』284頁〕

観の崩壊による社会の不安定化の広がりに関するデータは、少なくとも1989年以後に中東欧が被った純粋な物質的ショックよりもむしろ、少なくとも生存に関わるショックの規模を本当に示していると信じている。

幼児死亡率とアルコール中毒、犯罪の劇的な増加、および前例のない出生率減少は上で述べたことに関係する例である[79]。男性の平均寿命の急速で大きな低下（それも、社会構造解体のもう一つの指標である）を目にして、いく人かのもっとも確信的な新自由主義的分析家でさえ、混乱状態があったことを認めた[80]。表1.8のデータは、物質的喪失であろうと、生存に関わる悩みであろうと、社会的ストレスの中東欧地域における分布は、かならずしもレジーム固有のパターンをそのまま示すわけではないが、レジームごとの特徴を示すのは疑いないことである。

1989～98年の期間に、バルト三国の新自由主義レジーム（およびすべてではないにしても多くの点で、南東欧のいくつかの国の新自由主義レジーム）は、不平等、失業、長期失業、貧困リスク、男性の平均寿命の点で最悪の状況を示した。スロヴェニアは、深刻な社会的ショックという点ではもっとも少ない害しか被っていない。埋め込まれた新自由主義のヴィシェグラード諸国についていえば、ポーランドの不平等がバルト三国の水準に近い点を除けば、他のあらゆる点で上記の両極の中間にあった。黄金時代までに男性の平均余命は概して改善されていたが、体制転換の早い期間に起きた中東欧地域内のパターンは成長の10年の間にも継続した。エストニア、ラトヴィア、ブルガリアにおいて、2000年代はじめまでには、男性の平均寿命はまだ回復しておらず、リトアニアにおいては、平均寿命は2006年にもまだ1989年水準以下であった。なお、長期失業の点では、ポーランドとスロヴァキアのよくない実績のせいで、ヴィシェグラード諸国の平均実績はバルト三国とルーマニアのそれよりも悪くなった。

---

79) 中東欧全域で出生率が低下し、一連の国では当地域の短い黄金時代においてさえ、回復が遅いか、回復していないことにわれわれの注意を振り向けるようになったのはフォドル・イーヴァのおかげである。

80) Aslund, "The Myth," 16.

表 1.9 マクロ経済的（不）安定性の水準（1989～98 年と 1999～2007 年）

	対外債務（対財・サービス輸出(%))	経常収支（対 GDP(%))	消費者価格の平均年間変化率 (%)[a]	一般政府収支（対 GDP(%))	一般政府債務（対 GDP(%))
1989～98 年平均					
バルト三国	60.8	−4.1	192.3	−1.9	11.7
ヴィシェグラード諸国	118.5	−3.3	40.4	−3.7	47.0
スロヴェニア	47.8	1.7	52.0	0.4	24.6
クロアチア・ブルガリア・ルーマニア	117.0	−3.3	199.8	−3.1	71.5
1999～2007 年平均					
バルト三国	124.8	−9.9	3.4	−0.6	13.1
ヴィシェグラード諸国	94.3	−5.2	4.9	−5.1	42.4
スロヴェニア	93.7	−1.8	5.4	−2.2	27.4
クロアチア・ブルガリア・ルーマニア	131.2	−7.3	10.3	−2.2	37.7

（出所）次のものにあるデータに基づき著者が計算。EBRD *Transition Report*, various years.
　[a] 前年＝100％。

マクロ経済（不）安定

　概して、新しい資本主義レジームにとってマクロ経済的安定を持続させることは困難であった。したがって、経済的混乱のリスクは、社会の崩壊の脅威と同じように深刻であった。その点でもスロヴェニアは例外であり、同国は対外債務、経常収支赤字、インフレ、財政赤字、国家債務などについて均衡の維持に努め、2000 年代の遅くなる時期までは均衡維持に成功してきた。中東欧の残りの国は、そのマクロ経済の不安定の原因も、これら安定秩序の錯乱要因を成功裡にコントロールする点においてもそれぞれ異なっていた。

　1989～98 年の期間には、マクロ経済安定化の行動指針は、社会主義システムが解決すべきものとして残した――差異があるものの――深刻な諸問題と関わりがあった。バルト三国、スロヴェニア、クロアチアが引き継いだものには、急激なインフレーションが含まれていた。他方で、これらの新しい国民国家は、旧ソ連や旧ユーゴスラヴィアの債務負担の責任を引き受けておらず、大きな対外債務なしに転換を開始することができた。ヴィシェグラードグループの中では、ポーランドが急激なインフレーションと大きな対外債務

の双方によって苦しめられており、ハンガリーも対外債務に苦しめられたが、チェコスロヴァキア（のちのチェコ共和国とスロヴァキア共和国）にはどちらの悩みもなかった。ブルガリアとルーマニアは危機の10年間高インフレ・サイクルの繰り返しに悩まされた。ブルガリアはまた、急速に対外債務を膨れ上がらせた。

　時間の経過とともに、多くの中東欧諸国はマクロ経済安定化に部分的には成功した。とはいえ、何度も不安定化の再発に直面し、厳しい緊縮政策によってそれと闘わなければならなかった。新しい国民国家は、疑似連邦構造から国民通貨当局を解き放ち、急激なインフレーションを終わらせ、新しい兌換可能で安定した国民通貨を導入するという挑戦的課題を遂行した。この新しい通貨は、ソ連のルーブル、ユーゴスラヴィアのディナール、ドイツ・マルク、USドルが同時に国内流通する複数通貨レジームに取って代わった。ポーランドとハンガリーは――後者の場合は前者とはしばらくの間異なった方法で――引き継いだ対外債務を、うまく取り扱うことができた。他方、ブルガリアは1990年代の大部分の期間を通して、対外債務に関して危機的な事例であり続けた。

　興味深いことには、1999～2007年の期間までに、最初に債務がなかったいくつかの国が、大きな債務を抱えていた国に追いつくか、それらの国の債務を上回る国になり、主には民間債務を累積させ状況を一変させた。それらの国の外国融資への強い依存は、経常収支赤字の膨張から生じ、また経常収支の赤字を持続させた。そのことは一部に、バルト三国とブルガリアの諸経済に特徴的な弱点、つまりは輸出能力の限界を、そして一部には、これらの国に進出した超国家銀行部門の融資戦略を反映したものであった。逆に、バルト三国とブルガリアは転換期の最初に価格安定と財政実績面が悪かったが、経済回復の期間になると、これら諸国のこの面での実績は（ポーランドを除く）ヴィシェグラード・グループよりも良くなった。これらの過熱気味のキャッチアップ経済がEUの中でもっとも悪いインフレ率および急速に悪化する財政バランスという代償を支払うことになるのは、急速な拡張期が突然終焉を迎えた2008～09年になってほどなくのことであった。

第 1 章　社会主義以後の資本主義の多様性

小国のパターンの難問

　二つの関連する集団、すなわち戦後の西欧の小国と、19 世紀・20 世紀の後発工業国との類比とそれらの対照は、中東欧の異なる発展に興味をそそる他のいくつかの側面に光を当てるのに役立つ。中東欧の足跡にコメントしながら、カッツェンスタインは「大きな危機の時期に、中東欧の小国は、すべてではないとしてもいくつかの点で、半世紀前に西欧小国がとった行動と類似する方法をとって対応した」と述べている[81]。

　戦間期と戦後の歳月そしてまた冷戦後における大きな社会的混乱の経験、「国際的競争と政治的優先度に起因する相異なる要請」の間の橋渡しをするという類似の課題、自由主義的な世界経済と欧州統合から生じる強力な影響などの構造的要因が、カッツェンスタインの主張、すなわち後発の小国は彼らの先行者から学び、見習うことができるという主張を、実際のところ、もっともらしいと思わせるようにしている[82]。

　しかし、中東欧の諸経路が小国モデルと一致する度合いの違いには驚くべきものがある。上で示したように、スロヴェニアだけが民主的コーポラティズムのすべての特徴を示している。なぜそうなのか。たしかに、ヴィシェグラード諸国とクロアチアも、とくに経済の開放と、それによって損失を被る人々に対する寛容な補償の点で、西欧小国と類似性をもつ。しかし、同時に、これらの国が「経済的弾力性と政治的安定性の、慎重な調整によって生み出される均衡を通じて、経済の変化に適応[83]」することに役立つことができるはずのネオコーポラティズムの諸制度面で弱点をもつことをどのように理解すべきであろうか？　さらに、最大の難問は、小国モデルに似ていないバルト三国のパターンが、なぜ政治的に可能なのかという問題である。民主的指導者たちが、敗者の苦悩に目を向けないときに、資本主義の生き残りの源泉

---

81) Katzenstein, "Small States and Small States," 22.
82) Katzenstein, Small States, 29.
83) *Ibid.*

はどこに見出されるのか？

　そこで小国モデルの観点からして、最大の難問は次の事実にある。歴史的文脈、規模、適応の必要性、国際的影響における類似性にもかかわらず、中東欧の半分だけが、西欧の小国の選択とある程度類似性をもつ戦略を採用してきたことである。なぜ残りの国は他のモデルに追随したのか？

　物事をいっそう複雑にしているのは、後進性から脱出したもっと以前の他の成功物語や同時代の成功物語と比較するとき、中東欧の最近の発展のための努力は、はるかに先進的である欧州の小国がもつ重要ないくつかの特質を採用した唯一のものであると思われることである。有名なことだが、アレクサンダー・ガーシェンクロンは次のように論じた。「あらゆる工業化の事例において、先進国の進化の模倣は、さまざまの土着的に規定される諸要素との結合の中で現われる。……歴史の検討から引き出すことができるのは、後進国の工業化においては土着的諸要素の意義が大きいということである[84]」。

　ガーシェンクロンの後発国の発展のパースペクティブは、前に述べた難問をほとんど逆転させてしまう。つまり、何が驚くべきことかといえば、先進的小国とポスト社会主義諸国の間に経済的富の大きな差異があるにもかかわらず、相対的に多くの数のポスト社会主義諸国は、部分的であるにしろ、先進小国の諸制度に見習ってきたことである[85]。以下の章では、資本主義の多様性に関わるこれらおよびそれ以外の難しい問題について検討する。

---

84) Alexander Gerschenkron, *Economic Backwardness in Historical Perspective* (Cambridge: The Belknap Press of Harvard University Press, 1976 [1962]), 26.
85) カッツェンスタインのいう小国、オーストリア、スイス、ベルギー、オランダ、デンマーク、ノルウェー、スウェーデンの1人当たりGDPは1999年に中東欧のそれに対してほとんど3倍であったが、2006年に差は縮小したがまだ2倍を超える。EUROSTAT, http://epp.eurostat.ec.europa.eu/tgm/（2008年11月23日アクセス）。

第 2 章
ポスト社会主義国の資本主義への諸経路

　ポスト社会主義国の資本主義は多様であり、その意義を完全に理解するには、ポスト社会主義国の資本主義がいかにして多様になるのかを捉えて表現してみる以外にないであろう。新しいレジームの出現が提起している複雑な問題は、転換エージェンシーの可能性についてである。しかもその可能性は国際環境と過去の遺産という制約の枠内にある。中東欧諸国家はポスト社会主義がたどる歴史の方向性にどのくらい影響を及ぼすことができたのか。中東欧の国家はそもそも積極的に幸運をもたらす主体だったのか、それとも不運をもたらす主体だったのか。そのどちらであったのかを認識するのは、どのようにしてなのだろうか。たしかに、ポスト社会主義のたどった経路は小さな国家が選択したものであった。そのことを実証する一つの方法は、オリジナリティと革新とを識別することである。あるいは少なくとも、ポスト社会主義のアイデアや制度の中に存在する周知の諸パターンからの乖離を識別することであろう。ポスト社会主義の経路は外部から負荷されたものでも、過去によって多元的に決定されたものでもなかった。あるいは、純粋に偶然によるものでもなかった。小国は強力な外部勢力に遊ばれる玩具としての域を抜け出すことができるのか。この点については以前から論争がある。それを再考した研究者は、出現する新秩序に対して国際金融制度や超国家企業、EUが圧倒的な影響力を及ぼしたと指摘する[1]。

　いっそう深い国際化と欧州化とは、ポスト社会主義国の市場社会を有望な経路にロックインするのか。あるいはポスト社会主義国の市場社会を従属の罠に陥れるのか。これに関しても多数の議論がなされてきた。この中で欧州化の研究者たちは批判的政治経済学者に賛同する傾向がある。批判的政治経済学者はポスト社会主義地域の政治的経済的自律性が制限されていると主張

しているのである[2]。1989年以降の東欧の発展に対して、過去が長い影を落としている点を強調する分析家もいる。社会主義と社会主義以前の遺産は、ポスト社会主義の失敗と成功、レジームの多様性を説明するのに使われる。そのような説明の提唱者は、初期の転換期の決定的選択の前から存在した構造的・制度的・権力的な編成配置が改革者に対して特殊な制約と機会をつくり出し、転換を成功へと導く制度的選択の可能性を生み出す、と主張する。このような伝統に立つ著者たちの見解にも、構造的権力を遺産にどれだけ照合させるのかの点で違いがみられる。東欧がもつ独特な遺産は安定的なレジームを構築しようとするあらゆる試みの土台を掘り崩すとまで主張する分析家もいるが、それはほんのわずかである。ほとんどの人は過去が改革の選択を制約するとみなしている[3]。

　社会主義の崩壊のあと、過去の遺産や強力な外部からの影響が、転換のビジョンや行為を狭めてきた。この点に疑問の余地はないであろう。この地域で多様な制度的領域が出現し、基軸的制度をめぐる闘争が進行しているが、その出現と進行は、政治的エージェンシーの不在ではなくその重要性を物語

---

1) 初期の論争については、ガーシェンクロンの見解を参照。それによると、「小規模主権国家の経済は、他の先進国の経済領域に実質的に統合されれば、それだけ強くその先進国経済に巻き込まれるかもしれない。それゆえに、その経済的進化は、より巨大な国の一連の出来事を単純に映し出すことがある。Gerschenkron, *Economic Backwardwess*, 361. Barrington Moore, Jr., *Social Orioins of Dictatorship and Democrary: Lord and Peasant in the Making of the Modern World* (Boston: Beacon Press, 1993 [1966]), xix も参照。これはカッツェンスタインによる小国研究の知的背景とは反対である。彼によると、経済・政治イノベーションに依存し、そして同時にそれらを可能にしてきた小国は、世界経済における小国の戦略に関するさらなる究明の基礎を築いた。

2) これらの影響をフィルターするため、地域の経路や限定された国内能力を形成するような強力な外部諸力に関する文献に関しては、たとえば次を参照。Frank Schimmelfennig and Ulrich Sedelmeier, eds., *The Europeanization of Central and Eastern Europe* (Ithaca: Cornell University Press, 2005); Milada A. Vachudova, *Europe Undivided: Democracy, Leverage, and Integration after Communism* (Oxford: Oxford University Press, 2005); Alice H. Amsden, Jacek Kochanowicz and Lance Taylor, *The Market Meets Its Match: Restructuring the Economies of Eastern Europe* (Cambridge, Mass.: Harvard University Press, 1994); Iván T. Berend, "Alternatives of Transformation: Choices and Determinants--East Central Europe in the 1990s," in *Markets, States, and Democracy: The Political Economy of Post-Communist Transformation*, ed. Beverly Crawford and Arendt Liphart (Boulder: Westview Press, 1995), 130-49.

っている。したがって、資本主義の多様性に関するアプローチでわれわれが前提にしているのは、1990年代初期の歴史的転換点が、その将来の政治的な結果をもたらすような意思決定を行なうことを可能にしたということである。

　本章では、レジームの多様性の出現と再生産、制限に関して議論していくが、それを行なうための構造ブロックを詳論していく。二重運動に関するポランニーの概念をポスト社会主義に適用すると、資本主義の秩序形成のための政治的・テクノクラート的エリートたちと国家－社会関係の果たす中心性が強調されることになる。戦略的行動のチャンスと制限の解明のために綿密に考察するのは、1990年代初期に政策改革を誘導したパラダイムと、それらの改革を実行するときに政治エリートたちがうまく利用した、より広範囲な民衆の支持源泉とである。

　われわれは、補償的な政策とアイデンティティ政策という支持を生み出す二つの方法を識別し、福祉とアイデンティティについての関心の程度がさまざまであることを追跡する。そこから、転換の政治は政治的アクターがどのように社会主義と社会主義以前の遺産を理解したのか、という点まで遡っていく。そのうえでさらに、事前に期待されるレジームの結果と実際のそれとの間の関係をよりよく理解するために、転換の中で本来の不確実性がもたらす影響についても考慮に入れる。

　われわれが転換の国内エージェンシーに焦点を当てるのは、超国家的・国際的要因とそのアクターの重要性を否定するからではない。それとは対照的

---

3) 遺産に関するアプローチは以下を参照。Stark and Bruszt, *Post Socialist Pathways*; Eyal Szeléyi and Townsley, *Making Capitalism without Capitalists*; Herbert Kitschelt, Zdenka Mansfeldová, Radoslaw Markowski and Gábor Tóka, *Post-Communist Party Systems: Competition, Representation, ancl Inter-Party Cooperation* (Cambridge: Cambridge University Press, 1999); Grzegorz Ekiert and Stephen Hanson, eds., *Capitalism and Democracy in Central and Eastern Europe: Assessing the legacy of the Communist Rule* (Cambridge: Cambridge University Press, 2003). 遺産が安定的な新しいレジーム構築のあらゆる試みを掘り崩すという急進的見解は以下のケニス・ジョウィットを参照。Kenneth Jowitt, "The Leninist Legacy," in *Eastern Europe in Revolution*, ed. Ivo Banac (Ithaca: Cornell University Press, 1992), 207-24; Claus Offe, "Capitalism by Democratic Design? Democratic Theory Facing the Triple Transition in East Central Europe," *Social Research* 58, no. 2 (Winter 1991): 865-92.

に議論を進める。体制転換はグローバル統合や欧州統合を通じて前進してきたので、これらの過程はレジームの多様性に対して構造決定的な役割を果たしてきたのである。再度、ポランニーの資本主義理論を多層的な政治経済学として、それに関係する次のようなアイデアとして引用しておこう。「国際政治レジームの組織化の特定の諸契機は、国家が行動する際の特定の種類の機会を提供し、そして国家に開かれた自由の状態か不自由な状態かの程度を教える[4]」。

現代国際レジームは、それらが新自由主義的なパラダイムと両立可能であるような方法で、幾多のチャンネルを通じてポスト社会主義諸国家の選択に影響している。西側の政策のアイデア、とくにワシントン・コンセンサス[5]は、中東欧の改革努力に深く影響を及ぼしてきた。そのうえ、西側の政策決定者と助言者は東側の同僚と超国家的「唱導連合[6]」を形成した。東側のその同僚は急速かつ包括的な市場化の選好を共有したが、それは他のいかなる転換戦略をも超えるものであった！　政策をめぐる権力競争をしているとき、勧告への従順を金融支援の条件とするという国際金融諸機関（IFIs）の実践もこれらの連合をバックアップした。そこで、スロヴェニアを例外にして、すべての中東欧諸国が新自由主義の境界線の内側でレジームのバリアント問題を解決していったことは偶然ではない。

それよりももっと重要なことは次の点である。この地域はついに深く欧州政治経済とその制度の中に統合されてしまった。そのことは新しい機会を意味しただけではない。それはおびただしく列挙される EU の規範ルールと規制へ収斂する圧力も含意していた。したがって、国内的なアクターや諸要素と相互作用しながら、EU やさまざまなタイプの超国家企業は自分たちの諸

4）この体制転換論は、Block and Somers, "Beyond the Economistic Fallacy," 73 からきている。
5）政策改革についてのワシントン・コンセンサスは John Williamson, ed., *Latin American Adjustment: How Much Has Happened* (Washington. D. C.: Institute for International Economics, 1990) を参照。
6）Paul A Sabauer "Toward Better Theories of the Policy Process," *Political Science and Politics* 24, no. 2 (1991): 147-56.

特質を再生産できるような経路に新しいレジームを短期的にロックインさせてきた。ところが、それは新しい秩序が長期的には脆弱であることにも寄与した。

東側を離れる

　社会主義が瓦解したあと、中東欧の社会とその政治的エリートたちは「東側を離れて」「欧州に回帰する」という望みの点で一つになった。このことが、転換についての二つの主要な解釈的枠組みを、ほとんど争う余地のないものにした。中道政治家や左翼や右翼のポピュリスト政治家は、この二つのアジェンダを組み合わせた多様な国民的プロジェクトを、支持と正統性のための源泉として選択した。とくに、この二つのビジョンが歴史的な基盤をもち、同時に未来志向的なエリートと大衆アピールを結びつけた場合にはそうであった。ラブが指摘するように、何世紀にもわたって、この地域の「指導者たちと知識人たちにとっては……ソ連を第二世界の選択肢であるとみなした人間は例外として、進歩とは、欧州への、つまり第一世界へと続く、起伏はあるが通り抜けが不可能ではない道のことであった[7]」。同様に、中東欧の多くの普通の人々は、欧州とは1980年代末以前の時期に自分たちの地域にはなかったものがすべて豊かに存在している地であるという見解を共有していた。それは効率的な経済や普遍的な公共福祉の提供、政治的自由そして国民主権の尊重だった。

　経済改革は、この地域を東側から離脱させることを最高位に位置づけていた。これは偶然ではない。社会主義システムが大衆に受け入れられたのは、それが経済進歩と社会的結束をもたらすことのできるその能力におおいに依存していたからだ。ソ連タイプの社会主義が非先進的社会に発生したという事実にもかかわらず、比較の標準を提供したのは第三世界ではなく西側であった。そして、西欧資本主義との試合で社会主義が究極的に敗北したこと、

---

7) Joseph Love, *Crafting the Third World: Theorizing Underdevelopment in Rumania and Brazil* (Stanford: Stanford University Press, 1996), 5-6.

さらに悪いことに1970年代以降明白に下落していったことが崩壊の主要な要因であった。ほとんどすべての初期の経済改革の青写真は、新自由主義的な政策パラダイムの線に沿った戦略を選択した。新自由主義が主張したのは、社会経済組織の国営メカニズムに対する市場と競争の優越性だった。市場と競争を促進するために、政府は制限され、所有権は強化され、国家企業は私有化され、厳しくコントロールされた市場は規制緩和され、そして通貨は安定的に維持されなければならなかった[8]。

新自由主義は、以下で示すように、中東欧がそれへの回帰を模索した欧州的秩序の重要な教義でもあったが、それは改革者の魅力的な政策選択であることも証明した。国家と市場の間の関係を急進的に変革するというそのアジェンダは、かつて経済危機の深化を阻止できず、社会主義システムの改革に取り組んできた国々の肥沃な大地に根を下ろしていた。それ以上に、その決定的な反政治的指向性は、社会主義の下での政治（この政治は国家と読め）の普遍的存在を否定しており、正しい治療法を提供するようにみえた[9]。

意識的にそして実質的にもワシントン・コンセンサスと距離を置いたのはスロヴェニアだけであった。この国の初期の経済戦略の設計者は自由化でも私有化でも漸進主義を採用した。そして経済における国家の重要な役割を保持したのである。

経済改革を設計した初期の頃には、政治的エリートたちは、それが彼らを

---

8) 新自由主義については、Dieter Plehwe, Bernhard Walpen and Gisela Neunhoeffer, eds., *Neoliberal Hegemony: A Global Critique* (New York: Routledge, 2005) を参照。政策パラダイムという用語を使用するのは、Peter A. Hall, "Policy Paradigms, Social learning, and the State: The Case of Economic Policy Making in Britain," *Comparative Politics* 5, no. 3 April 1993: 275-96 に従って、経済政策をガイドする目標のひな型や位階性、経済政策に影響を及ぼすために依拠する用具を表わすためである。

9) 新自由主義改革エリートの起源、その青写真の中身と政治的文脈については以下の文献で広く分析されている。Eyal, Szelényi and Townsley, *Making Capitalism*; Bela Greskovits, *The Politcal Economy*; Dorothee Bohle, *Europas neue Peripherie: Polens Transformation und Transnationale Integration* (Münster: Westfälisches Damptboot, 2002); Johanna Bockman and Gil Eyal, "Eastern Europe as a Laboratory for Economic Knowledge: The Transnational Roots of Neoliberalism," *American Journal of Sociology* 108, no. 2 (September 2002): 310-52; Jerzy Szacki, *Liberalism after Communism* (Budapest Central European University Press, 1995) を参照。

どこに連れていくのかについて明確なアイデアを心に描いていなかった。本書で同定される転換の帰結としての資本主義の多様性は、彼らの初期の選択に影響を及ぼさなかった。「労使協調」のスカンジナヴィア社会主義の中での労働者の自主管理的な参加、混合経済とオーナーシップ、そして東欧のポピュリストの資本主義と社会主義の間の「第三の道」のような「効率的で自由放任の資本主義」と競争するコンセプトがたとえ存在したとしても、イヴァン・ベレンドが指摘するように、それらは「むしろ不確実で霧に包まれたもの」だった[10]。このようにして、レジーム形成のこれらのいくつかのモデルとその実際の結果との間に表面上の類似性が存在するにもかかわらず、多くの理由で、前者のモデルは後者の結果のための大部の手引書を提供することはほとんどありえなかった。

　新自由主義的な改革エリートの代表的指導者や外国の助言者たちは、転換の最終ゴールとして具体的な資本主義の多様性を予測することを忌避していた。新しい秩序の設計者の中には、土壌となる哲学からして、資本主義の具体的形態へのロード・マップの議論を拒否する者もいた。これらの改革者は自称フリードマン主義者やハイエク主義者であったので、選択の自由を尊重し、それを容認することが自分の使命であると考えていた。「人為的な」ひな型で社会の創造性を台なしにすることは使命でないと考えていた。チェコスロヴァキアの指導的改革者が指摘するように、自由主義の諸原則とは、「ディリジスト〔統制経済〕的であり、構成主義者の野望をもつ個人（その典型は「社会主義」の知識人である）の思考方法に反対することである。というのは、構成主義者の選好は可視的でかつ「具体的」な予測可能目標に誘導される点にあり、彼らは、それらの目的は自明なことなので、事態がいま即座に動くことを望んでいるからである[11]」。

　社会主義の終焉ののちに勝利の雰囲気が生まれたが、その中で、解放に向かう全体の基調は、EBRDのような国際金融機関を設立する道を発見した。

---

10) Berend, "Alternatives of Transformation," 130.
11) Václav Klaus and Tomás Jezek, "Social Criticism, False Liberalism, and Recent Changes in Czechoslovakia," *East European Politics and Societies* 5, no. I (Winter 1991): 28.

1994年に発行されたEBRDの最初の「移行レポート」は次のように示唆している。「移行とは経済発展に貢献するという手段的目標であるだけではない。それは、それ自身究極の目的であると考えることもできるかもしれない。市場経済は、……原則的に、彼／彼女の生活の諸側面について基本的選択肢を個人に与える。……これらの選択の権利とは、基本的自由や生活水準の根本的な側面とみなされるといってもよい。このように移行とは、それ自身が究極目標である[12]」。

　外国の助言者は、市場経済を遅延なく正常化する方向に新しい民主的政府を駆り立てようとする政治的理由ももっていた。新しいシステムの詳細について長々として論争すると、それはポピュリストや共産主義的官僚そして国営企業で働く経営者や労働者が市場化を妨害することを許すだろう、と論じた[13]。

　さらに、改革論者は詳細なモデルを競い合うことに否定的な態度をとった。それは、急速な発展によって生まれる後発者のチャンスを潰すことになるだろうと彼らが心配したからである[14]。ヴィシェグラード諸国が選択しようとする「西欧モデルの多くの受け入れ」に気づいて、オスランドは心配した。その含意は「あまりに高い課税とあまりに大きな社会的移転の結果として限られた経済成長と給付金資格授与の罠という危険がスウェーデンでもっとも明白になっている」ことにある。だが、エストニアやラトヴィア、リトアニ

---

12) *Transition Report 1994* (London: EBRD, 1994), 3. これによると、資本主義の誕生を手助けしたオリジナルな新自由主義的なユートピアとの顕著な継続性がある。ポランニーがそれを要約したように「典型的な功利主義的経済自由主義は最大多数者の最大幸福を実現するはずの社会プロジェクトである。レッセフェールはあることを達成する方法ではなかった。それは達成されるべきものである」。Polanyi, *The Great Transformation*, 139.

13) Jeffrey Sachs, "Eastern Europe's Economies."

14) これはバルツェロヴィチのドイツの社会的市場経済に対する批判の要点である。それは以下のとおり。「1970年代はじめから社会的市場経済は「過度の社会化」が顕著なようにみえた。それはその発展速度に影響し、もっと最近になると、公的金融における危機に貢献した。それゆえに、社会的市場経済はキャッチアップのために急速に成長したい後発国にとってはもっとも適切なモデルではないようにみえる」。Leszek Balcerowicz, *Socialism, Capitalism, Transformation* (Budapest: Central European University Press, 1995), 233.

ア、モルドヴァ、グルジア、キルギス共和国、カザフスタンのような他の旧社会主義国の展望については心配していなかったようにみえる。というのは、それらの国では「低い課税、限定された社会的移転、規制の少なさ、開放経済、限りない私有化」が選択されていたからである[15]。

　重要なことは、チェコスロヴァキアのヴァーツラフ・クラウス財務大臣が種々のタイプの市場経済の間の区別の科学的価値を疑問視しており、次のように述べていたことである。

> 経済には第三の道はない。つまり、市場を規制するさまざまな国家のメカニズムの共生をめざす試みと、市民の主導性が、現代的な欧州国家に通じることはありえない。管理に労働組合が介入するのは経済改革のアイデアと両立しない。「市場経済」という用語の前に形容詞をつけることは有益ではない。市場経済というものは実際の市場経済のことであり、市場の法則に従うこと、それ以外ではありえない……。私は経済システムを徹底的に比較研究したが、そのことで、市場経済のさまざまなタイプの間にいかなる相違も発見できなかった！　あるのはたった一つのモデルである。それにノーベル賞が授与される真剣な経済科学はたった一つである。今日われわれの考えを導いているのはこの科学である[16]。

　さらにいうと、ここからすべてわかるように、新自由主義的なテクノクラートたちは自分たちのアジェンダが資本主義社会への移行の唯一の道であると表明していた。しかしながら、移行の究極のゴールのほうは、資本主義の現存する多様性の多くを十分に包摂できるほど広義である、と了解されていた。少なくともレトリック上ではそうであった。だが同時に、新自由主義的な改革に対抗するオールタナティブが、より具体的な条件や包括的なプログ

---

15) Anders Aslund, "Possible Future Directions," 468.
16) Interview with Vaclav Klaus by Branislav Janik, place and date not given; "Politics on the Razor's Edge: Will 1991 Be the Alpha and Omega of Our Existence?" Narodna Obrona, FBIS-EEU-90-012 (January 17, 1990), 15-16.

ラムに結晶化することはめったになかった。たとえば、ポーランドの転換の設計者である蔵相バルツェロヴィチが指摘しているように、社会的市場経済という術語は「ポーランドで評判がよかったが、それが何を意味しているのかを正確に知っている者はほとんどいなかったからである。しかしながら、おめでたいことに、それはある種類のよりよい市場経済を意味するだろう、とほぼ誰しもが確信していた[17]」。

上記の点に照らしてみると、転換の現実の成果が、バルツェロヴィチの用語を借りれば、約半分の国が「過度に社会化された」市場経済であり、少なくともその中の一つがネオコーポラティズムであることは、驚異のようにみえる。指導的な経済改革者が鋭く批判し拒否していたので、これらのバリアントの痕跡はそれ以前に描かれていたマスタープランにみることができない。むしろ、市場拡大に導く過程の特徴と、社会的保護に導く過程に関するポランニーの有名な区別を確証するかのように、「自由放任は計画され、計画化は計画されなかった」ようにみえる[18]。

われわれの見解を明確にしておこう。1990年代を通じて新自由主義的なパラダイムがこの地域で主要な勝利のスコアを叩き出した。そして、それはポスト社会主義国の資本主義の出現において、それを形成する役割を演じてきた。もっとも傑出したアダム・スミスのような、初期のリベラルな思想家たちは、その影響力のある信奉者ハイエクやフリードマンと同様に、多くの改革論者が称賛する英雄となった。11カ国の中東欧諸国のうち10カ国が経済的新自由主義のある種のバリアントを喜んで採用した。同時に、重要なことに、これらの国家が結果的に着地した資本主義のレジームは、また新自由主義的なアジェンダからも乖離していた。これらの国の指導的な唱道者は自

---

17) Balcerowicz, *Socialism*, 233. しかしながら、次の指摘は興味深い。ポーランドでは反対勢力もまた非自由主義的な改革プログラムを研究していた、この地域の数少ない国の一つだった。それがバルツェロヴィチ計画へのオールタナティブを提供するのに役立つことができた。次を参照。Tadeusz Kowalik, "The Ugly Face of Polish Success," in *Poland in the New Millenium*, ed. Grazyna Blazyca and Rychard Rapacki (Cheltenham: Edward Elgar, 2001), 33-53.

18) Polanyi, *The Great Transformation*, 141.〔『[新訳] 大転換』254頁〕

由化の哲学と純粋な経済科学に依拠したことを告白している。それにもかかわらず、乖離していたのである。明らかに、たいへん特殊な環境であった場合を除いては、新自由主義は「純粋な」形態では勝利できなかった。第1章で展開した議論の線に沿ってこの結果をわれわれが説明するならば、それは本質上政治的なものになるだろう。

グーレヴィッチから学んだように、「よいアイデアが勝利をもたらすわけではかならずしもない。それが経済学とか他の学問分野であろうと、そこでは多くの興味深く強力な理論構築が行なわれてきているが、そのインパクトが政策に及ぶことはあまりない。あるいはほとんどない。アイデアが政策になるには、それが政治と密にリンクしなければならないからである。政治とは政策のための合意を取りつけることである。だから政治は権力を含んでいる[19]」。したがって、ここでは次のように議論しよう。純粋な新自由主義的なレジーム、埋め込まれた新自由主義的レジーム、そしてネオコーポラティズムのレジームが出現してきたのは、改革派のエリートの急進的経済アジェンダ――それはほとんどの政党のプログラムに不可欠な一部（しかしかならずしも支配的な一部ではないが）となった――と、不利な環境にもかかわらず、彼らの政策のために合意を取りつけ、その正統性を維持しようとする新しい統治者の努力の間での対立と妥協の中からである。

同意を取りつける

選んだ経済戦略のための同意を取りつけるのはけっして単純な仕事ではない。テクノクラートのエリートと民衆の熱望との間にあったハネムーンが短期に終わると「新自由主義の魅力的な力」はしぼんでいった[20]。にもかかわらず、新しい経済システムを承認した者も、反対にそれを拒絶した者も、新

---

19) Peter A. Gourevitch, "Keynesian Politics: The Political Sources of Economic Policy Choices," in *The Political Power of Economic Ideas: Keynesianism across Nations*, ed. Peter A. Hall (Princeton: Princeton University Press, 1989), 87. この引用によって急進的新自由主義がよいアイデアだったと暗示しようとは思っていない。

しい経済システムの成果を判断していくようになったが、その判断基準は成長率ではなかった。あるいは賃金と消費でさえなかったようである。それはもっと複雑な判断基準だったようにみえる。

市場経済についての民衆の承認を、その参照例となる社会主義経済の承認と比較すると、市場経済の承認のほうは、困難な時期と良好な時期のどちらの場合でも、傾向として、敗北をする側にある。全面的な認知は、2000年代の短期の拡張期の間には改善されたが、そのときでさえ、社会主義経済と比較して、市場システムのほうにきわめて満足していると表明したのはエストニア人とチェコ人だけだった。1989～98年の民主主義の事例と同じように、新しい経済秩序への人気は、旧い経済秩序と比較して、バルト三国でもっとも低く、それに続いて南東欧諸国、ヴィシェグラード諸国、スロヴェニアの順で低かった[21]。

だが、これらを根拠にして、中東欧の人々が個人の経済的自由の価値もいっしょに拒否していたと結論づけるのはまちがいであろう。というのは、次のような予想外の展開を考慮しなければならないからである。1990年代の初期から中期にかけて、選挙民は共産党の継承政党を権力の座に引き戻した。だが象徴的だったのは、これらの党は社会的支出を増加させたが市場諸改革を阻止しなかった点である。この傾向を目撃して、サックスは「一般的にいって、ほとんどの東欧の人々は市場経済と広範囲な社会的セーフティ・ネットの保障の**双方**を望んでいる」と記している[22]。

東欧の人々がいったん、全面的な市場経済システムは「機会への望みと……安全の必要性と[23]」を同時に満足させてくれないかもしれない、と理解すると、彼らは即座にその政治的忠誠心を飾りものに変えたのである。そう

---

20) Dorothee Bohle and Gisela Neunhoeffer, "Why Was There No Third Way? The Role of Neoliberal Ideology, Networks and Think Tanks in Combating Market Socialism and Shaping Transformation in Poland," in Plehwe, Walpen and Neunhoeffer, *Neoliberal Hegemony*, 89-104.

21) Richard Rose, "Diverging Paths of Post-Communist Countries: New Europe Baromenter Trends since 1991" (Glasgow: Centre for the Study of Public Policy, University of Strathclyde, 2006), 32-33.

22) Sachs, "Postcommunist Parties and the Politics of Entitlements," 2.

いう事実をポランニーが知ったとしても彼は驚かないであろう。それよりもポランニーならば、ポスト共産主義国の政党の浮き沈みの中に起こったこの初期のシフトを、市場社会の重要な動態から説明したであろう。「市場は継続的に拡張するが、しかしこの運動は明確な方向への拡張をチェックする対抗運動に遭遇した[24]」というのがその説明である。19世紀の欧州での対抗運動と同様に、新しい対抗運動を誘発したのはリベラルな人々の妥協を許さない探求であった。彼らは、人々がむしろ「うまく対処するためにこれまでなじんできたところに逆戻りして[25]」しまうような状況の中でも、人間のもつ歴史的に根深い動機と実践のすべての範囲で過去と断固として決別するように求めたのである。

〔ポランニーの〕『大転換』の原本によりいっそう類似したのは次のような事実である。ポスト社会主義の対抗運動は、一般的な意味で、社会の不確実性や不安定性と共通の根源をもっていたが、保護への要求は、「一連の国の中で……非常に異なる動機づけをもち、もっとも多様なスローガンの下で、多様な党や社会階層」によって提示された[26]。さまざまな時期に起こったその運動や対抗運動を支持した社会的、政治的諸勢力と政治の特徴、そして政策に与えたそれらのインパクトの特徴については第3章から第6章でさらに詳論されるだろう。

この二つの大転換に共通する特徴の中で最後にくる、おそらくもっとも重要な点は政治システムの中心性である。19世紀後期の自由主義的な国家とまさに同じように、20世紀のポスト社会主義の転換をめざす国家は「発展の……対立する運動が結晶化したもの[27]」となった。新政府は資本主義の拡張やその受益者のために行動したが、それは、その政府が「共同体の一般的利

---

23) この定式化は、Wolfgang Streeck, "Response," in the discussion forum on his Reforming Capitalism, *Socio-economic Review* (2010): 18 からとったものである。
24) Polanyi, *The Great Transfomation*, 130.〔『[新訳] 大転換』237頁〕
25) Valerie J. Bunce, "Leaving Socialism: A 'Transition to Democracy'?" *Contention* 3, no. 1 (Fall 1993): 45.
26) Polanyi, *The Great Transformation*, 147.〔『[新訳] 大転換』264頁〕
27) Block and Somers, "Beyond the Economistic Fallacy," 68.

益の担い手[28]」であった時期と重なっている。その受益者とは一般の市民や同じく新しい起業家のことだが、彼らは比較的保護され安全な社会経済的地位から市場への接近の増進を望んだ。

　民衆の対立する期待の間で、そして政治的舞台ではその代弁者たちの間で衝突が起きたが、転換の幅広いアジェンダの中に新自由主義的な諸改革を埋め込む以外には、その衝突を避けることも、解決することもできなかったであろう。そのアジェンダとは、ランデスが異なった文脈の中で市民の間の「幅広い共鳴の感情」と呼んだものに訴えることである。過去のレジームの中で獲得された社会的地位に愛着をもっていることと「国民性と……独立に集団的に関与すること」を認めることは[29]、政治家が痛みをともなう経済的戦略への同意を取りつけようとするときに採用する典型的な方法となった。エリートたちがこれらの正統性の源泉をうまく利用する意思とスキルをどの程度わがものにすることができるのか、その程度に応じて、エリートたちが行なう政治的操作や妥協は新自由主義的な資本主義の多様性を存続可能なものにするようである。新自由主義的な資本主義の多様性は、政治的機会やリスクそしてトレード・オフの異なる構造によって特徴づけられるからである。

物質的条件優先主義者と理想主義者の政治的舞台

　市場拡張の過程に干渉の引き金を引いたのは、個別のものだが関係している二つの転位過程である。その過程とは、社会的ヒエラルキーの転換の中で地位が低下することと、受け継がれた社会的紐帯が解体されることによって〔社会の希薄化となる〕アトム化（atomization）が起こることであった。それらは、現職議員に反対する投票をするにせよ、他の形態の抗議を行なうにせよ、改革と改革推進者に対する鋭い抵抗の誘発となりえた。政治家が利用できる救済策の中では、地位の低下による不安定さを緩和する主要な措置として、

---

28) Polanyi, *The Great Transformation*, 154.〔『［新訳］大転換』280 頁〕
29) David Landes, "Does it Pay to be Late?" in *Between Development and Underdevelopment*, ed. Jean Batou (Geneva: Publications du Centre D'Histoire Économique Internationale de L'Université de Genéve, 1991), 49.

転換コストの補償が際立っていた。他方、集団的アイデンティティを強化する諸政策のほうは、アトム化の脅威を緩和する点で先駆となることができた。

補償の本質的な正当化がポランニーの理論の中核である。そして、以下のように、それはポスト社会主義の文脈の中でも輝いている。

> 貨幣価値が含まれているそのときでさえ、それらは他の利害に対して二次的だった。ほとんど不変な専門職業的な地位、安全と保障、人間の生活形態、生活の範囲、生活環境の安定性が問題なのだった……。突き詰めて表現するならば、関税は資本家の利潤と労働者の賃金を含意し、失業への保障、地域的諸条件の安定化、産業の液状化に対抗する保険を意味した。そしてたぶんそのほとんどは、いままでよりも劣った熟練と経験しかもたない仕事への転換を不可避的にともなうような、地位の痛ましい喪失を回避することを意味した[30]。

「社会的織物」は社会的ヒエラルキーの縦糸に沿ってほころびがでないように深く密に織り込まれているが、回り回って、その「社会的織物」の横糸が切断されるとアトム化が現われる。その脅威と闘うためには、アイデンティティの政治が切願されることがありうる。ベネディクト・アンダーソンは強力な感情的愛着を育む民族〔国民〕というイデアのもつ能力について次のように注目している。

> それぞれの民族の中では現実の不平等と搾取が蔓延するかもしれないが、それにもかかわらず、民族というものは深い水平的な仲間意識としていつも想像されている。突き詰めていうと、過去2世紀にわたってそれを可能にしたのは同胞愛である。というのは、何百万人の人々が、殺人というよりもむしろ、そのような限定的な想像物のために喜んで死んでいくからである[31]。

---

30) Polanyi, *The Great Transformation*, 154.〔『[新訳] 大転換』279-280 頁〕

イデオロギー的独占を求めた共産主義者は諸民族や宗教的信者を抑圧してきた。そのために、中東欧の多くの人々や、ソ連帝国への編入でその民族的存在やあるいは宗教的生活がもっとも深刻に抑圧された人々はとくに、そのような共同体を「想像」し、それを実際に巧みにつくり、それでアトム化を回避できる自由をふたたび獲得したことに本当に満足した。しかしながらこのことは、国民や宗教への集団的関与の助長が、社会的地位の低下の恐れのような他の脆弱性についての自覚に対する政府の対処のあり方に関して、深く多様な影響を及ぼす可能性があったことを意味する。

　要するに、転換の最初の10年半の間に中東欧諸国の政府には、より広範囲な正統性の源泉に訴えながら、市場諸改革を実行できる二つの道筋があった。その一つの道は、アイデンティティ・ポリティクスへの訴えであり、バルト三国でもっとも徹底的に追求された。もう一つは、市場化のコストを物質的に補償する道であった。これはいくつかのヴィシェグラード諸国で優勢だった。その他の第三グループの国ではこの二つのアプローチが結合された。とくにチェコ共和国、スロヴァキア共和国やスロヴェニアのような新しい国家の場合はそうである。

　なぜ政治的指導者は合意と正統性という非常に異なる源泉を利用してきたのか？　各々の事例でアイデンティティ・ポリティクスが、補償政策に対して優位（あるいはその逆）であったのはどのように説明されるのか？　政治家の行なった選択はどのように彼らの改革能力やレジーム形成の経路に影響を与えてきたのか？　これらの問いに答えるためにいまからもう一度遺産の問題に戻ろう。

未完成の課題

　すべてのソ連ブロック諸国の中で中東欧諸国は転換が成功した点でもっとも類似しているが、そうさせた社会主義と社会主義以前の際立った遺産につ

---

31) Benedict Anderson, *Imagined Communities: Reflections on the Origins and Spread of Nationalism* (London and New York: Verso, 1991), 7. 〔ベネディクト・アンダーソン『定本　想像の共同体』白石隆・白石さや訳、書籍工房早山、2010年、26頁〕

いては、文献ですでに確認されている[32]。これらの国はソ連ブロックの中では工業発展のもっとも長い歴史をもつ。その工業化のブレイクスルーはほとんど社会主義の時代に行なわれたが、工業化の開始の時期は社会主義に先立った。社会主義工業化（たとえそれがきわめて限られた程度だったとしても）は、それ以前の専門化と生産物ミックスに基づいて実施されたので、ソ連帝国の西側周縁諸国とユーゴスラヴィアの北西に位置する諸国はソ連システムの中でもっとも先進的で複雑な工業を発展させることができた。これらの国は、1970年代の注意深い自由化の実験のあとに、資本主義世界との通商関係に入った最初の国でもあった。

　同じく重要なのは、社会主義以前の国家と国民形成の遺産、それに民主主義の経験である。それらは、民主主義的ブレイクスルーの時期に、頼ることのできるユニークな資源を11カ国のほとんどに提供した。最後に、西側との地理的近接性もまた、これらの国家の特殊な資源としてしばしば触れられる。他の社会主義諸国とは対照的に、ここでは社会主義以前の発展がプロシアやドイツ、ハプスブルグ王朝の発展と緊密に結びつけられる。19世紀初期以来、西欧は中東欧のエリートにとって恒常的な参照基準であった。社会主義の下でさえも、成果を測定するときのベンチマークとして、そして経済発展戦略のオールタナティブ（一種の混合経済の市場社会主義のような）の源泉として西欧の重要性は変わらなかった。このような源泉のベンチマークやオールタナティブは、その他のほとんどの社会主義国の場合には手の届く範囲にはなかった[33]。

　もっと拡張していうならば次のようになるであろう。遺産中心のアプローチは、西側の構造的、制度的特徴に収斂しようとする、社会主義以前と社会主義の時代の努力の重要性に光を当てている。いったん社会主義が崩壊すると、これらの達成物は、ポスト社会主義の11カ国に民主主義と資本主義へ

---

32) 多数の中東欧における長期に蓄積された優位性のケースはむりやりにつくられたものだ。Herbert Kitschelt, "Accounting for Postcommunist Regime Diversity: What Counts as a Good Cause?" in Ekiert and Hanson, *Capitalism and Democracy*, 49-86.
33) Iván T. Berend, *History Derailed: Central and Eastern Europe in the Long Nineteenth Century* (Berkeley: University of California Press 2003).

の転換のための価値ある資源を提供した。この遺産によってわれわれの〔検討〕事例に当たる国の間で生じた結果の相違を説明できるのか。もしそうであれば、どのようにして説明できるのか？

　もちろん、過去の遺産が初期の資源や期待に影響を与えたのは本当である。そして行為者が自分の利害を明確にして、ゴールを追求する手段と方法を選択するのを助けた。だが、これらの遺産は他の「客観的」諸制約と同じように、政治的結果に直接に働きかけていない。それよりもむしろ、その影響は、政策決定者や市民が遺産をどのように知覚するのかによって媒介される[34]。この考えをさらに一歩先まで進めて追求すると、その遺産自身はほとんど選択の問題にはならないとはいえ、もしとくに遺産が複雑で論争的なものであり、選択的解釈ができるほど充分な余地が残されているならば、遺産は充分に選択の問題として認知されることができよう。

　遺産、選択、知覚の相互作用の複雑さの諸関係を理解するために、われわれの議論の強調点は二つの主要な要因に向けられている。二つの要因とは、改革者が社会主義のあとに直面した多数の未完の課題であり、西側にキャッチアップするときに繰り返し試みられたことから生じた二律背反である。けれども、これまでの遺産中心の視角の中ではその二つの要因はともにそれに値するだけの注意を集めてこなかった。これらの見方の双方は決定的に重要である。というのは、制約をもつ選択の可能性と、選択を啓発するうえで果たす知覚の役割とを指摘しているからである。

　多数の未完の課題が政治エリートに突きつけたのは次のような選択であった。すなわち、他の諸課題に対していくつかの課題を優先するのか、それとは反対に、それらの課題すべてに同時に取り組むべきか、の選択である。典型的には、これらの選択については、より広がりをもった大衆運動と抵抗運動に反応しながら意思決定がなされたが、その意思決定は出現しつつある物質的条件重視主義者にとって重要であった。あるいはむしろ、政治的な支持と争点の理想主義的構造にとって決定的だった。初期の課題の選択は、もう

---

34) 看取された民主的コーポラティズムの脆弱性の重要さに関しては、Katzenstein, "*Small States* and Small States Revisited," 11 を参照。

一つ別の点で重要であった。それは、社会主義と社会主義以前の遺産の具体的側面についての改革者の解釈を示し、またそれを受け入れるか拒否するかの原則を示すものであったからである。

　知覚の重要性についてのこのような強調は、西側へのキャッチアップの直線的でなく、不完全で、可逆的な試みをこの地域が歴史的に体験したことからきている。この体験は、資産なのか反対に負債なのか、その片方だけで単純に解釈することを簡単には許さなかった。以下では、最初にこの地域に特殊な二律背反の遺産を簡単に思い出してみよう。その後、主要な課題に関する意思決定がどのように合意と論争のための固有の機会構造をつくり出したのか、ある種の遺産が転換のための資産になるのか、そうではなくて脅威にどのように転化したのか、これらすべてが資本主義レジームの形成にどのようにインパクトを与えたのかを詳論しよう。

　そこでカッツェンスタインを参照基準にして特殊な現代化の遺産について詳しく調べてみよう。カッツェンスタインはオーストリアが他の西欧小国とはきわめて異なった経路を歩んだことについて説明しているからである。「もしわれわれがオーストリアと欧州の他の小国を鉄道諸列車になぞらえ、その歴史を一連の切り換えスイッチになぞらえて描くならば、オーストリアという列車は、あらゆる支線でスイッチが切り替えられて、他の欧州諸国とは反対方向に向かった[35]」。そこで、歴史によって月並みでない目的地にオーストリアという列車が誘導されたのと同じように、いま議論している中東欧も描写できるだろう。これらの諸国の歴史は西欧の蓄積された経験のそれときわめて異なっていた。

衝突に悩まされた未完の国民国家

　この地域の諸国家は国家形成と国民構築の「まちがった」因果的連鎖の経験をオーストリアと共有している。領域国家は西欧のほとんどの地域で諸小国を吸収して構築された。それは民族的イデアがまだ影響力をもたず、ナシ

---

[35] Katzenstein, *Small States*, 188.

ョナリズムを地固めする枠組みがまだ提供されていないうちだった。中東欧の場合、民族的イデオロギーが影響力を増したのは、オスマン帝国、ロシア帝国、ハプスブルグ帝国の政治構造の流動化がはじまってからである。このためにこの地域のナショナリズムの性格は異なっていた。それは市民的自由を基盤とする解放プロジェクトではなかった。むしろ、外国支配からの解放、エスニシティや言語、宗教を基盤とし統一を実現するという、帝国の周辺部で行なわれたプロジェクトであった。国民の構築は、国家の構築とともに、またその構築を通じて同時に実現されなければならなかったのである[36]。

19世紀そして第一次世界大戦後の時期に、遅れた国民・国家建設が試みられた。それが多数の緊張と問題をもたらし、敗北のトラウマを生み出した。新しい政治単位とそれを代表しようとした国民との間の一致は、完全なものとは程遠かった。というのは、ほとんどの新生国家が主張した地理的要求は民族言語的な集団が実在する配置に基づくものとは違っていたからだ。その地理的要求は輝かしいが長い時間の中でいまでは色あせてしまった先駆者たちが前例として弁護したものだった。だから、すべての新生国民国家はかなりの規模の少数民族を抱えた。その少数民族は「国民化される国家」の中では二流の市民になってしまい、無視され、最良の場合でも同化を迫られ、最悪の場合には完全に差別され迫害された。その少数民族自身はしばしば新生国家から自分たちを民族的に解放するために闘った。大戦間期におけるドイツの**ドイツ性強化政策**のように、「国境外の民族のホームランド」が少数民族にかわって介入した場合には、とくに厳しい衝突となった。

国民化された国家と民族的少数派、国外のホームランドの間で緊張が蓄積されていった[37]。その結果、ハンガリーとブルガリアは第一次世界大戦のあとほとんどの領土と人口を喪失した。その失ったものの回復は、両国が第二次世界大戦で枢軸国に参加した主要な理由の一つとなった。ドイツはポーランドとチェコスロヴァキアとを併合占領したが、その起源は、部分的には同様な緊張と衝突にあった。ほとんどすべての中東欧諸国における国家と国民

---

36) Valerie J. Bunce, "The National Idea: Imperial Legacies and Post-Communist Pathways in Eastern Europe," *East European Politics and Society* 19, no. 3 (2005): 406-42.

第 2 章　ポスト社会主義国の資本主義への諸経路

形成の最初の試みはとてつもない失敗に終わった。第二次世界大戦が終わったときをみても、これらの諸国のうちで民族問題を解決した国はなかった。反対に、多数の占領、領土的変更、破壊、何百万人もの強制移住、経済的略奪が起きた。これらは国民国家の建設といっしょになって大混乱をもたらした。これらのトラウマとなるような経験が消化され、教訓が引き出されないうちに中東欧地域の国々は、今度はソ連帝国の支配下に入った。この地域の諸国は衛星国家かあるいは占領された領土となったのである。

　多数の著者が、中東欧においてソ連帝国への統合は国民国家の建設過程に新しい命を吹きかけた、という次の事実を指摘している[38]。衛星国家は半主権国民国家としてとどまった。ソ連邦の内部では、国民性はサブ国家（下位国家）のレベルで制度化された。15 の共和国のそれぞれの基礎は一つの国民にあり、その名称は国民の痕跡を残している。少なくとも書類の上では、ソ連邦の共和国は脱退できるほどの広範囲の権力をもっていた。その政治的、経済的自律性が制限されていた場合でさえも、共和国は文化的自律性を保障する措置をとることができた。またその国民的言語と教育システムも保護することができた。たしかに、これらの共和国を統治したのは国民的（共和国）エリートであったことが多く、超国家的エリートではなかった。ソ連（とユーゴスラヴィア）の民族連邦制の結果、国民性はある程度安定化され、第二次世界大戦後の処理の中で国民的アイデンティティは強化できた。ブンツェが指摘するように、「共産主義が東欧諸国民の多くに提供できたものは、一言でいうと、諸資源（国民性の制度化）と憤慨（ソ連の抑圧と社会主義シ

---

37) これらの用語は Rogers Brubaker, *Nationalism Reframed: Nationhood and the National Question in the New Europe* (Cambridge: Cambridge University Press 1996) から借用した。彼女は中東欧における 19 世紀と 20 世紀初頭のナショナリストのプロジェクトの結果を、国家の国民化、これらの諸国内での民族的マイノリティ、そしてそのマイノリティが「所属する」国外の母国という、三つのタイプのナショナリズムの三つ組み関係として分析した。国家の国民化とはその言語、人口統計的ポジション、経済福祉、政治的覇権が国家によって保護され強化されなければならない「特定のエスノ文化の「中核的民族」のことであり、またそのためのものである」(ibid., 105)。

38) *Ibid.* また Valerie J. Bunce, *Subversive Institutions: The Design and the Destruction of Socialism and the State* (Cambridge: Cambridge University Press. 1999) を参照。

ステムに対する）だった。正確にいうと、それは、社会運動理論家が政治的抗議を築く基軸的ブロックとして示唆するところのものだった[39]」。

中東欧諸国では1980年代末になると、帝国からの解放がふたたび国民的タームによって定式化された。社会主義の統治の下で国民国家の建設が前進した。だが、課題としては未完成のままだった。独立した国民国家を再建しなければならない国もあったし、はじめて独立した国民国家を形成しなければならない国もあった。しかしながら、国家の国境とそれが代表しようとした国民との間に一致がないことに悩まされた国が多かった。第二次世界大戦の最中と、そのあとに大規模な領土と人口の変化があった。にもかかわらず、かなりの規模の民族的少数派がまたもや国民化されていく国家の中に取り残され、国外のホームランドが彼らにかわって引き続き要求することを許してしまったのである。こうして、国民国家の構築という未完の遺産は、最初に、ポスト社会主義国の政策決定者にとって制約と機会を生み出していった。

外国主導の工業化の遅れ

工業化の時期とその形態は中東欧と西欧との間に別の分離を引き起こし、重大な結果をもたらした。中東欧の工業化は、デンマークやスウェーデン、ノルウェーのような後発の西欧諸国と比較しても、さらに遅かった。チェコは別としても、この地域は1930年代にはまだ農業が主要産業で、工業部門の雇用はほとんど20％以下だった。そのうえ、これらの経済は工業化のためにFDIに大きく依存していた[40]。外国の影響は資本輸入だけに限定されない。西欧とは対照的に、工業化の基礎となる国内の社会的集団の不在もまた大きかった。西欧の大多数の地域では近代初期になると、商業資本と商業的農業が出現したが、中東欧では再版封建制や「第二の農奴制」に逆戻りした。は

---

39) Bunce, "The National Idea," 430. また Mark R. Beissinger, *Nationalist Mobilization, and the Collapse of the Soviet State* (Cambridge: Cambridge University Press, 2002) を参照。

40) Berend, *History Derailed*, 134-42, 157-58; David Turnock, *The Economy of East Central Europe 1815-1989: Stages of Transforming a Peripheral Region* (London: Routledge, 2006), 206.

じめて「農奴が解放され、貴族の特権が廃止され、そして封建的制度が大方解消された」のは19世紀の後半だった[41]。

この地域の開発も抑制された。このことが、都市化や自由な労働者あるいはプロト工業化をほとんど不可能にした。工業の発展の離陸は19世紀になってはじまった。離陸が進んだのは地主貴族の政治的経済的支配の下であった。資本家に転身した地主もいたが、工業化はほとんど外国の起業家と、熟練労働者の移住に依存していた。もっとも発展していたチェコの地も含めて、この地域の資本家的ビジネスのパイオニアの多くは、ドイツ人かオーストリア人、英国人、スイス人だった。熟練労働者のほとんどの部分はドイツかオーストリア出身者だった[42]。それ以前の学識に基づいて結論を引き出しながら、次のようにベレンドは論じている。ブレイクスルーなしに後期工業化が行なわれ、地主貴族は引き続き重要で、都市階級の中では民族的少数派が重要だった。その結果として、これらの社会では二重性が特徴となり、それぞれの国内社会階級は少数派によって補充されたのである[43]。

ユダヤ人に対してホロコーストが行なわれ、第二次世界大戦後になると、何百万人ものドイツ人が国外移動し、また追放された。それによって、以前重要だった都市の中産階級集団が消滅した。多くの中東欧諸国はふたたび起業家精神や資本、プロの専門家の不足に悩まなければならなかった。

従属性と後進性とに反応して、この地域の工業化は国民的保護主義と国家の経済介入がつねにつきまとっていた。一般的にいえば、工業化への離陸はそれぞれの帝国の保護主義障壁の内側で進行した。帝国内部でさえ、発生途

---

41) Berend, *History Derailed*, 184.
42) *Ibid.*, 136, 200. Wilfried Schlau, "Der Wandel in der sozialen Struktur der baltischen Länder," in *Die Baltischen Nationen*, ed. Boris Meissner (Cologne: Markus Verlag, 1991), 357-59. ルーマニアの工業化におけるユダヤ人、ドイツ人、オーストリア人の移住者の意義については、John R. Lampe, "Varieties of Unsuccessful Industrialization: The Balkan States before 1914," *Journal of Economic History* 35, no. 1 (1975): 79-80 を参照。
43) Iván T. Berend, "The Historical Evolution of Eastern Europe as a Region," in *Power, Purpose and Collective Choice: Economic Strategy in Socialist States*, ed. Ellen Comisso and Laura D'Andrea Tyson (Ithaca: Cornell University Press, 1989), 165.

上のナショナリズムが経済領域に浸透していった。ハンガリーやポーランド王国の中では、「民族的製品だけを購入する」ための協会が設立された。ハンガリーは補助金や免税、特恵的な鉄道料金によってオーストリアやチェコとの競争に対抗する保護を追求した。独立国だったブルガリアやルーマニアも産業法を通過させ、「間接税や輸入関税の免除、無料の土地、鉄道料金の払い戻し、国家による製品購入を行なった[44]」。

　中東欧は、部分的で従属的な工業化や、国内のブルジョアジーと都市労働力の不足という問題を抱えていたが、それに対して社会主義システムは特殊な解決策を提供した。第一に、保護主義障壁により、この地域の工業化の伝統を継続した。第二に、スターリン主義的工業化と戦争準備から導かれる中央計画化と国家所有の諸制度は、結果としてブレイクスルーとなった。国家所有と公共投資は、資本と起業家精神の入手可能性の限界を埋め合わせた。

　周知のように、19世紀後期や20世紀初期の西側モデルをコピーすることで、ソ連タイプの工業化は重工業、とりわけ鉄鋼と伝統的機械工業セクターに集中した。最初これで西側にキャッチアップできるようになったが、1970年代以降になると、中東欧地域はふたたびついていけなくなりはじめた。西側とは違って、社会主義諸制度は粗放的な「重金属」中心の成長経路から、柔軟な専門化やサービスの拡大、マイクロエレクトロニクス革命の経路にシフトできなかったからである[45]。社会主義工業化は、その時代錯誤的な工業構造のほかに、さらなる欠陥を付け加えた。労働と資本の利用がきわめて非効率的で、驚愕するほどの環境破壊をもたらし、低品質の財を生産していった[46]。

　重工業の物的遺産は、社会主義のあとの時期になっても、再工業化の成功

---

44) バルカン諸国のナショナリズムについては、Lampe, "Varieties of Unsuccessful Industrialization," 81, 80-83 を参照。ポーランドとハンガリーの議会の中の経済的ナショナリズムについては、Berend, *History Derailed*, 140-42 と Turnock, *The Economy of East Central Europe* を参照。

45) Iván T. Berend, *Central and Eastern Europe, 1944-1993: Detour from the Periphery to the Periphery* (Cambridge: Cambridge University Press, 1996); Charles Marer, "The Collapse of Communism Approaches for a Future History," *History Workshop* 31 (Spring 1991): 34-59.

第 2 章　ポスト社会主義国の資本主義への諸経路

に資するものにならなかったが、他方で、主要な社会的変化のほうは社会主義的工業発展と手を取り合って進み、その中には再工業化を成功させるのに資するものもあった。社会主義システムの中では、大量の農民は強制的に都市労働者に転換させられた。社会主義動員マシーンの機能はしばしば見過ごされるが、一つの重要な点をもっている。それは、大量の農民大衆に、規則正しい労働勤務、スキルや品質の改善、同僚との協力行動のような労働者のスキルや価値を習熟させたことだった。それは幅広く多様な大衆組織に参加することによって実現された。

　それに付け加えると、社会主義システムは、ベレンドが「遅れた教育革命[47]」と呼んだものを通じて、大規模な普通教育と労働者の特殊なスキルを改善した。それは広範囲な就学前教育にとどまらず、初等、中等の普通教育をも実施した。中等教育と高等教育は同じく職業教育偏重の訓練になり、人口の多くの部分に特殊な産業関係的なスキルを授けた。

　だいたいにおいて、後期工業化は中東欧諸国家に二次的で特殊な遺産セットを提供した。社会主義は、その背後に時代遅れで歪んだ産業インフラを残した。そしてその瓦解は、存在しなかった国内の資本家をいかにして埋め合わせるのかという歴史的課題をふたたび突きつけたのである。しかし、大戦間期やそれ以前の時期とは違って、すべての中東欧は製造業のかなりの経験や訓練を蓄積し、訓練されスキルをもった労働者の豊かな貯水池をつくり出していた。

---

46) 1970 年代初期、「ハンガリー、ユーゴスラヴィア、ブルガリア、ルーマニアの圧倒的多数は農家の中で育った人間だった。「親の世代からのプロレタリアート」がブルーカラー労働者にランクされた者の過半数をわずかに超えていたのは、ポーランド、チェコスロヴァキア、そして多分東ドイツだけである（そして、ポーランドの場合、この階層が過半数を超えるのは、明らかに、きわめてごく最近の出来事である）」。Paul M. Johnson, "Changing Social Structure and the Political Role of Manual Workers," in *Blue Collar Workers in Eastern Europe*, ed. Jan F. Triska and Charles Gati (London: George Allen and Unwin, 1981), 33-36.

47) Berend, *Central and Eastern Europe*, 204.

温情主義の福祉国家

　中東欧は、それ以外の欧州地域と同じペースで——少なくともある程度同じペースで——福祉国家を発展させた[48]。これは工業化の遅れとは対照的である。イングロトが指摘するように、この地域のもっとも先進的な福祉国家は帝国的起源をもっていた。ハプスブルグ帝国の中でオーストリアとハンガリーの地域は、1880年代のビスマルクの諸改革のあとを追った、欧州で最初の地域だった。しかし、それはビスマルクの諸改革よりももっと限定されたものであった。そしてこのシステムは、オーストリアとハンガリーの後継国家にも継承された。ポーランドの中で、旧ドイツ領では、その当時においてもっとも包括的な福祉編成がとられていた。

　大戦間期における福祉国家の発展は、中東欧地域では、国民国家構築プロジェクトに不可欠の部分となった。福祉国家の拡大は、新生国家への忠誠心をつくり出そうとするエリートの目標がもたらした帰結であったが、ある程度ではあるものの、層は薄いが急進的で、動員された労働者階級の圧力の結果でもあった。大戦間期の中東欧の福祉システムの重要な特徴は、国家温情主義的だったことである。

　第二次大戦が終了して社会主義が定置させたのは、年金、疾病者・障害者手当、寛容な家族政策、公的健康（医療）給付を含む社会的保護の包括的システムだった。完全雇用は社会主義的福祉システムの主要な柱だったので、社会保険の適用はほぼ普遍的であった。そのうえ、政府は、食料や住宅、エネルギーの消費に対してもかなり補助金を出していた。だが、社会的扶助と

---

48) われわれの要約は以下に拠っている。Branko Milanovic, *Income, Inequality and Poverty during the Transition from Planned to Market Economy*, World Bank Regional and Sectoral Studies (Washington, D. C.: World Bank, 1998), 12-22; Dena Ringold, "Social Policy in Postcommunist Europe: Legacies and Transition," in *left Parties and Social Policy in Postcommunist Europe*, ed. Linda. J. Cook, Mitchell A. Orenstein and Marilyn Rueschemeyer (Boulder: Westview Press, 1999), 11-46; Linda J. Cook, *Postcommunist Welfare States: Reform Politics in Russia and Eastern Europe* (Ithaca: Cornell University Press, 2007), 35-45; Tomasz Inglot, *Welfare States in East Central Europe*, 1919-2004 (Cambridge: Cambridge University Press, 2008), 25, 54-195. 世界的比較には、Haggard and Kaufman, *Development, Democracy, and Welfare States* 参照。

失業保険は、事実上存在しなかった。

　財政で賄われる社会的サービスに加えて、第二の社会政策の柱は企業それ自身だった。それは保健サービス、幼稚園、職業教育、保養地の家を直接に提供していたからである。ある評価によると、「ロシアの企業はGDPの約3〜5％を社会的給付に費やし、中東欧の企業が使っていたのはこの半分である。……巨大なロシア企業の場合は、社会的支出の40％までも提供していた[49]」。したがって、オッフェは社会主義福祉国家を生産的労働者中心のシステムであると描写している。つまり、社会的権利というよりもむしろ地位が資格となり、温情主義的な方法で生産的労働者に便益が配分されていたのである[50]。

　だから、中東欧の政治家にとってリスクと機会を充分備えた第三の重要な遺産とは、成熟した福祉国家が移行を着手したときの人々の生活ぶりそのものだった。その生活は、何十年にわたる長期の温情主義的な政策から出現したのであって、強力な労働者階級の圧力によるものではなかった。福祉国家の遺産は、政治家を対立する諸問題に直面させた。第一に、現存する福祉国家は新しい一連の問題、大量の失業、貧困の出現に適応しなければならなかった。第二に、転換諸国は先進資本主義国家と同様に、その主要な社会的プログラム、とりわけ年金システムの財政的制約に直面した。最後に、中東欧諸国の人々は社会保障の公的給付に強く愛着を感じていたので、政治家はこの感情を考慮しなければならなかった[51]。

西側の裏切り

　最後の遺産は、ポスト社会主義の軌跡を理解するのに重要である。それは、

---

49) Cook, *Postcommunist Welfare States*, 39-40.
50) Claus Offe, "The Politics of Social Policy in East European Transitions: Antecedents, Agents, and Agenda of Reform," *Social Research* 60, no. 4 (Winter 1993): 619-83.
51) 「1990年代初期から2000年を通じて、さまざまな時点で行なったロシア、ポーランド、ハンガリーの調査では、大多数が——多くの場合は80％以上が——職と健康、年金、社会的便益を国家が保障することに賛成していたことが示された」。Cook, *Postcommunist Welfare States*, 42.

これらの諸国の西欧文化と国際社会との対立、二律背反、そしてしばしば緊張した関係である。皮肉な表現をすると、大部分のローカルなエリート集団は長い期間西欧志向だったが、彼らはその社会の「西欧性」を信じてきたわけでもなく、西側そのものを信頼してきたわけでもなかった。一方で、ラブが次のように主張したのは正しい。(世界の他のほとんどの地域とは違って)「公式の文化、法体系、ハイアート（純粋芸術）諸形態、支配的な宗教的伝統では」中東欧は「擬似欧州」あるいは「欧州の亜流」とみなすことができる。「そのエリートの抱負やそのローカル社会に対する自己欺瞞的な理解、そしてたしかに、外国人にそれを印象づけようとするその願望、これらすべては西欧化の程度に焦点を当てようとする傾向になっていった。これは、いくつかのサークルにおけるローカルな本物のルーツの精力的な探究を否定するものではなく、いわんや頻繁に感じていた二律背反や、あるいは社会的卑下を否定するものでもない[52]」。

他方で、中東欧の人々の歴史の理解を通じて織りなされる共通の**赤い糸**とは、西欧、とくに西欧の列強によって繰り返し裏切られたという感情である[53]。それぞれの国では、たくさんのその例証を自国の痛々しい経験から語ることができる。周知のように、最低でも5回ほどポーランドはドイツ（とオーストリア、ロシア）の犠牲になった。ハンガリーは1848年に独立国家を構築しようと試みたが、オーストリア（とロシアの）軍事的介入で失敗した。英国とフランスはハンガリー領土内で非ハンガリー人の蜂起を支援した。それから70年後になって、第一次世界大戦後に実施された領土的再編のた

---

52) Love, *Crafting the Third World*, 5-6.
53) 本当に実感できるような裏切りでさえ、それは政治の形成に多大な影響力を及ぼしているので、裏切りが実際にあったのかどうか、そしてこの地域の「惨状」がどれほど当該地域自身の失敗によってもたらされたかどうか、という点はここでの第一義的な関心事ではない。そうはいっても、いかに西側のまちがった主要な政策決定がこの地域のゆゆしい誤謬に影を落としてきたのかに関しては、イシュトバーン・ビボーがすばらしい分析を行なっている。それはあまねく流布している裏切りの意識を超えるものであるので、以下を参照せよ。István Bibó, "A kelet európai kisállamok nyomorúsága" [The misery of East European small states], in *Válogatott tanulmányok* [Selected studies], vol. 2, ed. István Vida and Endre Nagy (Budapest: Magvető Könyvkiadó, 1986 [1946]), 185-266.

めに、ハンガリーはその領土の3分の2とエスニックなハンガリー人を含むその人口の60%を失った。彼らはルーマニア、ウクライナ、チェコスロヴァキア、ユーゴスラヴィアで少数民族として取り残された。

チェコのもっとも大きなトラウマは、もちろん、1938年のミュンヘン合意である。その中で、欧州の列強は、ナチス・ドイツの攻撃的拡張計画に屈し、チェコスロヴァキアのズデーテン地域の併合を許した。また、西欧の列強はソ連ブロックに中東欧を編入させるのを阻止しなかった。さらに、1956年のハンガリーと1968年のチェコスロヴァキアへのソ連の介入に対抗措置をとらなかった。

社会主義以前と社会主義期のその他の遺産とまさに同じように、西側の裏切りが繰り返されるという信念は、この地域の最新の欧州回帰の試みにも影響してきている。一方では、エリートたちが「約束の地」に入ることを熱望したが、そこに影を落としたのは、自分たちの社会には西欧に追従する能力が欠落しているという恐れ、そしてEUが新しい裏切りを準備しており、中東欧を完全に統合することを喜ばず、むしろこの地域を手の届く範囲にとどめておくことを望んでいるという疑いだった。他方では、欧州統合とは「ベルリン－ボンへの過剰な依存にならないための再保険の一種」であるとみなしながら、ポスト社会主義の小国家は、西欧の相手国の以前の戦略を熱心に見習って、「ドイツとの二国間依存関係を多国間の協定の中に避難させた」のかもしれない[54]。というのは、中東欧にとって、過去はもっと複雑な教訓を与えていたからである。政策決定者は難しい意思決定に直面した。西欧を信頼すべきか、あるいは独立の保障を求めて米国のほうを向くべきか、と。中東欧に対する西欧の歴史的負債という問題を解決するという一般的論点は、たしかに多少なりとも恒久的に、中東欧地域の知識人と外交政策の論争のアジェンダとなってきた。

欧州的文脈のうちでは、中東欧の遺産は以下の三つの点でユニークである。

---

54) Peter J. Katzenstein, "Germany and Mitteleuropa: An Introduction," in *Mitteleuropa between Europe and Germany*, ed. Peter J. Katzenstein (Providence: Berghahn Books, 1998), 3.

つまり、中東欧の特徴は、列強とそれとの衝突の深いインパクトによって影響を受けている。その遺産は、過去が残した恒久的に没頭すべき関心事と「未完の事業」のフラストレーションを反映している。そしてその遺産は、レジーム特殊で地域特殊な成功と失敗の結合、資産と負債の結合を表現している。

歴史的遺産を解釈する

　このように概観すると、キーとなるコンセプトのもつ論点とその貢献とについて再考できるようになる。キーとなるコンセプトの争点とは、合意と異議申し立ての特殊な政治的機会構造の出現についての議論であり、その貢献とはレジームの形成に関する点である。このキー・コンセプトは社会運動理論から借用している。その政治的機会構造とは、タロウの定義によると、「成功かあるいは失敗への人々の期待に作用することで、人々に集団的行動をとらせるようなインセンティブを提供する、首尾一貫しているがかならずしも公式なあるいは恒久的でない局面[55]」のことである。

　われわれの解釈はこのタロウの考えに誘発されたものだが、そこには三つの特殊な点がある。われわれが強調するのは、次のような政治的環境の局面のことである。つまり、その局面の中では、不確実性が政治行動の機会とリスクを倍加させると、システム崩壊のその決定的転換時点で、転換指向政策の成功が構造化されることが可能になるというものである。それに関係して、歴史的遺産にも照準を合わせる。すなわち、歴史的遺産は出現する政治的舞台に登場するもっと恒久的な構成要素なのである。最後に、機会構造の潜在性を考慮する。それは、定型的・非定型的政治や民主的政党の競争、社会運

---

[55] Sidney G. Tarrow, *Power in Movement* (Cambridge: Cambridge University Press, 1994), 85. 社会運動の理論の用語と概念でポスト社会主義国の体制転換政策を把握しようとしたパイオニア的試みについては、以下を参照。Sidney G. Tarrow, "Understanding Political Change in Eastern Europe," *PS: Political Science and Politics* 3 (1991): 12-20. 社会運動学者によって使われた多様な用法の中での、政治的機会構造の概念の徹底的な回顧と分析に関しては、David S. Meyer and Debra C. Minkoff, "Conceptualizing Political Opportunity," *Social Forces* 82, no. 4 (June 2004): 1457-92 を参照。

動の積極的行動主義の方向を定めたり、それを制約したりする。これらの線に沿って議論すると以下のようになる。

　最初に、多数の未完の事業やそれに関係した歴史的に相反する感情によって、改革者は解決すべき課題はどれなのか、そしてどのような順序で行なうのかをえぐり出し、そしてそれを選別にかけることができた。われわれの事例を分類する主要な境界線は、独立した国民国家を継承した国と、そうでない国の間に引かれている。それゆえ、論理的に、国民国家を継承していない国は、他の問題よりも国民国家の形成を優先するだろうと想像がつく。しかし、実際の意思決定はそのような直線的論理に従うことはなかった。それができたのはバルト三国とクロアチアだけであった。そこでは国民的独立が唯一絶対的で、初期の体制転換のアジェンダの他のいかなる目標よりも優先権を獲得した。国民的独立はそれ自身が目標であり、経済的社会的痛みを受けるに値する価値をもっていたのである[56]。

　これとは対照的なのがスロヴァキアとスロヴェニアの改革派であり、独立とは幅広い社会・経済的目標を達成するための手段であった。だが、それはそれぞれの連邦内部では実現できなかった。スロヴァキアの政治家たちは、社会主義のいくつかの社会・経済的達成物を維持しようとした。チェコ主導の経済転換の結果は、その初期にはチェコとスロヴァキアの両国を襲ったが、より厳しかったのはチェコよりもスロヴァキアのほうだった。この事実は、スロヴァキアの指導者たちが、以前から存在した独立した国民国家性への集団的コミットメントではなく、それよりも「ビロード離婚」〔1993年のチェコスロヴァキア連邦共和国の平和的解消〕を結果的に選好したことを説明している。この説明は妥当である。首相メチアルの政権が最初に試みたのは、チェコスロヴァキア内部で有利な条件を獲得する交渉であった。そしてこの試み

---

[56] Rawi Abdelal, *National Purpose in the World Economy* (Ithaca: Cornell University Press, 2001). クロアチアに関しては、Ivo Bicanc and Vojmir Franicevic, "Understanding Reform: The Case of Croatia," The wiiw Balkan Observatory Working Papers 033 (Vienna: Vienna Institute for International Economic Studies, 2003), 4, http://www.wiiw.ac.at/balkan/Files/GDN_Croatia.PDF.UnderstandingReform（2008年5月6日アクセス）を参照。

が失敗してはじめて、分離要求がより強まっていった。

　スロヴェニアはユーゴスラヴィア連邦内部でもっとも先進的な共和国であり、1970年代半ばの経済的分権化によってもっとも利益を得た国であった。再集権化や後進的な共和国への資源移転の増加の危険性、そしてもっとダイナミックに体制転換しているヴィシェグラード諸国の後塵を拝する恐れは、国民的独立がスロヴェニアの社会・経済的な成功物語の継続のためには不可欠であると、その政治的エリートに確信させた。

　この文脈の中で、よく引用されるマックス・ウェーバーの『世界宗教の経済的倫理』の序論の中の一節を思い出してみよう。「思想ではなくて、物質的で理想的な利害が直接に人々の行為を支配するのであるが、その「思想」によってつくり出される「世界のイメージ」は、転轍手（ポイントマン）のように、行為の軌跡を決定していき、その軌跡に沿って利害の動態が行為を推し進める[57]」。

　したがって、バルト三国を新自由主義の軌跡に導いた「転轍手」は、国民独立の思想であったと論じてみよう。それは、ソ連からの独立を獲得するために支払う代償として、転換の経済的社会的コストを正当化した。ナショナリズムとは、アンダーソンが「公式なもの、すなわち国家から発散され、そして国家の真っ先の利害に奉仕するもの[58]」と呼んだものそのものだった。だがそれだけではなく、少なくとも初期の頃までは、ナショナリズムは強力な民衆的基盤をもつものだった。

　クロアチアの場合でも、国民的独立の思想は転轍手として働いた。しかしながら、バルト三国とは対照的に、ナショナリズムはこの国を経済的・政治的改革の取り組みという路線から脱線させた。イヴォ・ビチャニチとヴォィミル・プラニチェヴィッチが論じているように、「連邦の首相が急進的な経済改革を提起しはじめたとき、ナショナリストのアジェンダがすでに政治的空間を埋め尽くしていた。それはあまりにも強力になっていたので、あるプ

---

57) Max Weber, "The Social Psychology of the World Religions," in Gerth and Mills, *From Max Weber*, 280. このレファレンスはリチャード・スウェドボリに負っている。

58) Anderson, *Imagined Communities*, 159.

ログラムの政治的メッセージが、ナショナリズムだけでなく共産主義に対しても、それにかわることのできる潜在的に現実的選択肢であることが明確になったときでさえ、そのプログラムの政治的メッセージに関する議論を成功させることを不可能にした[59]」。以下でさらに詳しく述べるが、クロアチアの事例では、ナショナリズムと戦争はまた、経済改革の意思決定を実行する国家の能力を弱めた。このためにこの国は、この地域の中で民主主義と資本主義に進む体制転換に出遅れた国になってしまった。

これとは対照的に、その国民の存在が社会主義の下で（あるいはその終焉直後に）無視されるか脅威にさらされることの少なかった国、あるいはその国民的独立というアイデアがいくつかの転換の主な目的の中の一つにすぎなかった国では、民衆の物的利害を満足させることによって社会的不安定性（脆弱性）と闘うことのほうが、改革政策のための合意を取りつける点で重要であることが明らかになった。

一連の転換エリートが自分自身で設定した初期の課題は、それによって社会主義とそれ以前の歴史的時期の遺産を眺望できるようなレンズを提供した。ヴィシェグラード諸国とスロヴェニアが選択した中心的課題、すなわち長く必要とされてきた経済的近代化というプロジェクトに対する支持を生み出すために、改革者はある程度過去との継続性を強調した。とりわけその市民に対する約束は、欧州に復帰するなかで何の収穫もなく東側が放置されてはならないということだった。そうではなくて、社会主義の残存物は、制度的実践か人間のスキルであるにせよ、獲得した福祉の地位であるにせよ、それは新しい資本主義秩序の建築用ブロックとして利用できるはずだということだった[60]。しかしながら、そのような「ブリコラージ」が暗示したものは、政策決定者が市場諸力の潜在的「破壊力」を飼い慣らし、その市場の「創造性[61]」を促進するということであった。そして、それが埋め込まれた新自由主義の主要な約束だった。

これと対照的に、バルト三国の政治家たちは、新しい制度の主要な優位性

---

59) Brcanic and Francevic, "Understanding Reform," 4.
60) オリジナルな議論に関しては、Stark and Bruszt, *Post-Socialist Pathways* を参照。

がソ連の過去の残存物との鋭い非連続性の中にある、とみなしていた。彼らの強調点は、できるだけ速やかに東側を去ることの必要性であり、社会主義の無価値かあるいは明確に危険な遺産ときっぱりと手を切ることのメリットであった。さらに、新自由主義的なリストラが引き起こす経済・社会的損失を小さくみせた。バルト三国の政治家には、他の国の指導者よりも強い決意と情熱でもって、ロシアを非欧州として描写する傾向があった[62]。そのうえで、欧州統合を「正常」への回帰として解釈した。1940年代にバルト三国が赤軍によって征服され、「ソヴィエト化」されたが、もしそれが正常状態への中断を意味するのであれば、その場合には、ソ連期の遺産を根絶することが正常化であると称することは正しいことになりうる[63]。

　一般的にいって、上のような見方は、社会主義の過去（その初期）を国民の歴史の流れの中に位置づけようとする程度、形態の点で異なる。もっと正確にいえば、これらの知覚もまた、相続遺産の多くの具体的要素を解釈する場合に、その解釈枠組みとして役立った。社会主義経済の業績や労働者、年金生活者のスキルと社会的地位について、鋭く対立する見方があるからである。

　社会主義システムの経済的産出高については、GDPで計測すると、さまざまな国の政治家によってその評価が異なった。1990年代にはこの問題に関して専門家の意見は一致していなかった。そして客観的数値が不確かだったために、多様な意見がさらに広がった。そして、相続された経済的潜在力についての異なる知覚が、ポスト社会主義の動態や自由化のインパクトについての根本的な見解の違いを形づくり、究極的には、実際の経済的業績のデータによって新しい秩序の優越性を実証する場合、その実証できる度合いに

---

61) Joseph A. Schumpeter, *The Theory of Economic Development: An Inquiry into Profits, Capital, Credit, Interest, and the Business Cycle* (Cambridge: Harvard University Press, 1968 [1942]).〔シュムペーター『経済発展の理論——企業者利潤・資本・信用・利子および景気の回転に関する一研究』塩野谷祐一ほか訳、岩波書店、1980年〕

62) Valerie J. Bunce, "The Visegrad Group: Regional Cooperation and European Integration in Post-Communist Europe," in Katzenstein, *Mitteleulopa*, 241.

63) Mart Laar, *Estonia: little Country That Could* (Bury St. Edmunds: St Edmundsbury Press, 2002).

影響を及ぼした。

　体制転換が開始されたとき、チェコスロヴァキアの経済実績についての改革者の見解は、……たとえ有望でないとしても、許容できるというものだった。その、ものいわぬ多数派だった市民は、過去20年の間、「自動車による移動」を獲得し、「週末の別荘文化」を手に入れていた。だが、労働面での成果はあまり高くない。さまざまな不足やボトルネックがあったにもかかわらず、チェコスロヴァキア人は「穏やかな生活」を送っていた[64]。このような知覚は、転換のはじめ頃のチェコの1人当たりGDP額がEUレベルに接近していたという評価に基づいていた。逸話風な証拠になるが、産業通商大臣のウラジミール・ドロウヒーは、もっと「悲観的」な評価に反対して、「チェコの1人当たりGDPはオーストリアにそんなに遅れをとっていたわけではない」と主張した[65]。チェコスロヴァキアは適応の猶予期間の間に必要な相続資産と経済的アクターに相対的に恵まれているので、「危機のないシナリオを探す」というオプションがあると指導者は確信していた[66]。

　エストニアの政治家の場合には知覚はたいへん異なっていた。経済的遺産を評価して、首相ラールは「純粋の社会主義的産出高」の驚くべき比重の高さを社会主義経済のせいにした。それは次のような意味だった。維持されていた総産出高の一部は、すべてではないとしても、社会主義経済秩序の下でのみ可能で、「通常」の条件下では（つまり資本主義下では）、そのような生産は「望まれない」し、誰の需要にもならない。もし純粋に社会主義的産出高が国民勘定から削除されると、「経済改革の時期でもGDPの低下はもっと小規模なものになるだろう[67]」。ラールの知覚は、社会主義工業プラントは価値創造というよりも、むしろまったくの価値減損の現場だったという見解に根差している。この見解は多くの国際的アドバイザーも共有していた。もしこれが本当だとすると、急進的な市場化はかならずしもそんなに破壊的で

---

64) Klaus and Jezek, "Social Criticism," 39.
65) Drahokoupil, *Globalization and the State*, 71.
66) Klaus and Jezek, "Social Criticism," 39.
67) Laar, *Estonia*, 24-25.

あったわけではない。望まない生産を停止することは、実質的な損失を暗示しないからである[68]。

社会主義経済を、この地域の過去の発展の統合された一部として受け入れるか、あるいは反対に拒否するかの決定は、まだ職に就いているか、あるいはすでに退職しているかは別にして被用者のスキルや地位、一般的な社会的地位について異なったものとして知覚するようになる。チェコを例に引くと、投資促進庁であるチェコインベストの元総裁であるハヴェルカは、アジアへの誘致促進旅行で次のような覚書を残した。「投資家は安価だが熟練資格のない労働を多くの場所にみつけることができるが、そのような場所はチェコ共和国にはない。その点がわれわれの主張点だ。チェコではたいへん低コストでしかも訓練された労働者を手に入れることができる。クラウスはそのことを学んで知った。彼は私に次のように講義をはじめた。あなたはこの点をどのように語ることができるのか。……それができていないのではないか。われわれチェコ人はブッシュマンや猿とは違う。われわれが比較すべきはデンマークやあるいはオランダだ[69]」。

チェコの指導者は、洗練された生産の高水準に適用する能力という点で、労働者を信頼、評価していた。だがエストニアの政治家は、それとは違って、継承された労働力の質について楽観していなかった。国家行政で働く被用者を批判して、ラール首相は次のようなコメントを残している。「年老いた犬

---

[68] 社会主義経済によってつくられたとてつもない浪費のスキャンダルについて、オスランドは次のように主張する。「ソ連の漁夫はたいへん新鮮な魚を捕獲したが、それを市場で売るよりも、それを（しばしば食用に適さない）魚の缶詰に加工し、その魚の価値をほとんどゼロにした。この価値減価は国民勘定に正確ではないが記録され、そうしてGDPに含まれた。……適切な国民勘定は、かくてほとんどの消費財と加工食品の「生産」を当然排除し、そしてそのような価値減価のどのような無視も、実質産出にはプラスだった」。彼が期待したのは、「そのような修正がポスト共産主義の体制転換の理解を変えていくだろう」ということである。それは、残念なことに、「馬鹿げた公式統計は、改革途上のラトヴィアやリトワニアよりももっと成功している国として、改革の行なわれていない惨めな〔原文のママ〕ベラルーシを先導国として触れる」。Aslund, "Myth," 6, 17.

[69] 2005年12月30日にプラハでドラホンコウピルが行なったインタビュー。Drahokoupil, *Globalization and the State*, 70.

第2章　ポスト社会主義国の資本主義への諸経路

に新しい芸を教えるのは不可能だ。ソ連システムの中で働き、自身のキャリアを積んだ人々は、社会が課す要求に適応することが困難だとわかっている。全キャリアの基礎を、正直さでなく嘘や虚偽に置いてきた人が、いま変化しはじめるだろう、と期待することは非現実的だろう[70]」。

ラトヴィアの政治家も同じように、継承されたスキルの実際の価値については懐疑的であった。ドレイフェルズは次のように観察していた。「センサス・データによって確認されているが、とくにロシア人の高学歴達成率はほとんどのラトヴィア人にとって心理的難題となっている。というのは、これについての1989年のデータの信憑性をラトビア人は受け入れていないからだ。1992年春に行なったラトヴィア教育省の説明によると、このデータの「異常」はとくに［ロシア人］公務員の妻たちに行なったセンサス調査の誤報から生じたものである。彼女たちはある「とるに足らないような」卒業証書を、大学学士に相当するものであると勘違いしていた[71]」。同じように、社会主義の労働生活の中でつくられた価値や蓄積されたスキルの知覚が異なると、この労働生活のコースで獲得された社会的諸権利についての見解も対照的なものになる。たとえば、高齢者の貧困化回避に役立つ年金の権利がそれに当たる。（ラトヴィア対ハンガリー対ポーランドの対照的事例は第3章「ナショナリスト的な社会契約」と第4章「福祉主義的社会契約」を参照）。

---

70) Laar, *Estonia*, 168. 社会主義における労働者の労働習慣とスキルの否定的な知覚は学者の説明の中でも広がっている。たとえば、グラスマンは、共産主義下でのポーランド労働者の状態を、ポランニーが分析した1795年のスピーナムランドの、まちがって想像されていた福祉レジームにいた英国の労働者と比較することによって、次のように書いている。「前者も後者も、自給自足の貧困化、個人的道徳の腐敗、国家の健康に重大な致命傷になるような労働スキルの破壊となった。共通の文化の「中身」に対する温情主義の効果はあまりに破壊的だったので、どんなものと比較しても、それらよりもより立派にみえた。やがて、新しいレジームの犠牲者は、受け身で不本意だったのか、あるいは積極的だったのか、みずからの自由と尊厳を救い出す一つの方法として、市場ユートピア主義を支持した」。Maurrce Glasman, "The Great Deformation: Polanyi, Poland and the Terrors of Planned Spontaneity," in *The New Great Transformation? Change and Continuity in East-Central Europe*, ed. Christopher Bryant and Edmund Mokrzycki (London: Routledge, 1994), 198.

71) Juris Dreifelds, *Latvia in Tansition* (Cambridge: Cambridge University Press, 1996), 159.

次のことは何もおおげさな一般化ではない。社会主義製造業は価値の減耗と同じであった。食品工業の製品は食用に適さなかった[72]。使い物にならないスキルをもった労働者は貧窮していた。労働生活には達成感がなかった。いまでもそれを確信している。にもかかわらず、これらの見解の不正確性（逆に、この問題に関する反対の誇張の不正確性）についてはここでの関心事ではない。われわれが眼目とする点はむしろ、客観的性格にいくぶんか注意しないとするならば、社会主義の遺産は資産の源泉かそれとも価値のない危険なもののどちらかと知覚され、その遺産はまた、プラグマティックな方法によるか、あるいはその遺産についての「病理学的」見方のコントラストによっては、市場と欧州の「ユートピア」になるように関連づけることができる、ということである。異なった文脈で学者は次のように議論した。「ユートピアや病理学が提供したのは、それらが表現したパラダイムの政治的論争のための素材である[73]」。したがって、それがたくみに展開されたときには、上記の解釈は、政治家が初期の政策選択のための合意を取りつけ、正統性を探すための助けとなることができた。

　これまでの議論の基本的条件は、転換の政治的アクターは可能な課題の中から選択することができ、その選択に続く政策を実行できる能力をもっていたということである。しかしながら、このことが当てはまらなかったようにみえる三つの国がある。ルーマニアとブルガリアの場合は「ストップ・アンド・ゴー」政策として知られている。クロアチアの場合、ユーゴスラヴィアからの離脱戦争の文脈の中で国民的独立を達成することが最優先であり、

---

72) *De gustibus non disputandum.* だが、社会主義の食料生産の貧しい料理用の価値に対するオスランドの懐疑とは対照的に、われわれの思い出になると、リガのニシンやセゲドのサラミ、プラハのハム、チューリンゲンのブラットブルスト、イェヴァンのコニャック、ピルスナーのビールはいつも簡単には入手できるものでなかったが、それらは充分に飲食に適したものだった。EU統合の中でハンガリー産のジャガイモに取って代わったオランダ産の輸入ジャガイモとは違って、たしかに、かつてのハンガリー産は本当のポテトの味がまだしていた。

73) Ellen Commisso, Steven Dubb and Judy McTigue, "The Illusion of Populism in Latin American and East Central Europe," in *Flying Blind: Emerging Democracies in East-Central Europe*, ed. György Syobosylai (Budapest: Hungarian Political Science Association, 1991), 27.

第 2 章　ポスト社会主義国の資本主義への諸経路

このことはこの国を民主主義と資本主義への進歩から脱線させた。この3カ国すべてが転換初期に共有していたのは、疑問符が付く民主主義的信任状であった。

　三つのうちの2カ国は、社会主義以前と社会主義期の国家形成と経済発展のパターンの点で、残りの中東欧諸国と顕著に違っており、より東側と南側に位置するポスト社会主義国に近かった。クトチェルクとその共著者によると、ルーマニアとブルガリアのレジームの特徴は、過去に公式の官僚主義的ルールの経験がほとんどなく、パトロン-クライアント関係の強力なネットワークが持続していた点にある。そのため、両国では「世襲共産主義」の継承国として体制転換が開始された[74]。

　政治的エリートによる初期の選択は、転換国家の能力が脆弱だったために、これら両国では他の中東欧諸国のどこよりもみすぼらしい結果となった。経済改革は不承不承で企てられたにすぎず、しばしば減速し、薄められた。また、はびこる汚職の犠牲となった。達成した自由化は公的当局のコントロールを回避する傾向にあった。この新興資本主義の生育は、新秩序を構築する調整された公的努力の影響の結果ではなく、むしろ特定の国内利害によって推進されたという特質を示すものであった。

　ブルガリアとルーマニア、クロアチアでは、1990年代の後半、危機は破滅的であった。結果として、民主的政府の敷居を飛び越え、それらの国は、純粋かあるいは埋め込まれた新自由主義の独自のバリアントを打ち立てた。これまでに述べたすべての理由から明らかなように、一方におけるバルト三国とブルガリアあるいはルーマニアの新自由主義と、他方におけるヴィシェグラードとクロアチアの埋め込まれた新自由主義との間には、表面的類似性が存在する。これらのレジームは、一見すると、類似した種類の二つのバリアントのようにもみえるけれども、質的にはまったく異なっている。この地域のほとんどの国〔バルト三国とヴィシェグラード諸国およびスロヴェニア〕の資本主義は「国家によってつくられた」資本主義レジームであるが、それとは

---

74) Kitschelt *et al., Postcommunist Party Systems*, 23-24, 39-41.

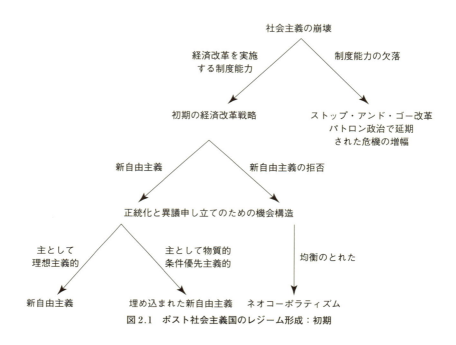

図2.1 ポスト社会主義国のレジーム形成：初期

対照的に、南東欧〔具体的には、ブルガリア、ルーマニア、クロアチア〕の資本主義は、非力な国家能力、政党間競争の制限、パトロン的政治と腐敗への強い依存から来ている。

レジーム形成の最初の局面——要約

　これまでの議論を再度要約しよう。出現している経済秩序を理解するため、最初により立ち入って観察したのは、1990年代の経済改革を誘導したパラダイムであった。スロヴェニアを例外として、中東欧地域の改革経路を選択できる能力をもつすべての国は、何らかの形態の経済的新自由主義を採用した。新自由主義的な戦略がわずかな成果しかもたらさず、厳しい社会的混乱が起こることを考慮に入れると、政府には支持のための幅広い源泉をつくり出していく必要があった。この目的のため政府にできたことは、アイデンティティ・ポリティクスに訴えること、あるいは、（そのいくつかの）コスト

を補償することによって市場化による有害な社会的影響の抑制を試みることであった。

　経済改革をめぐる政治的闘争が演じられる舞台を支配しながら、アイデンティティか物的福祉供給かの可能性をつくり出し、そしてそれが意味する亀裂と社会契約を形成したのが、社会主義システムの解体とともに出現した政治的機会の構造であった。同時に、改革者が社会主義の解体によって多くの未完成な課題を突きつけられると、政治的エリートたちは、どの課題を最優先とすべきかについて選択を行なうとともに、それについて政治的に動機づけられた決定的な発言も行なった。社会主義から国民国家を継承しなかった国ではすべて、国民形成を最優先にすることをより強力に弁護することができればそれだけ強く政治的支持の源泉としてアイデンティティ・ポリティクスに依拠することができた。しかしながら、その機会が利用される実際の程度は、政治的意思決定にきわめて依存していた。また、国民的自立が目標としてみなされるか、それとは違ってより広範囲の社会・経済的目標を達成する手段としてみなされるかも、政治的意思決定に極度に依存していた。

　社会福祉への関心が、改革政策にどのくらい導入されていくのか、その程度が新しい経済秩序の埋め込み具合を決めた。その理由は、結局のところ、物質的利害が造形的な役割を果たすような政治的舞台においては、政治のほうが社会福祉と産業保護を経済改革過程の中にもう一度組み入れるという欲求を満たすことのできる、より大きな見込みをもっていたからである。この同じ理由により、改革者にとっても社会主義の遺物に背を向けるのではなく、むしろそれといっしょに働くほうがより有望であった。

　たとえ、経済諸改革がナショナリズムと混同されるか、その社会的インパクトが補償的な施策によって緩和されるか、あるいはこの両者の結合によって同意が取りつけられたにしても、結果的に国内の資源だけでは新しい秩序への固い支持を生み出すのに不充分であることがわかった。1990年代の後半になると、改革に対する人々の忍耐は切れはじめていた。ところが、このような時点で、国際的アクターや国際市場が脆弱な新レジームを救済するために登場してきたのである。この国際的文脈がレジーム経路を形成したが、

115

そのさまざまな方法に関しては、この章の残りの部分で議論しよう。

西側への回帰――超国家化と欧州統合

　中東欧のレジームの形成と安定化に関して議論するなかでさらに積みあげられる建築ブロックは、超国家的なアクター、制度、市場の役割が果たす基軸的な重要性である。経済自由化と市場指向の制度構築を通じて、中東欧諸国もまた世界的な資本、欧州資本の生産と商業、金融の諸システムに統合されていった。他方で、欧州への回帰によって、中東欧はより広範囲な地域統合プロジェクトの一部、一画になった。初期には無視されたが、2000年代はじめから今日にかけて学者たちが認識するようになったのは、中東欧の体制転換では超国家的アスペクトが突出していることである。

　欧州化と超国家化の文献の主要な内容は、ミッチェル・オレンシュタインと共同研究者によって次のように正確に要約されている。

> 四重移行論という枠組みは、国民国家の構築、民主化、そして市場化のプロジェクトが、超国家的アジェンダとその圧力の中に埋め込まれてきたことを示唆している。その中でEUの圧力はもっとも重要だけれども、それに限定されるわけではない。……四重移行論という枠組みが依拠したのは、さまざまの移行プロジェクトの中で理論的に想定されてきた破壊と分裂の範囲を、超国家的統合は狭めてきたという観察である。最初の頃は無視されたが、超国家的アクターは、中東欧のポスト社会主義国の移行のさまざまなアスペクトを束ねる未知なるものであることがわかった[75]。

超国家化と欧州化がいかに中東欧のレジーム形成と安定性に貢献したのか

---

[75] Mitchell A. Orenstein, Stephen R. Bloom and Nicole Lindsterom, ed., *Transnational Actors in Central and East European Transitions* (Pittsburg: University of Pittsburg Press), 6.

を理解するために、ジャコビィの提案した枠組みを利用しよう。それは、欧州のポスト社会主義国の国内制度変化に対する対外的影響を捉えている[76]。

対外的影響の諸形態

この論点についての多数の研究を概観して、ジャコビィは対外的影響を三つの形態に区分している。その中でもっとも弱い介入は「感化」であった。これは、改革プログラムの究極の目標か、あるいは具体的ステップのアイデアについて言及することである。この「感化」と正反対のものが「置換」である。それは影響力のもっとも強い介入主義である。その特徴は、特定の改革や制度を押しつけるために直接的な外的干渉を行なう点にある。その例となるのが軍事占領やあるいは経済的制裁である。

最後に残るのは「連携的」アプローチである。連携的アプローチは、対外的アクターが国内の社会勢力と連携を構築することで、国内改革に積極的に影響を及ぼそうとするものである。ジャコビィの強調点は次の点である。連携的アプローチはしばしば国内の「少数派」の伝統を強化し、同じ志を有する改革者をエンパワーする効果をもつ。「とりわけ、連携的アプローチが強調するのは、ポスト社会主義の改革者の時間的地平線を引き延ばすかもしれないことである。その結果、彼らは、よりよい政策から生み出されるかもしれない長期の便益と短期の利益を喜んでトレード・オフしようとする。アウトサイダーは、改革に関与している者のサークルを拡大し、国内の反対派を抑止することにさえ役立つことができる[77]」。

問題はこの国際的状況が中東欧のレジームの姿をどのようにして形づくり、安定化にいかに貢献してきたのかである。ジャコビィの類型化は、この問題

---

76) Wade Jacoby, "Inspiration, Coalition, and Substitution: External Influences on Poscommunist Transformation," *World Politics* 58, no. 4 (July 2006): 623-51.

77) *Ibid.*, 629。ジャコビィの三位一体には先例となる原型がある。とくに、Barbara Stallings, "International Influence on Economic Policy: Debt, Stabilization, and Structural Reform," in *The Politics of Economic Adjustment: International Constraints, Distributive Conflicts, and the State*, ed. Stephan Haggard and Robert R. Kaufman (Princeton: Princeton University Press, 1992), 41-88 を参照。

に取り組むために有益な出発点を提供してくれる。もっと前の箇所で、ポスト社会主義の脈絡の中で新自由主義の魅力を強調したが、この点は国際的アクターが地域大に広がって決定的役割を果たしたことにももちろん当てはまる。中東欧諸国が西側に（再）結合されたのは特殊な歴史的時期であった。1970年代におけるフォード式生産レジームとケインズ的規制の危機は、多様な戦略を実験する局面を誘発させた。その多様な戦略の実験とは、成長と生産性を回復する方法や、マクロ経済的にみてもっと生存可能な経路を決める方法に関するものであった。共産主義が崩壊した時期には、すでに新自由主義は世界でもっとも影響力のある政策パラダイムになっていた。こうして初期の政策は、ジャコビィの用語に従えば、覇権的パラダイムによって「感化された」ものだった。すなわち、現存のベスト・プラクティスを薦める国際的唱導者が中東欧の改革者に対して行なったのは「特定の制度改革とか政策改革の最終状態とか、あるいはそのような改革をいかにして遂行するか[78]」についての助言であった。

しかしながら、前に議論したように、新自由主義は政策改革がもたらす結果に関して明確な基礎的思考を提供しなかった。あるいは、国際的アクターは体制転換のための青写真を提供することさえ想像していなかった。それよりも彼らは社会主義の劇的崩壊に驚いていた。それは彼らが関係した諸国の相手方に劣らずそうであった。そうみてくると、何を正確に行なうべきかについて、彼らは確信をもっていなかったことになる。1990年代の初期の時点では、多数の国際的派遣団は、この地域がどこからやってきてどこをめざしているのかについて学ぶという急勾配の学習曲線を登っていたのである。

それにもかかわらず、外部の助言者たちが熱心に繰り返したのは、安定化と自由化、民営化の一般的な呪文だった。改革のスピードの必要性も強調した。時には、異なる助言チームが相互に反目する場面もあった。けれども、彼らは各自の改革を実行する方法のアイデアの宣伝にも熱心であった。例を示そう。エストニア政府にはサックスの率いる国際的助言グループが訪問し

---

78) Jacoby, "Inspiration, Coalition, and Substitution," 628.

たが、彼らは IMF の使節団のメンバーが反対であると警告していたカレンシー・ボード制の導入というアイデアの導入を促した（第3章「初期の経済改革の政治学」を参照）。結局のところ、国際的感化は、1990年代はじめからの体制転換をめざす政策決定の一部だったのである。にもかかわらず、国内の政治勢力が感化させられるかどうかは国内の政治勢力自身に大きく依存していた。明らかに、スロヴェニアの政策決定者が感化された程度はもっとも小さい。

　この感化の性質も時間の経過とともに変化していった。一方では、この地域を通じて実施した政策パッケージの経験により、経済的成功とその失敗のめぐり合わせに影響を及ぼす要因について、国際的アクターはもっと確信をもつようになった。他方では、域内の成功物語は遅れた国のためのモデルとして取り上げられるようになりはじめた。エストニアを例にとろう。その改革が成功への道であるといったん認知されると、カレンシー・ボード制と均一課税制はすべてのポスト社会主義諸国への IMF からの勧告に登場しはじめた。これらの国は通貨危機に襲われるか、FDI を誘引する能力に欠けていた。改革の遅れた国であるブルガリアとルーマニアの場合、感化はときどき公然としたコンディショナリティ〔支援を受けるために採用されるべき政策パッケージ〕に転化した。たとえそうであっても、超国家的な感化が制度形成に及ぼす影響の程度は、中東欧のどこでも、国内の政治的要因に大きく依存していた[79]。

　1990年代の後半になると、そこからは EU が中東欧地域の改革過程に強い影響力を行使する中心的アクターとなった。EU がもっともよく採用した形態の影響力は、連携のパターンだった。国内諸勢力は中東欧のどこでも熱心に EU 加盟に向けて圧力をかけた。これに対して EU のアクターたちは、自由主義的な民主主義的秩序への各国の関与をロックインするために加盟過程を利用した。

---

[79] ルーマニアとブルガリアについては、Grigore Pop-Eleches, *From Economic Crisis to Reform: IMF Programs in Latin America and Eastern Europe* (Princeton: Princeton University Press, 2009) を参照。

改革派に対するエンパワーメントはいくつかのメカニズムを通じて行なわれたが、それは連携パターンがうまく機能するのに決定的なことであった。第一に、EU加盟の見通しが与えられることによって、体制転換は具体的ゴールとそこにいくための工程表をもつことができた。まったく疑いないことだが、加盟のコンディショナリティがより大きな報酬を授けたのは、政策決定者が工程表に従って進むことに対してであった。重要な点は、そのことで政治アクターのもつ時間的地平線が伸びたことだった。

　この観点からすると、EUは転換初期には首尾一貫した発展経路を決めていなかった国のレジーム形成にもっとも強い影響力を行使できたことになる。ブルガリア、ルーマニア、クロアチアの「選挙革命」では、EUのそれも含めた国際的影響力が、事態を親市場、親民主主義、親欧州的立場のアクターに有利になるように助けた。EU加盟国になるという展望は、国内の政治家が他の国際的アクターの要求に対しても、もっとオープンな姿勢をとるようにさせた。こうして、EU加盟で遅れ、設計図と比べて欠陥をもっていたこれら中東欧の国の成功物語の経路は、より大きな国際的影響力を反映するものになってくる[80]。

　第二に、中東欧地域でのEUの主要な努力の一つは、行政・制度・規制能力の前進に向けられた。これはEUの政策決定組織による効果的な規制で果たすことのできる中心的役割と一致するものであった。マヨーネが論じているように、域内市場と共通政策を制御する**アキ・コミュノテール**〔新規加盟のためにその導入が条件とされる、欧州連合EUの基本条約から規則・指令・判例等までのすべての法体系〕は、多水準の欧州ガバナンスの上に規制国家を構築するという仕事であった。マヨーネが定義する規制国家とは、ルール制定が課税と支出の位置に取って代わるような国家のことである[81]。

---

80) Vachudova, *Europe Undivided*. 選挙革命については以下参照。Valerie J. Bunce and Sharon Wolchik, "International Diffusion and Postcommunist Electoral Revolutions," *Communist and Post-Communist Studies* 38, no. 3 (September 2006): 283-304. 選挙革命が親欧州勢力を運転席に座らせた4番目の国はスロヴァキアだった。南東欧諸国とは対照的に、メチャルアルの下でのスロヴァキアの経済改革の経路はEUの要求とは両立しなかった。スロヴァキアのケースに関して詳細は第4章を参照。

規制国家の登場は、1980年代以来西欧経済がとってきた新自由主義的な方向転換と直接に関係している。その特徴は、政策決定の権限を規制当局に委任し、そして多数決定主義をとらない制度や裁判所の影響力を拡大する点にあった。その結果、政策の意思決定は議会や政党、公務員から、規制実施者や専門家、裁判官にシフトしていった。欧州統合は、国民的意思決定の範囲から重要な領域を取り除くことによって、政策決定を脱政治化することに貢献してきている。

加盟過程に関連して規制能力を構築することは、生成期の中東欧のレジームの安定化に役立った。重要なことは、それが効果的な政府をより強化して、新しい秩序の正統性を増した点である。民主主義の周知の構成要素が制度化されるのが全面的に弱いこの地域では、効果的な政府はとくに重要である。選挙民は構造化されず、流動的で、不確実である。それが動員されるのはごく一部である。もっぱら政党の基盤となっているのは、市民社会との結びつきが弱いエリートである。だが、選挙民は選挙のたびに競争の対象となり、決定の負荷は重くのしかかり、ゲームのルールをめぐる争いは解決されないので、政党間競争は熾烈である[82]。

これらの条件の下で、選挙民の選好に対する政府の機敏な反応に基づく正統性——シャールプの用語でいう「投入型正統性」——は獲得するのが難しい。しかしながら、政府は、統治される者の問題を解決する能力から発生する「産出型正統性」の獲得をめざすことはできる[83]。そこで要求されるスキルと意思は、EUのコンディショナリティによって強化されてきている。コンディショナリティの強調点は、脱政治化、規制、行政能力構築と専門家に

---

81) Giandomenico Majone, "From the Positive to the Regulatory State: Causes and Consequences of Changes in the Mode of Governance," *Journal of Public Policy* 17 no. 2 (1997): 139; László Bruszt and Gerald A. McDermott, "Transnational Integration Regimes as Development Programs," forthcoming in *Review of International Political Economy*.

82) Peter Mair, *Party System Change: Approaches and Interpretations* (Oxford: Oxford University Press, 1997), 175-98.

83) Fritz Scharpf, *Governing in Europe: Effective and Democratic?* (Oxford: Oxford University Press, 1999).

よる統治にある。EU 加盟は、改革の青写真をしかるべきところに置くことで、現実的問題をめぐる党派間競争のほうも制限するようになってきている。主要諸政党は、挑戦的な改革アジェンダを執行できるための総合能力をめぐる競争を開始してきているのである[84]。

　加盟過程の最中には、これはすべてうまく機能していた。だが、産出型正統性の焦点が狭いことや、実質的政策選択に関わる党派間競争が制限されていることは欠陥であった。この点がより明白になったのは、EU 加盟が完全に実現したときである。望んだ目標が達成され、コンディショナリティの作用が終わったという事実にもかかわらず、加盟してからも EU は新しい加盟国に圧力をさらにかけ続けた。それは経済通貨同盟（EMU）の拡大のためにマーストリヒトの収斂基準を遵守させるためのものであった。ところが、埋め込まれた新自由主義的な諸国では、この継続的な改革ドライブに対して大衆的な支持がなかった。というのは、これらの諸国に対して EU が要求したさらなる収斂とは、通貨・為替レートの安定化や財政規律、そして福祉国家の圧縮に突き進むことだったからである。とくに、後者の論点、すなわち福祉国家の圧縮という論点は、国民レベルからみると、政治的には非常に重要であり続けた。そして改革ドライブの進行に対する人々の幻滅が、親西欧改革派である政治勢力の敗北の繰り返しをもたらした。そして急進的な反自由主義の台頭か、あるいは以前穏健派であった中道政党の急進化をもたらした。

　その結果、次のようになった。レジームの多様性に挑戦することとは程遠かった。EU の加盟準備と完全加盟は、事実として、多様性を増強したけれども、（新）自由主義化に向けてこの地域全体に圧力をかけた。EU が規制国家の構築と財政規律に焦点を当てたことは、この地域に異なる影響を及ぼしてきた。新自由主義的なレジームのコアとなる制度と規制国家モデルの間には親縁性が存在するために、EU 加盟準備と正式加盟はこのレジーム集団が

---

84) Anna Grzymala-Busse and Abby Innes, "Great Expectations: The EU and Domestic Political Competition in East Central Europe," *East European Politics and Societies* 17, no. 64（2003）: 66-67.

安定化するのに役立っていった。それは、その改革能力の強化によって、転換に遅れた国家のキャッチアップの努力も助けた。これとは対照的に、それは、埋め込まれた新自由主義的なレジームに特徴的なマクロ経済政策、財政政策をめぐる緊張を強めていった。スロヴェニアは、財政安定化と福祉国家の縮小の圧力を受ける恐れがなく、ネオコーポラティズム的制度は、EMU加盟の条件をよりうまく満たしながら、政治的正統性も維持してきた。

　しかしながら二つの警告は的を射るものである。加盟のコンディショナリティは、転換に遅れた国がもっとも「逸脱していた」いくつかの制度と政策選択も修正することになった。少数派の諸権利をモニタリングすることで、EUは、排除をともなう二つの民主主義国、すなわち、エストニアとラトヴィアで民主的説明責任を拡大するのに貢献した。また、それは、新自由主義の模範に対してある程度の非自由主義化のほうに圧力を加えることにより、より広範囲な形態の市場の自由のうちで、そのいくつかを制限することにもなった。逆に、最低限の新自由主義的な国家であったスロヴェニアは、さらなる市場化と超国家化の圧力がかけられた。そのうえで、以下で議論するように、EUの加盟過程は中東欧の政治経済のすべてが超国家的なさらなる深化に向けて進むことに門戸を開いたのである。

外資主導の再工業化と脱工業化

　一般的にいって、欧州化研究の文献、とくにジャコビィの枠組みの助けによって、国際諸制度がいかに国内のエージェントと相互作用するのかを理解することができる。だが、国際諸制度は中東欧の超国家的統合にとって重要な唯一の力ではない。もっと早期から現在まで、超国家企業はこの地域の異なる発展経路の形成において主要な役割を演じてきた。

　EUが選ばれた候補国と加盟交渉を開始すると決定したことは、FDIにとっての中東欧地域の魅力をおおいに高めた。これは、EUの完全な加盟国となるとの展望が、以前から中東欧諸国で実行されてきた諸改革に対して承認の印を押したことに相当し、また、当諸国のさらなる努力を保障するものとしても役立ったからであった。さらに、加盟のためのコンディショナリティ

は、経済的インフラストラクチャーの私有化、もっとも重要なものとしての銀行部門の私有化をもたらしたが、これは中東欧地域の金融システムのおおいなる超国家化のための基礎となった。どのような方法で、超国家的資本の流入がレジームを形成し安定化させたのか。この質問に答えるために、超国家産業資本にとってこの地域のもつ異なる魅力と、超国家産業資本のインパクトに関する解釈を、最初に行なっておこう。

ポンツソンが論じているように、資本が享受するのは「経済の制度的下部構造に埋め込まれているシステム権力である。……たぶん、ビジネスのシステム権力についてもっとも単純だが、考えるべき点は「退出の選択肢」に関してである[85]」。

この一般的な概念は、中東欧の体制転換の脈略の中に適合するようにつくり変えることができる。第一に、この地域で資本が希少であることを考慮に入れれば、出現しつつあるビジネス界で超国家企業が指導的セクターになったとしても、そのことは驚きではない。第二に、これらの企業は、この地域の経済に参入する以前に、システム権力の問題、すなわちこの地域に参入し投資することを拒否するという選択から生じる問題について決着をつけていた。第三に、FDIが実現するとそのあとには、ハーシュマンのいう「退出、発言、忠誠[86]」という全体的動態力学が完全に動き出した。そして、外資系企業の戦略や越境移動に依存しつつ、その力学が国民国家と超国家企業の権力の対抗の実際の形態や規模を形づくった。

超国家企業は公的当局のシグナルに対していかに反応してきたのか。その企業が投資したのはいかほどだったのか。投資は何に対してなされたのか。第1章で示したように、産業構造転換におけるレジーム間にみられる成果の相違は、複雑産業へのFDIの流入の相違と一致した。この相違がいかに発生したのか。その結果はどのようなものだったのか。主流派の見解では、FDIは市場改革の前進に対して内生的である。この見解にとっては、バルト三国

---

85) Jonas Pontusson, *The Limits of Social Democracy: Investment Politics in Sweden* (Ithaca: Cornell University Press, 1992), 233.

86) Albert O. Hirschman, *Exit, Voice, and loyalty* (Cambridge: Harvard University Press).

やブルガリア、ルーマニアは複雑産業に FDI を呼び込むことで貧弱な成果しか出せなかったことと、その結果としてこれらの国の経済の輸出部門で脱スキル化が進行したことは、難解なパズルとなるはずである。

　これらの国が急進的に改革され安定化した経済、低率の課税、政治的安定、国家安全保障という、よくいわれる条件の多くを揃えることができていたとすると、なぜこれらの国は、産業のグレード・アップの主要な推進力を引き寄せるのにそれほど効力をもたなかったのか。複雑産業の超国家企業が、バルト三国やブルガリア、ルーマニアよりもヴィシェグラードの立地を一貫して選好してきたのはなぜか。われわれの回答は次のとおりである。外資系企業が立地の選好で反応したのは、継承されリストラされた生産プロフィールと、継承され新しく構築された市場制度、そして特別な補助金のパッケージ、これらの間の動態的な相互作用から発生するインセンティブに対してであった。

　超国家企業の動機を説明するために、われわれはヴァーノンのプロダクトサイクル理論を採用しよう[87]。この理論に基づいて論じると次のようになる。輸出志向型の複雑産業の FDI が最初に参入しなければならなかったのは、転換初期の生産プロフィール（それは、第 1 章で、1980 年代末から 1990 年代初期までの製造業の産出、雇用、総商品輸出のデータによって捉えられた）が相対的に複雑な（つまり、テクノロジー的に洗練されたハードな資本と人的スキルの点で集約的な）旧社会主義経済の中にであった。

　その結果、後期社会主義期に自動車、機械あるいは電子産業に特化していたヴィシェグラード諸国は、このようなセクターが欠如していた（中央アジア諸国のような）他の諸国よりもより大規模で産業特殊な FDI の流入が期待できた。しかしながら、ヴィシェグラード経済の主な魅力は、産業ごとのプラントあるいは装備、インフラストラクチャーにあったわけではない。これらのプラント・装備の構成要素は、すべて大規模な近代化、更新、グレード・アップが必要だったが、この課題は外資投資家が急速に実施していった。

---

[87] Raymond Vernon, *Sovereignty at Bay: The Multinational Spread of U. S. Enterprises* (New York: Basic Books, 1971).

それよりむしろ、立地上の競争力におけるこの地域の優位性は、結局、継承された複雑製造業の経験だったのである。アリス・アムスデンによれば、製造業の経験は「特殊な歴史的制度的フィルターを通じて濾過された知識のストックである。……［そして］それなしには成功しいかなる後発国も産業化をうまく推進していけないことを考慮に入れるなら、知識のストックは戦後の産業拡張のための必要条件であることが明らかとなる[88]」。

　同様に、複雑製造業の経験の多さは、社会主義以後の中東欧諸国が成功裡に輸出志向型の発展を実現するための必要条件だったが、しかしそれは十分条件ではなかった。継承された経験の点で、バルト三国や南東欧諸国家はヴィシェグラード諸国やスロヴェニアと比較して、とくにハンディキャップがあったわけでもない。というのは、社会主義の最後の10年間に、これらの国も帝国〔ソ連〕の他の部分、あるいは第三世界[89]から自然資源を輸入して、テクノロジー・スキル集約的な製品の輸出を増加させてきていたからである。製品プロフィールに基づき、すべての中東欧諸国が、超国家的輸出用複雑生産の新しい立地点として、広い意味で競争できる魅力を転換初期には有していたことを考慮に入れると、プロダクトサイクル論だけでは、ヴィシェグラード諸国やバルト三国、南東欧諸国の歩んだ、分岐化した経路を説明できないことになる。それではどのようにして投資家はその中から選択したのか。

　これに解答するために考慮すべきは次の点である。もしも制度的、政策的障害が必要とされるローカルな生産要素への接近を妨げる場合には、たとえ類似した生産プロフィールをもっていたとしても、投資家の利害を喚起しない。その結果、投資家がそれ以前に存在していた冷戦の境界線を越えるよう準備し、それを実施できるときまでに、参入障壁を撤去し、その制度と政策レジームを再構築する点でもっとも前進している国々が、FDIをよりよく誘引できたのである。

---

[88] Alice H. Amsden, *The Rise of "the Rest": Challenges to the West from Late-Industrializing Economies* (Oxford: Oxford University Press, 2001), 15, 21.

[89] László Csaba, *Eastern Europe in the World Economy* (Cambridge and Budapest: Cambridge University Press and Akadémiai Kiadó, 1990).

第1章で示した証拠が確認したのは次の点であった。1990年代の前半において、ヴィシェグラード諸国は他のすべての中東欧諸国と比べて競争上優れており、その他の中東欧諸国のほうは、遅れて西側との制度的収斂の追求を開始できるようになったものの、（クロアチアを除いて）改革者がその上に築くことのできるはずの遺産はあったとしても、ほとんどないに等しかった。そこから体制転換の最初の局面に移ると、生産プロフィールはむしろ類似していながらも、制度的優位性のほうが、ヴィシェグラード諸国に有利に働く方向に投資家の選好バランスを傾斜させていった。複雑産業のFDIの流入の水準は、継承され、そして1990年代初期から中期までに達成された市場化の水準に依存したわけである。
　現在は構造的要因と制度的要因の間の相互作用は完全に逆転しているようにみえる。1990年代中期以降になると、複雑産業のFDIが市場化レベルに依存することはなくなった。バルト三国や、のちのブルガリアやルーマニアはその制度的劣性を克服して、2000年代の半ばになる頃には、中東欧地域のライバルや西側と比較しても劣らない高い水準の制度的類似性を獲得した。それにもかかわらず、その制度的キャッチアップは超国家的複雑産業への投資家によって評価されているようにはみえない。
　1990年代半ば以降、これらの国は複雑産業のFDIを呼び込むことができているようには思われない。そのことは以下のように説明できる。バルト三国では制度的収斂のペースは劇的だったが、その収斂は中東欧の他の国との相違を増大させるという対価を払って達成されてきた。1990年代末になると、この地域の諸国間の制度的類似性は増大した。だが、そのような脈絡の中にあっても、超国家企業は同じヴィシェグラード地域の立地を選好し続けてきた。その主要な理由は、これらの国が西側と構造的類似性を増進させた点にあった。ところが、バルト三国や南東欧諸国は、それと異なった生産プロフィールのために損をしたのかもしれない。
　初期の投資家の選好は、構造的要因と制度的要因の結合したものによって動機づけられ、外資主導の資本蓄積の好循環と悪循環の双方を機動させてきたようにみえる。この推進諸力は、産業のグレード・アップ対脱工業化とい

127

う、次のような対照的なトレンドを含んでいる。つまり、初期にすでに選好されているヴィシェグラードの立地に対して、多くの外資系企業が、彼らのライバルであり購買者である「リーダーについていく」傾向をもつこと、同じエリア内に複雑産業が相ともなって出ていき集積化（クラスターリング）すること、そして最後に、ヴィシェグラード諸国が超国家的複雑産業投資家に寛大なパッケージの補助金を提供したこと、である。

ヴィシェグラード諸国家の複雑産業は、FDIを通じて、おおいに必要な有形・無形の生産要素に接近でき、その活動をグレード・アップし、過大な労力を要する単一市場の中で競争力を発展させた。それとは対照的に、バルト三国やブルガリア、ルーマニアでは上記の優位性が奪われ、さらにそれと同様に重要な、資本の希少性の時期に生き残りに役立つはずの転換コストの補償がなかったので、同じ産業部門は強力なグローバル競争にもちこたえることができなかった。反対にそれらの国は、その市場や生産要素、政策的影響力を喪失したのも同然だった。さらにその上、バルト三国の急進的自由化のコースは悪循環を断ち切るのではなく、複雑産業の衰退と崩壊を加速させた。まもなく、伝統的軽工業や資源を基盤とする産業、サービスをコアとする、まったく異なった産業プロフィールが現われた。

超国家企業は、その競争企業や顧客を追って新しい生産立地へと向かうのが通常だが、最初に投資した投資家は、とりわけ既存の生産能力を拡大することで、後追いする競争相手を寄せつけないようにする[90]。この戦略はすべてのヴィシェグラード諸国でも観察され、複雑産業のFDIの累積という好循環をつくりあげるのにさらにいっそう貢献した。これとは対照的に、バルト三国と南東欧諸国は、生産プロフィールの西欧との相違が増大したために、ヴィシェグラードの産業集積（クラスター）との間に濃密なリンケージも確立できず、また自国の複雑製造業の成長地点を構築するような適切なFDIも誘致できなかった[91]。

2000年代の前半から寛大な誘致パッケージを通じて複雑産業の投資家を

---

90) Raymond Vernon and Louis T. Wells Jr., *Economic Environment of International Business* (Englewood Cliffs: Prentice Hall, 1981), 16-18.

獲得するというヴィシェグラード・グループ内部で強化されてきた競争は、それ以外の国がこれらの産業の新規投資を獲得することを困難にしてきた（第4章の「競い合う工業化の奇跡」参照）。その結果、インセンティブを通じた入札合戦は、複雑FDIの誘致に必要な全費用を倍増させ、このクラスターの外側の国の競争的劣位をさらに大きくさせた。とりわけ、バルト三国やいくつかの南東欧諸国のような構造的ハンディキャップをもった国の場合はそうであった。スロヴェニアの場合には、寛大な誘致のインセンティブ策が実施されなかったが、そこの複雑産業は超国家企業にとって魅力的だったので、この競争の中では独特な参加国となっていた（第5章の「強力な国家と非力な国家におけるポスト社会主義国の資本主義」参照）。

外資系銀行と成長の金融化

複雑製造業投資家は新自由主義的なレジームをほとんど避けて迂回してしまった。にもかかわらず、埋め込まれた新自由主義的な経済と比べて、新自由主義的な経済のほうが超国家企業によって形づくられる程度が小さかったわけではない。新自由主義の国で大量のFDIが集中したのは、銀行や不動産セクターであった。先に指摘したように、バルト三国の銀行部門は、その他の中東欧諸国よりも外資の浸透度がさらにいっそう高かった。中東欧地域の新自由主義レジームとなった初期の国〔バルト三国〕と後発の国〔ブルガリアとルーマニア〕は、とくに金融主導の発展のために肥沃な土壌を提供した。後進性の継承と政府の粗暴な立ち位置のために、1990年代に銀行危機に直面したとき、バルト三国の金融部門はヴィシェグラード諸国のそれと比べて立ち遅れていた。バルトの企業と住民が商業信用へのアクセスを奪われた状態は、1990年代末になるまで続いた。

ところが、このような状態はEU加盟準備で一変した。健全な金融システ

---

91) 外資の蓄積過程の類似した過程が、いかに急速に成長するハンガリーの先進地域と後進地域との間の格差の拡大となるかは、以下を参照。David L. Brown, Béla Greskovits and László Kulcsár, "Leading Sectors and Leading Regions Economic Restructuring and Regional Inequality in Hungary since 1990," *International Journal of Urban and Regional Research* 31, no. 3 (September 2007): 522-42.

ムのための制度的・規制的標準の採用は、EU 加盟の要求条件の一部であった。EU 標準への急速な収斂は信用ブームの原因となった。2000～04 年の期間だけを取り出してみると、ブルガリアとバルト三国の年平均信用貸出残高の伸び率は 20％だった。この点はポーランドやチェコ共和国、スロヴァキアとは対照的である。後者の国の年信用残高の伸び率は 5％以下だった。中東欧地域の残りの国の場合、この両極端の間に位置していた。信用残高の伸びは EU 加盟後も加速した。そしてグローバル金融危機が襲ってはじめて停止したのである。

外銀は信用ブームの発生をリードした。バルト三国の場合はスウェーデンの銀行だった。EU 東方拡大は国際的に膨張する大きな機会をスウェーデンの銀行に提供した。それは、オーストリア、ドイツ、イタリアの競争相手の場合と同じく、高い収益性の見込みに動機づけられた。外銀は新しい市場セグメントを開発するのにも積極的だった。しかも親銀行からの借り入れで信用拡張の原資を簡単に利用できた[92]。新自由主義的なレジームにおける信用融資型成長のもつ特殊な意義を理解するには、この経路の社会的含意を再論することが重要だろう。

急進的改革、脱産業化、貧弱な福祉国家は、賃金抑制、貧困増大、不平等の拡大をもたらした。労働集約型の超国家的生産チェーンに包摂されると、それは社会的格差をさらに悪化させていった。軽工業の超国家企業が通常行なうのは、地方の生産設備への相当額の投資ではなく、むしろ国内の相当数の中小企業に生産の下請けをさせることであった。これらの超国家企業は、寛大な誘引パッケージやあるいはインフラ開発に対する要求は少なかったが、結局、ホスト国には労働市場を柔軟にし、賃金、課税、社会的拠出金を低く

---

92) 信用ブームと外銀の役割については以下参照。Calin Arcalean, Oscar Calvo-Gonzales, Csaba Móré, Adrian van Rixtel, Adalbert Winkler and Tina Zumer, "The Causes and Nature of the Rapid Growth of Bank Credit in the Central, Eastern, and South-Eastern European Countries," in *Rapid Credit Growth in Central and Eastern Europe*, ed. Charles Enoch and Inci Ötker-Robe (Basingstoke: Palgrave Macmillan, 2007), 23-24; Katharina Pistor, "Into the Void: Governing Finance in Central & Eastern Europe," Columbia Law and Economics Working Paper 355 (New York: Columbia University, 2009).

第 2 章　ポスト社会主義国の資本主義への諸経路

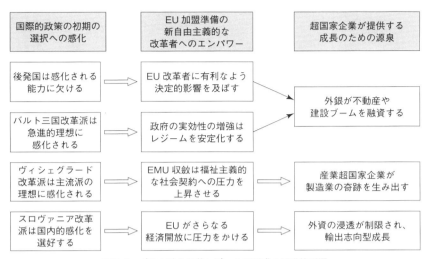

図 2.2　ポスト社会主義レジームの形成：国際的要因

抑え、労働者を従順にしておくことを期待した。この点は、ヴィシェグラード諸国やスロヴェニアとは際立って対照的だった。これらの国で外資ビジネスが多く依拠したのは、高度な熟練労働者だった。そうした労働者の要求を受け入れるのは、低賃金長時間搾取経済で雇用されている中東欧地域の低技能労働者のそれと比べて、より簡単だった。

このような環境の下で、信用は、もがき苦しんでいる（主に国家依存型の）中間階級や低賃金の製造業労働者の購買力の拡張を可能にした。このことで次の事実が説明できる。つまり、中東欧の純粋な新自由主義的なレジームの場合には、信用総額の伸び率の中で家計への融資と住宅ローン（モーゲージ）が圧倒的となり、その結果として、この地域の新自由主義クラスターの成長パターンは、先進的な自由市場経済のそれとある程度類似したものになった。この両者の脈絡の中で、消費者信用、住宅ローンの貸し付け、建築・住宅ブームが相まって好循環が強まった。この循環は目を見張る成長を可能にしたが、インフレに火をつけ、このインフレは、固定為替相場制の下では、輸出競争力をさらに抑制した。要するに、金融化された成長は、バルト三国やいくつかの南東欧諸国が 2000 年代になって差し迫るものとなった

131

社会的問題に取り組むことを可能にしたが、同様にそれはグローバルな競争力という固有の弱点を増強することにもなった。

レジーム形成の第二局面——要約と概観

　中東欧のレジーム形成の第二局面は、超国家的アクターの影響にさらされる度合いの強化と、それにともなう機会とリスクをもたらした。ジャコビィの枠組みに即してわれわれが同定してきたのは、対外的影響力の主要な三つの形態である。それは、より広い国際的な脈絡から生まれる改革の歩みと望ましい目標に向けた感化、国内アクターと欧州アクターとの間の接合と連携の出現、そして最後に超国家企業と世界市場によってもたらされた諸制約と諸機会、である。われわれの見解では、これらすべての影響力は、中東欧地域のレジームの多様性への挑戦というよりも、むしろその増強であった。

　われわれの解答は、新自由主義的な政策パラダイムとは唯一のパンセ（瞑想）ではなかった、という点である。国家に対しては市場、公的アクターに対しては民間のアクター、大衆参加に対してはエリートの政策意思決定を全面的に選好することは、広範な多様性を許すことになる。そして、具体的制度設計や「ここからあそこにいく」方法が取り上げられるときになると、イデオロギー的論争と政治的衝突を許すことになる。それゆえに、中東欧の改革者ができたのは、異なるアイデアとアクターによって感化され、新自由主義の優先権を共有する点でもっとも近い人々の間の連携の芽を摘みとることであった。中東欧の改革者は新自由主義パラダイムの主要な教義を拒否する自由までもっていた。スロヴェニアがそれに当たった。

　EU加盟国になることは、市場構築と規制国家建設のEUのアジェンダを実行する意思のある政治勢力が権力につくのに充分なだけのアピール力をもっていた。EU加盟は、加盟候補国の政府の実効性を強化することで、とくにすべてのレジームを超えて新しい秩序を安定化させ正統化させることに役立った。同時に、そのインパクトは、中東欧地域で進化する資本主義固有の多様性に従って、異なっていた。

　新自由主義的なレジームのコアとなる諸制度と規制国家モデルとの間に類

縁性があるために、EU加盟準備と加盟はこの個々のレジーム・クラスターを安定化させるのに最大の手助けとなった。また、遅れた南東欧諸国が改革能力の強化でキャッチアップする努力も助けた。ヴィシェグラード・グループの場合はそれと対照的で、政府の有効性に対するEUの全面的なインパクトはあまりなかった。そこでは、国家制度や行政能力は、加盟前にすでに充分に発展していたからである。それと同時に、マクロ経済と財政の安定化に対する加盟後のストレスのほうは、中東欧の残りの国とは比べられないほどの強い圧力をヴィシェグラード諸国に加えた。

最後に、超国家資本は異なる役割と専門化を増強するうえで主要な役割を演じた。ヴィシェグラード諸国とスロヴェニアは、以前の制度構築における複雑産業の遺産と優位性によって、複雑製造業のFDIの流入を増加させる吸引力をもつことができた。この点がこれらの国の輸出競争力を後押ししたが、これらの国家にストレスをかけた。FDIを誘引し、それを維持するために寛大な投資インセンティブを、これらの国は提供しなければならなかった。

バルト三国と、それより低い程度であるがブルガリアとルーマニアは、複雑製造業の超国家企業を誘致する競争で敗退した。急進的な改革かあるいはポスト社会主義期の長期の混乱が、それぞれそれらの国の複雑製造業セクターをほぼ壊滅させた。2000年代になると、しかしながら、これら諸国家も銀行業、不動産業、建設業セクターに流入するFDIの増加から利益を引き出すようになった。すなわち信用主導の成長を実現したのである。

これらすべての結果、次のようになった。EU加盟と超国家的な製造業資本や金融資本の回路への統合によって、すべてのレジームに対して適切な機会が提供されたが、そのために固有の脆弱性も付け加わった。ヴィシェグラード・グループにおける高度な輸出依存度と、財政安定化をめぐる鋭い政治的衝突とはまさにそうであり、同程度に言えるのは、バルト三国とブルガリア、ルーマニアが輸出競争力を喪失し信用に依存したことである。グローバル金融危機によって、この脆弱性は中央舞台に上った。第3章から第5章では、遺産と政治選択、国際的アクター、超国家的資本の間で展開されたレジームごとの、そして国ごとの相互作用について詳論する。第6章は、グロー

バル金融危機に照らしての中東欧の脆弱性と中東欧諸国の戦略選択の分析に当てられる。

第3章
国民形成と新自由主義——バルト三国

　バルト三国は急進的な新自由主義的マクロ経済政策と構造政策および社会政策への収斂という点で際立っている。迅速な外国貿易や投資の自由化、固定為替相場体制、緊縮的金融政策、急速な民営化は、それらの国の転換戦略の特徴であった。バルト三国はもっとも深刻な転換不況を経験した国々に含まれるが、それにともなう社会的苦難を緩和するためにほとんど何の手立てもとってこなかった。また、社会主義期から受け継がれた産業を保護することにもほとんど関心をもってこなかった。結果として、その工業生産能力は大幅に低下した。対照的に、金融、不動産、運輸、通信サービスはブームとなり、大量の外国直接投資を引きつけてきた。

　バルト海沿岸地域における急進的改革は、本質的には国民国家建設という課題と結びつけられてきた。バルト三国のエリートにとって、国家の独立が最優先事項であった。ロシアの経済的・政治的影響力を国家主権や安全保障に対する最大の脅威とみる点で、彼らは結束していた。彼らの転換戦略は過去から急進的に離脱することをめざしたもので、国家の独立という認知された必要性に対応し、国民的アイデンティティを増進させる目的にかなうものであった。自分たちの国民国家を急いで（再）建設したいという考えを共有していたので、バルト三国のエリートは他の中東欧諸国の場合と比べて、急進的転換がもたらす経済・社会的コストに拘束されることが少なかった。

　バルト三国はいずれも新自由主義のチャンピオンであったが、改革の速度と一貫性という点では異なっていた。エストニアはもっとも包括的な戦略を実行し、主要な改革の分野にいちばん乗りしてきたが、そのことは他の2ヵ国に影響を及ぼした。一般に、ラトヴィアが僅差の第2位で、リトアニアは遅れる傾向にあった。さらに、リトアニアは政治闘争が長期化した結果、重

要な事柄に関して新自由主義的施策を選択してきた。バルト三国が新自由主義という点で共通していながら、その間で相違が生まれた要因として、以下の3点をみることができる。

　第一に、3カ国いずれの政治エリートも国民国家建設と脱植民地化のプロセスに取り組んできており、それが全般的な急進的戦略の根拠となっていたが、エストニアとラトヴィアの政権担当者は、それに加えてソ連期におけるロシア語話者の大量の流入の影響を逆転させる国民化プロジェクトを追求した。国民化が企図するのは、ロジャース・ブルーベイカーが指摘したように、「特定のエスニック集団の文化を「中核とする国民」の、またそのような国民のための国家であり、そこでは、中核的国民の言語、人口に占める位置、経済的福祉、政治ヘゲモニーが国家によって保護・促進されなければならない」のである[1]。国民化プロジェクトは、採用された改革の道筋に対する代替案を提起しようとする政党（エストニア）、あるいは政府（とくにラトヴィア）の出現を妨げることを通じて、両国における政党システムをも形づくった。

　第二に、超国家的統合の形態と速度によっても、3カ国の相違をある程度説明しうる。エストニアは当初からフィンランドやスウェーデンの投資家にとって適当な立地として選ばれ、それによってFDIを引き寄せるうえで他の2カ国にまさり、先頭に立った。対照的に、ラトヴィアは、ロシアがヨーロッパ経済と取引を行なううえで、ロシアにとっての仲介サービスを提供することによって、ロシアの後背地の中で流通中心経済としての役割となる方向にかなり傾いた。リトアニアは当初から西側資本へのアクセスに制約があり、長引く国内産業への依存、さらに、ロシアや他の旧ソ連諸国との貿易関係の継続という点で際立っていた。エストニアと他の2カ国との初期の相違は後にEUによっても認識された。EUは加盟交渉を開始する最初の国々の

---

[1] Brubaker, *Nationalism Reframed*, 105. よく似た解釈として、James Hughes, "'Exit' in Deeply Divided Societies: Regimes of Discrimination in Estonia and Latvia and the Potential for Russophone Migration," *Journal of Common Market Studies* 43, no. 4 (2005): 739-62 を参照。

グループの中に、バルト三国で唯一エストニアを加えた。こうして、エストニアでは、新自由主義への抵抗を弱める国民化プロジェクトと超国家的統合に対する相対的に有利な条件が合わさり、もっとも首尾一貫した新自由主義的改革の道筋が生み出されることとなったのである。

最後に、大将ごっこの論理〔大将となった人の後に続き、その人がするとおりに動作をすべてまねる子どもの遊び〕としてうまく説明されるような、新自由主義レジーム編成にとってのバルト地域に固有の理論的根拠が存在した。エストニアが改革のペースメーカーとみなされ、その進捗が他の二つのバルト三国にとってのモデルとしてたびたび機能してきたのである。

本章は、転換をなしとげるためにバルト三国の政府が採用した政策パッケージを示し、その特殊性を説明する国内的、地域的および国際的原動力を明らかにする。さらに、こうした戦略の社会的および経済的帰結を詳述し、バルト三国の戦略が課した苦難にもかかわらず、バルト三国の人々がこうした戦略を支持した背景についても明らかにする。バルト三国間の類似点と相違点がともに議論されることになろう。

国民的プロジェクトおよび国民化プロジェクトの起源

1980年代末にバルトの歴史家が自国のソ連への編入についてのソヴィエトの公式の説明に挑戦したとき、歴史家はソ連-バルト関係における決定的な転換点の到来を告げた[2]。この非合法な行為に続く、それに反対するための政治的動員は、バルト三国の独立に向けた探究を増幅し、共産主義時代をバルトの共和国が外国による非合法な占領にさらされた時期とみなす当局者と人々の再解釈に道を開いた。3カ国の改革者たちは、非ヨーロッパの権力

---

2) ソヴィエトの公式の解釈では、「1939年にヒットラーと独ソ不可侵条約を締結したスターリンの動機は純粋に平和の確保を企図したものであり、……バルト三国の人々はそれぞれの共和国での権威主義的支配の継続に対する代替案として、ソヴィエト連邦への編入を歓迎した」。Graham Smith, "The Resurgence of Nationalism," in *The Baltic States: The National Self-Determination of Estonia, Latvia and Lithuania*, ed. Graham Smith (New York: Macmillan, 1994), 132.

としてみなしていたロシアによって弱められたバルト三国の「ヨーロッパ性」を取り戻す必要性について同意した[3]。彼らの見解は、ポスト社会主義の将来にとってのガイドラインとして役立つことになる社会主義期以前の輝かしい過去の記憶を呼び起こすとともに、国民自身の決定という固有の権利を強調するものであった。しかしながら、ソヴィエト帝国の下におけるその歴史の相違を反映して、ソヴィエトの占領が与えた変化がどの程度国民的アイデンティティの主要な特徴を危機にさらしたかについては、バルト三国の改革者の間で認識の相違があった。顕著な論点として以下の二つがある。

第一に、ソ連支配下、ラトヴィアもエストニアもロシア語を話す大量の労働者の流入を経験した。こうして、1945年にはエストニア人口の95％あまりが、その国名と一致する民族〔エストニア人〕に属していたが、その比率は1989年にはわずか61.5％となった。ラトヴィアの場合、該当する数字はそれぞれ80％以上と52％であった。この点では、その国名と一致する民族の比率が1989年に79.6％であったリトアニアは対照的である。1989年に東スラブ人集団（もっとも重要なのはロシア人だが、ほかにベラルーシ人やウクライナ人も含む）は、エストニア人口の35％、ラトヴィア人口の42％、リトアニア人口の11.5％を構成していた[4]。こうした傾向は首都においてさらに強まっていた。1980年までにタリンにおけるエスニック集団としてのエストニア人の比率は50％をわずかに上回る程度にまで低下し、またリガにおけるラトヴィア人の比率もわずか40％にまで低下したが、ヴィルニュスにおけるリトアニア人の比率は1959年の33％から1980年の47％にまで増加した[5]。

エストニアおよびラトヴィアの急進的ナショナリストは、ロシア人マイノリティを自分たちの国家に対する純粋な脅威と規定するときには、こうした傾向に言及した。ラトヴィア人民戦線の当局者は、1990年における世界への

---

3) Abdelal, *National Purpose*, 10-11, 84.
4) Ole Norgaard, Dan Hindsgaul, Lars Johannsen and Helle Willumsen, *The Baltic States after Independence* (Cheltenham: Edward Elgar, 1996), 172-73.
5) Romuald J. Misiunas and Rein Taagepera, *The Baltic States: Years of Dependence, 1940-1990* (Berkeley: University of California Press, 1993), 216.

アピールに「ラトヴィア民族と移民のジェノサイド」というタイトルをつけた[6]。類似した文脈で、エストニアの最初の自由選挙で選ばれた政府の長であり急進的改革の設計者でもあるマルト・ラールは、次のように述べた。「ナチスの「東部総合計画」は1965年までに52万人のドイツ人がバルト三国に入植することを構想していた。そのかわりに、その時期までにバルト三国は100万人以上のロシア人入植者を受け入れた。ソヴィエトの現実がナチスのプランを上回ったのだ[7]」。

　第二に、社会主義の期間に、リトアニア人は民族的支配エリートを築く点でラトヴィア人やエストニア人よりも成功した。リトアニアの共産党指導者たちはネイティブのリトアニア人であり、彼らは意識的に土着の人々に共和国の指導的地位を与えた。一般の共産党員もリトアニア人が支配的であった。これに対して、ラトヴィアの共産党指導部および行政のトップは、エスニック集団としてのロシア人の手中にあるか、ラトヴィア生まれだがロシアで教育を受けた人々の手にあった。程度は低かったが、エストニアでもラトヴィアでも事態は同様であった。共産党の党員についても、エスニック集団としてのラトヴィア人やエストニア人は支配的ではなかった[8]。

　こうした異なった歴史的遺産の結果、エストニアとラトヴィアの改革エリートたちは、リトアニアの改革エリート以上に自分たちの新たに独立した国家を「実現されていない」国民国家であると認識し、過去の傾向を逆転させるべく積極的に取り組んだ。彼らは、過去の傾向が自分たちの国家建設への道を遠ざけてきたとみていたのである。ラール首相はこうした国家建設への渇望を次のように表明した。「移行とはいくぶんかは「将来への回帰」のようなものである。移行とはこうした国々を、強制的なソヴィエト化によって通常の発展が停止させられた時点まで戻すことである[9]」。こうした2カ国の

---

6) Dreifelds, *Latvia in Transition*, 144 からの引用。
7) Laar, *Estonia*, 37.
8) Misiunas and Taagepera, *The Baltic States*, 204-8, 274-81, 359-60; Anton Steen, "The New Elites in the Baltic States: Recirculation and Change," *Scandinavian Political Studies* 20, no.1（1997）: 91-112.
9) Laar, *Estonia*, 22.

政治的アクターは、ただたんに国民国家を建設するだけでなく、国民化プロジェクトに取り組むようになった。国民化という課題は、エストニアとラトヴィアに排除をともなう民主主義をもたらし、新しい民主主義制度にそのような顕著な痕跡を残したが、対照的にリトアニアでは包摂的民主主義がもたらされた。こうして、民主的統治の異なるシステムは、三国の経済・福祉政策、社会・政治的緊張と関連する管理のあり方に影響を及ぼしてきた。

排除的および包摂的民主主義

　バルト三国のナショナリズム的傾向が直面した最初の重要な選択の一つは、誰が新しい国家の市民となるのかという問題と関連していた。周知のように、エストニアとラトヴィアは、いずれも最後は合法的復古主義を採用した。この解釈によると、バルトの諸共和国は、より多くの自治、改革そして究極的には独立を求めた闘争に同様に取り組んだソ連の他の共和国とは異なっていた。というのは、バルト三国は不当にも占領されたため、その独立を完全かつ即座に回復する権利をもっていたのである。これに付随して、合法的復古主義の主張によると、ソ連による占領以前の共和国市民およびその子孫にのみ市民権が与えられるべきであり、ソ連期の移民は除外されることになる。

　エストニア最高会議は1991年に合法的復古主義のドクトリンを採用した。その原則に特定の政策的意味づけを行なったものが、1992年の国民投票で確認された。その結果、約40％のエストニア住民が市民権を否定された。ラトヴィアでは最高会議による同様の決定により、およそ25％の住民がラトヴィアの市民権をもたないままとなった[10]。1990年代を通じて、両国は帰化法を採用し、それによってロシア語話者がバルトの市民権を獲得する手続きを設けた。しかし、厳しい言語に関する法律、その頻繁な修正、そしてこうした法律を成立させるのに手間どったことから、帰化の進捗速度は緩やかで

---

10) Norgaard *et al.*, *The Baltic States* (1996), 65, 69. 市民権を否定されたロシア人の数がラトヴィアで相対的に少ないのは、ロシア語話者人口のかなりの部分が戦間期にすでに市民権を保有していたことによる。

あった。1993〜96年以後のエストニアでは帰化の最初の波が引いていった。2003年時点で、12％あまりの住民が依然としてどの国の市民権ももっておらず、7％前後がロシアの市民権を選択していた[11]。ラトヴィアでは進展はさらに緩やかであった。最初のはっきりした帰化の波が生じたのはようやく1999〜2000年であった。とはいえ、2003年に22％のラトヴィア住民が依然として市民権を保有していなかった。帰化の第二の波が起こったのは、ラトヴィアがEUに加盟した2004年以降であった[12]。

　エストニアとラトヴィアのマイノリティ人口の規模の大きさにもかかわらず、市民権問題に対する厳しいスタンスは既定の結論ではなく、政治的衝突から生じた選択の問題であった。アナトール・リーヴェンは、非バルト系のソヴィエト市民が新たな国家から除外されたことを、「第一共和国と第二共和国の支持者の間での長引く闘争」の帰結だと述べている。つまり合法的復古主義者と、新しい国家は実態に基づいてつくられるべきであり、すべての住民を含めるべきであると考える人々との間の争いがあったのである。当初、両国の人民戦線は穏健な立場をとり、そのうちいくつかの集団は、エスニック上の属性よりも領土という属性に市民権を基礎づける「ゼロ・オプション」を支持していた。これはリトアニアでなされた選択であった。しかし、エストニアとラトヴィアでは、独立闘争の間に市民委員会に組織された急進的ナショナリストが、もっと穏健なグループに対する強力なライバルとなって現われ、最終的に急進的ナショナリストの復古主義的立場が広がっていった[13]。

　ロシア語話者人口のうちの多くの部分に対する市民権の否定は、エストニ

---

11) Mikko Lagerspetz and Henri Vogt, "Estonia," in *The Handbook of Political Changes in Eastern Europe*, ed. Sten Berglund, Joakim Ekman and Frank H. Aarebrot (Cheltenham: Edward Elgar, 2004), 75-76; and Estonia. eu. Official gateway to Estonia. Citizenship, http://estonia.eu/about-estonia/society/citizenship.html（2011年8月1日アクセス）.

12) Hermann Smith-Sivertsen, "Latvia," in Berglund, Ekman and Aarebrot, *The Handbook*, 102-3; Minister of Foreign Affairs of the Republic of Latvia, "Citizenship in Latvia"（2010年5月21日）, http://www.mfa.gov.lv/en/policy/4641/4642/4651/（2011年8月1日アクセス）.

アとラトヴィアの民主主義にとって重大な否定的影響を与えた。政治権力は圧倒的にバルト三国それぞれの〔国の名前と一致する〕エスニック市民に移された。民主的政治への参加権から住民のかなりの部分が排除された。これは、「市民権をもたない人々は政党を形成することができず、公職に立候補することも、国家選挙で投票することもできない[14]」からである。この排除は、政党システムが大衆の利害を表出するための能力を弱体化させた。ポスト共産主義の政党システムが利害の相違を表わしたり、選挙者を代表したりしうるのかについて、文献の評価は分かれているが、領土内の人々のすべてを包括するという点で、エストニアとラトヴィアの政党の代表性がもっとも低いものであることは、ほとんど疑いがない。二つの複合的かつ密接に関連する要因がこのことを説明しうる。

　第一に、市民権に関する一連の法律が、工業労働者の利害を反映する政党の選挙基盤を大幅に縮小させたことである。ロシア語話者の多くは体制転換前から受け継いだ社会主義の産業で働いており、バルトの〔土着〕エスニック政党〔エストニア人、ラトヴィア人、リトアニア人の政党のこと〕よりも左翼政党を支持する傾向にあった[15]。しかし、親ロシア的で左派志向の政党の選挙でのチャンスは大きく妨害された。というのも、大半のロシア人は投票することができなかったし、バルトの〔土着〕エスニック市民〔エストニア人、ラトヴィア人、リトアニア人のこと〕のうちそうした政党を支持する人々は多

---

13) Anatol Lieven, *The Baltic Revolution: Estonia, Latvia, Lithuania, and the Path to Independence* (New Haven: Yale University Press, 1993), 216, 274; Graham Smith, Adne Aasland and Richard M. Mole, "Statehood, Ethnic Relations and Citizenship," in Smith, *The Baltic States*, 181-205; and Vello Pettai and Klara Hallik, "Understanding Processes of Ethnic Control: Segmentation, Dependency and Co-optation in Post-Communist Estonia," *Nations and Nationalism* 8, no. 4 (2002): 505-29.
14) Hughes, "'Exit,'" 745. ラトヴィアでは市民権をもたない人も政党のメンバーとなりうる。
15) 調査報告書 New Baltic Barometer は、ラトヴィアおよびエストニアのロシア語話者がエスニック・バルト人よりも社会民主主義あるいは左翼政党に投票する傾向が強いことを充分に証拠づけている。Richard Rose, "New Baltic Barometer V: A Pre-enlargement Survey," *Studies in Public Policy* 368 (Glasgow: Centre for the Study of Public Policy, University of Strathclyde, 2002), 30; Richard Rose, "New Baltic Barometer III: A Survey Study," *Studies in Public Policy* 284 (Glasgow: Centre for the Study of Public Policy, University of Strathclyde, 1997), 41-43 参照。

第3章　国民形成と新自由主義──バルト三国

くなかったからである。さらに、独立問題についての立場の相違により、ラトヴィアの親ロシア人政党は二つに分かれていた。ナショナリティと独立をめぐる問題は、左翼政党支持の中心となる選挙民を人為的に制限したのに加えて、左右の間で競争するような政党編成にも一般的制約を課した。ヘアマン・スミト・スィーヴァトスンが述べているように、「政党の名前がストーリーについても語っている。ラトヴィアでは、1993年および1995年の選挙で、社会主義、社会民主主義、労働者や社会的弱者あるいは被略奪者の利害を代表すると主張をする政党のうち、顕著な支持を得た政党は一つもなかった[16]」。そのため、諸政党はしばしば愛国主義的感情を喚起する政党名を選択することになった。

　第二に、上述したことと密接に関連して、エストニアとラトヴィアでは共産党が崩壊した。こうして、語るに値する党員数を誇る唯一の政党は、新しい政党システムから一掃された。結果として、他の旧社会主義諸国の場合以上に、エストニアとラトヴィアの新政党は、市民社会のせいぜい一部のみを代表するエリート集団に起源をもつものであった。それらの党員は少なく、有権者との間に強力な組織的結びつきを構築する能力もなく、進んでそれを行なう意志もなかった。例を挙げると、ラトヴィアの道──独立して最初の10年間において、ラトヴィア政府を構成し維持するうえで決定的な役割を果たした政党──は、1994年にわずか173名の党員しかいなかった。もっと正確にいえば、その政党は「ラトヴィアのエリートを統合する目的で特別につくられ」、議会での長期間の議論によって妨げられない効率的な政策決定を通じてエリートの利害を代表するという目的をもつ政党であった[17]。

　リチャード・カッツやピーター・メイアーに従えば、上記のような政党は、必然的に「党員とその政党支持者の政党」に対して「議会と政府の政党」の課題を力説することになるであろう[18]。しかし、より正確にいえば、エスト

---

16) Smith-Sivertsen, "Latvia," 99. より正確にいえば、選挙協力による「平等の権利」が1993年に5.8%の票を獲得し、議会に7議席を保有した。彼らはモスクワ寄りの共産党の生き残りであり、社会主義の遺産を求めて奮闘していると一般にみられている。さらに、このグループが1995年に社会党に再編された際にも5.6%の票と5議席を獲得した。

143

ニアとラトヴィアの政党は「政府の役職につく人員」を運ぶ乗り物となっているように思われる。両国では、「ポスト共産主義時代の不誠実な政治家によって組織的に行なわれた政治的ツーリズム」や、所属政党の変更、政党の融合、政党の分裂と新党結成と常時関わってきた新参の政治家のために、政党配置はつねに流動的であった[19]。

独立運動の偶像的指導者や初期の改革者、中央銀行高官、成功したビジネスマンや「オリガルヒ」、かつての反対派で外国から帰還した人々は、すべて政党の設立者となった。政権をめぐる競争は熾烈であった。高い不確実性と緩い組織構造という状況では、事実上誰でも勝利への希望を抱くことができ、競争はよりいっそう熾烈となった。確固としたイデオロギー的分極化を反映するというより、権力に対する人間のむき出しの野心によって競争は駆り立てられていた。逆に、連立政権は政策綱領における一致に基づいてつくられたわけではなく、しばしば、競争している人物たちに対抗する提携としての性格をもっていた[20]。

エストニアとラトヴィアの政党システムの特徴は、リトアニアとの比較によっていっそう明瞭となる。リトアニアでは、体制転換によってもっとも否定的な影響を受けた社会集団の市民権剥奪という誕生期の欠陥に苦しめられることがなかった。リトアニアは市民権に関して「ゼロ・オプション」を採用した。サユディスの指導者は、これを独立という目標に「ネイティブではない人々の支持を取りつける」手段とみなした。この方策が戦前のリトアニ

---

17) Ole Nofgaard, Lars Johannsen, Mette Skak and Rene Hauge Sorensen, *The Baltic States after Independence* (Cheltenham: Edward Elgar, 1999), 79.

18) Richard Katz and Peter Mair, "The Ascendancy of the Party in Public Office: Party Organizational Change in Twentieth-Century Democracies," in *Political Parties: Old Concepts and New Challenges*, ed. Richard Gunther, Jose R. Montero and Juan Linz (Oxford: Oxford University Press, 2002), 113-36.

19) Marcus Kreuzer and Vello Pettai, "Patterns of Political Instability: Affiliation Patterns of Politicians and Voters in Post-Communist Estonia, Latvia, and Lithuania," *Studies in Comparative International Development* 38, no. 2 (2003): 77-78.

20) Axel Reetz, *Die Entwicklung der Parteiensysteme in den baltischen Staaten: Vom Beginn des Mehrparteiensystems 1988 bis zu den dritten Wahlen* (Wittenbach: Wilhelm Surbir, 2004), 185-90.

ア市民権を無効にするものではないことは明白であったが、「リトアニア共和国は再建されたのであり、新しい国家が生まれたのではない」と、サユディスの党首であるヴィータウタス・ランズベルギスは、独立のための闘争の間、市民権に関する国民投票を求める急進的ナショナリストの主張に抵抗した[21]。リトアニアの言語法も複数のエスニック集団を認める政策への国の関わりを示している。たとえば、法の規定によると、人口の3分の1以上が非リトアニア語話者であるようなコミュニティでは、公的機関はマジョリティ言語と同様にマイノリティ言語でも業務を実施しなければならない[22]。これに付随して、リトアニアの民主政治は、他の二つのバルト諸国の特徴である排除的特徴を欠いていた。

リトアニア共産党は、それを早期に新しい民主的労働政党であるリトアニア民主労働党（LDDP）に転換することに成功した。これにより、過去から受け継いだポスト共産主義の政党の組織および党員数面での強さに対して挑戦するため、その主要な競争相手であるサユディスは、中道右派政党である祖国同盟へ再編せざるをえなかった。党員数の点で、祖国同盟は1990年代半ばまでLDDPへの遅れを取り戻すことを目標とした。バルト三国間での政党の構成上の相違は些細なものであったが、初期のリトアニアの政党システムは、隣国のそれよりいくぶん構造化されていた。少なくとも独立後の最初の10年において、政策を重視していたのはごくわずかの政党だけであるが、リトアニアの政党システムは過度に分断的ではなくて、二極化したままであった。さらに、選挙によってはっきりとした多数派政権が生まれ、与党の政治的選択を可能にした[23]。

以下でみるように、バルト三国の民主主義と政党システムにおける初期の相違は、改革政策に影響を及ぼしてきた。リトアニアでは、決定的な制度的・経済的決定は当初から脱政治化されることはなく、長期の政治的論争を

---

21) Smith, Aasland and Mole, "Statehood," 183.
22) *Ibid.*, 192. エストニア憲法は半数以上の人々がマイノリティに属する分野では、行政においてもマイノリティ言語の使用を形式的に許可しているが、この約定が公式に実行されたことはいまだかつてない。

経てからなされた。そこには諸政党の選好も反映され、ある程度は政党支持者の選好もまた反映された。この結果、他の2カ国よりもいくぶん開放的で漸進的な転換経路をたどることになった。

初期の経済改革の政治学

　バルト三国の政党や政府は、他の多くの国々の政治指導者よりもはるかに負担の大きな問題に直面していた。というのは、彼らがなしとげなければならなかったのは、国民国家、市場経済そして民主主義へというクラウス・オッフェが述べた「三重の体制転換」にともなう課題のすべてに応えることであったからである[24]。重い負担の問題が重なっていることの影響に、脱植民地化とも解される国民的自立という包括的な体制転換の目的が加えられたことは、急進的で表面上シンプルにみえる解決策を改革者が選択する機会とともに、それを実施するのに充分なインセンティブを生み出した。こうした選択は、尋常ではない深さの転換不況を導いただけではなく、その後に政治家の手と手をそれまで以上につなげることにもなった。

国民通貨と安定の文化
　この点での唯一かつもっとも重要な政策選択は、経済的独立のための基礎として、また国民的アイデンティティと主権の強力なシンボルとしてみなされる国民通貨の急速な導入であり、新規に設立された中央銀行の独立性に関連する制度化であった。ただし、エストニアとリトアニアでは、カレンシー・ボード制の適用によって中央銀行の影響力は弱められた。通貨改革はソ

---

23) Hermann Smith-Sivertsen, "Why Bigger Party Membership Organizations in Lithuania than in Latvia 1995-2000?" *East European Quarterly* 38, no. 2 (2004): 215-59; Ingrid van Biezen, Peter Mair and Thomas Poguntke, "Going, Going … Gone? The Decline of Party Membership in Contemporary Europe," *European Journal of Political Research* (2011), onlinelibrary.wiley.com/doi: 10.1111/j.1475-6765.2011.01995; Kreuzer and Pettai, "Patterns of Political Instability." 興味深いことに、エストニアの党員数は政党財政法の改正を受けて2000年代を通して増加した。

24) Offe, "Capitalism by Democratic Design?" 865-92.

連末期の通貨混乱の深まりを背景にして行なわれた。1993年夏のルーブル圏の最終的崩壊の前にすでに、通貨混乱が多くの旧ソ連共和国をルーブル圏から離脱させることになったのである。しかし、バルト三国は自国通貨導入というアイデアを明確かつ熱狂的に支持した最初の国々だった。エストニアが1992年6月にクローンを（再）導入したのを皮切りに、ラトヴィアは1993年3月にラッツを、リトアニアは1993年6月にリタスを、それぞれ導入した[25]。

　エストニアはずいぶん前から通貨改革の準備をしており、もっとも断固としたやり方で改革を推し進めた。早くも1987年9月に経済学者のグループが、可能な限り多くの経済的権限を共和国に移転することをめざす改革提案を発表した。そのプログラムはIME（エストニア語で自主管理という言葉の頭文字であるが、同時に「奇跡」の意味もある）と呼ばれ、共和国による税、予算、所有権の管理（外国所有を含め、多様な所有形態の認可）や金融・通貨政策におけるよりいっそうの自主性を提案した。そこでは国民通貨の導入についての提案も含まれていた。1990年に、エストニア最高会議はエストニア銀行を（再）設立した。通貨改革委員会がつくられ、エドガル・サヴィサール首相が率いた。その委員会に委任されたことは、中央銀行といっしょになって独立通貨への移行のため必要なステップを決めることであった。この二つの機関が、スウェーデン、合衆国、カナダに住む移民のグループを含む、エストニアのもっとも熱心な親市場勢力の本拠地となった。

　委員会は最終的に、非常に厳格な固定為替制度であるカレンシー・ボード制導入を決めた[26]。カレンシー・ボード制は、国外および国内の間の、通貨に関わる諸要請で調整を行なうという中央銀行の役割を事実上不可能とするものである。金融政策に関する運営は、中央銀行から切り離されて機能するボードに置かれる。ボードに委任されるのは、中央銀行に提供されたすべての国民通貨を固定相場で準備通貨に（あるいはその逆に）交換することである。国内の通貨供給は、外貨準備の変動に結びつけてのみ変化させることが

---

25) Liven, *Baltic Revolution*, 357; Abdelal, *National Purpose*, 46-49.

できるため、外国為替によって規制される。だから、金融政策の裁量の余地はなくなる。中央銀行は企業や政府に信用供与することができず、例外的な状況においてのみ銀行に貸し出すことができるだけである。こうして、最後の手段の貸し手の役割を果たすことができなくなる。

エストニアも、8年間にわたり同一の為替レートを保証する先物取引を行なうことによって、自国通貨切り下げという将来のありうる誘惑に対する強力な保護装置を考案した。そのため、通貨切り下げはどのようなものであってもきわめて高いコストがかかることになった。エストニアは、変動幅3％以内の条件で、クローンをドイツマルクにペッグすることを決めた。当初、エストニアの通貨を主に支えていたのは、西側の銀行に1940年以前に預けられ、独立後にエストニアに戻された金準備であった。

国際政治経済の視点から生じうる疑問は、カレンシー・ボード制の導入は国内の経済的合理性にかなうものであったかどうかというものである。この観点から、こうした方策はエストニアや他のバルト三国が国際的信用を求めたことの帰結であったように思われる。そして、そうした方策は中央銀行高官の国際的な専門家のコミュニティの支持によって強化された。この文脈において、ジュリエット・ジョンソンが述べているように、中東欧における国民通貨を急速に制定するプロセス、および過去から受け継いだ通貨当局を独立した中央銀行やカレンシー・ボード制に改造するというプロセスは、「国際的アクターによって、またそのためになされたものであり……、新しい制度に対する広範な国内の支持を取りつけるという必要もなしに起きたのである[27]」。

---

26) エストニアにおけるカレンシー・ボード制の導入については、Seiga Lainela and Pekka Sutela, "Introducing New Currencies in the Baltic Countries," in *The Transition to Market Economy: Transformation and Reform in the Baltic States*, ed. Tarmo Haavisto (Cheltenham: Edward Elgar, 1997), 66-95; Adalbert Knobl, Andres Sutt and Basil Zavoico, "The Estonian Currency Board: Its Introduction and Role in the Early Success of Estonia's Transition to a Market Economy," IMF Working Paper WP/02/96 (Washington, D. C.: International Monetary Fund, 2002) を参照。

27) Juliet Johnson, "Post-Communist Central Banks: A Democratic Deficit?" *Journal of Democracy* 17, no. 1 (2006): 91.

国際的信用に対する配慮が主要な役割を果たしていたのはたしかであるが、上記の外国からの圧力の圧倒的な重要性や国内の政治的サポートの不在という想定は、バルト三国の「安定の文化」に対する強い信奉を証明するものではない[28]。第一に、新通貨や金融政策に関わる諸制度への初期の支持は主に国際的支援から生じたとはいえなかった。というのも、エストニアでは重大な決定は1992年になされたが、それは大きな外的圧力や援助が具体化するはるか以前のことであったからである。実際、ラール首相が繰り返し述べたように、1992年の春にIMFは「はじめは、エストニアに対して専門的能力がもっと高まるまで、通貨改革を延期するように促した[29]」。第二に、しばしば指摘される、外国に移住する政策アドバイザーの存在と圧力という点について、エストニアの気位の高い通貨改革委員会がジェフリー・サックスのかつての教え子であるアルド・ハンソン（博士号を取得したばかりで、当時の学界や財界の世界的権威とみなすことはとてもできない人物）をメンバーに含めた事実は、強力な外からの影響力の証拠というより、以前から存在した急進的解決を望む国内のコンセンサスの証拠であるように思われる。

　第三に、1990年代の初頭には、カレンシー・ボード制は依然として遠い過去の時代遅れの遺物であるとみなされていた。カレンシー・ボード制はかつて19世紀の大英帝国の植民地では一般的であったが、脱植民地化とともにすべて消え去っていった[30]。エストニアで採用された際には、国際的新自由主義政策グループの中で注目されはじめたばかりであった。カレンシー・ボード制は、中国への領土返還を前に投資家を安心させるため、1980年代の香

---

28) この用語は以下から用いている。Geoffrey Underhill, "Global Integration, EMU, and Monetary Governance in the EMU: The Political Economy of the 'Stability Culture,'" in Dyson, *European States and the Euro*, 31-52.
29) Laar, *Estonia*, 114.
30) カレンシー・ボード制の歴史については、John Williamson, *What Role for Currency Boards? Policy Analyses in International Economics* (Washington, D.C.: Institute for International Economics, 1995), 7; Anna Schwartz, "Do Currency Boards Have a Future?" *Occasional Paper* 88 (London: Institute of Economic Affairs, 1992); Dieter Plehwe, "Transnational Discourse Coalitions and Monetary Policy Reform in Argentina: The Limited Powers of the 'Washington Consensus,'" *Critical Policy Studies* 5, no. 2 (2011): 127-48 を参照。

港で最初に採用され、その後、アルゼンチンに進んだ。そこでは、その制度がハイパーインフレーションに対する可能な解決策としてみなされた。いずれの場合も、新自由主義者のモンペルラン協会（MPS）のメンバーが、この制度的方策をもたらすのに貢献した。協会のメンバーであるスティーブ・ハンケとクルト・シューラーは、アルゼンチンでの通貨安定のための青写真を描き、その後はユーゴスラヴィアや旧ソ連諸国の青写真も描いた。

　興味深いのは、クルト・シューラーは社会主義システムが崩壊したときに、このテーマで彼の博士論文を作成しはじめたばかりであったことである。彼の指導教官はジョージア大学のジョージ・セルジンであり、ローレンス・ホワイトとともに、民間銀行による競争的紙幣発行システムである「自由銀行」を支持するキーパーソンであった。19世紀および20世紀初頭には、自由銀行は中央銀行や金本位制の出現に対抗して何人かの自由主義者によって支持されていた。有名なことだが、そのアイデアは、1970年代にフリードリヒ・フォン・ハイエクが呼びかけている。彼は「政治から貨幣を防衛する」ために国民通貨の廃止を支持した[31]。自由銀行は脱政治化・脱国民化された通貨システムのもっとも急進的新自由主義的バージョンであった。自由銀行支持者にとっての利点という点からみれば、カレンシー・ボード制は（最適な制度に達していないとはいえ）、中央銀行制度を承認しない立場と、重要だがいまだ実現できない民間銀行通貨システムという現状の間での、少なくとも中間の道の方策を示すものであった[32]。

　エストニアがカレンシー・ボード制に落ち着いた改革者側の主要な理由の一つは、たとえカレンシー・ボード制が国民通貨と結びついていても、カレンシー・ボード制が貨幣を政治から切り離し、もっとも遠いところまでそれ

---

31) Friedrich August von Hayek, *Denationalization of Money-The Argument Refined* (London: Institute for Economic Affairs, 1990). 引用は Eric Helleiner, "Denationalising Money? Economic Liberalism and the 'National Question' in Currency Affairs," in *Nation-States and Money: The Past, Present and Future of National Currencies*, ed. Emily Gilbert and Eric Helleiner (London: Routledge, 1999), 148 による。

32) ポストソヴィエトの社会状況において、自由銀行に対してカレンシー・ボードに利点があるとする議論としては、Steve H. Hanke and Kurt Schuler, "Currency Boards and Currency Convertibility," *Cato Journal* 12, no. 3 (1993): 699-701 を参照。

第3章 国民形成と新自由主義——バルト三国

を隔離させたという特徴にほかならなかった。さらに、金融政策の制度的隔離は、国民的独立という目標が、民主的政治の日々の争いから切り離されるべきであるという、もっと一般的なナショナリストの感情と共鳴するものであった。この象徴的な脈絡もまた重要であった。というのも、新しい通貨当局や諸方策の専門的事項やリスクについて、一般市民はおろか、政治家ですらほとんど理解していなかったからである。この点で、ラール首相は以下のように思い起こしている。「カレンシー・ボード制を支持したようにみえる政治家が、同時に、通貨改革のあとには非効率な工場や集団農場に対して中央銀行が「安価な信用」を与え続けるであろうと確実視していたという事実は、多くの政治家がおそらく彼らが支持しているものを正確には理解していなかったことを示唆している[33]」。

同様の文脈で、安定したクローンの熱狂的な受け入れは、通貨当局の象徴的地位を向上させ、国家建設者としての中央銀行高官の人気を高めた。こうして、1991〜95年にエストニア銀行総裁を務めたシーム・カラスは、「国民通貨の父」としての彼の役割に関し政治資本を築くことができた。1994年に、彼はエストニア銀行〔中央銀行〕に在職したまま、「改革党」を立ち上げた。「改革党」は1995年の議会選挙で第二党となり、その後、エストニアでもっとも影響力のある政党となった。

カレンシー・ボード制が金本位制の模倣であることは、その魅力をさらに高めた。実際、カラスは当初、「エストニアが金本位制の下で1927〜33年の間に通貨安定期を経験したが、その金本位制と結びついた透明性と高い信用度」に惹かれていた。しかし、新しい国際環境において金本位制は非現実的であったため、カラスは金本位制にもっとも近い代案としてカレンシー・ボード制を選択した。彼は、カレンシー・ボード制に金本位制と「同様の透明性と高い信用度を結びつけた[34]」。より一般的にいって、カレンシー・ボード制という施策は、広範囲にわたる改革を即座に実行させることによって共産主義の過去と決定的に決別することをめざす、ラール首相のナショナリス

---

33) Laar, *Estonia*, 121-22.

ト−新自由主義的政権のプログラムによく適合するものであった。想定される改革に対する抵抗や後退を防ぐうえで、改革の速度とともに多数決主義ではない制度化が決定的に重要であった。制度選択はまた、通貨、財政、マクロ経済政策など複雑な領域で専門的知識をもつ人材が国内に不足していることに対応するものでなければならなかった。カレンシー・ボード制はこうしたすべての必要性に理想的に適合するものであった。制度面でカレンシー・ボード制は相対的にシンプルであり、大きな行政的能力を必要とせず、即座に実行可能であったからである。

　ラトヴィアは1990年にみずからの中央銀行を（再）設立した。独立後、ラトヴィア銀行は自国通貨の発行権をもつ本格的な中央銀行となった。ラトヴィアの中央銀行はドイツ連邦銀行をモデルにしたものであった。その最重要な目的の中に価格安定が含まれており、それは「ラトヴィア民族独立運動」の創始者の1人であり、1991〜2001年までラトヴィア銀行の総裁を務めたエイナルス・レプセの下で精力的に追い求められた目標であった。カラスと同様な印象的経歴によって、2000年代にレプセもまた政党を設立し、民主的政治家として、国民を形成するうえで重要な中央銀行高官として彼が果たした過去の役割を利用した。

　この制度選択は1920年代、30年代におけるラトヴィアの金融政策の成功の記憶によって触発されたものであった。戦間期におけるラトヴィアの安定は、1936年の国際連盟による委託研究の中では、完全な成功例の一つとして選び抜かれたものであった[35]。その成功は「公的支出領域における堅実な節

---

34) Knöbl, Sutt and Zavoico, "The Estonian Currency Board," 7, 11. ラールは自身の通貨体制の選好にこれとよく似た弁明を与えている。彼によると、戦間期の経済的繁栄はクローンの導入に関連していた。「経済の方向転換は1928年の通貨改革の導入とともに生じた。エストニアの自国通貨であるクローンは大英帝国からの借款の援助によって制定され、その後10年間クローンの価値は安定していた」。1928年の経済の方向転換が大不況によりすぐに中断されたことは、さほど重要ではないとみられている。大不況はエストニアをわずか5年で金本位制から離脱させ、通貨の価値を切り下げ、スターリング・ブロックに加盟させた。

35) Brian van Arkadie and Mats Karlsson, *Economic Survey of the Baltic States* (New York: New York University Press, 1992), 158.

第3章　国民形成と新自由主義──バルト三国

約」によって達成されたものであり、それは新通貨を金にペッグすること、また国際収支における一時的なアンバランスを相殺するために中央銀行が充分な金や外貨準備を確保すべきであるという原則を守ることによって実現しえたものであった[36]。この経験は、ポスト社会主義ラトヴィアの中央銀行総裁が汲みとるべき一つの財産となった。

　エストニアとは対照的に、ラトヴィアの中央銀行は当座の通貨としてラトヴィア・ルーブルの発行を最初に決定した。恒久的通貨を導入する以前に、インフレーションを管理し、信用を得ておくことをラトヴィアはめざしたのである。実際に、中央銀行は1993年にラトヴィア・ルーブルの安定化にかなりのところ成功し、1993年に新通貨ラッツを導入した。ラッツは、当初は変動が認められており、1994年にIMF特別引出権にペッグされ、2002年にユーロにペッグされた。ラトヴィアはカレンシー・ボード制を選択しなかったが、中央銀行の政策はカレンシー・ボード制の機能ときわめて類似していたので、IMF報告書は以下のように結論づけた。「エストニアのカレンシー・ボード制と近年のラトヴィアのペッグとの間には、現実的な相違はほとんどない。ラトヴィアでは外貨準備がマネタリー・ベースを上回っているのが通例となっているためである[37]」。

　こうして、やり方は異なっているとはいえ、両国とも金融政策を可能な限り政治領域から遠く離れたところに置く制度的施策をとった。この選択をめぐって、いずれの国でも社会の間では議論はほとんどなされなかった。この点は、長期にわたる、そして激しい政治論争ののち、ようやくカレンシー・ボード制に落ち着いたリトアニアとは好対照である。実際、リトアニアではカレンシー・ボード制は、その後も政治的議論の中心を占めていた[38]。他の二つのバルト国家と同様、リトアニアも1990年に中央銀行を（再）設立し、自国通貨発行を準備した。リタスが発行される1993年まで、リトアニアはルーブル不足に対応するため当座の通貨であるタロナスを発行した。リタス

---

36) Royal Institute of International Affairs, Information Department, *The Baltic States: Estonia, Latvia, Lithuania* (London: Oxford University Press, 1938), 131, 171-75.
37) Knöbl, Sutt and Zavoico, "The Estonian Currency Bord," 20.

を発行したあとにおいても、政府はなお9カ月間リタスに規制を加える最終的な制度のデザインについて考え続けた。カレンシー・ボード制導入の法律が議会で採択されたのは、ようやく1994年になってからであった。

リトアニアではカレンシー・ボード制という考え方は長く支持を欠いていた。興味深いことだが、ポスト共産主義世界におけるそうした制度の最初の提案は、エストニアではなくリトアニアに対してなされた。1990年にシューラーとセルジンが訪問した際のことであった。2人の経済学者は、ジョージア大学の金融論の教授であるジョセフ・シンキーとともに、1991年にふたたびリトアニアを訪問し、カレンシー・ボード制を繰り返し薦めた。しかし、ゲディミナス・ヴァグノリウス下のサユディス政権はその提案を拒否した。安定化は、中央銀行の優先事項リストの中でラトヴィアにおけるほど高い位置を占めていなかった。

カレンシー・ボード制の考えは1993年末のアドルファス・スレジェベシスの左翼政権になってようやく勢いを得た。首相は、カレンシー・ボード制がリタスの安定化を促進し、リトアニア経済の国際開放を支えることを期待した。首相は、リトアニアの緩和的な金融政策に頭を悩ましていたIMFに加え、政党「リトアニア自由市場機構」からもカレンシー・ボード制を支持された。リトアニア自由市場機構代表であったエレナ・レオンチェバはさまざまな左翼（そして右翼）政権に経済アドバイザーとして仕えた。彼女もまたシューラーとハンケの親密な協力者であった。

その後、カレンシー・ボード制の問題は政府、中央銀行総裁、野党、そして大統領の間の激しい政治闘争の対象となった。中央銀行高官にとっては、カレンシー・ボード制は彼らの金融政策およびインフレーション抑制におけ

38）リトアニアの通貨改革については、Laniela and Sutela, "Introducing New Currencies"; Jerome Blanc, "Les conditions d'établissement d'un *Currency Board*: L'exemple Lituanien, 1990-1994," *Revue d'Études Comparatives Est/Ouest* 35, no. 3 (2004): 119-45 および Jerome Blanc and Jean-Francois Ponsot, "Crédibilité et *Currency Board*: Le cas Lituanien," (GdR Économie Monétaire et Financière 0098 du CNRS, 19èmes Jounées Internationales d'Économie Monétaire et Bancaire, Lyon, June 6, 2002) を参照のこと。

第3章　国民形成と新自由主義——バルト三国

るリトアニア銀行（中央銀行）の成果に対する不信のサインとみなされた。右翼の野党は、主に制度の自動制御的特質にともなう通貨主権に対する制約について懸念していた。さらに、野党は競争力を高める弱い通貨を好む工業製品輸出業者の利害を代表していた。最後に、アルギルダス・ブラザウスカス大統領も、その収入の重要な部分がカレンシー・ボード制により消失してしまうことを恐れる商業銀行家からの圧力を受けていると伝えられており、〔カレンシー・ボード制の〕プロジェクトに反対した。こうして、議会が「リタスの信用性に対する法律」を通過させたのは、スレジェベシス首相による辞任の脅しがあったからであった。

　カレンシー・ボード制に対する闘争はそれが導入されたあとも続いた。右翼野党は上記の法律が銀行券発行という中央銀行に許される専一の権利を侵害するとして、憲法裁判所に提訴した[39]。法廷はこの見解を支持したが、その間に法律が修正されており、法廷の決定が影響力を失った。1996年にヴァグノリウス首相の下で右翼政権が返り咲いたとき、カレンシー・ボード制への第二の攻撃が行なわれた。政府は即座に〔カレンシー・ボード制からの〕出口の計画を準備した。しかし、リトアニアに対して大規模融資を実施する間際にあったIMFがその計画に反対した。加えて、中央銀行はカレンシー・ボードからのもっと緩やかな退出を支持していた。最終的に中央銀行の計画が優位となった。もっとも、それはけっして完全に実行されたわけではなかった。結果として、1990年代の末時点で、リトアニアはカレンシー・ボード制を有し、その制度の金融政策に対する制約はわずかながら除去された。しかし、そうした変化は、固定為替レートや外国為替によるマネタリー・ベースの調整操作に対して影響をもつものではなかった。

　3カ国において国内通貨が導入された政治的道筋はさまざまであり、通貨安定が制度化された具体的な形態は多様であったにもかかわらず、その過程

---

39) この法律は当初、公式の為替レートおよび連動通貨に関する決定は中央銀行と調整しながら政府が行なわなければならないと規定していた。これは中央銀行による紙幣発行に対する憲法に違反した制約であるとみなされた。Blanc and Ponsot, "Crédilitité et Currency Board," 7.

155

表 3.1　ユーロに対する期待と恐怖：バルト三国および他の中東欧諸国、2000 年代半ば

	ヨーロッパにより近づくことへの期待	自国のアイデンティティ喪失への恐怖
エストニア	43	48
ラトヴィア	51	66
リトアニア	41	51
バルト三国の平均	45	55
他の中東欧諸国の平均	56	34
	国際的危機からの保護が強まることへの期待	自国の政策決定の自律性を喪失することへの恐怖
エストニア	38	36
ラトヴィア	31	51
リトアニア	31	37
バルト三国の平均	33	41
他の中東欧諸国の平均	46	29
	ユーロについて信用できる情報を提供する EU 機構への信頼	ユーロについて信用できる情報を提供する自国の中央銀行への信頼
エストニア	64	83
ラトヴィア	59	79
リトアニア	67	73
バルト三国の平均	63	78
他の中東欧諸国の平均	76	84

（出所）Gallup European Flash Eurobarometers の 2006〜08 年に実施されたさまざまな調査をもとに著者が計算した。http://ec.europa.eu/public_opinion/flash/fl183-en.pdf（2009 年 7 月 11 日アクセス）
（注）数値は調査対象の市民の平均の比率である。

で生じた〔国内通貨に対する〕強い国民の感情は、バルトの市民が 2000 年代後半にユーロに対して期待と恐れをあわせもっていたことによって明らかになる。ユーロ圏への参入は金融政策の自律性と国内通貨放棄を必要とする以上、通貨主権を獲得したときと比べて、それ以上に国民的課題と両立しないことは明らかである。したがって、世論調査でも国民通貨への愛着が強く示されている。他の中東欧諸国よりも大きな程度で、ユーロ導入から生じる国際危機に対する防衛とヨーロッパアイデンティティの強化へのバルトの市民の期待は、自国の政策決定の自律性と国家のアイデンティティを失うことへの懸念によって暗雲を投げかけられているようにみえる。同様に、ユーロに対する信頼できる情報によれば、エストニア人とラトヴィア人は（リトアニア人はそうではないが）EU の機構よりも自国の中央銀行を信頼しているこ

第3章　国民形成と新自由主義——バルト三国

とが示されている。自国の通貨当局に対する彼らの選好は、他の EU 新規加盟諸国より強かった。

一律課税制度

　バルト三国が急進的かつ表面上シンプルにみえる政策的施策を採用する傾向は、税制度の選択においてもみられる。カレンシー・ボード制の場合と同様に、エストニアは、既存システムにおける税率引き上げを主張していた IMF の助言をここでも退けて、1994 年に一律課税を採用することで、税改革の問題について非正統的な施策を講じる先駆けとなった[40]。エストニアが大胆な行動をとるまで、一律税を課していたのは、香港、ガーンジー島、ジャージー島、ジャマイカといったごく少数の国と合衆国のいくつかの地方政府のみであった。現実の世界では影響力は小さかったとはいえ、一律課税制度は 1980 年代以降、急進的新自由主義者の間では支持を受けるようになっていた。そうした税を好意的に捉えた最初の人物は、『自由の条件』におけるアウグスト・フォン・ハイエク、および『選択の自由』におけるミルトンおよびローズ・フリードマンであった。なかでももっとも影響力のあった支持者の中に、モンペルラン協会のメンバーでありフーバー研究所のフェローであったアルヴィン・ラブシュカがいた。彼は香港の税モデルに魅了されていた。1983 年に彼はロバート・ホールとの共著『フラット・タックス』を出版し、「事業所得に対するキャッシュフローの所得税と、労働者の所得に対する税を組み合わせ、同時にかつ単一の税率で課税する」ことを支持した[41]。

　実際には、一律課税という用語は漠然と使用されているといわねばならず、

---

40) 均等税については、Anthony J. Evans, "The Spread of Economic Theology: The Flat Tax in Romania," *Romanian Economic and Business Review* 1, no. 1 (2006): 47-59; Anthony J. Evans and Dragos P. Aligica, "The Spread of the Flat Tax in Eastern Europe: A Comparative Study," *East European Economics* 46, no. 3 (2008): 49-67; Michael Keen, Yitei Kim and Ricardo Versano, "The 'Flat Tax(es)': Principles and Evidence," IMF Working Paper WP/06/218 (Washington, D. C.: International Monetary Fund, 2006); and Alexander Baturo and Julia Gray, "Flatliners: Ideology and Rational Learning in the Diffusion of the Flat Tax," IIIS Discussion Paper 210 (2007) (http://ssrn.com/abstract=980704、2009 年 11 月 29 日アクセス) を参照。

157

勤労所得に対して単一の限界税率を課す税システムを特徴としている。ホールとラブシュカの著書は合衆国においてもっとも影響力を有している。しかし、エストニアがその考えを実行に移したとき、その先駆者としての役割に対して国際的賞賛を得た。「シンプルそのものである。ペンの一筆で、このバルトの小国は後進国から先導者に転換し、隣国から見習われ、長く自国の税の一律化を望んでいるアメリカの保守派から羨望された」のである[42]。エストニア政府にとって、一律課税は魅力的なものであった。というのも、一律課税は行政者に対し、仕事を容易にすることを保障し、政府の規模を制限し、市場改革に真剣であると外部世界に示すシグナルとなったからである。政府は個人所得税を改革前の限界税率の最低と最高のほぼ中間の26%に決定し、法人所得税を35%から26%に引き下げた。

リトアニアもあとを追い、1994年に一律課税改革を実施した。エストニアとの主な相違点は、リトアニアが限界税率を改革前に課していた最大限界税率の最高水準である33%に定めたことであった。結果として、個人所得税からの歳入が増加した。リトアニアの法人税率は29%に維持された。ラトヴィアは1997年に一律課税制度を導入し、逓減課税率構造を25%の単一限界税率に取り換えた。法人税率も同様の水準に定められた。

3カ国いずれにおいても、一律課税改革ののち、法人税率引き下げのステップが続いた。エストニアでは2000年に第2次ラール政権が留保利益に対する課税を完全に廃止した。リトアニアとラトヴィアは、ともに法人所得税率をそれぞれ2002年と2004年に15%に引き下げた。新しい税制度の政府の歳入への全体的な効果は限定的であった。3カ国いずれも、1990年代初頭にすでに歳入の急激な低下を経験していた。社会主義期に歳入はGDPのおおよそ50%に等しかったが、1993～94年には30～38%程度に低下し、その水準で安定していた。しかし、一律課税改革は直接税から間接税へのシフトをもたらすものであった[43]。

---

41) Keen, Kim and Varsano, "The Flat Tax (es)," 5.
42) "Special Report. Simplifying Tax Systems: The Case for Flat Taxes," *Economist*, April 16, 2005, 63.

第3章 国民形成と新自由主義——バルト三国

　通貨改革と税改革はバルト三国の初期の制度選択を象徴するものである。それらは政治の余地と手段を制約する包括的で急進的かつシンプルな制度への選好を鮮明に示すものである。こうした制度設計の起源は、典型的には、急進的な新自由主義の専門家集団の考えであるが、それがバルト三国に届いたことを示す最初のものは、起業家のようなラール政権の決定であった。ラール首相は共産主義の遺産との明確な分離を指揮し、国民再生への熱意と国内政治における国民化計画を活用し尽くし、さらにエストニアで実施された真剣な体制転換を西側に示すことを宿願としていた。

ナショナリスト的な社会契約

　バルト三国が選択した通貨制度は、しばしば、その政治的・経済的独立に対する意義という観点から分析され、理解されている。しかし、実際にはもっと多くのことが関係していた。エミリー・ギルバートとエリック・ヘレイナーが述べているように、国内通貨が生まれ広く行き渡ったのは19世紀以降のことであり、国家と国民を結びつけることに貢献してきた。国内通貨は国民国家の課税強化能力を高め、国民としてのアイデンティティの形成に貢献し、「国家が一定の政治的諸権利と経済的利益を与えるよう多様な要求を領土内の住民が「その国の市民」として行なうという新たな役割の状況の中で、領土内の住民に呼びかけた広範なプロジェクト[44]」を実現することを可能にしてきた。

　国内通貨と中央銀行とをめぐる20世紀の論争の多くは、実際には、こうした主張を行なうための国民としての市民の権利についてのビジョンと、同様に、政治的、経済的、社会的事柄において国家が国民に与える義務につい

---

43) Baltic States: A Regional Assessment (Paris: OECD, 2000), 83; Hans Aage, "Public Sector Development: Difficulties and Restrictions," in Haavisto, *Transition*, 96-118 を参照のこと。

44) Emily Gilbert and Eric Helleiner, "Introduction—Nation-States and Money: Historical Contexts, Interdisciplinary Perspectives," in Gilbert and Helleine, *Nation-States and Money*, 1-20.

てのビジョンという競合するビジョンを含んでいた。ここで議論すべきは、極度に制限的なカレンシー・ボード制度（あるいはその機能的同等物であるラトヴィアの独立中央銀行）のため、バルト三国が福祉主義者の社会契約ではなく、ナショナリストとしての社会契約しか市民に提供できなかったことである。

　バルト三国の通貨制度は、財政政策、産業政策、社会政策にとっての束縛として働いた。想定される社会的コストにかかわらず、政策全体が通貨安定という目標に固定された。カレンシー・ボード制のもと、政府は中央銀行から借り入れを行なうことができず、かわりに民間のアクターに依存しなければならなかったため、財政政策の選択肢は制限された。移行の初期には民間貯蓄が存在せず、外国からの融資も不安定であったため、通貨体制は財政機能の厳格な抑制を課すことになったのである。同時に、低率の一律課税が歳入の側から公共支出に制限を加えた。ラールは財政機能の厳格な抑制を政府の施策の余地に対する有害な制約とみなさず、そのことの利点を以下のように称賛した。「厳格な財政的制約により、政府が何をするべきかを決めることが容易になった」と[45]。

　財政抑制が課せられる条件の下、福祉国家のための財源を確保することは特別の難問であった。バルト三国はいずれも、社会主義システムから、「一般大衆に大規模な財政的義務をもたらすことになる、相互に関連する成熟した社会保障システムを受け継いだ。ここには高齢者への年金、たいていの労働者とその家族の生活をカバーする医療・障害・遺族給付が含まれた。それは一部に企業への課税を通した国家財政で運営され、通常は労働者の直接的な拠出はなかった[46]」。福祉国家は国家財政でおおかた賄われていたのである。ソ連から解放され、バルト三国は社会システムのための新しい財源を見つけ出さなければならなかった。独立した社会保障予算を賄うため、3カ国いずれも高率の給与税を導入した。エストニアでは33％、ラトヴィアは38％、

---

[45] Mart Laar, "The Estonian Economic Miracle," *Backgrounder* (Heritage Foundation), no. 2060 (2007): 4.

[46] Cook, *Postcommunist Welfare* States, 35.

リトアニアは31％であった。3カ国はまた一般財政とは別に社会保険基金を設立した。同時に、社会的保護への支出を制限するためにたいへんな苦痛を経験した。それは年金分野でもっとも際立っていた[47]。

高齢者の貧困化

年金給付は社会移転の合計額の3分の2以上にのぼり、公的支出の増加を招く可能性がもっとも高い社会保護の項目であった。にもかかわらず、バルト三国がソ連の共和国として発布した1990年代初頭の最初の年金法は、それまでよりも寛大な年金システムをめざすものであった。それは広範な人々の集団に対して、それまでよりも有利な条件を提供し、年金と所得との結びつきを強化し、農民と労働者に適用されてきた別々のスキームを統合し、普遍的な適用範囲の、単一の統一されたシステムにしようとするものであった。しかしながら、これらの法律はさらに制限のきつい条項によって急速に置き換えられた。新しく採用された方式は年金分配分が非常に圧縮されたものとなった。

実際、リトアニアは1990年代初頭の新しいシステムにおいて個人の所得と年金給付の関係を一本化し、バルト三国のうちで唯一、ソ連期の給付諸権利を明白に承認した。エストニアとラトヴィアの政策担当者は「ソヴィエトの遺産への逆行」であるとの理由から、そのような年金計算に抵抗した[48]。しかし、皮肉にも、年金のうちの報酬比例部分は、多くのリトアニア人にとって深刻な問題を引き起こすことになった。というのは、多くの企業が大規模な賃金遅配を長引かせ、社会保険拠出金を支払うことができなかったからであった。全体として、リトアニアの年金給付額は他の2カ国と同様に貧弱

---

47) バルト三国の年金改革については、Elaine Fultz, ed., *Pension Reform in the Baltic States* (Budapest: International Labour Office, 2006); Katharina Muller, "Old-Age Security in the Baltics: Legacy, Early Reforms and Recent Trends," *Europe-Asia Studies* 54, no. 5 (2002): 725-48; Jolanta Aidukaite, "The Formation of Social Insurance Institutions of the Baltic States in the Post-socialist Era," *Journal of European Social Policy* 16, no. 3 (2006): 259-70、およびBernard Casey, "Pension Reforms in the Baltic States: Convergence with 'Europe' or 'the World'?" *International Social Security Review* 57, no. 1 (2004): 19-45 を参照のこと。

かつ一律的なものであった。

3カ国が効率的に年金給付を低額に抑え、移行期のコストを引き下げることができたという事実は、広い範囲で比較すれば、傑出したものであったといって過言ではない。ブランコ・ミラノビッチは以下のように述べている。

> ポーランド、ハンガリー、スロヴェニア、旧チェコスロヴァキアが45〜60％の年金 - 賃金比率であったのに対し、バルト三国は低い年金 - 賃金比率（40％以下）で移行を開始した。移行開始から4年後、チェコ共和国を除く中欧諸国のその比率が同レベルか高まっていたのに対し、バルト三国の比率はいっそう**低下した**。……バルト三国において賃金（年金 - 賃金比率における分母）がいっそう急速に低下したため、バルト三国における年金給付の実質的低下は年金 - 賃金比率で示されるものよりもさらに大きかったことになる。1987〜88年と1992〜93年の間に、バルト三国における平均年金額および年金支出額は45％カットされた[49]。

バルト三国の年金額の低さは、社会主義下に人生の大半を過ごした人々が、その地位を劇的な形で喪失したことと関連づけられる。ダイナ・エグリティスとタナ・レイスのむき出しの表現によれば、ラトヴィアの高齢者は、実のところ、「人間という廃棄物」へと追いやられ、彼らの「浪費的人生」の結果に耐えなければならなかったのである[50]。これが純粋に偶然ではなかったことは、年金生活者に以下のように呼びかけたラトヴィア福祉相の発言から明らかである。「あなたたちに多額の年金は必要でない。なぜなら、あなたたちは共産主義体制下で働き、その仕事からなしとげられたものは何もなかっ

---

48) Laurie Leppik and Andres Vörk, "Pension Reform in Estonia," in Fultz, *Pension Reform*, 47.
49) Branko Milanovic, "Poverty, Inequality, and Social Policy in Transition Economies," Policy Research Working Paper 1530 (Washington, D.C.: World Bank, 1995), 32-33. 強調（ゴチック体）は原文のままである。
50) Daina S Eglitis and Tana Lace, "Stratification and the Poverty of Progress in Post-Communist Latvian Capitalism," *Acta Sociologica* 52, no. 4 (2009): 336-38.

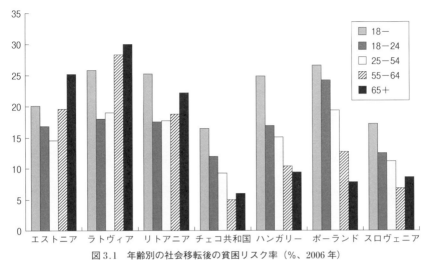

図3.1　年齢別の社会移転後の貧困リスク率（％、2006年）

（出所と注）EUROSTATに基づく著者の計算による。http://epp.eurostat.ec.europa.eu（2011年8月8日アクセス）。貧困リスク率とは、貧困リスク閾を下回る等価可処分所得を有する人々の比率であり、それは社会移転後の各国の可処分所得の中央値の60％に設定される。

たからである[51]」。

　当然ながら、〔年金に関する〕新たな契約については、もっと残酷ではなく、控えめな言説もあった。世界銀行はラトヴィアとハンガリーとを対比させ、ラトヴィアを称賛した。「国家の年金支出は引き下げられるべきである。それは、特定のグループを利する有利な扱いを廃止することによって、また、早期退職する人々に対して、より低額の給付を実施し、退職を遅らせ拠出を続ける人々に対して、より高額の給付を行なうことによってそうするべきである。……実のところ、ラトヴィアの高齢世代と若年世代は一つの取り引きを行なった。年金生活者は給付をより高額にするような圧力をかけないことに同意し、現役労働者は自身の高齢時の生活がいっそう安定することを期待して高い拠出金の負担を受け入れてきたのである[52]」。しかし、年齢別貧困リスク率の内訳に関するデータが示しているのは、ハンガリーの施策が多く

---

51) Milanovic, "Poverty, Inequality, and Social Policy," 33 からの引用。
52) *From Plan to Market*, 79.

の年金生活者をそうしたリスクから救ったのに対し、ラトヴィアの「取り引き」は、高齢になる前の現役労働者を事実上貧困化させてきた。エストニアでは、高齢者が貧困に陥るリスクがもっとも高く、それはヴィシェグラード諸国（第4章の「福祉主義的社会契約」の項を参照）との比較において特に際立った特徴である[53]。

　この結果を導いた政治的および政策的プロセスは何だったのであろうか。バルト三国もまた、支出の長期持続性に懸念をもち、積立スキームと部分的民営化を支持する、新しい国際的な「年金正統派」に含まれた最初の国々であった[54]。ラトヴィアは体制転換不況からもっとも強い打撃を受け、支出のバランスをとるため他の2カ国以上に強い取り組みを行なっていた。それゆえ、ラトヴィアはいっそう急進的な施策を求めた最初の国であった。年金民営化の問題は、金融・ビジネス界の代表が多く含まれていたヴァルディス・ビルカフス右派政権下で最初に取り上げられた（1993～94年）。ビルカフス首相は、オーストラリアの民間保険会社に勤務歴のあるラトヴィア人帰還移民のジャニス・リテニスを福祉相に任命した。

　リテニスは民間保険モデルに基づく年金システムを支持し、世界銀行との協調を図ろうとした。世界銀行はリテニスの改革への取り組みをサポートするためにスウェーデン人のチームを招聘した。スウェーデンの専門家はこの機会を熱心に、そして事実上スウェーデンがすでにはじめていた改革の実験場としてラトヴィアの改革を利用した。結果として、ラトヴィアは東欧諸国のうちで世界銀行が支持した多柱型年金システムを導入した最初の国となっ

53）2007～09年の厳しい財政緊縮プログラムにより、バルト三国における高齢者の貧困リスクはさらに大幅に高まった。

54）「新しい年金正統派」という用語はロ・ブオロによってつくり出された。Lo Vuolo, "Reformas Previsionales en América Latina: El Caso Argentino," *Comercio Exterior* 46, no. 9 (1996): 692-702. 引用はKatharina Müller, "The Political Economy of Pension Privatisation in the Baltics," in Fultz, *Pension Reform*, 402. 1990年代初頭以来、世界銀行はラテン・アメリカと東欧における急進的年金改革を支持してきた。1994年の報告書である *Averting the Old Age Crisis* (Washington, D. C.: World Bank) では、世界銀行は年金の部分的民営化と個人化を奨励した。世界銀行は三本柱のモデルを推奨した。それは公的管理で賦課方式の第一の層、民間管理で強制かつ事前積立による第二の層、民間管理で任意加入の第三の層からなる。

た。しかし、それはさらに先へ進んだ。第一の賦課方式の柱はスウェーデンの見なし確定拠出スキームというひな型に基づいており、「保険会社が提供する終身拠出型年金をまねた」ものであった[55]。このスキームは拠出者に義務を課すものであり、退職給付が個人の拠出に完全に依存するため、退職を遅らせることに強いインセンティブを働かせるものである。

見なし確定拠出スキームへの移行の鍵となったのは、古いシステムから初期の年金「資本」をいかに計算するかという点であった。政府は過去の勤務年数をもとにして、1995年に至るまでの保険期間を組み込むことを決定したが、それは現在の所得水準においてであった。さらに、実際の賃金ではなく拠出額が考慮された。移行の処方箋は、分配上の重要な帰結をもたらした。長期の雇用記録はあるが、失業していた人、不利な待遇の仕事についていた人、国有企業で働いていた人、1996～99年の決定的な時期に賃金遅配や過少申告が広範になされた企業で雇用されていた人はすべて不利を被った。同時に、民間部門にいて、新しいシステムを理解していた人や、関係する時期の自身の所得を操作することのできる地位にいた人は改革の主要な勝者となった[56]。

エストニアでは、はじまったばかりのマルト・シーマン首相下の中道の少数派政権が、1997年に社会保障改革委員会を立ち上げ、改革のアウトラインを準備するように委任したときに、年金改革の第二波がはじまった。シーマンはハンソン（エストニア通貨改革委員会の元のメンバー）を委員会議長に任命した。その委員会には国家社会保障委員会や財務省から専門家が参加した。わずか数カ月の審議を経て、社会保障改革委員会は、世界銀行の多柱型システムの導入を提案した。同時に、委員会は財務的持続性を理由として、

---

55) Louise Fox and Edward Palmer, "Latvian Pension Reform," Social Protection Discussion Paper 9922（Washington D.C.: World Bank, 1999）, 9. 見なし確定拠出（NDC）スキームは、公的年金システムの中に所得にリンクした給付を記録するために、1990年代に生み出された手法である。年金拠出は個人の口座に記録され、将来の給付は過去の拠出、賃金総額の伸びに典型的にリンクする「還付の利率」、年金受給者が属する集団の平均余命によって決まる。民間が出資するスキームと異なり、資金の投資はなされない。NDCでは年金スキームは賦課方式のままである。

56) Inta Vanovska, "Pension Reform in Latvia," in Fultz, *Pension Reform*, 181.

低い〔年金の所得〕置換率を優先した。さらに、同委員会は過去の所得に基づく年金の再計算に対して否定的な見解を示した。委員会の年金提案は引き続く年金改革にとっての基礎となった[57]。

　リトアニアでは、より急進的な年金改革への入り口となったのは、1996年からリトアニア社会保険基金で蓄積された赤字であった。危機の長期化により、経済活動が大幅に低下し、社会保険拠出が不履行となる企業が多数出現したことによって、基金の収入は支出に追いつくことができなかった。赤字の程度は小規模であった（1996～98年にはGDPの0.1％であり、拠出率のわずかな増加によって容易にカバーしうるものであった）が、赤字は基金に対するメディアのキャンペーンに拍車をかけた[58]。

　ヴァグノリウス首相下の保守政権（1996～99年）は、急進的改革の準備をはじめた。しかし、産業家連盟が提唱する民営化モデルと自由市場機構〔政党名〕が主張する民営化モデルは異なっており、その間で砲撃が飛び交う事態となった。自由市場機構は世界銀行によって支持されていた。結果として、1999年の年金基金法は立法措置としてあいまいな部分を残すものであった。それは積立方式の年金制度の法的枠組みを提供したが、それへの加入義務を規定したわけではなく、また私的年金部分について明確にしたわけでもなかった。結局のところ、カレンシー・ボード制のケースと同様、リトアニアは年金民営化の選択を中途半端に行なっただけであった。

　概して、すべてのバルト三国における年金給付は低いままであり、その給付は圧縮された。実行された改革は、社会的な補償というより、マクロ経済の安定化への全般的な関心を反映したものであった。年金改革がめざしたものは、年金システムの中・長期的な支給の可能性の確保、透明性の向上、再

---

57) Leppik and Vörk, "Pension Reforms"; Aidukaite, "The Formation of Social Insurance." エストニアとラトヴィアの年金改革の比較には、Margit Tavits, "Policy Learning and Uncertainty: The Case of Pension Reforms in Estonia and Latvia," *Policy Studies Journal* 31, no. 4 (2003): 643-60を参照。他の文献における知見をかんがみると、タヴィッツはエストニアの年金改革の特徴（よく調整され、入念に準備され、内生的に生まれた）をやや誇張して述べているようである。

58) Romas Lazutka, "Pension Reform in Lithuania," in Fultz, *Pension Reform*, 306.

分配削減であり、さらには福祉が〔それへの支出削減を通じて〕経済成長や発展という目的のために貢献度を高めるということであった。年金だけでなく失業保険や社会扶助も同様の特徴を示した[59]。

社会政策のエスニックな側面

　急進的市場化と経済リストラから生じる社会的損失は、不釣り合いなほど大きな度合いの負担を、エストニアとラトヴィアの主にロシア語話者の製造業労働力に対し課すことになった。ソヴィエト支配下の製造業労働者の高い職業的地位は、彼らへの企業ベースの社会給付への特権的アクセスに明白に示されていたが、引き継がれた産業の崩壊とともに、彼らは仕事に関わる給付を失っただけではなく、エスニック上の多数派と比べ、より頻繁で、かつ長期の失業や、雇用の質の低下（賃金遅配や無給の強制的な休暇といったもの）に苦しめられた[60]。

　しかし、ロシア人労働者の生活崩壊プロセスを緩やかにするために、保護的な産業政策がとられたわけではなかった。また、社会的ストレスを低下させるために、失業給付や職業再訓練のための積み立てが適切になされたわけでもなかった。実際のところ、問題のある工業企業への国家支援（補助金や再構築のための猶予期間のような）を停止することは、財政規律や通貨安定の要求によって正当化される一方で、アイデンティティ・ポリティクスは安定志向の課題を最優先することを別のやり方で固定化する手助けとなった。

　一方で、産業保護の否定は植民地以後（ポスト・コロニアル）の影響に対して、国民経済が脆弱であるということを根拠にして、容易に正当化されうるものであった。エストニアの事例に即していえば、ラール首相が次のように述べている。1940年以後、「大規模なソヴィエト駐屯軍に加えて、引き続き流入したロシア語話者植民者は文民守備隊の役割を果たすとともに、人口の減少を埋め合わせた。植民地化を達成するために急速な工業化がモスクワ

---

59) Aidukaite, "The Formation of Social Insurance."
60) Adne Aasland, "Citizenship, States and Social Exclusion in Estonia and Latvia," *Journal of Baltic Studies* 33, no. 1 (2002): 57-77 を参照。

表3.2 社会移動のエスニックな側面（1993年）

	エスニック・エストニア人	エストニアのロシア人	エスニック・ラトヴィア人	ラトヴィアのロシア人	エスニック・リトアニア人	リトアニアのロシア人
当初は企業ベースの特典を享受していた[a]	24	43	22	34	24	33
現在失業中である	6	11	10	15	8	10
過去に雇用の質を低下させた[b]	24	38	27	33	26	22
仕事を失うことを非常に憂慮している	10	43	39	53	48	49

(出所) Richard Rose, William Maley, Vilmorius Lasopec and EMOR, "Nationalities in the Baltic States," A Survey Study, *Studies in Public Policy* 222 (Glasgow: University of Strathclyde Center for the Study of Public Policy, 1994), 6-8, 10.
(注) 数値は肯定的な回答の比率である。
 [a] 以下食料品、食事、住居、消費財、保育サービス、休暇施設、医療サービスの仕事に関係する特典のうち少なくとも一つを享受した。
 [b] 失業、短時間支払、無給の強制休暇のうち少なくとも一つを経験した。

によって開始された[61]」。この言葉が意味するのは、独立のあと、急進的脱工業化が脱植民地化の手段であると認識されえたということである[62]。

　経営組織と労働組織の差し迫る衰退は、あまりにも大きな苦痛をともなう喪失とはみなされなかった。たとえ、そのことが労使関係をひどく分断化し、ひいては社会的に埋め込まれた金融的調整を働かせなくするにしてもそうであった。ロシアの継続的な経済的影響に対する脅威を動機として、また公的

---

61) Laar, *Estonia*, 37.
62) 民族的にパターン化された社会的排除のバリアントではなく、システム変化の一般的なインパクトに焦点を当てた定式化について、Eglitis and Lace, "Stratification and the Poverty of Progress," 336 を参照。それによると、「ポストソヴィエトの社会状況において、人口のうちもっとも明白に過剰なカテゴリーは、ソヴィエトの進歩と生産性の古典的偶像ともいえる重工業労働者である」。社会主義後の労働者の役割がとりとめなく再定義されてきたありさまについて、ポーランドのケースは、David Ost, *The Defeat of Solidarity: Anger and Politics in Postcommunist Europe* (Ithaca: Cornell University Press, 2005) を参照。ラトヴィアの状況は、Daina Eglitis, "Class, Culture, and Consumption: Representations of Stratification in Post-Communist Latvia," *Cultural Sociology* 5, no. 3 (September 2011): 423-46 を参照。

資産〔国有企業〕を突然退場させることを動機として、さらに緊縮的な健全性の基準を適用したいという欲求に即して、エストニア銀行は銀行の清算を急いだ。これらの銀行は、ロシアの犯罪組織の収入を資金洗浄したと伝えられていた。金融当局はまた、西側諸国の商業銀行による買収を促したが、西側銀行は急速に市場のリーダーとして出現することになった[63]。

　他方で、消極的・積極的労働市場政策は社会的損失におけるエスニックなバイアス〔ロシア人・ロシア語話者が他のエスニック集団と比較して社会的損失が大きいこと〕を埋め合わせるには充分ではなかった。この点は、バルト三国の社会支出が、EU 旧加盟国はいうまでもなく、ヴィシェグラード諸国やスロヴェニアと比べて全般的に少なかったことを考慮に入れれば明らかである。さらに、エストニアやラトヴィアの社会政策のすべてが、エスニックな問題の存在をわからなくさせてきているというわけではなかった。

　こうした国々における福祉国家は、国民化プロジェクトに関わる領域においては寛大であった。バルト三国は、GDP 比でみて中東欧諸国と同様あるいはそれ以上に教育に対して支出を行ない、公共セクターにおいても他の中東欧諸国よりも大きな比率で労働者を雇用してきた。エストニアとラトヴィアにおいては、過去から受け継いだエスニック集団に基づき分断された労働市場を強めてきたし、ロシア語話者と比べ、エスニックなバルト人口〔エストニア人、ラトヴィア人〕を市場化により生じる不利なショックからいくぶんかはよりよく保護してきた。移行の初期には、エストニアやラトヴィアの非バルト系住民は製造業、運輸業、海運業において大きな比率を占め、エスニックなバルト人は農業、教育、国家行政部門に集中していた[64]。

　独立は名目上そうである国家の構成員に「『国家』をより有効なやり方で接収し、それによって社会を急速にエスニックなエストニアの方向に変化させるために、エスニックな民族共和国の制度構造を利用する[65]」機会を与え

---

63) Laar, *Estonia*, 191-93.
64) Colin W. Mettam and Steven W. Williams, "Internal Colonialism and Cultural Divisions of Labour in the Soviet Republic of Estonia," *Nations and Nationalism* 4, no. 3 (1998): 383-88; Pettai and Hallik, "Understanding Processes," 515; Norgaard et al., *The Baltic States* (1996), 174.

た。これはラトヴィアのケースと同様であった。いずれの社会も、厳格な言語法および市民権に関わる法律によって、ロシア語話者が政府、行政機関、専門職、そしてあまねく経済の多くの領域において職につくことを制限した。ラトヴィアは「33 以上の雇用の領域において、市民権をもたない人々が締め出されることになる[66]」ような、もっとも差別的な制度をつくり出した。公的セクターおよびいくつかの私的セクターにおいては、多数派の言語を満足いく程度に操る力が必要とされた。もっとも、従業員の地位によって必要とされる流暢さの程度は変化したが。意外にも、工業労働者は、事実上、言語上の要件を満たす必要条件対象から除外された[67]。

結果として、1990 年代が経過するにつれ、新しい国家の公的セクターは、よりいっそう「エストニア化」し、「ラトヴィア化」するようになった。2000 年にリチャード・ローズとその共同研究者が実施した調査によると、1990 年代の初頭には、雇用されていた〔エスニック・〕ラトヴィア人の 31％、そして〔エスニック・〕ロシア人の 32％が公的セクターで職をもっていたが、2000 年には、公共サービスで雇用されていたのは前者のうち 35％、後者のうちわずか 21％のみであった。エストニアにおける変遷も同様であった。1990 年代の初頭には 22％の〔エスニック・〕エストニア人と 25％の〔エスニック・〕ロシア人が公的セクターに雇用されていたと記録されているが、2000 年に公的セクターで職をもっていたのは、前者の 27％、後者のわずか 16％であった。これと対照的に、公共サービス部門で働いているロシア系リトアニア人の比率は 35％から 38％へとわずかに上昇した。もっとも、〔エスニック・〕リトアニア人の比率はそれ以上であり、30％から 37％へと増加した。

その反面、私的経済は「ロシア化」するようになった。2000 年に雇用された〔エスニック・〕ラトヴィア人の 47％、そして〔エスニック・〕ロシア人の

---

65) Pettai and Hallik, "Understanding Processes," 516.
66) Hughes, "'Exit,'" 745.
67) Norgaard et al., *The Baltic States* (1996), 179-81; Pal Kolsto, *Political Construction Sites: Nation-Builiding in Russia and the Post-Soviet States* (Boulder: Westview, 2000), 105-16.

57％が、私有化された企業および新規に創設された私企業で職をもっていた。〔エスニック・〕エストニア人およびエストニア在住のロシア人の比率は、それぞれ54％と62％であった。リトアニアでも、同様の比率で双方の集団が私企業に雇用されていた[68]。

さらに、エストニアとラトヴィアでは、ロシア語話者はほとんど完全に、公的部門の幹部の地位から排除され、さらに一部の私的部門の幹部の地位からも除外されていた。独立後のバルト三国のエリートの変容についての研究において、アントン・スチーンは1993〜94年までエストニアおよびラトヴィアにおける国家の中核的組織や国家官僚のトップの地位はほとんど完全に多数派民族の手にあったことを明らかにした。経済エリートの変容については、話はもう少し複雑になる。ラトヴィアでは国営企業エリートの13％、そして私企業エリートの30％をロシア人が占めており、エストニアではそれぞれ15％と6％であった[69]。

上記と関連して興味深いことは、エストニアおよびラトヴィアの新自由主義改革者は国民形成を担ったものの、いずれも他の多くの中東欧諸国において多様な（一時的なものであれ）形態の国民的資本主義に導いた私有化手法の多くが試みられなかったことである。他の多くの中東欧諸国では、当初、経営陣と従業員が一体となって企業の経営権を掌握する経営者・従業員共同買収制（MEBOs）を大規模に認めることになるインサイダー優先の手法、および市民権に基づいて大量の小株主の出現を促すアウトサイダー志向のバウチャー私有化プログラムの両方が広く実施された。唯一の例外はハンガリーであった。そこでは、膨大な対外債務返済のため、外国の戦略的投資家に企業を直接に売却し、多額のハード・カレンシーを確保することを強いられた。バルト三国のいずれも旧ソ連の負債を引き受ける必要がなかったため、私有化手法の選択においてはバルト三国はハンガリーよりも制約が少なかっ

---

68) 民族間の分離の社会的帰結についてはこうしたデータや他のデータを参照のこと。Richard Rose, "New Baltic Barometer IV: A Survey Study," *Studies in Public Policy* 338 (Glasgow: Centre for the Study of Public Policy, University of Strathclyde, 2000), 5, 14.

69) Steen, "The New Elites," 103-8.

た。しかし、スロヴェニア、クロアチア、ルーマニア（あるいはさらに、より少ない程度ではあったが MEBOs が用いられたハンガリーやポーランド）とは対照的に、エストニアやラトヴィアでは、外国人への直接売却がもっとも重要な手法として選択された。そして、副次的手法として、バウチャー私有化法も用いられた[70]。

　こうした決定は、効率性を考慮した結果だけでなく、国民化の面での懸念を反映したものでもあるだろう。つまり、もし大企業の私有化において MEBOs が広範に認められるなら、まちがいなくエスニック・ロシア人の経営者や労働者に力を与えることになるが、逆に西側の戦略的所有者への売却は主権への脅威を与える程度が小さいとみなされたのである。バウチャー私有化方式においては、市民権をもたない住民が新しい所有階級の地位に参入することが制限されていた。上記に照らしてみると、バウチャーを第一に優先させ、初期には直接売却をごく限定的にしか行なわなかったリトアニアが、この点でも例外であったのは驚くべきことではない。

　こうして、つまるところ、バルト三国は国民に福祉主義の社会契約（第4章の「福祉主義的社会契約」の節で議論されるヴィシェグラード諸国のバージョン）ではなく、ナショナリストの社会契約を提供してきたことになる。この契約の下で、市民も非市民もアクセスできる社会保護の形態——保健、年金、積極的ならびに消極的労働市場政策——への支出は厳格なコントロールに服してきた。同時に、バルト三国の福祉の寛大さが際立った少数の分野——たとえば、高等教育やある種の国家雇用への支出など——では、市民権資格であるとか、公式言語で実施される言語能力テストによってアクセスが制限されてきた。それゆえ、エストニアやラトヴィアの福祉国家の全体として相対的に低い実績は、こうした国々のエリートが取り組んできた国民化プロジェクト（中核的な地位を占めるエスニック集団の名義を表わす国家をつくるプロジェクト〔つまり、エストニアならエストニア人の国家をつくるプロジェクト〕）を基準に評価されるべきである。リトアニアでは、ナショナリストの

---

70) *Transition Report 2000* (London: EBRD, 2000), 160, 184, 188; OECD, *Baltic States*, 125-33. 興味深いことに、独立前の初期の私有化計画はインサイダーに好意的であった。

社会契約は、特定の集団にとって大きな保護や機会を提供してきたわけではなかったので、象徴的なものにとどまっていた。

排除型民主主義とナショナリスト的社会契約は、バルト三国で急進的な新自由主義政策に反対する挑戦が相対的に限られたことを説明するのにおおいに役立つ[71]。それでも、経済面での転換は重大な社会的帰結をもたらした。バルト三国の労働者は体制転換の初期における所得の急激な低下に苦しめられた。1990～99年に実質賃金は3分の2も低下し、その後の回復を経ても、千年紀の終わりに1989年水準の40～60％しか戻っていない[72]。雇用水準は急激に落ち込み、きわめて低い労働参加と高い失業が生じている。転換はまた所得不平等の顕著な高まりをもともない、とくにラトヴィアでは、ジニ係数が1990年から94年に17％も増加した。エストニアとリトアニアでは〔ジニ係数が〕それぞれ10ポイント、11ポイント増加した[73]。所得格差はとくに貧困層の間で拡大した。失業の増加や所得不平等と並行して貧困も広範にみられるようになった[74]。

こうした重大な社会的混乱と照らし合わせたとき、相対的に社会が静寂であり、新自由主義に対する挑戦がなかった背景には、排除型民主主義のほかに、細分化され国民の利害を代表しない政党システム、ナショナリスト的社会契約といったこと以外の要因も考慮されるべきである。この点で、時を経るとともに、体制転換の痛みに耐えた結果、成果が生まれはじめたことが意味をもってくる。深い体制転換不況から、最初にエストニアの「バルトの新星」が、次に、バルトの虎たちが出現した。

---

71) エストニアおよびラトヴィア政治の民族政治学的側面がどのようにして新自由主義的経済改革への抵抗を最小限にしたのかについては、Vello Pettai, "Political Stability Through Disenfranchisement," *Transition* 3, no. 6 (4 April, 1997): 21-23 を参照。
72) OECD, *Baltic States*, 151.
73) Peter K. Cornelius and Beatriz S. Weder, "Economic Transformation and Income Distribution: Some Evidence from the Baltic Countries," IMF Staff Papers 43.3 (Washington, D. C.: International Monetary Fund, 1996), 587-604.
74) Milanovic, *Income, Inequality and Poverty*, 68-71.

エストニアのサクセス・ストーリーを組み立てる

　バルト三国の体制転換におけるもっとも顕著な側面の一つは、こうした国々が、脆弱で後進的であり、エスニック集団間の紛争に悩まされたポストソヴィエト後継国という自国のイメージを、民主的資本主義の成功モデルとして国際的に賞賛されるものへと、どのようにして急速に転換しえたかということにある。これを可能にしたのは、精神的、構造的、国内的、国際的な諸要因の結びつきであった。

　バルトのサクセス・ストーリーの起源はエストニアにあり、エストニアの成功物語は相対的に満足のいく経済パフォーマンスという事実もさることながら、成功に関する強い言説によるところが大きい。議論のあるところではあろうが、エストニアの体制転換についてもっとも影響力ある解釈をしたのは、首相を二度務めたラールである。彼による急進的改革パッケージは、共産主義の廃墟からエストニアが立ち上がるための基礎をつくったといわれる。ラールはエストニアの国際的な地位を高めるため、相当の努力を費やした。1990年代初頭には、彼の政権は、「エストニアの奇跡」に注目を集めさせるように、国際的なメディアキャンペーンのスポンサーとなった。その副産物の一つは、エストニアを「〔成功裡に〕事をなした小国」とする『ニューズウィーク』の見出しであった。ラールはのちに、この見出しをエストニアの改革について記した彼自身の著書のタイトルとして用いた。この著書は、経済問題研究所とアトラス経済研究基金のメンバーによって設立された新自由主義的なシンクタンクであるポスト共産主義経済研究センターから出版され、宣伝販売された。ラールはまた、たいていの新自由主義的および自由主義的な雑誌や新聞からの多くのインタビューに応じた。

　エストニアの体制転換についてのラールの言説には一連の構成要素がある。彼はあらゆる社会主義的遺産を断固として拒絶した。ソヴィエトの工業化やインフラの痕跡といった物理的な遺産だけでなく、心理的な遺産も非難し、人々の態度の変化が必要であると強調した。受け継いだ負の遺産を処理する

ためのただ一つの方法として、急進主義的かつスピーディーな改革の必要があると絶えず強調した。ここで国家の脆弱性の問題が大きく立ち現われる。エストニアは繰り返し諸大国の戦場となってきた小国として取り上げざるをえない。しかし、エストニア人は外国の占領や支配の中でも、自分たちの文化的アイデンティティと自由への渇望を変わらずもち続けてきた。とくに、最初の独立の時期が、プライドと鼓舞の源であり、戦間期の挑戦の多くが共産主義崩壊後に繰り返されているようにみえるため、よりいっそうそのようにいうことができるのである。

ラールの言説の中でももっとも際立った要素は、国家もその指導者も彼らが当初から直面した課題に対して準備が不足していたこと、つまり成功する可能性の低さを強調していることである。「私が経済学者でなかったことはとても幸運である」とラールはあるインタビューの中で語っている。

> 経済学について読んだ本は一冊だけである。ミルトン・フリードマンの『選択の自由』である。当時私はまったくの無知で、フリードマンが私有化や一律税やあらゆる慣習的権利の廃止から得られる利点について書いたことは、西側で実践されていた経済改革の結果であると考えていた。それは私には常識だと思われ、どこでもすでになされていたことだと考えたために、私はそれを単純にエストニアに導入した。そんなことは実行されえないとするエストニアの経済学者の警告にもかかわらず、そうした。水上を歩くことと同じくらい不可能なことだと彼らはいった。われわれはやりとげた。つまり、不可能だとは知らなかったから水上をほんとに歩くことができた[75]。

このように、この言説は成功の見込みがもっとも低い状況であっても、成功は起こりうるという考えに基づいている。これは奇跡にほかならない。それでは、この成功は何なのか。ラールの説明では、それは急進的改革が可能

---

75) マルト・ラールの発言。引用は "Walking on Water," *Brussels Journal*, August 27, 2005, http://www.brusselsjournal.com/node/202（アクセス日 2009 年 11 月 23 日）.

にした急速な経済回復である。この回復は、社会主義体制が基づいていたものとはまったく異なる基盤に基づいている。その基盤は、多額のFDIを惹きつけるのに貢献する超自由主義的ビジネスフレンドリーな環境の創設、エストニアが信頼できる借り手だとの強い名声を得る均衡予算と厳格な金融政策、外国貿易の急速な転換方向に導いた開放的貿易体制、「自身の将来に対して責任をとるように人々に鼓舞する」社会保護システムなどで特徴づけられる[76]。

　この文脈で、バルト三国の特徴とみられる急速な脱工業化（**表1.7**を参照）は問題だとは考えられていない。工業の遺産はエストニアを植民地化する目的でソヴィエトによって築かれたものであり、無駄の多い、役に立たない、不必要な生産とみなされている。エストニアは脱工業化の過程で複雑工業の多くを失い、工業部門の回復は主に伝統的産業によって遂行されたが、ラールはむしろフィンランドの投資が機械工業や電気機器産業のいくつかの分野を転換させ、それがいまでは輸出にめざましい貢献をしている事実に誇りをもっている。

　同様に、エストニア経済に与えられた何重ものショックの破滅的な社会的帰結の中にも、よい方向で解釈されるものもある。破滅的な社会的帰結は人々の態度を変化させ、とくにロシア人コミュニティの間で、もはや国家に助けを求めることは不可能であり、自分自身の運命は自分自身の手で切り開かなければならないとの理解がなされるようになったことである。この意味でいえば、エスニックをめぐる問題のエストニア的解決は成功であることが判明した。ロシア語話者は急進的改革を支持しなかったので、彼らの議会選挙や住民投票への投票権の否定は避けがたいものになったものの、ほかならぬ改革の成功が、ロシア人にも社会的地位上昇の希望を与えた。新しい個人的な価値が花開くとともに、エスニック間の緊張は消えつつある。

　エストニアの成功に関するラールの説明の主な要素の最後のものは、エストニアが自力でみずからを上昇させたことである。断固としてわが道を歩み、

---

76) Laar, *Estonia*, 271.

第3章　国民形成と新自由主義——バルト三国

国際金融機関（IFIs）や西側アドバイザーのアドバイスをしばしば拒否しながら、「貿易よりもむしろ援助」を提供する国際的諸機関から意識的にエストニアを切り離したことは「〔成功裡に〕事をなした小国」の証明であった[77]。

（バルト三国間で）比較すれば、エストニアの経済パフォーマンスがより優れていることには充分な証拠がある。しかし、意見を異にする人々は、急進的改革以外に相対的成功に貢献したであろう一連の要因を指摘している。ここでは二つの説明が注目に値する。その最初のものは、遺産をたんなる改革の障害であるとする捉え方に異論を唱えている[78]。その解釈によれば、エストニアは1960年代以降、経済的実験の研究室としての役割を果たしてきたので、特権的な初期条件を有していた。エストニアの実験は、しばしばソ連全体に及ぶ広範な改革にとってのモデルを提供した。ミハイル・ゴルバチョフのペレストロイカにおいて、エストニアの改革計画はさらに野心的なものになった。可能になるやいなや、エストニアは準私有の「人民企業」や外国企業との合弁会社の設立を奨励し、小規模私有化を開始し、徐々に価格を自由化していった。さらに、すでに述べたように、1987年9月には指導的な経済学者が改革提案を発表し、独立後に実行されるべき改革の多くを見越していた。

これに追加すべきこととして、「共産主義システムが崩壊するやいなや、エストニアが「すばやく行動」し、移行の初期の貴重な時間を無駄にしなかった」ことが挙げられる[79]。さらに、エストニアは他のバルト三国と比較して、構造的な利点も多く受け継ぎ、それにより改革の諸課題の遂行はそれほど困難ではなかった。軽工業の比重がバルトの他の二つの共和国よりも高かったうえ、軽工業の管理権は中央ではなく地方に残されていたので、中央での意思決定をともなうソ連邦管轄企業の数が、ラトヴィアやリトアニアと比

---

[77] *Ibid.*, 248.
[78] たとえば、Ritsa A. Panagiotou, "Estonia's Success: Prescription or Legacy?" *Communist and Post-Communist Studies* 34 (2001): 261-77 を参照。エストニアの改革の遺産についての議論は、Van Arkadie and Karlsson, *Economic Survey*; Misiunas and Taagepera, *The Baltic States* を参照。
[79] Panagiotou, "Estonia's Success," 273.

べてエストニアでは顕著に少なかった[80]。エストニアの成功に関するこの解釈は、急進的改革を行なった国としてエストニアを全般的に描き出すことに異議を唱えているわけではないが、独立後の初期の改革者たちが引き継がれた遺産に依拠することができたことを指摘することによって、そうした見方をいくらか修正している。同時に、このことは、エストニアがバルトの他の諸国以上の成功を収めることができたのは、こうした有利な遺産の帰結にほかならないことを示唆している。

　エストニアの移行についての第二の異なる解釈は、これまでに生じた構造変化をはるかに批判的に捉え、エストニアの成功という見方を修正している。この解釈は、本書の著者の分析とおおむね一致している。その解釈によれば、貿易および投資における急進的自由化や産業再編成に対する限られた支援は、相対的に競争力の弱い経済の中で「もっとも知識集約的、および技術集約的産業を全滅に導いた[81]」。そして、イノベーションと競争力のための基盤の多くを破壊したという事実を指摘している。さらに、この見方は輸出志向の機械および電気機器産業という、エストニアが誇りをもつ産業部門に対して、より批判的な光を当てている。つまり、この分野の生産の大部分は、直接ないしは何らかの加工を経て再輸出されており、エストニアの「ハイテク」生産の付加価値は、たいていハイテク分野の最下層部分（組立下請企業が典型）で生じているのである[82]。

　さらに、他の重要な収入源について指摘する著者もいる。それは、エストニアの成功に関する多くの言説において、一貫して控えめに扱われているものである。つまり、ロシアの石油や石油製品およびその他の製品のトランジットである。ソ連が崩壊するとともに、他の二つのバルト共和国と同様、エ

---

80) John Hansen and Piritta Sorsa, "Estonia: A Shining Star from the Baltics," in *Trade in the New Independent States*, ed. Constantine Michalopoulos and David G. Tarr (Washington, D.C.: The World Bank/ UNDP, 1994), 115-32; Norgaard et al., *The Baltic States* (1999), 143-46.

81) Marek Tiits, "Industrial and Trade Dynamics in the Baltic Sea Region — the Last Two Waves of European Union Enlargement from a Historic Perspective," Working Paper 1 (Tartu: Institute of Baltic Studies, 2006), 23.

ストニアもトランジットや積荷料金をハード・カレンシーで支払われる国際価格で請求することができるようになった。こうして、ロシアの石油や石油製品のトランジット管理は利益の上がる産業となり、——推定によれば——エストニアの GDP の 4 ～10％を占めるようになった[83]。トランジット貿易にエストニアが依存することは、とくに成功についての支配的な言説と一致しない。そのことはむしろ、ロシアへの依存と、以前にソヴィエト政権によって厳しく管理されてきた特定のセクターへの依存とを継続することを意味するからである。エストニア国家独立党の議長であり、1992～93 年にエストニア内務相を務めたラグレ・パレクは以下のように述べている。

> （われわれの政党は）実際のところ、エストニアを「新しい香港」にしようとは考えていない。そうすれば、われわれは経済的に豊かになるかもしれないが、エストニア人は精神的に土地に親しむ国民であるため、そうした役割には不向きである。最大の困難のただ中においてさえも、国民としてわれわれはつねに教育と文化を切望してきたので、香港が果たしている役割より今日のわれわれは少しはよいものであると考えてよい。私が期待するのは、時とともに……エストニアが価値を媒介する国ではなく、創造する国になることである。というのも、真の喜びは何かを創造することから生まれ、たんに流通させたり加工したりすることからで

---

82) Niels Mygind, "The International of the Baltic Economies," BRIE Working Paper 130 (Berkely: BRIE, 1997); Robert Burgess, Stefania Fabrizio and Yuan Xiao, "The Baltics: Competitiveness oin the Eve of EU Accession," Country Report 3/114 (Washington, D. C.: International Monetary Fund, 2004); Uwe Dullek, Neil Foster, Robert Stehrer and Julia Wörz, "Dimensions of Quality Upgrading in CEECs," wiiw Working Paper 29 (Vienna: Wiener Institute der Weltwirtschaftsforschung, 2004); Marek Tiits, Rainer Kattel and Tarmo Kalvet, "Made in Estonia," Working paper (Tartu: Institute of Baltic Studies, 2006), 17-18, 52-53; Tiits, "Industrial and Trade Dynamics," 23.

83) David J. Smith, *Estonia: Independence and European Integration* (London: Routledge, 2002), 123; Andreas Saarniit, "Estonia's Transit Trade," *Kroon and Economy* 1 (2006): 43-48; Juhani Laurila, "Determinants of Transit Transports between the European Union and Russia," BOFIT peper 1 (Helsinki: Bank of Finland, Institute for Economies in Transition, 2002).

はないからである[84]。

　エストニアの成功に関する解釈の修正や別の解釈にもかかわらず、ラールの言説によって示された主な要素が支配的な見解の根本であった。それは影響力のある国際組織の見解と一致していたからでもある。ラールは上で引用したインタビューを思い出しながら、何かが起こっていると世界が気づきはじめたのは、「1994年である。その頃にエストニアの経済的奇跡について人々が最初に口にしはじめた。その後、この評判が広がりはじめた。もちろん、われわれもつねにこの評判に付け加える何か新しいことをみつけようとしたし、本当に成功しようと努力もしてきた。この点ではかなりうまくいった。改革の第一の波の後、第二、第三の波がやってきた[85]」。

　驚くことではないが、エストニアの経済的奇跡とそれを可能にしたとされる政策は、当初、急進的新自由主義者やリバタリアンの集団の中では大きな注目を集めてきた。しかし、徐々にエストニアはもっとメインストリームである国際機関のポスターモデルとなるようになった。以下のいくつかの要因がこのことを説明している。

　第一に、エストニアの初期の政策イノベーションは、出現しつつあった国際的コンセンサスを事実上見通すものであった。これはカレンシー・ボード制についてよく当てはまる。ラテンアメリカの債務危機のあとに形成された為替相場体制についての初期のワシントンコンセンサスは、固定あるいは管理為替相場制に傾いていた。しかし、1994年のメキシコ通貨危機のあと、新しい政策合意が生まれはじめ、調整が自動的に、つまり市場諸力に対する政府の干渉なしに行なわれる体制が好まれるようになった。高い資本流動性によって特徴づけられる世界で通貨危機を回避することができるのは、カレンシー・ボード制か完全にフレキシブルな為替相場制のみであると考えられた[86]。この時期までに、エストニアの経験はカレンシー・ボード制の利点を示す一例であるとみなされるようになっていた。その後、IMFは通貨危機に

---

84) Lieven, *Baltic Revolution*, 331 からの引用。
85) ラールへのインタビューより。"Walking on Water," 2005.

第3章　国民形成と新自由主義――バルト三国

直面しているすべてのポスト社会主義諸国にカレンシー・ボード制を推奨した。こうして、かつては異端の方策であったカレンシー・ボード制が、ポスト社会主義の他の国々へ拡張しはじめた。

　第二に、国際機関や超国家機関の側に、ヴィシェグラード諸国以外の国々での成功の可能性に光を当てる必要性が存在したであろうということである。この点についていえば、それはEUの決定にもっとも明白に表われた。EUは、加盟交渉がすでに開始されていた第一ラウンドの候補国にエストニアを追加したのである。たいていのヴィシェグラード諸国およびスロヴェニアと比較して、バルト三国のヨーロッパへの道は一様であったわけではなかった。エストニアやラトヴィアとロシアとの関係、およびそこでのロシア人マイノリティの末路への懸念とともに、経済・政治改革の開始が遅れたということがあったため、EUは両国の加盟について躊躇していた。しかし、北方拡大のあとでEUのスタンスが変化した。スカンジナヴィア諸国がバルト三国のEU加盟を支持したことが変化の原因であった。

　にもかかわらず、コペンハーゲン基準〔1993年に定められたEUへの加盟基準。民主主義や人権の尊重など〕を満たしていなかったため、バルト三国のいずれも即時に加盟交渉を行なう資格があったわけではなかった。けれども、エストニアもリトアニアもともに、加盟交渉についてバルト海沿岸の他の国よりもよい位置にいるとみなしていた。エストニアは自国の経済改革が信任状になると指摘したのに対し、リトアニアは政治的権利と少数者の権利という点での自国の実績に言及した[87]。EUがエストニアのみを候補国に加えるという選択したことが、バルト地域に対して以下の二つの重要なシグナルを送ることになった。一方で、バルト三国は過去にソヴィエトの一部であったにもかかわらず、改革の適切な成果を生み出すことができれば、他の旧社会主義諸国と同様にEU加盟に関して同等のチャンスを得ることができることが明白になった。他方で、EUの決定は、経済改革に優先権が与えられたこ

---

86) Dominick Salvatore, James W. Dean and Thomas D. Willett, eds., *The Dollarization Debate* (Oxford: Oxford University Press, 2003), 3.
87) Norgaard et al., *Baltic States* (1999), 171.

とを示していた。欧州委員会がロシア語話者住民に対する扱いを問題視しながらも、エストニアを EU 加盟の方向に有利に傾けたのは、欧州委員会がエストニアを「機能する市場経済であり、EU 内部における競争的圧力や市場の諸力に対処しうる[88]」とみなしたことである。

　第三に、1990 年代および 2000 年代にかけて生じた新自由主義の強まりもまた、エストニアの成功という解釈を国際的に普及させることに貢献した。これを明確に示すのは、「経済的自由」および経済競争に関わる国際ランキングの急増である。こうしたランキングは、典型的にただ一つのベストな経済的実践について、特定のかつ標準化された理解を促そうとするものであり、レジーム間比較を容易にし、成功した特定の国々を選び出し、従うべきモデルとしてつくりあげようとする。ランキングは国際的ビジネスコミュニティのメンバーの知覚に基づいて形成されることが多い。エストニアはバルト三国の中でつねにトップの位置にくることになる[89]。

　エストニアと対照的に、ラトヴィアもリトアニアも、1990 年代には成功した移行経済として自国を示すことができたわけではなかった。ラトヴィアでは、内陸部ロシアにオフショアと貿易サービスを提供する「新しい香港」になるというアイデアが、エストニアよりも強く根を張った。とくに、アンドリス・シュチェーレ政権（1995〜97 年）は、東西貿易の主要な輸送経路としてのラトヴィアの立地上の優位性を活用しながら、輸送および港湾経済の役割を高めようとしてきた。投資家への減税を含む自由港湾地域や特別経済区域を創設した。輸送に加えて、金融セクターもラトヴィアの地理的に特殊な

---

[88] "Agenda 2000 — Commission Opinion on Estonia's Application for Membership of the European Union," European Commission DOC/97/12 (Brussels, July 15, 1997).

[89] たとえば、リスボンアジェンダの目標遂行の進捗度についての世界経済フォーラムのランキングを参照。そこではエストニアはつねに新規加盟国の中でトップの位置を占めている。*The Lisbon Review 2010: Towards a More Competitive Europe?* (Geneva: World Economic Forum, 2010), http://www3.weforum.org/docs/WEF_Lisbon-Review_Report_2010.pdf（2011 年 3 月 1 日アクセス）、および世界経済フォーラムのグローバル競争力ランキング *The Global Competitive ness Report 2011-2012* (Geneva: World Economic Forum, 2011), http://reports.weforum.org/global-comepetitiveness-2011-2012/（2011 年 8 月 15 日アクセス）；世界銀行の Doing Business ランキング http://www.doingbusiness.org/EconomyRankings/（2009 年 11 月 8 日アクセス）。

位置を戦略的に利用しようとしてきた。1988年に創設されたラトヴィアで最初の民間銀行であるパレックス銀行は、旧ソ連圏からの預金を引きつけることを戦略の中心とした。1990年代初頭には、パレックス銀行は「われわれはスイスよりも近くにある」をスローガンに業務を宣伝した。実際、ロシアの預金者にとって、ラトヴィアは比較的行きやすい場所にあり、同時にロシア国内の銀行よりも優れた法的保証を提供した[90]。

それでも、新しい香港をサクセス・ストーリーとして売り込むのは難しかった。第一に、ロシア依存に関わるためらいが大きく、港湾都市という固有の機会を活用しようとするシュチェーレ首相の熱意をすべての政府関係者が共有することはなかった。ラトヴィアの国内政策に干渉するために、ロシアが繰り返しその経済的地位を用いたことは状況を悪くした。たとえば、ラトヴィアによるロシア人マイノリティに対する待遇に影響を与えるため、石油輸送は何度も中断された。第二に、内陸部ロシアそのものが繰り返し経済困難にさらされ、それが輸送や金融セクターに好ましくない影響を与えた。ロシアもバルト三国への依存度を低減させようとして、3カ国を相互に牽制させたり、自国の港湾能力を拡張させたり、バルト三国を迂回するパイプライン・プロジェクトを引き受けたりした。その結果、〔ラトヴィアにおいて〕輸送交通は他の分野における経済衰退を埋め合わせるといってよいほど充分な成長をとげたわけではなかった[91]。

第三に、中継地経済は汚職のための肥沃な土壌となった。こうして、国際的アクターはラトヴィアの銀行部門を資金洗浄のかどで繰り返し非難した。同時に、ラトヴィアのオリガルヒとして頻繁に言及される3人——石油輸出

---

90) Eiki Berg, "Where East meets West? Baltic States in Search of New Identity," in *Regions in Central and Eastern Europe: Past and Present*, ed. Eiki Berg (Hokkaido: Slavic Research Center, 2007), 49-67; Lieven, *Baltic Revolution*, 363-65; Pauls Raudseps, "Latvia: Bridge Collapse," *Transitions Online*, no. 3 (December 2008), www.tol.org (2009年11月9日アクセス); "Latvian Banks Serve as Transit for Russian Money," *Baltic Times*, November 1, 2004.

91) Laurila, "Determinants"; Alf Brodin, *Baltic Sea Ports and Russian Foreign Trade: Studies in the Economic and Political Geography of Transition* (University of Goteborg, Department of Human and Economic Geography, 2003).

港ヴェンツピルスの市長を長く務めたアイヴァース・レンベルクス、元首相のアンドリス・シュチェーレ、運輸大臣のアイナルス・シュレッセルス——は輸送経済で金持ちになった。バルト三国の大金持ち10人のリストでは、銀行か輸送経済に関わるラトヴィア人が上位を占めている。その中に含まれる唯一のエストニア人も「輸送のビジネスマン」である[92]。

　最後に、リトアニアは1990年代に不安定でもがき苦しんでいた国とみなされることがほとんどであった。急進的改革の「バルト方式」に完全に従うことはなかったとみなされており、もっとも印象に残らない経済的結果しか達成できなかった。また、リトアニアは、輸送セクターへの依存により脱工業化を埋め合わせることがはるかにできなかった。つまり、ラトヴィアよりも小規模な港湾設備しかもたず、カリーニングラードの飛び地を除きロシアとの国境を有していなかった。しかし、新たな千年紀に入って、当初バルト三国の遅れた国（ラトヴィア、リトアニア）はエストニアに追いつき、こうして「バルト三国の奇跡」が現われた。次に、この結果を生んだ背景となる要因に目を向けよう。

国際化、欧州統合とバルト経済の奇跡

　2000年代のバルト経済の奇跡は、国際環境における一連の重大な変化のおかげである。1990年代を通じ、国際アクターや国際的要因はバルト三国の経済に対する制約要素として主に働いていた。バルト三国の生産プロフィールはきわめて脆弱で西側市場で競争力をもっていなかったのに対し、ロシア経済の崩壊とその後のロシア金融危機はバルト三国に衝撃を与えた。上述したように、国際金融諸機関に関していえば、エストニアはそのアドバイスにいつも注意を払っていたわけではなかった。さらに、単独で実行したエストニアの取り組みが実を結ぶようにみえるにつれて、国際アクターはエストニアが取り組もうと計画した次のステップがどのようなものであっても支持す

92）大金持ちのリストは *Baltic Times* 2003-4に掲載された。http://www.baltic-course.com/archive/eng/index.htm-read=381.htm（2009年11月28日アクセス）。

る準備ができていった。経済回復がはるかに困難であったラトヴィアとリトアニアについては、この限りではなかった。国際機関はこの両国の行動をもっと厳しく制限した。

しかしながら、いくつかの点で事態は変化しはじめていた。EU への加盟プロセスと、信用が膨張する世界経済の状況が独特の形で結びつき、逆説的にも、バルト三国の発展を可能にした。バルト三国の独自な制度や政策の多くが強化される一方、モデルの欠点を修正する必要はなかった。グローバルな信用経済は、国際競争力の低下に起因する対外的制約要因の作用を効果的に防いだからである。

EU 加盟は 1990 年代以来取り組まれてきた改革経路に対して、明確な目標と計画の対象期間を与え、そうでなければ後退していたかもしれない改革志向の政治的アクターを勇気づけた。EU 加盟はまた、ラトヴィアおよびリトアニアがエストニアの改革の成果に追いつくことにも貢献した。バルト三国において、EU が課した課題は広範かつ包括的であった。マイノリティの政治状況の改善から、私有化やリストラの全般的強化、さらに個別部門の政策改革にまで及ぶものであった。おそらく、EU の主要な努力の一つは、行政的・制度的能力や規制に関わる能力の増進に向けられていた。このアプローチは、EU の政策決定において規制が中心的位置を占めていることに対応する。その中核には、域内市場と共通政策の原則となる**アキ・コミュノテール**があり、それは規制国家形成における、欧州の多次元ガバナンスに関する課題であり続けてきた[93]。

バルト三国の改革の選択と規制国家モデルとの間には明確な類似点がある。それらの諸国のもっとも干渉主義的な国家機構は中央当局のコントロール下にあったので、バルト三国がソ連から解放されたことにより、そうした機構のうちのいくつかを解体することが容易となった。さらに、バルト三国の改革者たちは、高率課税、再分配、財やサービスの直接生産といった「積極的」な国家の特色を拒絶した。そのため、バルト三国の制度は、体制転換当初よ

---

[93] Majone, "From the Positive to the Regulatory State"; Bruszt and Mcdermott, "Transnational Integration Regimes," forthcoming.

り、経済に介入するというより、規制する方向に向けて整備されていた。バルト三国はまたEUが制度化した社会経済ビジョンも共有していた。すなわち、国家による過度な援助に対して市場拡大競争政策を優先させ、大規模な外国企業への補助金に対して国内の新規創業企業への支援を優先させ、年金中心の福祉供与に対して人々を労働力に再統合することを優先する社会政策上の改革などがそれに当たる。

この文脈において、EUへの加盟がバルト三国の規制能力を発展させる手助けになったことは大きな意味をもっている。規制能力を形成するために〔EUによって〕多様なプログラムによる支援が与えられ、多額の技術的・資金的援助もなされてきた。しかし、全体としての実績は多義的であった。バルト三国を含めたEUの新規加盟国は、EUの法や指令を国内法に置き換えるうえで優れた成果を上げてきたが、他方で、それらの法や指令を遂行する能力を向上させてきたかどうか、また、EU中心地域を越えて能力を拡張させてきたかどうかについては疑問がある。たとえそうであったとしても、（行政的）能力の構築という点で、バルト三国は多くの他の新規加盟国以上の業績を収めている。EU法・指令の国内法への置き換え、財政規律、投資環境、行政上のイノベーションといった多くの分野において、バルト三国は他の中東欧のEU新加盟国よりも、強力な基礎を構築してきた。EU基金からの資金移転の活用という点でも良好な成果を上げている。さらに、他の中東欧のEU新加盟国とは対照的に、バルト三国の改革のための努力はEU加盟のあとでさえフル・スピードで継続された[94]。

バルト三国によって初期に開始された経済の軌道が、EU加盟により著しく強化された他の領域として、経済再構築が挙げられる。私有化や企業再構

---

94) "EU-8: Administrative Capacity in the New Member States: The Limits of Innovation," Report 36930-GLB（Washington, D. C.: World Bank, 2006）を参照。公共サービス改革の重要な分野については、Jan-Hinrik Meyer-Sahling, "Sustainability of Civil Service Reforms in Central and Eastern Europe Five Years after EU Accession," Gov/Sigma Paper 44,（Paris: OECD, April 2009）; さらに、公務員の政治化の度合いにおける国家間格差については、Jan-Hinrik Meyer-Sahling and Tim Veen, "Governing the Post-Communist State: Government Alternation and Senior Civil Service Politicization in Central and Eastern Europe," *East European Politics* 28: 1, 2012 を参照。

築は当初からのバルト三国の課題に含まれていた。そしてバルト三国は、EU加盟過程において大規模私有化を完了させることができた。EUは、エネルギー、通信、金融といったインフラ部門の再構築、私有化、規制にとくに注意を払っていた。とりわけ、通信および金融部門では外資による所有が奨励された。これらの部門におけるアウトサイダーへの売却は、効率性を大きく向上させるとみなされていたからである。実際に外国からの投資が流入しはじめ、結果として、外国銀行が国内の銀行システムを引き継ぐようになった。エストニアとリトアニアでは、銀行資産の90％以上が外資の所有に転換された。ラトヴィアでは、パレックス銀行という重要な金融機関一つが国内資本の手中にあるが、それでも銀行資産の60％が外国資本の手中にある。銀行の所有はきわめて集中していて、スウェドバンクおよびスカンジナヴィア・エンスキルダ銀行（SEB）という二つのスウェーデンの銀行が主要なプレーヤーとなっている。

　同時に、バルト三国が採用した政策の欠点のいくつかも、EU加盟の過程でさらに強まった。これは転換の社会的コストへの配慮が限定的であったことにとくによく当てはまる。社会的課題に対するEUの公式の権限が限定的であったことおよび社会政策の分野でのEUのイニシアティブの基礎をなすものとして出現したワークフェア志向、既存の社会的なアキ・コミュノテールといった要因がすべて結びついて、特定の制度や個々の社会権を強化するものの、社会的平等や統合といった本質的な問題への取り組みを弱めることとなった。こうして、EU加盟のプロセスの間に、新しい労働法典、三者（政労使）ないし二者（労使）協議制、ジェンダー平等を強化する法律、反差別、職業面での健康や安全といったものを強化する法律が発効した。しかしながら、加盟交渉の過程において、失業を例外として、バルト三国の重大な社会的諸課題は取り扱われなかった。医療改革と同様、年金改革はEUによって検討の対象となった。しかし、EUの主要な関心は年金生活者の福利の増進にではなく、こうした問題と財政や金融市場との関わりにあった。

　しかし、こうした状況の下でも、グローバルおよびヨーロッパの市場アクターがバルト三国の人々の救済者として現われ、その弱い公的福祉供給を補

埋した。実際、2000年代を通じ、バルト三国は大陸欧州でもっとも急速な成長をとげる経済へと転換した。印象的な経済成長をとげても、社会的不平等は縮小するわけではないが、経済成長は多くの人々の生活水準を向上させ、多くの人々に対して経済面での明るい見通しをもたらした。2000年代初期から中期のバルト三国の成長は、ほぼ完全に国内需要に依存しており、とくに建設や不動産部門における高い投資や消費の伸びに導かれたものであった。外資による銀行所有は、信用利用の可能性を大幅に拡大した。親会社からの大規模な信用供与のせいで、北欧系の銀行は本国と同レベルの名目利子率を設定するようになった。西欧よりもバルト三国のほうがインフレ率が高かったので、実質利子率はマイナスになることさえあった。外資所有の銀行は低コストでユーロ建て借入れ（融資）も増加させた。〔バルト三国で〕国内通貨がユーロとペッグされていること、およびEMUメンバーになることが予定されていることを背景に、これが実施されても過度にリスクが高いとはみなされなかった。結果として、民間融資が劇的に増加し、その中でもユーロ建て融資のシェアが急上昇した（**表6.1**を参照）。

　銀行は積極的に働きかけ、家庭や企業向けの金融新商品を売り込んだ。なかでももっとも重要なのは住宅抵当貸付であった。政府と外国銀行は協力して、前例のない規模での住宅ブームを始動させた。ここでもこれまでと同様に、エストニアの第2次ラール政権が主導し、2000年に住宅所有者に対して一連の税制上の特典を導入した。そこには、住宅利子支払いに関する税控除、住宅ローン保証や補助金の供与、再投資に振り向けられる利潤に対する法人税の廃止といったものが含まれた。最後のものは、企業に対して急成長中の不動産部門に利潤を投資することを奨励するものであった。エストニアに続いてラトヴィアとリトアニアも類似の措置をとった[95]。住宅抵当貸付を促進しようとする国家の政策および実質賃金急増にも反映された経済の全般的な明るい見通しに後押しされ、銀行はリスクの高い貸付を行なう傾向があった。住宅抵当貸付の膨大な拡張は、前例のない建設ブームと住宅価格の急上昇を引き起こした。2002～06年におけるバルト三国の名目住宅価格は年間24～36％と急騰し、この増加率は「工業化された世界ではみられたことのないも

の[96]」であった。

　EMU 加入後のアイルランドにおける住宅抵当貸付ブームについてのコリン・ヘイらによる著書やコリン・クラウチによる著書に基づいて、この仕掛けは「民営化された住宅価格ケインズ主義[97]」と呼ばれている。アイルランドの住宅ブームの発端は、ユーロ圏内で設定される利子率と、EMU 基準より高いインフレに立ち向かうために、アイルランドでの本来ならばそれを上回るはずの利子率との差にある〔しかし、実際の政策金利はユーロ圏で適用される利子率である〕。こうしてより低いユーロ利子率は住宅抵当貸付とその利払いを安価にし、他方でそれにともなう住宅価格上昇は、住宅の所有者がさらに高い住宅担保をもつことを可能にする。それとよく似たメカニズムがバルト三国で作用していた。とくに、ユーロでの低利融資を得ることの可能性（の増大）が、信用借入と、とくに住宅担保借入を有利なものとした。

　さらに、いずれのケースでも、超国家化から生じるチャンスを活用したのは民間銀行であった。住宅価格ケインズ主義は、こうして私有化という形態をとるようになった。クラウチが述べているように、民営化されたケインズ主義は、不況の際に所得と雇用を確保する反循環的な国家政策から、低所得および中所得グループに対する民間信用市場の増大への転換を意味しており、

---

95) 住宅建設および住宅ローンブームについては、Baudoin Lamine, "Estonia: Analysis of a Housing Boom," *ECFIN Country Focus* 6, no. 5 (2009): 1-7; Sebastian Leitner, "Baltic States: Perils of a Boom-bust Scenario Ahead," *WIIW Monthly Report* 4 (2007): 1-8; Zuzana Brixiova, Laura Vartia and Andreas Wörgötter, "Capital Inflows, Household Debt and the Boom-Bust Cycle in Estonia," William Davidson Institute Working Paper 965 (Ann Arbor: The William Davidson Institute at the University of Michigan, 2007); Balázs Égert and Dubravko Mihaljek, "Determinats of House Prices in Central and Eastern Europe," BIS Working Paper 236 (Basel: Bank for International Settlements, 2007) を参照。

96) Égert and Mihaljek, "Determinants," 4. この書物の著者たちはラトヴィアについてのデータを提供していないが、入手可能なすべての情報によると、ラトヴィアはバルト三国の中で住宅建設ブームがもっとも高い。

97) Colin Hay, Jari M. Riiheläinen, Nicola J. Smith and Matthew Watson, "Ireland: The Outlier Inside," in *The Euro at 10: Europeanization, Power, and Convergence*, ed. Kenneth Dyson (Oxford: Oxford university Press, 2008), 182-203; Colin Crouch, "What Will Follow the Demise of Privatised Keynesianism?" *Political Quarterly* 79, no. 4 (October-December, 2008): 476-87.

民間信用市場の増大は給与の停滞と仕事の不安定さを相殺し、消費意欲を維持するのである。

　バルト三国の私有化されたケインズ主義固有の（そして反ケインズ主義的な）側面は、それが賃金の上昇と同時に起こったことである。バルト三国すべてにおいて高成長率が失業のめざましい低下を生み、それによって労働力不足を増加させた。市場に誘発されて失業が減少したことに加え、バルトの人々はまた EU 加盟により新たに獲得した移住の権利を活用した。2005 年のユーロバロメーター調査によると、バルト（およびポーランド）の住民の 7 〜 8 ％が他の EU 諸国への移住に期待をもっていた。これは新旧を問わず、すべての EU 加盟国で群を抜いて高い比率であった。移住を希望する理由の中で、仕事に関連する要因——より高い家計収入やより良好な労働条件——が決定的な役割を果たしていた[98]。

　移住志望のバルトの人々（およびポーランド人）はみずからの意図に基づいてそれを実行した。エストニアの研究者の計算では、2004〜07 年の年平均で、エストニア、ラトヴィア、リトアニアからの移住者はそれぞれ、人口の 5 ％、8 ％、12％を上回っていた。このことは、2004 年以降、毎年 7100 人のエストニア人、1 万 9800 人のラトヴィア人、4 万 2300 人のリトアニア人が EU の 15 カ国に移住したことを意味している[99]。同じエストニア人の研究は以下のことも明らかにしている。「エストニアからの移住者の中でもっとも多かったのは 15〜34 歳の若年者、肉体労働者、男性であった。他国のデータや以前の調査とは異なり、高等教育を受けた労働者よりも、教育水準の低い労働者のほうが多く移住していた[100]」。移住者のほとんどは公的セクターではなく民間セクター出身であり、移住者のうち非エストニア人の比率は、労働力全体よりもわずかに高かった。また、移住者はエストニアの首都

---

98) Tom Vandenbrande, ed., *Mobility in Europe: Analysis of the 2005 Eurobarometer Survey on Geographical and Labour Market Mobility* (Dublin: European Foundation for the Improvement of Living and Working Conditions, 2006), 23-25.
99) Martii Randveer and Tairi Rõõm, "The Structure of Migration in Estonia: Survey-Based Evidence," Working Paper 1 (Tallinn: Eesti Pank, 2009), 23.
100) *Ibid.*, 2.

タリンよりも、北東および南部出身者が多かった。

まとまったデータはないが、ラトヴィアからの移住のパターンは、エストニアからの移住と類似しているようである。アイガルス・カルヴィティス政権は、ラトヴィアからの移住者がラトヴィアの労働市場に有益な効果を与えることを喜んだという証拠もある。国家雇用局は職探しをしている人々に外国で仕事につく機会についての情報を提供していた。雇用局はラトヴィア国内よりも外国での雇用機会を探すことに躍起になっていると報じるメディアもあった[101]。これに対し、リトアニアの移住者はエストニアやラトヴィアのそれとはやや異なったパターンにみえる。OECD によると、リトアニアでは熟練度の高い頭脳労働者や熟練労働者が、国外への移住者のうちほぼ 40％を占めている[102]。

全般的にいって、経済ブームと信用経済によって、バルト三国の住民のうち外国へ移住しない人々の生活水準は大幅に向上し、EU 加盟によって、移住を希望する人々にはよりよい可能性が提供された[103]。注目すべきは、これを達成するために、均衡予算および市場による問題解決という政府の優先事項を変化させる必要がなかったことである。ポスト社会主義の最初の 10 年間と同様に、2000 年代においても政府は倹約的な財政政策を採用し続けた。高い成長率は、年金および公的セクターの賃金の伸びと相対的に均衡のとれた予算とを調和させることを容易にした。さらに、外国銀行によって拡張された消費者信用の利用可能性は、実際の賃金の増加――それ自体、印象的ではあったが――が許容する程度を越えて、人々の生活水準を向上させる市場的方法を与えた。

最後に、経済の奇跡が明らかになるにつれ、民主的経済体制の業績に対す

---

101) ラトヴィアの労働者の移住は増加し続けている。Eurofound report, http://www.eurofound.europa.eu/eiro/2005/12/feature/lv0512104f.htm（2009 年 11 月 28 日アクセス）.
102) SOPEMI-OECD, *International Migration Outlook 2008*, http://www.oecd.org/dataoecd/57/11/41255896.pdf（2009 年 11 月 28 日アクセス）.
103) Guglielmo Meardi, "More Voice after More Exit? Unstable Industrial Relations in Central Eastern Europe," *Industrial Relations Journal* 38, no. 6 (2007): 503-23.

るバルト三国の人々の満足度も向上したことを指摘しておこう。1990 年代のほとんどの時期において、政治に対する支持はかなり不安定であったが、その後、政治システムに対する満足度は、バルト三国すべてにおいて顕著に向上した。なかでももっとも際立った向上がみられた時期は、EU 加盟プロセスの時期に対応していた。1992 年から 2004 年の期間における民主的体制の実績に対する満足度の上昇率は、すべての EU 加盟国の中でリトアニアとエストニアがもっとも高く、ラトヴィアが第 4 位につけている。2004 年における民主的体制についての満足度の水準は、エストニアでもっとも高く、リトアニアがそれに次いでいる。これに対し、ラトヴィアの民主的体制の実績に対する満足度は、顕著に高まったとはいえ、依然としてきわめて低い。体制の経済パフォーマンスに対する満足度も時とともに向上しているが、満足度の高まりがもっとも大きかったのは、ここでも同じく EU 加盟の時期であった。しかし、エストニアの人々が経済システムの機能におおむね一貫して満足していたのに対し、ラトヴィアの人々の大半は否定的なままであり、リトアニアの人々も 2004 年にようやく肯定的な評価をしはじめたばかりであった[104]。

---

104) Richard Rose, "Diverging Paths of Post-Communist Countries: New Europe Barometer Trends Since 1991," *Studies in Public Policy* 418 (Glasgow: Centre for the Study of Public Policy, University of Strathclyde, 2006), 23; Piret Ehin, "Political Support in the Baltic States, 1993-2004," *Journal of Baltic Studies* 38, no. 1 (2007): 1-20.

第 4 章
工業化の奇跡と福祉国家の諸問題——ヴィシェグラード・グループ

　ヴィシェグラード諸国の埋め込まれた新自由主義レジームは、バルト三国のナショナリスティックな新自由主義とは、いくつかの重要な点において異なっている。この4カ国は、複雑製造業の輸出産業の、欧州における国境を越えたクラスターのもっとも大きな一つへと転換することで、EU単一市場にみずからを統合した。超国家企業を惹きつけるために、しだいにこれらの国すべてが気前のよいインセンティブ・パッケージを採用し、投資促進のための機関を創設し、費用のかさむインフラ開発プログラムを打ち出した。同時に、これら諸国はまた、一時的か部分的あるいは完全に「非生産的な」社会集団に向けた独特のやり方で、相対的に寛大な社会保護を維持した。

　ほんの少数の納税者と社会保障の拠出者によって賄われながら、コストがかかり、かつ相反する社会的目標を同時に追求することは、財政政策と金融政策の調整を非常に難しくした。そのため、ヴィシェグラード諸国のレジームの第三の固有の側面として、マクロ経済的な調整を司る諸制度が、競争的ではあるが効果的ではないことを指摘できる。この点は、とくにハンガリーにおいて非常に重大である。転換初期に構築されたネオコーポラティズム的な諸制度が衰退したために、もっぱら、埋め込まれた新自由主義の課題を追求すること、さまざまな政策領域における対立を処理すること、そしてその政治的な結果に耐えることが、民主化した体制の課題として残されてきていることも重要である。

　この4カ国は、異なった経路を通じて、また何度もの経路の修正を経て、類似した新たなレジームに到達した。そして、これら諸国の制度構築の試みは、外部の制約と過去の遺産、そして転換における資本主義と民主主義の側面と徹底的な国際化のプロセスの中で主権国民国家をふたたび構築しようと

する努力とを両立させようとするエリートの構想、これらにおける類似点と相違点の双方を反映するものであった。本章では、三つのレベルにおける政治と、加えてこれらのレベルにおける諸プロセスの相互作用とを明らかにしたい。

　われわれは、国内の民主的領域における苦闘が、どのようにして転換の諸課題に対する政策的反応を形成したのか探っていく。さらに、純粋に地理的境界あるいは神話の組織化から、重要な政治および政策レベルに至るまで、新しい対外的諸要因と組み合わさったさまざまな遺産がヴィシェグラード地域の移行に貢献し、しかも、その遺産のダイナミクスがレジーム形成にとって意義があったと論じる。しかしながら、ヴィシェグラード地域のリージョナリゼーションの原動力は、リーダーに追従するというバルト三国のロジックを連想させるものではない。また、リージョナリゼーションの原動力を、その他の欧州の地域でみられるような、統合に対する共有されたアイデンティティや態度に容易に求めることもできない。逆説的にいえば、ヴィシェグラード領域内での統合と政策の収斂は、主にこの地域の国々のライバル関係のために進展した。これらの国々は、あるときは各々の市民のアイデンティティに訴えかけ、あるときは純粋な国民国家ではなくて競い合う民間ビジネス業者であるかのように振る舞った。最後に、超国家企業の選好やEUの主要な統合プロジェクト（とくにEMU）に由来するトランス・ナショナルならびにスプラ・ナショナルな圧力が、ヴィシェグラード諸国の経路にどのようにしてインパクトを与えてきたかについても考察する。

　われわれの結論は次の点にある。たとえ新しいレジームが、これまでのところそれまでの特徴の多くを保持できているとしても、将来にわたって存続するかどうかは、過去と同程度に保障されるものではない。民主主義的競争、地域のライバル関係、国際的な、あるいは欧州からの圧力は、「埋め込まれた新自由主義」の制度的コアを強化する力のみならず、それを侵食する力をもっているようにみえるからである。実際に、われわれのポランニー的なアプローチは、ひとたびレジームの調整能力が過度に緊張しすぎると、マクロ経済ならびに政治における不安定性、ないしはそのいずれかの不安定性をも

たらすと予測する。

　多かれ少なかれ市場化された制度構成と、社会的・政治的に包摂的な制度構成との間で、漸進的な変化が起きるかあるいは急速なシフトが起きるかの見込みは、国内外の圧力に直面したときの初期パターンのマクロ経済的な持続可能性と、政策戦略を新たな方向に向けるために政治的なサポートを動員する改革エリートの意思と能力とに依存しているように思われる。

失敗に終わった実験と諸刃の遺産

　ヴィシェグラード諸国の、民主的な市場社会の構築の成功物語における共通の特徴は、文献の中でしばしば言及されている。すなわち、経済発展と社会福祉の初期水準が相対的に高かったこと、西側への地理的ならびに文化的近接性、そして社会主義体制以前に民主主義と市場の経験があったこと、である。しかしながら、われわれは、この地域が埋め込まれた新自由主義のモデルにしだいに収斂していったことが、少しも既定の帰結ではなかったことを示す、いくつかの重要な相違点に着目する。ヴィシェグラード諸国の新しいレジームを、過去の遺産や以前から存在したマスタープランに由来すると主張することの正しさについては、改革者によって期待された新しい制度構成と実際の結果とのギャップを示すことによって、疑いがかけられている。実際に、新しい体制の特徴は、改革エリートの初期の選好の観点からして、予期されていなかったばかりか、場合によっては望まれていなかったことを示している。

　輸出主導の工業化の奇跡[1]と、その奇跡が私有化と産業政策を支柱としていたことを例として挙げよう。その国の経済に対する外国資本の圧倒的な支配を許すことを綱領に挙げて選挙活動を行ない、指導者となった政治家など1人もいなかった。ましてや、超国家企業を誘致するための公共支出の大き

1）「工業化の奇跡」は、成功した新興工業国（NICs）に適用される用語である。Gary Gereffi and Donald L. Wyman, eds., *Manufacturing Miracles: Path of Industrialization in Latin America and East Asia* (Princeton: Princeton University Press, 1990).

さを示し、指導者となった政治家もいなかった。むしろ、当初政治家らは、従業員株主を含む国内ブルジョワジーや中流階級の出現の機会をおおいに生み出すであろうさまざまな形態の国民的資本主義を主張していた。このような発言として、チェコのヴァーツラフ・クラウス首相は、「外国資本の参加は高く評価するが、外国資本は、国内資本と同じほどには特恵的に扱われるべきではない。外国のアドバイザーやコンサルタントの役割は、最小化されるべきである[2]」と断言した。驚くべきことに、当初は出遅れたチェコは、1990年代の末までには、超国家企業に提供するインセンティブの寛大さやサービスの広範さにおいて、ハンガリーやポーランドに追いつき、まもなくFDI誘致における地域のリーダーとなった。

　同様に、すべてのヴィシェグラード諸国は、社会的パートナーシップの制度化や労働者のためのその他の成果をもたらす「社会民主主義的」あるいは「社会自由主義的」な契機を有していた。改革主義者らが温情主義的な福祉国家の遺産を打破するために準備できていたようにみえたことも重要である。クラウスは、欧州全体に論及して「われわれ――われわれすべて――は、福祉国家の過剰なパターナリズム、過度の規制、消費者と同様に生産者に対しても補助金を支出する過度に意欲的なプログラム、コーポラティズムならびにサンディカリズム的傾向に直面している。……これらは、一貫したイデオロギーの一部ではない。これらは、「ただ発生したもの」であり、取り除くのは難しい。転換諸国はその国民の生活がこれらの要素によって支配されないようにする歴史的な機会を有している[3]」と述べた。

　このような言及が背景にありながら、国民的資本主義と国家レベルの社会的パートナーシップの制度化が短期間実験されたあとに、ヴィシェグラード諸国がこれらの双方を断念し、かわりに埋め込まれた新自由主義と超国家的資本主義の道を歩みはじめたという事実は驚きである。相対的に寛大な福祉国家の弾力性もまた問いを投げかけている。以下では、社会主義の下での異

---

2) Václav Klaus, *Renaissance: The Rebirth of Liberty in the Heart of Europe* (Washington, D. C.: Cato Institute, 1997), 48.
3) *Ibid.*, 56-57.

第4章　工業化の奇跡と福祉国家の諸問題——ヴィシェグラード・グループ

なる経験やその後の余波の中での異なる経験は、いくつかの劇的なイベントによってエリートたちが重大な意思決定を行うか、あるいはそれを変更するかの、不可欠な背景であったことを示そう。

　三つの違いがもっとも重要であるようにみえる。ハンガリーとポーランドにおいては、経済と政治面における自由化が社会主義の下でも相対的に進んでいた。他方で、チェコスロヴァキアは、中央計画経済と強固な単一政党システムから転換しなければならなかった。また、ハンガリーとポーランドは莫大な対外債務とマクロ経済の不均衡とを継承した。この点でも対照的に、チェコ経済は体制転換の開始時、不安定な状態でも債務過剰でもなかった。最後に、ハンガリーとポーランドの国民と国家は、（ソ連の影響力がこれら諸国の自律性を大きく制限したものの）社会主義時代にも生き残り、その後の時期にも相対的に容易に修復することが可能だったのに対して、チェコスロヴァキアは1993年に解体され、チェコとスロヴァキアとして新たに建国された。このことはまったく新しい政治的リスクと機会をもたらした。

国民的資本主義の試み

　ハンガリーとポーランドは1970年代以降、社会主義体制下においても重要な経済・政治的改革を実施していた点で、チェコスロヴァキアとは異なっている。この2カ国がまったくの一から市場経済・民主主義を構築する必要がなかったという事実は、多くの分析者によって、アドバンテージであったとみなされている。影響力を有するエリート集団が民主主義に基づく市場社会に転換することを積極的に支持したこと、あるいは少なくとも反対しなかったことは、両国におけるレジーム転換の成功、そしてそれが相対的に平和的でダイナミックであったことの重大な要因であると論じられた。このような集団に含まれていたのは、プラグマティックかつ協調性を有し、また民主主義にも賛成する反体制派、国際的に結合し国際志向を有した金融テクノクラートおよび政策決定に携わるテクノクラート、共産主義エリートのうち資本主義に賛成する集団であった。

　ハンガリーの反体制派は、ポーランドで政治的自由化のために闘争した

197

「連帯」のような大規模な力を欠いてはいた。しかし、ハンガリーにおいてもまた、ヤーノシュ・カーダールの体制の最後の 20 年における自由化とともに、相対的に強力な市民団体と政治団体が現われていた。ポーランドの仲間たちにならって、ハンガリーの民主主義に賛成する諸政党は、共産主義者らに対抗するために（またときには交渉し協力するために）協調し、また国家の新しい民主主義システムをデザインするため 1989 年の全国円卓会議での交渉において調整できるほど、プラグマティックであった。その後、民主化後の最初の選挙が終わったあとに、選挙で勝利した保守的なキリスト教民主主義の政党であるハンガリー民主フォーラム（MDF）は、選挙での主要な競争相手であり議会野党の主導的な政党であった自由民主連盟（SZDSZ）と、権力共有の合意に準ずるものを結んだ。そして、ポーランドと同様に、連立政権の任期の全期間、かつての共産主義政党であるハンガリー社会党（MSZP）を周辺的な地位に追いやった。

　両国においては、民主主義的な反体制派は、（社会主義）体制の崩壊前の時期においてもまた、広範囲にわたる経済改革プランの準備と議論に影響を及ぼしていた。ポーランドでは、戒厳令の衝撃により、反体制派は政治改革よりも経済改革に焦点を当てるようになり、それは新たに発生した新自由主義のグループとシンクタンクに、民主主義的な市場社会主義のアイディアの唱道者よりも有利な競争優位を与えることとなった[4]。

　その他の二つのエリート集団にとっても、資本主義はよい結果を生み、民主主義を受け入れ可能にしたが、これらの集団にも言及する価値があろう。一つ目の集団は、政策立案の手段と財政・金融的な用具を有する改革派官僚であった。1980 年代までに市場志向の経済改革と対外開放、そして——皮肉にも、両国の共産主義体制の指導者らによって累積することになった莫大な——対外債務の管理は、これら官僚を国際的な金融ネットワークに統合させることに貢献していた。フェローシップ、国際会議、債務交渉、新たな資金

---

4) たとえば Szacki, *Liberalism after Communism*; Andrzej Walicki, "Notes on Jaruzelski's Poland," in *Crisis and Reform in Eastern Europe*, eds. Ferenc Fehér and András Arató (New Brunswick: Transaction Books, 1991), 335-93 を参照せよ。

第4章　工業化の奇跡と福祉国家の諸問題――ヴィシェグラード・グループ

源へのロビー活動、教育訓練における助成金や諸プログラムは、ハンガリーとポーランドの IMF（1982 年）と世界銀行（1986 年）への早期加盟にみられるように、国際的なつながりを醸成する重要な役割を果たした。

　そのような統合プロセスの間に新たな諸技能が発展した。それらは、国際金融機関のスタッフとのやりとりや、政策プログラムの処理、統計分析能力、外国の債権者や投資家との交渉やバーゲニングといったような、1989 年以降、ますます重要で欠くことができなくなった技能であった。その一つの成果として、他の多くのポスト社会主義国とは対照的に、ハンガリーとポーランドの転換戦略は相対的に組織的かつ漸進主義的で、そして自国内で形成されたものとなった。その意味は、新自由主義的な改革が望ましいというトランス・ナショナルなコンセンサスを反映していたものの、具体的なデザインにおいてはハンガリー人とポーランド人の改革者が国内の知的ワークショップにおいて展開されたアイデア、スキル、計画を頼みにすることができたということである。

　これらエリートの外部との強い結びつきは、エリートたちが変化する国内の政治舞台の中に潜在的同盟者をもたないままであったことを意味しない。（とくに西側との貿易や西側の産業と結びついた）国有企業の管理者は、フォーマル／インフォーマル、国家戦略／市場戦略が混ざり合った貴重な経験と、国際的事業を指揮するのに必要なスキルを有する、もう一つの影響力のある集団となった。これらの能力は、国内のライバルに対する競争優位を彼らにもたらし、また彼らを外国の投資家にとって魅力的なパートナーにした。

　概して、このようなエリートたちは、腐敗がより少なく、そしてより起業精神に富む国内ブルジョワジーの中心部分を形成した。彼らは、たとえばロシアやウクライナのオリガルヒよりも、私有化によってもたらされた機会を、好んで外国資本と共有しようとしてきた。〔社会主義時代から〕引き継がれた私的セクターの影響について、コルナイは、「フォーマル・インフォーマル双方の私的セクターが発展している程度が大きければ大きいほど、体制転換以後の私的セクターの拡大はより速くなるだろう」と予測した。コルナイはまた、より不確実であるにしても、「古びた党‐国家〔体制〕が国有企業を真

の市場行動に誘導するよりも」民主主義システムのほうが、市場行動をもっと誘発できる可能性が高いという期待を表明した[5]。

　残念ながらハンガリーとポーランドには、負債、すなわち莫大な対外債務の継承という点でも共通点があった。対外債務の返済は、両国の転換のコストを増大させた。しかしながら、両国の異なるクレジット履歴や債務管理上の選択が多彩になっていたことが、両国の実際の負担に影響を及ぼした。社会主義の最後の10年において、ハンガリーは真面目に債務を返済することに注力していた。そして、信頼できる債務者として認識されていたが、他方でポーランドは1980年代にその返済を履行しなかった。

　さらにいえば、体制転換の開始時に、ポーランド政府は債務免除の合意を取りつけるために交渉したが、ハンガリーはそうしなかった。主に債権者が〔他国の〕政府であったポーランドとは異なり、ハンガリーの債務はほとんどが民間の商業銀行に対するものであったために、ハンガリーはポーランドがとった道をたどることができなかったのであろう。さらに、政治的にみて、ハンガリーは西側にとって、ポーランドほど重要ではなかった。そのためハンガリー政府は、債務免除を求めることすらしなかった。これらの決定は、両国で出現しつつあった所有構造および転換全般にとって、非常に重要な意味を有した。

　とくに、ポーランドが交渉で債務の返済延期や免除を勝ちとったことは、当初はポーランドに国民的資本主義への転換の道を検討する機会をもたらした。他方で、ハンガリーはそれと同じ選択肢をもたず、最初から、本質的には外国〔外資〕主導の資本主義を選択した。改革の実行者がきちんと債務返済を行なうことを選好していたため、ハンガリーは輸出と民営化からのみ入手可能なハード・カレンシーの現金受け取りに依存するところが大きかった。そのため、対外債務とその管理は、ハンガリーの強い輸出志向と外国人への大規模な直接売却による私有化政策の主要な決定要因となった。同時に、その信頼できる債務者としての信望は、ハンガリーをFDIの一つの魅力的な

---

5) Kornai, *The Socialist System*, 460, 512.

第4章　工業化の奇跡と福祉国家の諸問題──ヴィシェグラード・グループ

投資先とした。さらにいえば、1990年代においては、ハンガリーはヴィシェグラード諸国のみならずポスト社会主義国全体の中で、外国の投資家に対して提供したインセンティブの寛大さとサービスの質の点で先頭に立っていた[6]。二次的な私有化手法として用いられた経営者・従業員共同買収制（MEBOs）は、労働者よりも国有企業のもっとも企業家精神に富む経営者にとって有利なものであった。

　対照的に、ポーランドが莫大な債務返済を部分的に免除されたという事実は、諸刃の剣であったことがわかった。たとえポーランドがFDI誘致にあたり提供したインセンティブがハンガリーと比べ、かなり後塵を拝するものではなかったとしても、外国の投資家は、相対的に安定性に乏しく、信頼できない債務国であるポーランドを当初は信用せず、「様子見」のスタンスをとった。同時に、勃興しつつあった国内のビジネスエリートの〔国家資産の〕取得戦略は、ハンガリーの経営者と比べて、より政治化された度合いが強く、強引な性格をともなった。繰り返される政治的対立──それは「連帯」の遺産と社会の分極化によっていっそう激化した──は、究極的には、より漸進的で外国資本による支配の程度の低い私有化プロセスに帰着した。

　1993年まで、ポーランドの国民的資本主義の出現は、何らかの青写真によるものというよりは、デフォルトによるものであった。最初の「連帯」と、いくつかの後続の政権は、中小企業では相対的にかなりの労働者所有を受け入れる一方で、戦略的な産業と大企業を、部分的にノメンクラトゥーラに基づいた国有企業の経営者幹部である「政治的な資本家[7]」にも、労働者のいずれにも売却したがらなかった。しかしながら、他の国内ビジネス集団と外国の投資家のいずれもが不足していた。その結果、1990年から1993年の間、ポーランドでは、GDPに占める私的セクターのシェアの拡大は、他のヴィシェグラード諸国と比較して緩やかであった。

　1993年以降になると、ポスト共産主義政党である民主左翼連合（SLD）と

---

6) Cass, "Attracting FDI," 48.
7) Jadwiga Staniszkis, "Political Capitalism in Poland," *East European politics and Societies* 5, no. 1 (Winter 1991): 127-41.

ポーランド農民党(PSL)が形成した新しい連立政府は、国民的資本主義の構築と国内企業界の強化を、より意識的に志向した。かつてのノメンクラトゥーラのビジネスサークルとのつながりを復活・再構築し、「ハイブリッド」な所有形態や国内ブルジョワジー[8]の中心部分の出現を支援するために、行政は、集権化や集中化、さらには補助金付きのリストラクチュアリングに向けた国家プログラムを用いた。したがって、〔前政権から〕引き継がれた制約や機会、そして選択のそれぞれは、ポーランドがめざした国民的資本主義の特徴を形成するにあたって、同等の役割を果たした。たとえ、最終的に外国人への直接的な売却がポーランドにおいても主たる私有化手法となったとしても、ポーランドのMEBOsは、ハンガリーと比較して、新しい資産階級の出現に際して、より長期にわたり、またいっそう強い貢献を示した[9]。その結果として、ポーランドでは、外国貿易とFDIを通じて西側と統合されていくまでには、より多くの時間がかかることになった。

過剰な債務とマクロ経済の不安定性という重荷がなかったため、チェコスロヴァキアは国内資本が主導する資本主義モデルと外国〔外資〕が主導するそれとの間での選択、ならびに特定のグループの「将来の」資本家に権限を付与する私有化の諸手法の間での選択でもっとも自由であった。そのため、クラウス首相は「政府の目的は、政府の資産の売却から収益を最大にするよりも、経済的な転換を完遂することであり、またそうであるべきである[10]」と強調した。チェコスロヴァキアの私有化はまた、ハンガリーあるいはポーランドのパターンとは異なっていた。いかなる形態の混合経済に対しても否定的なハイエクのスタンスを共有する、このチェコの首相は、まったく一からスタートをすることの有利な条件に忠実であった。彼は、体制転換以前の

---

8) Bohle, *Europas neue Peripherie*, chapter 6: 144-76.
9) *Ibid.* 最近の文献では、Károly A. Soós, *Rendszerváltás és privatizáció: Elsődleges és másodlagos privatizáció Közép-Európában és a volt Szovjetunióban* [System change and privatization: Primary and secondary privatization in Central Europe and the former Soviet Union] (Budapest: Corvina Kiadó, 2009) を参照。
10) Klaus, *Renaissance*, 71.
11) *Ibid.*, 168.

第 4 章　工業化の奇跡と福祉国家の諸問題——ヴィシェグラード・グループ

市場改革はたんに「経済の真の転換[11]」を複雑にしたにすぎないとみなしていた。共産主義者らと取り引きしたにもかかわらず、その後共産党を非合法化した近隣諸国の政治的転換に対してもクラウス首相はまた批判的であった。クラウスは、改革を経ていないチェコスロヴァキア共産党を周辺部へ押しやるには、政治的環境を自由化し、新しい政治的アクターが自由に参入できるようにすることで充分であると考えていた[12]。

　クラウスのビジョンでは、市場経済の出現には民主的な政治体制の創出とまさに同じ条件、つまり制約されない自由参入と、ありあまるほどの競い合う新たな人々が活動する公平な競争の場とが必要であった。クラウスがバウチャー私有化の枠組みによってつくり出そうとしたのは、まさしく国有資産の自由市場であった。これとは対照的に、彼は、経営者らの結託と、その他の新しい所有者による国有資産の取得を阻止することが不可避であることを根拠にして、MEBOs の手法を基本的に拒絶した[13]。同じような理由で、転換期にあるチェコ経済が組織化されない状態になると、過小評価された資産に超国家企業があまりにも容易にアクセスできるようになることを恐れ、外資による所有が支配的になることに対しても否定的であった。

　よく知られているように、バウチャーを通じたチェコの大規模私有化は、明確な私的所有権関係を創出したというよりは、私有化によって、実際には、国家の経済に対する所有権を延長させた。なぜなら、私的投資ファンドは、主要な国内〔国有〕銀行によって設立されたからである。大規模私有化はまた、銀行が創出した投資ファンドのポートフォリオにリストアップされた採算のとれない多数に及ぶ企業を銀行が支援することにより、歪んだ産業‐金融関係を生み出した。さらに、最小限の政府の規制と脆弱なコーポレート・ガバナンス構造は、資産剥奪と汚職が猛威を振るうことを促進した。チェコの私有化のこれらの副産物は、最終的には、1996〜97 年の経済の低いパフォ

---

12) *Ibid.*, 19.
13) Hillary Appel and John Gould, "Identity Politics and Economic Reform: Examining Industry-State Relations in the Czech and Slovak Republics," *Europe-Asia Studies* 52, no. 1 (January 2000): 111-31.

ーマンスとなり、そして不況につながった。チェコの国民的資本主義のプロジェクトは、この経済危機の状況の中で放棄され、外国〔外資〕主導の経済再構築へと置き換えられたのである[14]。

スロヴァキアの国民的資本主義モデルは異なった性格のものであり、ヴィシェグラード諸国の中でもっともナショナリスト的な特徴を示した。3期首相を務めたウラジミール・メチアルの下での私有化は、スロヴァキアの利害に沿ってビジネスを指揮するスロヴァキア人の企業家階級を形成することを追求したといわれている。この試みにおいて、メチアルは、1968年の「プラハの春」の瓦解のあとにチェコスロヴァキアの共産主義を回復し安定させたグスターフ・フサークの体制の遺産を基盤として、ことを進めた。フサークは、チェコ地域に対してスロヴァキアの発展を優先させ、それによりスロヴァキア人が新しい体制を甘受することを確保した。その結果として、スロヴァキア人は共産主義体制の下で、工業生産、賃金、生活水準においてチェコ人に追いついたのであった。

1990年代初期におけるチェコ主導の転換は、失業や工業生産の実績など不況の影響がスロヴァキア（とチェコ）において不均等に現われたことから、これらの〔共産主義時代の〕成果を脅かすように思われた。連邦国家の分裂ののち、メチアルはフサークの遺産の重要な側面を復活させた。すなわち、福祉におけるパターナリズム、継承された産業に対する補助金や保護的な規制、そしてナショナリズムである。メチアルの政府は、バウチャー私有化第二弾を取りやめ、そのかわりに政治的盟友や忠誠心のある企業の管理者に対して、企業を直接かつ好条件で売却するインサイダー私有化を採用した。大量のインフラ投資や重工業を重視する産業政策は、スロヴァキアの発展における国

---

14) チェコの私有化戦略の洞察深い分析として、Mitchell A. Orenstein, *Out of the Red: Building Capitalism and Democracy in Postcommunist Europe* (Ann Arbor: University of Michigan Press, 2001); Hillary Appel, *A New Capitalist Order: Privatization and Ideology in Russia and Eastern Europe* (Pittsburgh: University of Pittsburgh Press, 2004) が挙げられる。チェコの国民的資本主義の興亡については、Martin Myant, *The Rise and Fall of Czech Capitalism: Economic Development in the Czech Republic since 1989* (Cheltenham: Edward Elgar, 2003) あるいは Drahokoupil, *Globalization and the State* を参照せよ。

民的資本主義モデルを際立たせた。このモデルは1990年代後半以降、経済的緊張の兆候をみせたが、モデルの終焉を導くより大きな力となったのは、スロヴァキア・スタイルの資本主義を防衛するためにますますあからさまに権威主義的な手法をとるようになった、メチアルに対する政治的反対派であった[15]。

　全体として、1990年代の終わりまでに、国民資本主義を形成しようという試みは——たとえ、それがポーランドの場合デフォルトによる試みであり、チェコやスロヴァキアの場合には意図した試みであったとしても——放棄されなければならなかった。結果として、4カ国すべてが外国〔外資〕主導の資本主義モデルへと収斂したのである。このモデルについてより詳細に分析する前に、ヴィシェグラード諸国における労使関係を形づくった諸制度について、まずみていくことにしよう。

社会的パートナーシップの諸制度の生成と終焉

　1990年代初期の巨大な調整圧力にさらされて、中東欧の労働組合は、社会主義時代における「伝達ベルト」から、被用者の利害を代表する組織へと自己の役割の再定義に迫られた。ヴィシェグラード諸国の固有の特徴は、そのすべての国が民主的なコーポラティズムの諸制度の構築を含む「社会民主的」あるいは「社会自由主義的」な時期を有した一方で、しだいに4カ国のすべてが、そのような諸制度を自国の経済的ガバナンスの恒久的な特色とすることに躊躇したことが明らかになった点にある[16]。

　政府と労働組合との協力の動き——使用者組織はせいぜい初期段階でしか

---

15) Appel and Gould, "Identity Politics"; John Gould, "Out of the Blue? Democracy and Privatization in Postcommunist Europe," *Comparative European Politics* 1, no. 3 (2003): 277-311.

16) この用語は、András Tóth, "The Failure of Social-Democratic Unionism in Hungary," in *Workers after Workers' States: Labor and Politics in Postcommunist Eastern Europe*, ed. Stephen Crowley and David Ost (Lanham: Rowman & Littlefield, 2001), 37-58; ならびに Mitchell A. Orenstein, "Václav Klaus: Revolutionary and Parliamentarian. A Retrospective," *East European Constitutional Review* 7, no. 1 (Winter1998): 46-55 によって使用された。

なかった——は転換初期にもっとも強かった。政府は、みずからが実行しようとしていた種々の改革によって社会不安が起きることを恐れ、労働組合の支持を取りつけることを求めたからである。

チェコスロヴァキアの場合、すべてのレベルの政府は当初、その新しい役割をみつけようと熱心だった労働組合が後押しした一つのステップである、真の三者協議の制度化を支持する準備があった。1990年10月に、組合と政府、そして生成期の使用者組織の代表を含む経済・社会協定評議会（RHSD）が、連邦および〔チェコならびにスロヴァキアの〕共和国のレベルでそれぞれ設立された。1991年に調印された最初の「一般協定」が、三者協議制の最高のときであった。この協定は「低賃金と低失業率」の妥協を含んでおり、組合は、低賃金の負のインパクトとバランスをとるための社会政策上の譲歩を獲得することができた。RHSDは、組合に友好的な立法や強い雇用保護について交渉し、また積極的労働市場政策にも関与した。

協定はすべてのパートナーを拘束するはずのものであったが、まもなく、賃金の大幅な下落を阻止するという約束を政府が果たせないということが明らかになった。それにともない、政府は、〔三者の合意を〕強制力のある協定にする責任は元来は国会にあると論じ、三者協議制度に対して、よりあいまいな態度をとった。それ以降になると、連邦およびチェコの国家レベルのRHSDは、たんなる諮問機関となった。それにもかかわらず「一般協定」はその後も締結されたが、多くはなかった。

連邦の分裂は、チェコのRHSDにとってさらなる打撃であった。分裂にともない、政府はいくつかの点でRHSDを弱体化させようとする兆候を示してきたからである。クラウス首相は、評議会〔RHSD〕における政府の役割を減らし、評議会が部門別の集団交渉協定を保証するものとなることを防ごうとした。年金改革に対する最初の大きなストライキは、RHSDにおける協議の打ち切り、また協議会の地位を「社会的重要性を有する特定の問題について、社会平和のために合意かあるいは現実的に可能な解決案に達するための諮問の……機関」に変更するための機会として用いられた。「合意形成を追求し、イニシアティブをとる」制度としての〔RHSDの〕役割は終わったので

第 4 章　工業化の奇跡と福祉国家の諸問題——ヴィシェグラード・グループ

ある[17]。

　クラウスが、三者協議制に関する自身の考え方を再度変えたのは、1997 年の危機のときだけであった。社会不安の増加や政府への支持の低下、そしてマクロ経済情勢の悪化により緊縮政策が必要となった状況に直面して、クラウスは労働組合との関係の強化を求め、三者協議の場にかつて加えた打撃のいくつかを取り消そうと試みた。しかしながら、組合は、非常に重要な政策課題について協力することを拒んだ。

　クラウスの連立政権にかわった社会民主主義政党による少数派政権は、社会的対話を約束した。しかしながら、この政権もそのあとを継いだ諸政権も、法的拘束力のある三者協議制を制度化するという初期の試みに戻ることはなかった。その結果として、チェコ共和国は、主要な経済、社会、法的問題に関する効果的に機能する協議メカニズムを維持した一方で、真のコーポラティズム関係の構築には至らなかった[18]。

　「ビロード離婚」ののち、スロヴァキアの三者協議制は独自の道をたどった。チェコの状況とは対照的に、当初メチアルの政府と労働組合は、かなり友好的な関係を発展させた。独立後の数年は、三者協議は「少なくとも労使関係と社会政策の分野に関しては、明確なガバナンスの一形態に近づいていた[19]」。主要なアクターたちは、労働法や基本的な国際的慣行の取り込み、賃金の引き上げなど、チェコでは未解決のままになっている諸問題について合意することができた。スロヴァキアの RHSD はまた、独立して運営された健康基金と年金基金において労働側と経営側、政府の代表を含むこと、そして補足的な年金スキームを設けることで合意した。スロヴァキアの RHSD は、チェコよりも団体交渉への関与度は高く、交渉に参加していない企業にも団体交渉

---

17) Martin Myant, Brian Slocock and Simon Smith, "Tripartism in the Czech and Slovak Republics," *Europe-Asia Studies* 52, no. 4 (June 2000): 731.

18) *Ibid*. チェコの三者協議制については、Sabina Avdagic, "State-Labour Relations in East Central Europe: Explaining Variations in Union Effectiveness," *Socio-Economic Review* 3, no. 1 (2005): 25-53 ならびに Anna Pollert, "Labor and Trade Unions in the Czech Republic," in Crowley and Ost, *Workers after Workers' States*, 13-36 も参照のこと。

19) Myant, Slocock and Smith, "Tripartism," 733.

の合意内容を適用させることができた。

　しかし、メチアルがしだいに権威主義を明確にするようになったことによって、ネオコーポラティズムがスロヴァキアに深く根づき広がることは最終的に阻止された。首相はしばしば、RHSD の決定だけでなく、みずからの政府が提出した労働者に友好的な法案を覆した。一般的に、メチアルのコーポラティズムに対する立場は、独立した労働組合という考えを容易に受け入れるものではなかった。1997 年の賃金統制をめぐる紛争への対応として、政府は使用者側と協力して、スロヴァキアのもっとも重要な企業の一つであるコシツェ製鋼所にそれまであった組合に対抗する労働組合の設立に着手した。さらに政府は、それまでよりもはるかに権限を制限した三者協議体を設立し、労働組合の主要な統括団体である労働組合連合（KOZ）をそこから排除しようとした。

　首相による賃金統制の一方的な押しつけと、対抗する組合を設立しようという試みは全体的にみると、KOZ を三者協議から撤退させて、そして最終的にはメチアルを 1998 年選挙で打ち負かす政治同盟へ参加させた。組合からの選挙支援を受けた見返りとして、第 1 期ミクラーシュ・ズリンダ政権は、1999 年に経済・社会パートナーシップ法を制定した。この法律は、「三者による「社会的対話」の地位を、1990 年以降に示されたような諸政権の利害や政治的意志の変化に屈従させることなく、諸規則の公式かつ法的執行能力のある枠組みの中に位置づけることになった[20]」。

　しかしながら、三者協議による交渉のインパクトは明確ではなかった。労働組合は、左派系の労働大臣が尽力した最低賃金の引き上げや新しい労働法の起草のような、政府の改革措置のいくつかを支持し続けた。にもかかわらず、マクロ経済情勢の急速な悪化、そしてそれに反応した厳しい緊縮パッケージと根本的な構造改革という政府の対応は、RHSD の枠組みの中での交渉に影を落とした。結果として、組合とズリンダ首相の保守派政党との間の関係は悪化しはじめた。複数の中道右派政党だけで構成された第 2 期ズリンダ

---

20) Jonathan Stein, "Neocorporatism in Slovakia: Formalizing Labor Weakness in a (Re)democratizing State," in Crowley and Ost, *Workers after Workers' States*, 59.

内閣は、組合との合意の必要性を見出さなかった。政府と労働組合との関係は悪化し、2004年には、少なくとも1999年の法律の規定に沿った形での社会的対話には関心をもたないと政府が宣言するに至った[21]。

　ハンガリーにおける初期の三者協議制もまた、本格的なネオコーポラティズムへと発展する可能性を有していた。しかし、近隣諸国と同じように、最終的にはそうなることはなかった。社会主義からの転換の最初の混乱期に、1988年に最後の共産主義政府によって設立された利害調整評議会（ÉT）は、1990年にアンタル・ヨージェフの保守派連立政権の下で復活され、経済や政治的危機の管理にとって重要な用具であることを証明した。1990年に、アンタル政府はハンガリーのマクロ経済の重大な不均衡に対処するために、緊縮パッケージの導入を試みた。これに対して、タクシーの運転手たちがブダペストの街路を数日間バリケードで封鎖するという荒々しい抵抗に、政府は直面した。この対立は、テレビ中継されたÉTの緊急会合によって収拾されたが、そのことは社会パートナー間の対話の重要性を際立たせるに役立った。

　社会主義崩壊以後の最初の国家の危機を成功裡に解決できたことにより、ÉTは広範な正統性と威信を獲得した。その後数年間、政府は、大きな改革を実施するためには、ÉTの支持を引き出すことが重要であるとみなした。1993年、政府は、所得政策に関してもっとも重要なÉTの合意を実行した。労働組合は、賃金コントロールと公的部門の賃金の引き上げ、最低賃金などの点で、政府から重要な譲歩を獲得することができた。さらに、政府は論争を呼んだ組合における選挙や組合資産の分割に関する法案を撤回した。後者は、共産主義時代の組合を継承するハンガリー労働組合連合（MSZOSZ）の安定化に寄与した。MSZOSZはそこから分裂した組合や新しく設立された組合との競争に直面していたからである。

　しかしながら、三者協議制は、1994年に権力を奪取した社会‐リベラルの

---

[21] スロヴァキアの三者協議制については、Myant, Slocock and Smith, "Tripartism"; Stepan Jurajda and Katarina Mathernova, "How to Overhaul the Labor Market: Political Economy of Recent Czech and Slovak Reforms," Background paper prepared for the World Bank, *World Development Report 2005* ならびに Stein, "Neocorporatism in Slovakia" を参照せよ。

連立政府の下で、悪い方向へと転換した。社会党は、1994年の選挙の際には、新しい社会協約の締結を訴えていたが、その実現に失敗した。マクロ経済状況の悪化は、ÉTでの厳しい交渉につながった。労働組合と政府、そして使用者の立場の間にあった深い溝、それに加えて社会党を主導する指導的な政治家らが相互に張り合っていたことが、合意を不可能にした。その後まもなくして、政府は社会主義体制崩壊後の歴史においてもっとも厳しい緊縮プログラムを導入した。その起草者——ボクロシュ・ラヨシュ財務大臣——にちなみ「ボクロシュ・パッケージ」と名づけられた緊縮政策は、秘密裏に準備された。行政府も、全体としての立法府も、社会的利害団体もその準備には関与していなかった。

　それでもなお、社会‐リベラルの政府の下では、三者協議による交渉は完全には廃止されなかった。1996年には、公的部門改革を可能にする合意に達し、その1年後には、ÉTは年金制度改革について合意した。三者協議制は、1998年から2002年に政権の座にあったオルバーン・ヴィクトル首相率いるナショナリスト‐保守派の政府からもっとも深刻な打撃を受けた。政府は、ÉTを解体し、公式の権利がさらに制限された二つの組織体に置き換えた。新しい政権は、健康保険基金と年金保険基金を統治する三者協議組織の構成を変更し、職場における労働組合の役割をさらに制限するために労働法を改定した。政府は、公的部門の賃金交渉の非集権化も追求した。

　2002年に政権を奪取したメッジェシ・ペーテル率いる社会‐リベラル政権の下では、三者協議制に対して加えられた危害を伴う措置のいくつかは取り下げられた。新しい政府は、ÉTがかつて有していた広範な権限を再度付与し、職場における労働組合を強化する目的で労働法を改定し、保守派の前政権により導入された柔軟な労働市場をめざした措置のいくつかを撤廃した。しかし、全体として、三者協議制の制度化は脆弱なままに留まり、社会的な

---

22) ハンガリーの三者協議制については、たとえばLajos Héthy, "Social Dialogue in Hungary: Its Rise and Decline," *South-East Europe Review of Labour and Social Affairs* 1 (2001): 55-70 あるいはTóth, "The Failure of Social-Democratic Unionism" を参照のこと。

第 4 章　工業化の奇跡と福祉国家の諸問題——ヴィシェグラード・グループ

協議なしに大規模な緊縮パッケージが間断なく実施された[22]。

　ポーランドの経験は、いくつかの決定的な点で他のヴィシェグラード諸国と異なっている。もっとも重要なことであるが、「連帯」運動に由来する最初の政府は、労働組合と公式に共同歩調をとることを望ましいこととも必要なこととも考えてはいなかった。1980 年のグダニスク協約や、1989 年の円卓会議における協約のように、ポーランドにおいては団体交渉による協約という伝統は強かったが、タデウス・マゾビエツキの政府は、むしろこの過去〔の伝統〕との速やかな断絶を望んでいた。とくに、財務大臣兼副首相であったレシェク・バルツェロヴィチは、団体交渉を通じた協約は、1980 年代の経済改革を中途半端なものにし、最終的に失敗に終わらせた原因の一つであるとみていた。

　さらに、当時のもっとも重要な労働組合である「連帯」と公式の社会的対話制度をつくる必要性はなかった。なぜなら、「連帯」こそが、新しい改革派政府に〔選挙での〕勝利をもたらした運動の先頭に立っていたからである。「連帯」の指導者は、政治転換と包括的改革の観点が〔国民の〕生計に関する論点よりも重要であると考え、経済改革のための「守りの傘」となるよう、彼らの役割を低下させることに同意した。

　しかしながら、この動きに際して「連帯」は、急進的な改革がもたらすことになった社会的な不安を読みまちがえていた。1992 年にはすでに、非常に大規模なストライキが発生し、ハンナ・スホツカ首相に率いられていた当時の政府は、多数の部門において社会的対話を行なうことを強いられた。1993 年には国有企業の転換に関する協約が調印された。協約では、労働代表が企業の民営化戦略のデザインを手助けすること、労働者が彼らの企業の株式の一部を受け取ること、組合の代表が私有化された企業の取締役会に参加することになっていた。さらに、協約はまた団体交渉や被用者の賃金保障、企業の社会基金に関する条項も含んでいた。

　ポスト共産主義政党である SLD によって組織された後継の政府は、1994 年に「社会 – 経済問題についての三者協議委員会」を設立した。その後の数年間にわたり、三者協議委員会における協約を法的拘束力をもつものにしよ

うという重要な試みが数度あった。これに強力にコミットし、委員会を鼓舞していたボンチュコフスキ労働大臣は、事態の進展の前に 1996 年に他界した。2000 年代の初期になると、ネオコーポラティズム論者であった SLD のハウスナー労働大臣は、公的財政、雇用、ヘルスケア、労働法に関する諸改革についての協約を案出したが、失敗に終わった。

社会協約という考え方はまた、2005 年から 2007 年までのヤロスワフ・カチンスキのナショナリスト - 保守派の連立政府も好むものであった。三者協議委員会を脇に追いやることを目的として、カチンスキは、いくつかの社会グループを選択し、参加させ、「経済 - 仕事 - 家族の対話」というタイトルを付した協約を提案した。しかし、それまでの試みと同じように、このイニシアティブも国有企業についての以前の協約の成功を再現することに失敗した。ポーランドにおいてコーポラティズム的な利害調整の枠組みをつくり出すことに失敗した理由には、労働組合間の激しい競争と組合の政治化、妥協をつくり出そうとする決定的な瞬間に政府が弱体化したこと、新しく出現した資本集団が団体交渉に反感をもっていたこと、そして交渉の余地がますます狭くなっていったことが挙げられる[23]。

これまで、三者協議制をめぐる首尾一貫しない動きの背景を見てきたが、われわれは、政治的歴史や労働組合運動の強さが相違したにもかかわらず、究極的には、すべてのヴィシェグラード諸国が限定された労働参加という類似したパターンに収斂し、必要な場合には労働参加が徹底的に排除されたと結論づける。社会主義体制崩壊以降、政策協調の公式な制度が存在していたときでさえも、また EU 加盟に至る期間にその強化が促されたとしても、公式の労働参加は真の権限を自動的に生み出すことはなかった。むしろ、労働参加の実態は、概して政府の意思に依存していた。

転換初期の厳しい時期の間には、労働組合は対立をうまく取り扱うスキル

---

[23] ポーランドの三者協議制については、JuIiusz Gardawski and Guglielmo Meardi, "Keep Trying? Polish Failures and Half-Successes in Social Pacting," in *Social Pacts in European Union*, ed. Philippe Pochet, Maarten Keune, and David Natali (Brussels: ETUI/REHESS, 2010), 371-94 あるいは Tatur, "Towards Corporatism?" や Ost, "Illusory Corporatism" を参照せよ。

がそれでも評価されていたが、そのあとになると、組合を頼みにする政府の意思は大きく減じた。このことは、右派政党よりも左派政党のほうが組合に対しより協力的であるなど、連立政府の政治的志向にある程度は依存したが、政府が包括的改革を実施したときには、労働参加は通常終止符が打たれた。概して大規模な緊縮政策が準備され、「不意の一撃」として実施されたときには、組織化された利害は、考慮されず無視されたのである。急速に変化する経済環境にかんがみて組合に与えられる限られた譲歩もまた、組合の強さを損なうものであり、組合の組織率は4カ国すべてにおいて劇的に減少した。

しかしながら、労働者に与えられた一つの譲歩、すなわち寛大な福祉国家は、国民的資本主義の実験としての従業員所有の枠組みによる部分的な包摂、実質的な権限が限定された三者協議制を通じた公式な包摂などのいずれよりも、より有効で持続的なものであることが証明された。

福祉主義的社会契約

ヴィシェグラード諸国における福祉国家の遺産と改革の比類なき研究の著者であるイングロットは、これら諸国の社会・経済政策における重要な矛盾を強調している。「政府が、攻撃的な市場志向の経済政策と、福祉国家を財政的な崩壊の瀬戸際に追いやった極度に寛大な社会移転とを結びつけようとした際には、1990年代初期のポーランドと、ポーランドほどではないがハンガリーでは、従来の紋切り型の知識が無視された[24]」。このパターンはこれら2カ国でもっとも顕著であるが、他方で、チェコにおける福祉国家の発展も同様に、政府の強力な市場志向のスタンスをものともせず、1990年代後半の財政危機の原因となった。スロヴァキアの展開のみが異なっていた。スロヴァキアでは政府が、福祉国家と経済の新自由主義的な改革を拒否するにしろ、受け入れるにしろ、より一貫したスタンスをとった。したがって、われわれの関心の所在はヴィシェグラード・グループの福祉主義の諸要素ならび

---

24) Inglot, *Welfare States*, 265.

にその地域的なパターンからの偏差の双方にある。以下では、ヴィシェグラード諸国の福祉国家の一般的な寛大さ、とくに年金制度における寛大さについて示し、加えて、新自由主義を埋め込もうとするこれらの努力に由来する政治的・経済的挑戦全般に関し、評価を下す。

年金生活者の福祉国家

　社会的・政治的な包摂と排除という点において、地域的比較では、一方でバルト三国、他方でスロヴェニアを両極においた中間のポジションに、ヴィシェグラード諸国は収斂している。これと関連するヴィシェグラード諸国の意思決定は、初期の困難な時期を乗り切ることに成功したこと、そして埋め込まれた新自由主義に関する論争が周期的に起こることの双方をうまく説明するものである。それぞれの国に違いはあるが、ヴィシェグラード諸国の福祉主義の社会契約は、転換の期間を超えた継続性の点で、また社会主義体制下の就労で満足のいく社会的地位を獲得していた人々を社会的な困難から保護した点で、顕著である。

　バルト三国の改革者よりもはるかに数多く、ヴィシェグラード諸国の政策決定に携わるエリートたちは、現存する福祉国家の遺産を活用した。彼らは、社会分野に専門知識を有する社会主義時代の議員や官僚の専門知識を引き出し、福祉国家の制度的構成の継続性を高いレベルで維持した。たとえばポーランドにおいては、「連帯」が形成した最初の政府の労働・社会問題大臣を務めたヤツェク・クーロンは、社会政策分野における官僚らのアドバイスに頼っていた。官僚らは、ポーランドの社会システムが過去の主要な危機に打ち勝つためによく貢献したこと、ならびにもしそのシステムが保たれれば、これからの危機に打ち勝つためにも貢献すると思われることをクーロンに確信させた。さらに、「労働省と社会保険機構（ZUS）の強力なオフィスを中心とする意思決定メカニズムが継承されたが、そのメカニズムは、ポスト共産主義時代における福祉国家の主要なバックボーンとしての地位にとどまった。

---

25) *Ibid.*, 254.

第4章　工業化の奇跡と福祉国家の諸問題——ヴィシェグラード・グループ

そして、いかなる急速な変化に対しても手ごわい構造的障壁となった[25]」。新しい大臣が基本的に「何もわからない[26]」移行の初期には、ZUS はとくに強力であることを証明した。

　チェコで共産主義後に最初に結成された社会政策の専門家チームには、トメシュが含まれていた。彼は、かつてのプラハの春の際、指導者アレクサンドル・ドプチェクのアドバイザーを務めており、「人間の顔をした社会主義」構築のための運動が鎮圧され、製鉄業で働くことを強いられる前には、福祉国家改革のパッケージをデザインした人物である。政策立案者がこの特徴的な「社会民主主義的」改革の遺産を活かしたという事実は、チェコの福祉国家と近隣諸国のそれとの違いのうち、いくらかを説明するのに役立つ。〔チェコの〕特徴には、平等主義的な要素が強い年金制度や特権的な職域別カテゴリーの早期の撤廃、そして失業補償よりも失業を防ぐことに全般的な関心を向けることなどが含まれている。社会民主主義的な改革者らはまた、二つの社会政策の官僚組織を新しい社会保障庁に統合した。しかしながら、社会政策予算は過去と同じく政府の監督の下にとどまった[27]。

　スロヴァキアは、活用するだけの専門家や組織的な資源が明らかに乏しかった。しかしながら、その社会的政策立案者らは、チェコの社会政策専門家らと非公式な接触を保つことにより、スロヴァキアで育成された専門家の不足を部分的には補った[28]。

　現存する政策と組織的な遺産に基づいて、ヴィシェグラード諸国の福祉国家は、教育、ヘルスケア、年金、労働市場政策、家族および育児、社会的住宅を含む、福祉給付の寛大さに関して、GDP に占める社会支出の比率にお

---

26) Jacek Kuroń, Maja Zupa [My soup] (Warsaw: Polska Oficyjna Wydawnicza BGW, 1991).
27) Mitchell A. Orenstein, "Transitional Social Policy in the Czech Republic and Poland," *Czech Sociological Review* 3, no. 2 (1995): 179-96; Mitchell A. Orerlstein and Martine R. Haas, "Globalization and the Future of the Welfare State in Post-Communist East-Central European Countries," in *Globalization and the Future of the Welfare State*, ed. Miguel Glatzer and Dietrich Rueschemeyer (Pittsburgh: University of Pittsburgh Press, 2005), 130-52; Inglot, *Welfare States*, 224.
28) Inglot, *Welfare States*, 254, 247.

いても、絶対的な給付の量においても、〔旧東欧〕地域で抜きん出ている（**表1.3**）。ヴィシェグラード諸国はまた、少なくとも 2000 年代末までかなりの期間にわたって、不安定化をもたらす市場の力に対して、社会的結束をそれなりに維持する記録を残してきた。実際に、2000 年代半ばごろ、（ポーランドを例外として）これらの諸国では、EU の旧加盟国の多くと比べて、劇的ともいえるような大規模な貧困や格差を被っているようにはみえなかった。

　いまとなっては社会的に保護されているといえるが、ヴィシェグラードの福祉国家は、社会主義時代やそれ以前の温情主義の遺産によっても形成されてきている（第2章「合意を取りつける」を参照のこと）。これらの遺産と政治的な教訓に従って、ポスト社会主義の改革者らは、概して、市民社会集団の関与がほとんどないままで上からの給付を提供し、そして戦略的に重要な部門の人々に対しては選択的に給付を与え続けた。一般的に、これらの福祉国家は、一時的か部分的もしくは完全に「非生産的な」社会集団を厚遇する点において、バイアスがかかっていた。その集団は、労働を通じて尊敬される地位にあった人々や、そうではないが（とくに、ハンガリーとポーランドにおいて）「退職年齢以下」で早期退職し年金受給者になった一群の人々、ならびに（ハンガリーにおいて）小さな子どものいる母親を含んでいたが、他方で、若者や貧困層は無視される傾向にあった。これらのバイアスは、年齢集団別の点で特有の貧困リスクの再配分パターンを生み出している。ヴィシェグラード4カ国すべてにおいて、子どもと若者が貧困に陥るリスクが高水準であった。貧困率は年齢が増すにつれ、しだいに減少し、もっとも高齢層の集団のそれがいちばん低かった。

　このまったく新しい「「年金受給者の」福祉国家」の出現は、年金受給者がそれ以外の他の人々より貧困になりがちであった社会主義時代末期の状況とは対照的な、ポスト社会主義の新たな現象であった[29]。転換初期には〔社会主義時代末期とは〕正反対のことが起きていたのである。すなわち、賃金が劇的に減少した一方で、年金は安定性を保っていた。この特有な発展がみられ

---

29) Vanhuysse, *Divide and Pacify*, 76-84.

第 4 章　工業化の奇跡と福祉国家の諸問題——ヴィシェグラード・グループ

た理由の一つは、ヴィシェグラード諸国の改革者が、市場改革が社会的な困難をもたらすだろうという事実に気づいており、人々に最低限のセーフティ・ネットを提供すると約束していたが、改革の影響をもっとも大きく受ける社会集団についてよく知っていなかったことにある。年金受給者をもっとも無防備な人々とみなし、民主主義政治において年金受給者のもつ力を恐れていたため、転換エリートたちは、年金受給者らの所得を護ろうと試みた[30]。

　改革者が、社会主義時代における勤労生活の間に蓄積された〔年金受給者の〕貢献やスキルについて、さらにはその過程で獲得した彼らの社会的諸権利について認識していたことも同様に重要である。このことは、おそらくポーランドのクーロン労働・社会問題大臣によってもっとも明確に言明されている。「人々から確定した社会権を取り上げることはできないが、それらの修正や実現方法の変更は可能であり、それらを合理化することもできる。私はそう信じている。しかし端的にいえば、誰であろうとそのような社会権の資格をもたないとすることはできない[31]」。類似の表現だが、ハンガリーで民主的に選出された初の首相であるアンタルは、「年金は、労働により獲得された権利である。年金受給者の保護は、刷新された保険システムの中ではじめて保証されうる。力をもたず不利な状況にあるすべての人々は、社会的セーフティ・ネットの諸手段によって社会と国家の支援を当てにすることができるはずである[32]」と述べた。

　最後に、年金受給者を優先する政策には、マキャベリ的な計算もあったのかもしれない。ファンハイセによる年金受給者福祉国家の解釈の核は以下のとおりである。国家エリートは社会が潜在的に危険な状況にあることを理解しており、現存する社会政策の仕組みを勤労者の「分断と沈静化」のために、戦略的に用いたのである。とくに、教育水準が高く潜在的に声高な年齢の高い労働者は、寛大な早期退職制度もしくは失業者向け障害年金給付により、

---

30) Inglot, *Welfare States*, 258.
31) *Ibid.*, 211.
32) Júlia Szalai, *Nincs két ország...? Társadalmi küzdelmek az állami túlelosztásért a rendszerváltás utáni Magyarországon* [Are there no two Hungaries? Redistributive struggles in Hungary after the system change] (Budapest: Osiris Kiadó, 2007), 131.

宥められた。対照的に、雇用を失った若い労働者には相対的に不充分な失業給付しか与えられなかった[33]。ファンハイセの議論は、とくに「異常なほど大きな年金受給者ブーム」と彼が呼称しているもの、すなわち多くの人々が障害年金を受け取ったり、早期退職を許されたことを説明している。1989年から1996年にかけて、「障害年金受給者の数が、チェコにおいては11％、ポーランドでは22％増加し、ハンガリーでは驚愕的であるが49％増加した」。早期退職者を含む年金受給者の数は、同じ時期にチェコでは5％、ハンガリーでは20％、そしてポーランドでは46％増加した[34]。早期退職は、スロヴァキアでも重大であった。スロヴァキアでは1990年には新年金受給者に占める早期退職者の比率は3％にすぎなかったが、1994年には約80％であった[35]。

すべてのヴィシェグラードの福祉国家は、ある程度、「異常なほど大きな年金受給者ブーム」を経験したが、上述の数値は、ハンガリーとポーランドのブームのほうが、チェコとスロヴァキアよりもかなり大きかったことを示している。この違いは、ハンガリーとポーランドでは、年金制度を失業に対する緩衝物として用いたという事実による。対照的に、チェコの改革者らは、当初、使用者への補助金の支出や積極的労働市場政策によりレイオフを抑制した[36]。異常なほどの年金受給者ブームの一つの重要な帰結は、早期退職者と障害年金受給者が彼らに付与された権利を守ろうとして「普通の」年金受給者と同盟したため、福祉国家の縮小が政治的に困難になったことである。最後に、チェコを除くすべての国では、炭鉱労働者や警察官、消防士、鉄道や鉄鋼業の労働者など、特別な専門家集団に対して旧体制の下で付与されていた多くの特権が、当初は維持されたこともまた、言及しておく価値がある

---

33) Vanhuysse, *Divide and Pacify*, chap. 5: 73-95.
34) *Ibid.*, 88.
35) Maria Svorenova and Alexandra Petrasova, *Social Protection Expenditure and Performance Review: Slovak Republic* (Budapest: International Labour Organization, 2005), 127.
36) Vanhuysse, *Divide and Pacify*, 7-95; Michael J. G. Cain and Aleksander Surdej, "Transitional Politics or Public Choice? An Evaluation of Stalled Pension Reforms in Poland," in Cook, Orenstein and Rueschemeyer, *Left Parties*, 145-74.

第4章　工業化の奇跡と福祉国家の諸問題——ヴィシェグラード・グループ

だろう。

　これらすべてのことの結果として、GDP に占める年金支出の比率がすべての国において増加した。極端なケースとして、ポーランドでは（早期退職を含めて）1989 年から 1992 年の間に 6.5％から 14.7％に増加した[37]。同時に、従属人口指数の悪化や賃金停滞、大規模な脱税により、現行の年金制度はしだいに危機に陥るように思われた。当初は、ヴィシェグラード4カ国すべてが、たとえば年金給付へのスライド制適用の一時的な延期か受給条件の選択的厳格化か、もしくは退職年齢の段階的引き上げのような漸進的な調整によってこの課題に対応しようと試みたが、迫りくる年金危機は、1990 年代後半からの、より急進的な改革の新たな推進力となった。

　ポーランドとハンガリーは、より根本的な年金制度の全面的見直しをはじめた。両国では、大きな年金制度の危機は、社会保障を管轄する省庁と社会政策の専門家、財務省の間で闘争をもたらし、その闘争は長引いた。とくに財務省は、世界銀行によって推奨されたマルチピラー・モデル（第3章の「ナショナリスト的な社会契約」の項を参照）を主張した。この二国での基本的な対立は、急進的な改革を主張していた者たちが勝利する形で、1996 年に最終的には解消した。新しい年金制度の全体のデザインは非常に類似したもので、〔それまでの〕第一の柱に、新しく創設された完全積立の私的な柱を組み合わせたものであった。ポーランドの第一の柱の改革は、ハンガリーにおけるものよりも急進的であり、給付と拠出した保険料との間の結びつきを強化するために、見なし（概念上の）確定拠出制度への移行を含んでいた。ハンガリーは、第一の柱を確定給付の賦課方式の制度として維持した。

　ポーランドとラトヴィアの年金制度改革の類似性も興味深い（後者については、第3章「ナショナリストの社会契約」を参照のこと）。これは、スウェーデンの改革チームが双方の国にアドバイザーとして招請されていたことによる。

---

37) "Children at Risk in Central and Eastern Europe: Perils and Promises," *Economies in Transitions Studies Regional Monitoring Report* 4 (Florence: UNICEF, 1997), 137. GDP に占める割合において、年金が不釣合いなほど高いシェアを占めている一つの理由は、新しい機会を充分に活用した、農業従事者の受給資格の緩和である。たとえば Inglot, *Welfare States*, 255-58 参照のこと。

219

しかしながら、ラトヴィアとの比較では、ヴィシェグラード諸国における年金制度の先導者であったポーランドとハンガリーは、いくつかの点において、より漸進的であったようにみえる。両国において、第二の柱の立ち上げは非常にゆっくりで、また第二の柱の規模もラトヴィアよりも小さい。さらに、ハンガリーにおいては、積立方式〔による第二〕の柱を徐々に拡大していくことをあとになって諦めた。また、当初、自発的に積立方式を選択し移動した人々が、あとで賦課方式の制度に戻ることも許可した。

　ポーランドとハンガリーの両政府はまた、すでに退職している人々の給付や特権を保護することに大きな関心を有していた。ポーランドの早期退職給付は、古いシステムが適用される人々のすべてについて継続された。そして、女性の低く設定された退職年齢と農業労働者向け年金へのかなりの額の補助金の双方が維持された。最後に、改革者は一貫して、ラトヴィアの場合よりも、年金の所得代替率（給付水準）の安定に力を注いだ。結果として、両国における年金は、バルト三国と比べてずっと寛大なものとなった[38]。

　たしかに、サライがハンガリーの事例について論じたように、ヴィシェグラード諸国の高齢者のうちの大多数を貧困から救うことに貢献したのは、なにも年金水準の寛大さそれ自体ではない。むしろ、早期退職のほうが、五体満足な退職年齢以下の年金受給者にある程度の物質的な保障を提供した。それは、相対的に安全なポジションから公式もしくは非公式の市場へ早期退職者が再統合されることを可能にし、また家族ビジネス形態での就業ないしは家族ビジネス経営あるいは夜間就労を通じて、早期退職者が収入を増やすことを可能にした[39]。

　スロヴァキアは、ヴィシェグラード・グループの中で急進的な年金制度改

---

38) Inglot, *Welfare States*, 263-64, 285. ポーランドとハンガリーの年金改革については以下も参照のこと。Katharina Mülller, "Pension Reform Paths in Comparison: The Case of Central-Eastern Europe," *Czech Sociological Review* 7, no. 1 (1999): 51-66, Elaine Fultz, ed. *Pension Reform in Central and Eastern Europe, vol. 1: Restructuring with Privatization: Case Studies of Hungary and Poland* (Budapest: International Labour Organization, 2002); and Orenstein and Haas, "Globalization and the Future of the Welfare State."

39) Szalai, *Nincs két ország*, 121-25.

第 4 章　工業化の奇跡と福祉国家の諸問題——ヴィシェグラード・グループ

革に取り組んだ 3 番目の国である。メチアル体制は、そのナショナリスト的な連立を強固にするために年金改革を体系的に利用し、国家公務員、軍人、鉄道労働者、警察、消防士などの伝統的に特権を有する職域集団の要求を満たすとともに、特権を新たな職業集団にまで拡張した。スロヴァキアはまた、もともとはチェコスロヴァキアにおいて 1991 年に導入された年金給付のスライド制を維持した。しかしながら、国家による頻繁な賃金統制のため、とくに 1990 年代半ば以降、大多数の人々の年金給付額は下がり続けた[40]。

ほとんど改革がないうえに新たな特権が付け加わったにもかかわらず、スロヴァキアは、ハンガリーやポーランドとは違い、実際上、年金財政危機に直面してこなかった。しかしながら、1998 年以降の経済的な景気後退や、第 1 期ズリンダ政府によって実施された緊縮パッケージは、大規模な脱税と相まって、1990 年代の末以降、保険料収入の漸進的な減少をもたらした。スロヴァキア当局が中央政府財政ではなく使用者と被用者の拠出金により賄われる、中央政府財政から切り離された年金基金を設けていたため、年金赤字は隣国のチェコよりもみえやすかった。それでも、年金制度の急進的な全面的見直しの開始時には、支出が収入を超える程度は GDP の 0.5％分だけであった[41]。それゆえ、スロヴァキアでは、社会保険基金が直面した実際の問題というよりも、第 2 期ズリンダ政府の新自由主義的立場によって、マルチピラー・モデルへの移行の歩みは動機づけられていた。

スロヴァキアの年金改革法は 2003 年 4 月に〔国会で〕採択され、2004 年に第一の柱の改革が実行され、2005 年から強制加入の第二の民間で運用される柱が導入された。第二の柱は、ハンガリーやポーランドにおけるそれよりもずっと規模が大きかった。政府は、「より高水準の収益を促進すべく、外国からの年金基金への投資を許容することについて積極的でもあった[42]」。この目的のため、ヴィシェグラード地域の中では、外国企業による投資に対

---

40) Inglot, *Welfare States*, 248.
41) World Bank, *Slovak Republic: Pension Reform Note. Main Report* (Washington, D.C.: The World Bank, 2004), 1.
42) *Ibid.*, 19.

してもっとも自由な体制が提供された。政府はまた、最低年金を撤廃し、再分配の役割を社会扶助に委ねた。最終的に、旧制度から新制度への2年間の移行期間は非常に短く、このスキームには、すでに存在する諸権利に基づく適用除外はほとんどなかった。賦課方式の制度において、このことは、新制度の下で給付される年金が、旧制度による年金額より10％少なくなることを意味した。したがって、スロヴァキアの年金制度改革は、新しいモデルへの強いコミットメントという点で、ヴィシェグラード諸国の標準と比べて突出しているというだけに留まるものではなかった。さらにいえば、年金改革は、福祉レジームならびに税制の急進的かつ全面的な見直しの中での、一つの要素にすぎなかった[43]。

2000年代初期以降、福祉主義的な契約の中心的なパターンから離脱しようとしているようにみえたスロヴァキアとは対照的に、また他のヴィシェグラード諸国とも異なり、チェコは福祉契約を堅く守る姿勢を維持した。1997年の危機により、成長と雇用の相当の低下、そしてそれらに付随した社会保障のための収入が相当に減少したため、年金の持続可能性の問題が前面に押し出された。しかしながら、年金制度の財政的負担の増加は、現存する制度を実質的に改革するのに充分なインセンティブではないことが明らかになった。政策決定者は、マルチピラー・モデルに沿った年金制度の民営化を議論したが、これは最終的には却下された。それにはいくつかの理由が挙げられる。

第一に、チェコの政策決定者らは、第一の柱〔賦課方式〕から〔第二の柱へ〕の移動にともなう移行コストが、年金財政収支をさらに悪化させることを、他のヴィシェグラード諸国よりも、もっと心配していた。第二に、ポーランドとハンガリーはその対外債務のために、そしてスロヴァキアはメチアル体制で損なわれた国の評判を回復したいというズリンダ政府の願望のために、

---

[43] *Ibid.*, とくに17-20, 38-39. 他の改革については、たとえばConor O'Dwyer and Branislav Kovalcik, "And the Last Shall Be First: Party System Institutionalization and Second-Generation Economic Reform in Postcommunist Europe," *Studies in Comparative International Development* 41, no. 4 (2007): 3-26 を参照。

これら諸国は国際コミュニティよりいくばくかの影響力を受けていたが、チェコの場合は、同様の影響を受ける理由はほとんどなかった。第三に、ポーランドやハンガリーとは対照的に、社会民主主義者の政府は、年金民営化に対して反対であり、この立場は労働組合や年金受給者団体にも共有されていた。最後に、チェコの政策決定者の間では、現行のモデルがかなりよく機能しており、急進的かつ全面的な改革は必要ないというコンセンサスが存在した。

したがって、チェコにおける年金改革の実施は、1997年の危機以前と以後を問わず、漸進的であった。しかしながら、チェコの年金の私有化は漸進的な年金改革の一部であったことには留意すべきである。すでに1990年代はじめの時点で、クラウス政府は、一方では、国家による給付にほとんど手をつけず、補完的な第三の柱を含む、中流階級を対象にした任意加入の私的社会保険の機会を設けていたのである[44]。

経済、政治、そして福祉主義

さて、これらすべてに留意すれば、ヴィシェグラード諸国における契約の中心的な特徴を定義することはいまや容易であるといえよう。これらヴィシェグラード諸国の福祉主義的社会契約の下では、福祉支出は元来、物質的剥奪や地位の喪失による社会的評価の低下に対して受給者を保護することを主に意図していた。また、社会的な抗議を通じてにせよ、あるいは大規模な現政権への批判票という形にせよ、脅威にさらされた集団がその損害を与えうる変化に抵抗する実際の能力かあるいは予想される能力と比べてみると、その福祉支出は寛大だった場合もあるし、不充分だった場合もあった。

しかしながら、ヴィシェグラード諸国は、いちばん苦しい時期が終わったときに福祉主義的契約を終了させたのではなく、契約関連諸措置を拡張し、強化した。したがって、当初、この地域における福祉主義は、恒久的な「契

---

44) Inglot, *Welfare States,* 232 および、Katharina Müuller, "Beyond Privatization: Pension Reform in the Czech Republic and Slovenia.", *Journal of European Social Policy* 12, no. 4 (2002): 294-306.

約」という名に値するものとしては現われていなかったが、時が経つにつれて、より体系的な特徴を獲得してきたようにみえる。2000年代半ばのような遅い時期にも（ハンガリーにおいては、さらにその後においても）まだ、政府は障害年金や早期退職、失業者や家族への給付、そして公的ヘルスケアや教育の包摂的な枠組みへのアクセスを寛大にするなど、福祉給付の拡大によって同意を得ようとしていた。これらの枠組みの中には、裕福で、声高な者を救済するようデザインされたものもあったが、それ以外はあまり資力に富まない労働者を助けるためにデザインされたものであった。概して、裕福で声高な者は資力に富まない人々よりも、有利な条件の下で労働市場に参入もしくは退出することができた[45]。

　重要なこととして、スロヴァキアとハンガリー、チェコ（この順で割合が大きい）で総人口のうち、かなりの割合を代表しているロマの人々は、下層階級へのさらなる転落という脅威に対する充分な保護を受けることを拒まれた。それは、たとえば積極的ならびに消極的な労働市場政策への支出が充分でないことや、この地域全体にわたるロマ統合プログラムの説得力をもたない実績をみればわかることである。このエスニック集団を統合しようとした社会主義時代末期の努力は、よくいっても部分的にしか成功していなかった。多くのロマ人が拡大する国有企業により吸収されたとしても、低技能の仕事での一時的な雇用では、敬意を払われる社会的地位を得るには充分ではなかった。ラダーニやセレーニの地域間比較研究のみならず、ハンガリーについてのサライのすばらしい研究も示しているように、社会主義崩壊後、ロマ人（そしてその他の脆弱な集団）は、より声高な福祉国家の受益者とのライバル競争に敗れた。ロマ人の貧困の痕跡は何よりも、長期的失業や非就業の極度に高い比率に示されている[46]。

　要するに、ヴィシェグラード諸国における福祉主義的社会契約の下では、相対的に豊かで地位も高く、そして声高に主張する集団が、しばしば、貧し

---

45) Vanhuysse, *Divide and Pacify*.
46) Szalai, *Nincs két ország*, János Ladányi and Iván Szelényi, *A hirekesztettség változó formái* [Changing forms of exclusion]（Budapest: Napvilág Kiadó, 2004）.

第4章　工業化の奇跡と福祉国家の諸問題——ヴィシェグラード・グループ

く力をもたない（もっぱらロマ人だけではないが、その一部をなす）ロマ人のような競争相手を、公的な福祉供給から締め出し、その脇に追いやっているのである。たとえそうだとしても、大規模な中産階級の貧困化を防ぐことによって、これらの福祉国家は、効率的ではないにしろ、社会の分解を食い止めることに相対的に成功していた。しかしながら、それは、財政の過剰支出と、ハンガリーの場合は対外債務の危機的な増加による、繰り返されるマクロ経済的な不安定という犠牲を払ってのみ、可能なことであった。

　ヴィシェグラード諸国の社会的支出の持続可能性に関する問題点の本質は、ロードスの次の主張がよく捉えている。「もし、あなたが大きな、そして持続可能な福祉国家を欲するならば、それに対する支払いができなくてはならない[47]」。同じことは、ヴィシェグラード地域における「斜陽」ないし「新興」の産業やサービスに豊富に与えられた寛大な公的補助にも妥当する。社会保険料と税を必要な額、かつ必要とされる構成部分ごとに徴収することは、ヴィシェグラード諸国にとって大きな難問であったので、社会保護制度は繰り返し破綻間際の状態になり、またこれら諸国の財政は高い債務残高と赤字を抱えた（表1.9）。

　たしかに、転換の困難な時期において、福祉支出を執行しながら、好むと好まざるとにかかわらず〔保険料や税の〕拠出金を出さないことを寛容したことは、破壊的な社会的抗議と政治的な急進主義を食い止めた。しかしながら、予算規模が大きいことは、大規模な非公式経済との共存により、結果としてヴィシェグラード諸国を悪循環の罠に落とす脅威となった。税や社会保険料の支払い回避の蔓延は、（周囲の多くが拠出を行わないため自分たちの負担が増していくことを知った）合法的な労働者や企業までもが、彼らの義務を避けるための方法を探しはじめることに拍車をかけた[48]。

　これらの症状、つまりロードスやコイネの見解が「病理学」の全貌を示し

---

47) Martin Rhodes, "Why EMU Is - or May Be - Good for European Welfare States," in Dyson, *European States and the Euro*, 309.
48) Martin Rhodes and Maarten Keune, "EMU and Welfare States in East-Central Europe, in Dyson, *Enlarging the Euro Area*, 284.

ているものは、ヴィシェグラード諸国における重大な調整問題、それと関連する民主主義的な諸機関にかかっている過剰な負荷に光を当てている。これらの機関は、確立された社会的パートナーシップの枠組みの支援を欠いているために、2000年代を通じて、社会福祉と産業政策の諸コストと、マクロ経済的な安定性の要件との間でバランスをとるという課題に単独で直面したのである。

社会的かつ経済的な転換のコストの緩和により、同意と正統性を得るという死活的な初期の選択は、年金受給者に偏向した福祉国家と財政の過剰支出を再生産する特殊なパターンの民主主義的競争に諸政党をロックインした。そしてその選択は、政策決定の背後に隠れた短期的な政治的動機の全般的な支配を反映したものだった。社会プログラムの人気度や、年金受給者がもつ投票の力、そしてFDI誘致の決定的な重要性を充分認識したので、中道政党は、ネガティブなマクロ経済的帰結をもたらすにもかかわらず、福祉と産業への支出の維持のために借金した。しかし、このようにして取りつけられた同意は、部分的で移ろいやすいものであった。

とくに、社会プログラムが提供したものはニーズに対して充分でなかったことを考慮に入れれば、ヴィシェグラード諸国の有権者が投票を通じた抗議の意思表示をすぐに習得したことは、驚くべきことではない。選挙と選挙の間に「我慢を強いられた」と感じた市民が多ければ多いほど、それだけ多くの者が投票所で、自分たちの損失に対する責任者として、現在の政権与党に罰を与えることを熱望した。ポーランドでは、1990年から2010年の期間、一度として、その時々の政権与党が選挙で勝利することはなかった。かわりに、右派と左派の諸勢力が、予測可能な順番で交代しながら権力の座についた。さらに、政権の終末には、政権与党はたんなる敗北だけでなく、分解するのが常であった。ハンガリーにおいて、2006年の春の選挙でMSZPとSZDSZが連続して2期政権を担うようになるまでは、ポーランドと同様のことが起きた。チェコとスロヴァキアにおいては、左派と右派の政権交代が2期ごとのインターバルで起こった。そして2期目には、いつも左派ないし右派政権は、弱体化した少数派政権となった。これらの経験から明らかなの

は、ヴィシェグラード諸国の体制が、政治的に高度に競争的な状況を維持したことである。

われわれが見出したのは、国内政治がヴィシェグラード諸国において埋め込まれた新自由主義の出現にとって重要であるということである。しかし、民主主義的な国内政治が、唯一の重要な要因なのであろうか。結局のところ、これらのレジームの出現は、閉鎖された国民経済の中ではなかった。究極的には、重要な機会と制約のすべてが影響を及ぼすのは、民主的な国内政治が支配する境界レベルではかならずしもないのかもしれない。実際のところ、国内政治はその重要性を失っていないが、1990年代末までに国内政治は、ヴィシェグラード諸国間競争、超国家企業の選好、そしてEUの圧力によってますます制約を受け、新しい方向に駆り立てられるようになってきたのである[49]。

競い合う工業化の奇跡

EU加盟と国民的資本主義から外資主導の発展経路へのシフトは、国際的な認知と投資のための競争にヴィシェグラード諸国をさらしながら、これらの国の制度や政策のいくつかをつくり変えた。ヴィシェグラード地域内競争の種子は、移行の初期に植えつけられたが、それはまた、4カ国のいくつかの国の間の競争とあからさまな敵意の長い歴史にも逆のぼることができる。しかしながら、競争は統合のためのEUの「ハブ・アンド・スポーク」というアプローチ〔EUというハブに加盟候補国が連結されていること〕と超国家企業のパワーの増大によって強められた。そして、超国家企業のパワーの増大は、超国家企業が高い投資収益を確保するため、誘致国を互いに競い合わせることを可能にしたのである。

---

49) 以下は Béla Greskovits, "Central Europe," in *Which Europe? The Politics of Differentiated Integration*, ed. Kenneth Dyson and Angelos Sepos (Houndsmills: Palgrave Macmillan, 2010), 142-55 に基づいている。また、Peter Katzenstein, *A World of Regions: Asia and Europe in the American Imperium* (Ithaca: Cornell University Press, 2005) からも着想を得た。

227

ライバル関係にある地域

　ヴィシェグラード諸国の歴史は、下からのイニシアティブによる地域協力の失敗のエピソードだけでなく、それに劣らず、地域協力の枠組みやプロセスが外部から押しつけられ、地域で憤慨を引き起こした例にも満ちている。地域協力はオーストリア＝ハンガリー君主国やソヴィエト連邦のような、帝国ないし準帝国の支配により、いつも挫折させられた。

　ケンデの研究は、失敗に終わった下からの試みの「長期持続」に関する鋭い洞察の全体像を示してくれている。それらの試みは、ハプスブルク帝国の「ドナウ流域諸国民の連邦」への転換のアイデアから、チェコスロヴァキアとポーランド、あるいはルーマニアとハンガリーないしはブルガリアを統合しようとしたさまざまな計画にまで及ぶが、それらは第二次世界大戦後に若干の保守主義者と共産党の指導者らが提案したものである。後者の提案についてはスターリンによって阻止された。ケンデは、知的サークルにおける人気にもかかわらず、そのような連邦や統合の計画は、存在していた力関係の無視と、「広い大衆の支持を当てにすることができず、経済的「利害」（や切望）と両立しない」という事実から、失敗することが運命づけられていたと主張している[50]。

　実際に、ハプスブルク帝国で取り組まれた工業化した地域と農耕地域との間の経済協力はいずれも、ハンガリー人とチェコ人、スロヴァキア人、ルーマニア人、そしてその他の民族の間での激しい政治的争いという文脈で行なわれた。ライバル心ならびに敵意の遺産が多くあったという点で、ソヴィエト・ブロックの軍事機構ならびに経済機構であるワルシャワ条約機構や経済相互援助会議（CMEA）への強制的統合のあとになっても、衛星諸国家はお互いを戦友として新たに位置づけることが難しいとわかったことも、驚くべきことではない。

---

50) Peter Kende, "Van-e még esélye és értelme egy közép európai államfödererációnak? Kell-e nekünk Közép Európa?" [Does a Central European Federations still have a chance — and does it make sense? Do we need Central Europe?], special issue, Századvég [Century's end] (1990): 10.

第 4 章　工業化の奇跡と福祉国家の諸問題——ヴィシェグラード・グループ

あからさまな敵意は、勢力圏における秩序の維持というソヴィエトの利害によって食い止められていたが、他方で衛星国の共産主義エリートたちが、お互いが修正主義や反ソヴィエト的ナショナリズムでないかと相互に懐疑的であったことは、クレムリンが分断し支配するという技術に訴えることを容易にした。ソヴィエト型の中央計画化と CMEA は、その論理が協力や輸出志向ではなく、自給自足（アウタルキー）や輸入代替を支持していたため、地域内での分断をさらに強めた。そして、それはまた選択された生産工程の一部もしくはニッチな分野への特化よりも、すべてを包含する生産プロフィールを優先した。社会主義的な発展戦略が重工業を無差別に選好するというものであったため、ほぼ同一の経済構造が生み出された。

1970 年代と 1980 年代を通じて、自給自足的な論理が引き続き〔人々に〕訴えかけるものであったことは、おおいなる皮肉であった。それは、この時代が、石油価格の上昇やデタント、東西の技術ギャップについて認識の高まり、そして福祉について考慮すべき事柄など、これらすべてにより、CMEA が、類似の産業構造ではなく補完的な構造へと進展させるために、特化に基づく新しい分業や技術ならびにノウハウの移転、産業内貿易を推奨することを強いられたときであったからである[51]。衛星国経済は、いくつかの特化の取り組みを行なった。ハンガリーはバスの生産と製薬業、チェコスロヴァキアとポーランドは自動車と重化学、そして 3 カ国すべてがさまざまな部門の消費者向け電気機器とコンピューターに特化した。しかし、これらの努力は、国内経済と同様に当地域全体においても、つねに不足現象によって妨げられた。地域レベルでは、コルナイにより分析されたように、不足現象は輸入投入財への飽くことを知らない需要、長い輸送期間、貧弱な質、生産の差別化や顧客サービスの欠落やその他の特徴となって現われた[52]。

信頼できず、品質が低く、不足を生み出しがちな隣国との産業内貿易への依存を最小限にするために、結果として個々の国は、単独で生産することや

---

51) Márton Tardos, ed., *Vállalati magatartás — vállalati környezet*〔Enterprise behavior — enterprise environment〕(Budapest: Közgazdasági és jogi Könyvkiadó, 1990).
52) Kornai, *The Socialist System*.

類似した産業構造を維持すること、自国の経済空間内部でサプライ・チェーンの可能性を追求することへの関心をもち続けた。それら諸国は、ハード・カレンシーによるライセンスの購入や、密輸や産業スパイによってアクセスした西側の技術やノウハウを共有することには及び腰であった。産業内貿易を通じた特化と協力の努力にもかかわらず、CMEA貿易は、おおまかには、以前と同様の状況にとどまった。すなわち、小国メンバーの間での完成した工業製品の交換と、これらの国々の工業製品や食料とソヴィエト連邦の燃料・原料との交換、という図式が残った。

　国ごとの自給自足は、社会主義体制の真髄ともいえる遺産であったが、その崩壊により、地域協力のよさが喧伝された。その喧伝は経済問題ではなく、むしろ政治問題としてであった。理想と政治そして経済の三つの面からの政策構想表明、すなわち、中欧概念の復活、ヴィシェグラード宣言、中欧自由貿易地域（CEFTA）の創設のいずれもが、体制転換の最初の英雄的な期間に端を発していることには言及の価値があろう。このイデオロギー的かつ政治的なイニシアティブは、新エリート自身の切望の反映であった。他方で、EUは新しい地域経済協力の枠組みを推奨したが、ポスト社会主義諸国はこれをしぶしぶながら採用した。

ライバル関係の打破とその再創出

　中欧の文化的、政治的、経済的な固有性という考えは、この地域の特別の性格とその西側への親近感の概要を示すために、チェコの小説家クンデラ、ポーランドのノーベル賞受賞者である詩人のミウォシュのような反体制派の芸術家やよく知られている知識人によって再興された。たとえば、ハンガリーの歴史家イェヌーは、その影響力のある研究において、三つの歴史的欧州を区別している。すなわち西欧と東欧、そしてその間に中欧である。中欧を東欧と区別するものは、長く西側の影響によって形づくられたその歴史である[53]。また、他の人々は、中欧に地理的な意味合いは少ないが、中欧は「政

---

53) Jenő Szűcs, "Vázlat Európa három történeti régiójáról" [Europe's three historical regions], *Történelmi Szemle* [Historical review] 3 (1981): 313-59.

第4章 工業化の奇跡と福祉国家の諸問題——ヴィシェグラード・グループ

治的結束を有し共産主義と戦ったポーランド人、チェコ人、ハンガリー人を指し、共産主義と闘わなかったその他の近隣諸国とは区別される」と論じている[54]。このテーマはしだいに、ブレジンスキーのようなアメリカの政治ストラテジストや、ハヴェルのような同地域の政治的指導者になった人々によって取り上げられるようになった。

　われわれの文脈でもっとも重要なのは、この考えの政治的軌道である。中欧は、西側へ戻るという地域の国々の共通する宿願として表現されてきた。そして、西側の一部として優遇的な扱いを受けたいという要求を正当化するために、このような表現が採用されてきた。とくに、新エリートは、早期かつ完全なEU統合のための彼らの戦略のイデオロギー的な土台として、歴史的地域主義を用いた[55]。皮肉なことに、東欧の知識人と政治家らが歴史的な地域としての中欧〔の概念〕を再発見すると、1990年代初期において、いまだEU拡大に関して両義的であった西欧の指導者らも、その考えを受け入れ、チェコスロヴァキア、ハンガリー、ポーランドに対して、彼らの地域主義を実行に移し、EU加盟を急ぐ前に互いに協力することを提案した。そのため、これら諸国はこれを実行した。

　民主主義的な資本主義の建設、安全保障、安定性、欧州への回帰という共有された利害に導かれて、また断末魔の苦しみの中にあるソヴィエト連邦からの経済的・政治的圧力の可能性の懸念から、1991年、3カ国はヴィシェグラード宣言によって、協力に取り組むことを表明した[56]。しかしながら、協力における討論の場や分野を具体的に決定した一方で、ヴィシェグラード・グループは地域協力の頑健な制度的枠組みを発展させてこなかった[57]。実際の成果は、EU加盟の前にも後にも諸制約にさらされていた。

　〔EU加盟が実現した〕2004年以前には、ヴィシェグラード諸国の政治家らは「西側の裏切り」という歴史的に浸透した恐怖に取りつかれたので、ヴィ

---

54) Perry Anderson, "The Europe to Come," in *The Question of Europe*, ed. Peter Gowan and Perry Anderson (London: Verso, 1997), 138.
55) Maria Todorova, *Imagining the Balkans* (New York: Oxford University Press, 1997).
56) Bunce, "The Visegrad Group," 251-52.

シェグラード諸国を緩衝地域として利用し、〔これら諸国間の協力による〕（下位の）地域化の促進を完全 EU 加盟にかわる貧弱な代替策とするというような、隠された計画が EU にはあるのではないかと疑っていた（西側の裏切りの概念の系譜については、第 2 章「合意を取りつける」を参照のこと）。彼らの懸念は、歴史的な地域の真の復活のためには、たんなる緩慢な政治協力ではなく、経済〔協力〕が重要であるという EU の主張により強まった。

ヴィシェグラード諸国の指導者らの恐怖は、根拠のないものではなかった。1990 年代はじめにおいて、同心円状の欧州、あるいは EU の枠組みの外側に東欧と西欧の間の一般的な連合〔を形成する〕といったアイデアが、いまだ広く流布していた。さらに、1990 年代はじめに締結された欧州協定において、EU は完全加盟の問題について、その立場を示すことを注意深く回避した。そのため、この反応として、1992 年にヴィシェグラード諸国は CEFTA 設立への協定に調印したが、それほどの熱気があったわけでもなかった。

CEFTA の背後にある一つの理論的根拠は次の点であった。〔ヴィシェグラード各国と EU との〕双務的な欧州協定は、ヴィシェグラード諸国の相互貿易における「「最恵国」の枠組みよりもより有利な関税上の特典を、EC との貿易が与えた」のに対して、新しい CEFTA 協定は、ヴィシェグラード地域内市場で、相互に平等な待遇を保障するだけのものである。しかしながら、たとえ「CEFTA が貿易の新たな方向づけにおける過剰反応を避けるための一つの方策であったとしても、加盟国はそう認識したようにはみえなかった」。EU によって「むしろ加盟国はせき立てられなければならなかった[58]」。地域

---

57) むしろ「（首相や大統領のレベルから、専門家の協議まで）さまざまなレベルの代表者による定期的な会合という原則に基づいている。公式の首相会合は、基本的に年 1 回開催されている。この首脳会合の合間の期間、4 カ国のうちの一国が議長国となり、その一環として 1 年間の行動計画の案を創案する責任（原文のママ）を有している」。詳細は、http://www.visegradgroup.eu/main.php?folder を参照のこと（2009 年 11 月 9 日アクセス）。

58) Gergana Dimitrova, "The Limited Effectiveness of Transitory Regional Trade Arrangements in East-Central Europe: The Case of CEFTA," (M. A. thesis. Central European University, Budapest, Department of International Relations and European Studies, 1999), 4.

第4章　工業化の奇跡と福祉国家の諸問題――ヴィシェグラード・グループ

経済協力のさらなる制度的発展は最小限となったが、それは、地域化を過剰に行なう「中欧諸国のEU完全加盟問題をはぐらかす言い訳をEUに」与えてしまうことへの少なからぬ恐れがヴィシェグラード諸国にあったためである[59]。

　そのうえに、地域の経済協力はその他の障害にも直面した。ヴィシェグラード諸国が引き継いだ産業構造は、〔各国間で〕補完的ではなく、ほとんど同一であったため、ヴィシェグラード経済は、そもそも、お互いに貿易するものを多く有していなかった。地域の各国がEUとの欧州協定という法律に基づく関係に入ったため、近隣諸国との関係は原則的に西側のハブとの関係を経由するという、欧州協定の「ハブ・アンド・スポーク」の性格によって、この傾向は強化された[60]。

　そのような関係は、ヴィシェグラード諸国の多国間での貿易、協力、統合を促進しなかった。そして、その結果、「スポーク経済」の周辺化という傾向が生じた。「スポーク経済」は、その限られた市場の大きさのために、多国間の貿易や投資の枠組みの場合よりも、FDIを誘致することがより困難になることが明らかになった。

　その魅力を「人為的に」増大させるために、スポーク経済は、投資家に対して再度、近隣諸国からの輸入に対する保護を提供しはじめた。こうして、地域内での貿易の障壁が増した。自動車部門と電機部門への最初のFDI流入に続いて起きた、ヴィシェグラード諸国における貿易自由化の逆行という証拠は、ハブ・アンド・スポークモデルの欠点についてのボールドウィンの分析を支持する。たとえば、EBRDは移行初期において次のような事実を見出している。「ポーランドにおいて、FDI集約的な産業は、製造業全体よりも66%も高い平均輸入関税を有している。ハンガリーで、これに対応する数字は10%であるが、同国はポーランドよりも厳しい数量制限を用いている。

---

59) Bunce, "The Visegrad Group," 260.
60) Richard E. Baldwin, *Towards an Integrated Europe* (London: Center for Economic Policy Research, 1994); Peter Gowan, "Neoliberal Theory and Practice For Eastern Europe," *New Left Review*, no. 213 (1995): 3-60.

非関税障壁を考慮に入れると、ハンガリーにおいても高度な保護と高水準のFDIとの間の強い関連がある[61]」。ファイナンシャル・タイムズ紙は、「皮肉にも、西側の多国籍企業は東欧において、保護を要求するもっとも有力な圧力団体となっており、また、ローカルな需要が期待を下回ってきたため、投資の約束と保障された市場とを結びつけようとする彼らの試みは、いっそう強いものとなってきた」とドライにコメントしている[62]。

国家間競争

後知恵で考えると、たとえ限定的であったとしても――皮肉にも、ヴィシェグラード地域をつくり出すことへのEUの熱心すぎる努力を挫くための暗黙の協力を含む――〔体制転換の〕英雄的な時期における協力の例外的な努力は、その痕跡を残した。そしてあとになって、この痕跡は地域化の方法やメカニズムにとっても、また埋め込まれた新自由主義の諸制度への収斂にとっても、重要であることが示された。東欧を去って欧州へ回帰する一方で、効果的な集団行動の経験を新たに蓄積することを通じて、ヴィシェグラード諸国の政府は、〔同地域の〕他の国民を互いに仲間とみなすことを学んだ。仲間の他の国の採用する経済政策や政治戦略の動向は、地域にとってのその潜在的な妥当性や地域内での他の国々への影響を考えるうえで、真剣な注意と吟味を払う価値を有するものとなった。とくに、バルト地域と異なりヴィシェグラード諸国には、リーダーとして恒久的に手本となりうる単一の国は存在しなかったため、協力の経験は、短命に終わったものの相互の関心を拡大させた。

とはいえ、概して、自国を仲間の国々から差異化することが、論理として優先された。当初から、ポーランドは「ショック療法」、チェコスロヴァキアはバウチャー民営化、ハンガリーはFDI誘致のためのインセンティブ、といった特定の政策分野でリーダーシップを発揮することに、それぞれの政府は努力した。1990年代には経済改革、民営化、政治における民主化といった点

---

61) *Transition Report 1994*, 137.
62) *Financial Times*, quoted *Ibid.*, 137.

第4章　工業化の奇跡と福祉国家の諸問題――ヴィシェグラード・グループ

で、仲間の国々から相当遅れたスロヴァキアは、新しいミレニアムに入ると、均一課税や福祉改革によって経済戦略のための新たなベンチマークを策定し、目を見張るようなカムバックを果たした。そこで、すべての国々の政府は、先駆的な業績に与えられる国際的な賞賛や物質的な報酬を利用しようといくたびか試みた。これらの努力によって、ヴィシェグラード諸国は、たとえ短い期間だけ人気を博したあとにしばしば新たな難問により「英雄が引き下ろされた」としても、成功物語をみることに熱心な国際金融諸機関の支援に頼ることができた。

　国際金融諸機関が政策イノベーションの成功に対して関心を寄せるのは、これらの機関が、社会主義が崩壊するまで数多くの機会に、新自由主義的な政策を主張してきたものの、そのような主張はアフリカやラテン・アメリカで落胆させる結果となったという事実によって説明されうる。それらの機関は、その処方箋が経済の沈滞状況を治癒できるという新たな証を必要としたのであった。そして、この文脈において、ヴィシェグラード諸国の「ベスト・プラクティス」は、その他のポスト社会主義国や世界中に喧伝することに容易に利用できた。

　同時に、EUは、リーダー〔の国〕に追いつくよう他の国々を動機づけるために、ヴィシェグラード諸国の中で成功物語をみつけ出す必要性が、国際金融機関ほどにはなかった。スロヴァキアという例外を除くすべてのヴィシェグラード諸国は、1997年にEUとの加盟交渉に入った中東欧諸国の第一陣に属した。このときまでに、これら諸国は加盟の政治的条件を満たし、また経済改革についても欧州委員会によって正しい方向に向かっているとみなされていた。

　ヴィシェグラード諸国の加盟戦略は、経済改革の道筋の加速化、全般的な規制枠組みの強化、アキ・コミュノテールを取り入れることに焦点を当てていた。これは、メチアル時代のあとのスロヴァキアにもまた当てはまる。議論のあるところであるが、この地域のさらなる発展の経路に対するEU加盟の主要なインパクトは間接的であった。EU加盟候補国という地位による保護の傘の下で、すべての国が大量のFDIを惹きつけはじめた。それは再工業

235

化、雇用創出、競争力強化に貢献した。結果として、FDIを惹きつける政策は、ヴィシェグラード諸国の埋め込まれた新自由主義体制の主な特徴となり、いままでなかった水準の地域内諸国間競争をもたらした。

　高度に類似した産業構造をもつという社会主義の遺産は、当初は、迅速な地域貿易の再活性化にとって非常に不都合であった。しかしあとになると、4カ国の外資主導で輸出志向の急速な再工業化にとって重要な基盤となった。第2章ですでに示したように、受け継いだ複雑な産業は複雑製造業の超国家企業を惹きつけるのに役立った。それら企業が東欧のポスト社会主義国へ最初に進出する際の立地選択は、充分な人的資本が相対的に豊かに存在するかどうかに決定的に依存していた。しかしながら、投資を惹きつけるためには近隣諸国との差別化を図る必要もあったため、この地域における生産プロフィールの類似性は、4カ国間の誘致競争にも拍車をかけた。

　さらに、生産プロフィールの類似性を反映して、外国から投資され、それによって管理された生産システムを発展させる際には、国内的特性よりも、むしろトランス・ナショナルな特性が採用されてきた。2000年代はじめまでに、複雑産業のクラスター化がチェコ、ポーランド南西部とスロヴァキア北西部、ハンガリー北西部を緊密に結びつけるクロスボーダーな統合をもたらした。この統合は、急速に出現する地域経済の魅力をさらに増した。このクラスターの中では、国境のどちら側に最終的に生産施設を立地させるかは、外国の投資家にとって重要な問題ではなかった。こうして、超国家企業にとって、喉から手が出るほど投資を必要としているヴィシェグラード諸国を入札競争へ駆り立てることは容易なことであった。

　そして入札競争は実際に起きた。とりわけ、誘致をめぐるヴィシェグラード地域内競争激化の証となったのは、税制改革や寛大な投資インセンティブであった。4カ国すべての法人税は、1990年代の間に、すでにかなり低下していた[63]。ポーランドは1990年代を通じて、頻繁に法人所得税率を改定した。結果として、法人税率は1989年の40％から2000年の30％まで下落した。同時に、個人所得税、社会保険料、間接税は引き上げられた。類似のパターンは、ハンガリーでもみられた。ホルン首相の政府は、利潤を再投資する場

第4章　工業化の奇跡と福祉国家の諸問題——ヴィシェグラード・グループ

合の法人税率を半減させた。結果として、ハンガリーは法人税が低水準であることでヴィシェグラード地域のリーダーとなった。同時に、個人所得税や〔社会保険料など〕労働者の雇用にかかる諸税、消費税は引き上げられた。さらに、ハンガリーは外国投資家向けの特別税控除の創設においても先頭に立っていた。チェコも同じような趨勢をたどっていった。チェコは他のヴィシェグラード諸国ほどには法人税を引き下げなかったが、それでも1990年代を通じて法人課税を一貫して緩めた。社会民主党政権の下で、チェコは外国投資家に対して特別なインセンティブを積極的に付与しはじめた。

1990年代末以降、税〔の引き下げ〕競争は、いっそう激しくなり、FDI誘致の問題とますます結びつきを強めるようになった。1999年、ポーランドは再度の税制改革を導入し、2000年にはチェコが続いた。税〔の引き下げ〕競争の新たなラウンドは、所得税、法人税、付加価値税を19％に統一する一律課税体制を、スロヴァキアが2004年に導入したことにより開始された。この措置により、〔スロヴァキアの〕法人所得税はEU平均を大きく下回り、またEU新規加盟国の平均をも下回り、近隣諸国の対抗的な法人税引き下げを誘発した。

低い法定税率は、FDIを誘致する重要なツールである。たとえ、それは投資家に実効的な税負担について多くを伝えないとしても、ビジネスに友好的な環境であるというシグナルを発することになり、また実際に支払わなくてはならない税額のための重要な諸パラメーターとなる[64]。さらに、超国家企業自身のほうも積極的に減税を求めてきている。2003年、ハンガリーにおけるアメリカ商工会議所の当時のエグゼクティブ・ディレクターであったファースは、EU加盟が超国家企業への税控除に制限を設けたことに対して、ア

---

63) Hillary Appel, "The political economy of tax reform in Central Europe: Do domestic politics still matter?" (2003), http://www.eurofaculty.lv/taxconference/files/Hillary_Appel.pdf を参照（2008年5月7日アクセス）。以下の議論についても本文献を参照のこと。Frank Bönker, "Steuerpolitische Aspekte der EU-Osterweiterung," Vieteljahrshefte zur Wirtschaftsforschung 72, no. 4 (2003): 522-34.
64) Steffen Ganghof, "The Politics of Tax Structure," MPIfG Working Paper 06/1 (Cologne: Max Planck Institut für Gesellschaftsforschung, 2006).

イルランドの事例をもとにして、アメリカ商工会議所の次の目標は法人税率の引き下げ実現に向けたロビー活動であると述べた[65]。

法人課税の全般的な引き下げに加えて、超国家企業は彼らの特定のニーズに合わせた投資インセンティブの交渉がうまかった。外国の投資家がホスト国に対して求める要求のタイプは、時間とともに変わっている。当初は、輸入品からの保護や税免除がもっとも重要であったが、双方ともヴィシェグラード諸国のEU加盟により認められないことになった。ヴィシェグラード諸国のEU加盟交渉の間、外国投資家は彼らの広範囲にわたる税制上の譲歩を防衛するために、ホスト国政府に圧力をかけることには成功したものの、それ以降、要求は別の型のインセンティブに変わっていった。

東欧における投資インセンティブについてのもっともすばらしい実証的研究の一つは、インセンティブ・パッケージが転換初期よりも1990年代末以降のほうが寛大であると示したキャスの研究成果である。キャスは、「この結果は、相対的に移動性の高い効率追求型の投資を求め、諸国間での競争が増したという広くみられる説明と一致している」と論じた[66]。〔誘致を〕競い合っている国同士の間で、立地の特徴が類似している場合、超国家企業による立地の選択において投資インセンティブが重要な役割を果たすということを明らかにしたコレシャールの詳細な実証研究により、この傾向は確認されている[67]。

ヒュンダイ／キア（起亜）社のジリナへの投資のケースでは、スロヴァキア政府はEU法の許容する投資総額の15％に及ぶ全般的な援助に加えて、いくつもの特定用途のインセンティブを追加することによって、2004年の最終局面でポーランド当局に打ち勝った。スロヴァキア政府は、高速道路、鉄

---

65) Dorothee Bohle and Dóra Husz, interview with Péter Fáth, executive director of the American Chamber of Commerce, Budapest, February 20, 2003.
66) Cass, "Attracting FDI," 41.
67) Peter Kolesár, "Race to the Bottom? The Role of Investment Incentives in Attracting Strategic Automotive Foreign Direct Investment in Central Europe" (M. A. thesis, Central European University, Budapest, Department of International Relations and European Studies, 2006). Drahokoupil, *Globalization and the State* も参照のこと。

第4章　工業化の奇跡と福祉国家の諸問題——ヴィシェグラード・グループ

道網、空港の建設への補助に加えて、投資資産、病院、住居、労働者の子弟への英語による教育などに対する追加的な補助を約束した。さらに、政府は法人課税と雇用保護および使用者の社会保障拠出の水準の引き上げを行なわないことを約束した。その見返りとして、キア社は多くのお返しをする必要もなければ最低限の投資や雇用の水準を約束する必要もなかった。

　同様に、韓国ハンコック・タイヤ社のドゥナウーイヴァーロシュへの投資のケースを取り上げると、〔他の候補地との〕違いをもたらしたものは、立地の優位性ではなく投資インセンティブであった。2005年にスロヴァキア政府が約束したインセンティブの一部を削減する決定を行なったあと、ハンコック・タイヤ社がスロヴァキアでの投資を取りやめたときに、このことが明らかになった。この状況はハンガリー政府によってただちに利用された。ハンガリー政府は、同地域での最後の大型プロジェクトがスロヴァキアやチェコの競争相手のところへいってしまったため、少なくとも一つの大規模投資者を誘致することを切実に必要であると考えていた。

　立地をめぐる競争はまた、ヴィシェグラード諸国の自国演出にも深く染み込んだ。ヴィシェグラード諸国はますます、競い合っている民間企業のマーケティング戦略の諸要素を取り込み、FDIを加速させるための国の政策にそれを統合していった。あたかも企業であるかのように振る舞い、これらの国家は自国の「製品」、つまりはその立地を地域の競争相手が提供するものと差別化することに邁進した[68]。これらの国家はまた、歴史に根づいた国民的アイデンティティと誇りの意識的なアピールによって、近隣諸国に勝利しようとする努力への広範な大衆の支持を取りつけるよう腐心した。政治家とそれぞれの国家メディアは、大規模なグリーンフィールド投資プロジェクトに象徴的な意味合いを与えた。そして、クロス・リージョナルなFDI〔誘致〕競争の結果を、（用いられた多くの奇抜な言い方のうち二つのみを挙げるが）「タトラ山脈のトラ」スロヴァキアの「パンノニア平原のピューマ」ハンガリーに対する勝利、もしくはその逆のように、国民的勝利として解釈した。

---

68) Peter Kolesár, "Race to the Bottom."

工業化の奇跡

　社会主義体制下の工業化の遺産を活用しようとした政府と、地域の立地的な優位性を利用することに熱心だった超国家企業は、一種の工業化の奇跡をついに現実のものとした。生産高、雇用、総輸出に占める割合のいずれでみても、複雑工業部門の実績は注目すべきものである（表1.7）。新興工業諸国（NICs）のうち大きな国と比較してみても、超国家企業の誘致におけるこの地域の成功は際立っている。超国家企業を巻き込むことなしに、この地域が世界市場で大きなシェアを占めることは不可能であっただろう。

　1990年代、外資の浸透は、主には私有化の際の資産の取得を通じて起きた。しかし民営化の大部分が終了した2000年代になっても、外国資本の流入はとどまることなく加速した。外国資本の大部分はサービス部門に投資されたが、製造業への外資も総ストックの20％近くに達した。製造業部門の内部では、外資の3分の1から3分の2は複雑部門に流入した。したがって2007年時点で、ヴィシェグラード諸国に立地する大規模な自動車製造企業10社と数百社のサプライヤーが、欧州全体の生産台数の約15％に相当する300万台という、旧社会主義のEU新規加盟国における大部分の生産台数を生産していたことも、驚くべきことではない。世界経済危機の発生の前には、数年以内に同地域のシェアは20％を超えると予測されていた[69]。

　増加したのは、外国の物的資本と技術のストックだけではない。ヴィシェグラード諸国の国内資本大企業や、ときには中小企業も、トランス・ナショナルな性格を帯びはじめ、主として近隣諸国（ただし近隣諸国のみではない）のサービス部門や製造設備に投資しはじめている。ヴィシェグラード地域や南東欧諸国におけるハンガリー企業によるかなりの買収や、以前のチェコスロヴァキア連邦経済圏におけるチェコやスロヴァキアの資本家による国境を超えた操業が、その例として挙げられる。

　先進国の「家宝」〔といえるような企業〕の買収に成功しても失敗してもメディアで大きく報道される中国のようなことはないが、ヴィシェグラード地

---

69) György Heimer, "Keletre Hajtás" [Driving east], *Heti Világgazdaság* [World economy weekly] July 12, 2008.

第4章 工業化の奇跡と福祉国家の諸問題——ヴィシェグラード・グループ

表 4.1 ヴィシェグラード諸国と新興工業国のFDI（2000年代後半、10億米ドル）

	資本輸入ストック（2010年）	グリーンフィールド投資プロジェクトの価値（2005年4月～2011年1月）	資本輸出ストック（2010年）
チェコ	129.9	34.0	15.5
ハンガリー	91.9	45.7	20.7
ポーランド	193.1	109.8	36.8
スロヴァキア	50.7	41.3	2.8
ヴィシェグラード諸国合計	465.6	231.0	75.9
ブラジル	472.6	180.9	192.5
中国	578.8	615.1	297.6
インド	197.9	363.8	92.4
メキシコ	327.1	119.8	66.1
ロシア	423.1	255.5	433.6

（出所）*World Development Report 2011*（NewYork: United Nations Conference on Trade and Development, 2011）.

域におけるトランス・ナショナルな資本の量の急速な増加は、発展と関わる地位向上に新たな側面を付け加えている（表4.1）。

　輸出志向のトランス・ナショナルな複雑産業の主導的な役割によって、実際にはどの程度の発展がもたらされているのであろうか。たんにマクロレベルあるいはメゾレベルからの構造的な観点だけでなくて、ミクロレベルの構造的な観点から評価した際、ヴィシェグラード経済はどのようにして、生産要素の、より効率的利用への転換に成功しているのであろうか。これらの疑問に対して、やさしく明快な回答はない。一方で、ヴィシェグラード諸国は、自動車、機械、装置、電気・電子製品、製薬を含む化学製品などの輸出国のエリート・クラブの中でもっとも先進的な国々ならびに新たに成功裡に工業化した一握りの国々の一員である。この観点からすると、これら諸国の産業的転換はおおいに成功しているかにみえる。

　他方で、自動車や電子機器の輸出には、国民経済の間で洗練とスキルの水準の差異が含まれている可能性がある。エバンスが指摘しているように、トランス・ナショナルな生産の世界では「何を生産しているかは、生産で果たしている役割ほどには重要ではない。最終的な分析において重要なのは、部

門それ自体ではなく、生産をうまく行なうための一連の役割である[70]」。生産システムとコモディティ・チェーンを、グローバルかつトランス・ナショナルに組織するよう超国家企業を動機づけるのは、たしかに（GDP水準の高低からみて、インフラがより整っていることや、賃金水準の低さに対して地域の購買力が高いというような）異なる優位性をもつ複数の立地に生産のさまざまな段階を置くことから得られる利益である[71]。

効率という点に関していえば、利用可能なデータは複雑で変動しつつある構図を描いており、それは輸出の役割と実際の成長状態・見通しとの関係についての確固たる判断に到達するには、より詳細な研究が必要であることを示すものである。たとえば、近年の世界銀行の研究は楽観主義を示すものである。「過去のこの地域へのFDI流入の肯定的な効果は、世界全体の輸出に対するこれら諸国の輸出単価の比率のいっそうの増加と輸出財の品質の向上へのシフトに現われている。この高度な技術輸出へのシフトは、とくにヴィシェグラード諸国とスロヴェニアで明白である[72]」。しかしながら、労働生産性における証拠から示されることは、ヴィシェグラード経済が西欧の小国に追いつくまでには、いまだ長い道のりがあることである。

ヴィシェグラード地域では全般的に、国際的かつトランス・ナショナルな主体と市場によって推奨される形で、地域内での競争を各国に強制するロジックが働いた。このロジックは、外国資本への寛大なインセンティブに関して、各国産業政策の収斂化を加速した。そして、税の引き下げを通じて繰り返される競争サイクルを引き起こした。しかしながら、同時に、トランス・ナショナルな資本を埋め込む政策は、ヴィシェグラード諸国に財政問題を付け加えた。1995年から2007年の間に、GDPに占める税収の割合はヴィシェグラード4カ国のうち3カ国で大きく減少した。スロヴァキアでは3％以上、ハンガリーは2％以上、ポーランドは1.5％低下した。チェコも割合が減少

---

70) Peter Evans, *Embedded Autonomy: States and Industrial Transformation* (Princeton: Princeton University Press, 1995), 251n. 16.
71) Gereffi and Wyman, *Manufacturing Miracles*.
72) *World Bank EU8+2 Regular Economic Report* (Washington, D.C.: World Bank, January 2007), 24-25 and chart 38.

したが、ごくわずかだった。この傾向には多くの理由があるが、法人税〔の引き下げ〕競争は国家の収入基盤の脆弱化に結びついたことにほぼまちがいはない[73]。そのため、資本の埋め込みは、福祉国家の削減が繰り返し議論されるほどの財政的ストレスをもたらした、とある程度はいえるであろう。

ユーロ導入を競う

スロヴァキアは、当初のけ者にされ拡大の第一陣として考慮されず、第1次・第2次のズリンダ政権の下で急激な政治・経済的な方向転換を行なうという犠牲を払い、なんとか追いつくことに成功した。そのスロヴァキアを除けば、他のヴィシェグラード諸国にとって、EU加盟は特段の課題ではなかった。しかしながら、EUへの加盟実現は、この4カ国に、ユーロへの転換も準備するよう義務づけた。ユーロ導入に向けた急速な準備の中で、状況は逆転した。当初、この集団では各国の中央銀行が早急なユーロ導入を強く支持していたが、これまでのところ、スロヴァキアだけがユーロ圏のメンバーとなっている。

ポーランド、ハンガリー、チェコの中央銀行、財政政策決定者、党政治家らは、ユーロ圏加盟をさらに将来に先送りするという、引き延ばしをめぐる綱引きを繰り返してきている。久しく、いずれの政府も、現存する福祉主義的社会契約を、急激な公的部門改革や福祉削減によって打ち壊す用意はなかったし、あるいはできなかった。さらに、とくにハンガリーにおいては、マクロ経済政策の重大な調整問題があったために、ユーロ加盟は延期された。そのため、どのようにして、遅れた走者であったスロヴァキアがユーロ導入においてヴィシェグラード地域の先頭になることができたのか、という問題が浮かびあがってくる。

---

73) OECD, *Revenue Statistics 1965-2008* (Paris: Organization for Economic Cooperation and Development, 2009), 43.

転換の諸問題——ヴィシェグラード三国

　チェコ、ポーランド、ハンガリーの中央銀行は、EU加盟より前に、すでにユーロの早期導入を主張していた。チェコ国立銀行のヨセフ・トショフスキ総裁とポーランド国立銀行のレシェク・バルツェロヴィッチ総裁が2007年を導入時期と提案した一方で、ハンガリー国立銀行（MNB）のヤーライ・ジグモンド総裁は、ハンガリーは2006年までにユーロ導入すべきと宣言した。

　早期のユーロ参加への合理的な理由は、すべての国で似たり寄ったりであった。ユーロ圏の外にとどまれば、その通貨が投機的な攻撃にさらされうるが、ユーロ圏に参加すれば、財政・金融的な規律が強制され、取引コストが減少し、そして国際貿易や外国投資に貢献する。興味深いことに、中央銀行家はまた、加盟条件の一部を批判した。とくに彼らは、インフレ基準の柔軟化、為替相場メカニズム（ERM）の中での待機時間短縮、ERMでの為替レート変動幅の拡大を要求した。ヨハンソンは、中央銀行が早期のEMU参加を後押しする主要な理由は、中央銀行が自身の力で効果的に公的支出に歯止めをかけられるほど強くなく、外部の規制で政府に手綱をかけることが手助けになると考えたからであると論じている[74]。

　このことは、バルト三国とヴィシェグラード諸国の制度構築における主要な違いを示している。バルト三国では、独立した中央銀行と安定通貨の追求が、国家構築プロジェクトの中に深く埋め込まれ、財政政策と福祉支出を効果的に抑制した（第3章参照）。ヴィシェグラード諸国の中央銀行はもっと困難な問題を抱えており、財政政策における彼らの立場は与党によって頻繁に無視されていた。与党にとって選挙戦において声高の集団の歓心を買うために社会支出を利用することが死活的に重要だった。

　議論のあるところだが、ヴィシェグラード諸国の中で、チェコ国立銀行がもっとも論争に巻き込まれたといえるであろう[75]。（ドイツ）連邦銀行をモ

---

74) Juliet Johnson, "Two Track Diffusion and Central Bank Embeddedness: The Politics of Euro Adoption in Hungary and the Czech Republic," *Review of International Political Economy* 13, no. 3 (2006): 361-86.

第 4 章　工業化の奇跡と福祉国家の諸問題——ヴィシェグラード・グループ

デルとして、チェコ国立銀行は 1990 年代以降、多大な独立性を享受していた。トショフスキ総裁は、金融上の伝統的な考え方に強く傾倒していた。チェコが転換初期の困難な時期をかなり良好なマクロ経済の安定性を記録しながら乗り切ることに成功した事実は、中央銀行にとって大きな自信のもととなった。にもかかわらず、1990 年代のなかばから、チェコ中央銀行の経済哲学は、クラウス政権の優先事項と衝突しはじめた。その人気が警戒水準に入ると、1996 年に政府は選挙戦を見据えて財政支出〔の拡大〕に乗り出した。公的支出がかなり増加したあとでさえ、財政はごくわずかの赤字しか計上しなかったが、その事実にもかかわらず、チェコ中央銀行はただちに金融政策の引き締めでもって反応した。

　この最初の対立は、1997 年の危機以降における、チェコ中央銀行と政治コミュニティの一部、とくにクラウスとの間における政治的対立の先駆的事例であった。選挙で敗北したあと、クラウスは中央銀行に対し、その抑制的な政策が景気の悪化に及ぼした影響を非難して、長期間かつ憎悪に満ちた攻撃を行なった。中央銀行を攻撃したのはクラウスのみではなかった。社会民主党のミロシュ・ゼマン首相に率いられた後続政府は、危機後の経済回復の速度が鈍いことに対し、中央銀行の政策にその責任があると考えていた。

　保守政党の市民民主党（ODS）と社会民主党（ČSSD）がチェコ中央銀行の独立性を削減するために法改正を行なおうと協力した 2000 年には、対立はさらにエスカレートした。

　両党の主張は、中央銀行はインフレ目標と通貨体制を議会の同意の下で策定し、その予算について国会承認を求め、そして〔中央銀行の〕理事会のメンバーを推薦する権限を政府に与えるべきだ、というものであった。その法律に強く反対していたハヴェル大統領がその法律制定の直前に新しい中央銀行総裁を指名したとき、対立はさらに強まった。中央銀行の独立性をめぐるこの対立は、最終的には憲法裁判所によって収められた。憲法裁判所は、上記

75）以下の議論については Frank Bönker, "From Pacesetter to Laggard: The Political Economy of Negotiating Fit in the Czech Republic, in *Enlarging the Euro Area* ed. Dyson: 160-77 ならびに Myant, *Czech Capitalism*, chaps. 5-6 を参照のこと。

の法を憲法違反であるとし、ハヴェル大統領による指名を承認した。
　中央銀行の独立性の問題が解決すると、対立はEMU加入と財政強化の領域に移行した。2000年代初期、チェコは体制転換後で最悪の財政問題に直面していた。とりわけ危機後の銀行の救済と産業の再構築がその要因であったが、相対的に高い社会支出と年金制度改革に取り組むことを歴代の政府が拒絶したこともまた、財政の緊張につながった。
　1998年以降、いくつかの政権で優位を占めたČSSD（チェコ社会民主党）は、ユーロ導入を容易にする類の財政強化プログラムを推し進める能力も意志も欠いていた。党内では、強固な財政規律問題や、迅速なユーロ導入が望ましいかどうかについてのコンセンサスはなかった。党内左派は、ユーロ圏へのたんなる名目的な収斂ではなく、実質的な収斂を選好した。したがって、財政調整プログラムが成長に及ぼすネガティブな効果に懸念を抱いていた。内部の仲たがいに加えて、政界を支配していたものの、国会での安定多数には達したことがないという事実により、ČSSDの地位は弱かった。ČSSDは不安定な選挙連合や少数派政府を率いていた。有権者が移ろいやすくユーロ懐疑的であったという事実によって、ČSSDの脆弱性は強まった。政治家は、不人気な改革から目を背けた。
　ウラジミール・シュピドラ首相の政府が財政改革プログラムを採択し、チェコのユーロ導入を2009年から2010年前後と予測する戦略を、中央銀行とともに策定したのは、ようやく2002年選挙と2003年のEU〔加盟の是非を問う〕国民投票のあとになってからであった。財政強化計画は過度に野心的ではなかったが、力強い経済成長によって、チェコは2004年にマーストリヒト条約の財政基準を満たすことができた。加盟戦略が予想よりずっと早期にユーロ圏加入の機会を開いたという、この予想以上の成果は、クラウス大統領〔のユーロ導入への態度〕を平衡状態に戻した。
　クラウスはつねにEMUの激しい反対論者であった。通貨同盟の背後におぼろげに存在する政治同盟の可能性を恐れていただけでなく、より発展水準の低い国々は先進諸国とは異なる金融政策を追求することが非常に重要であると考えていた。チェコの改革派エコノミストを引用して、クラウスは、

第4章　工業化の奇跡と福祉国家の諸問題——ヴィシェグラード・グループ

「すべてのものが凍結しているとき、スケートへいくことはできるが、合理的な経済政策を実施することはできない」と論じた[76]。迅速なユーロ加入を阻止するために、クラウスは大統領の権力を用いて著名なEMUへの反対論者2名を中央銀行の理事に指名した。

　ポーランドの経験は、ポーランド国立銀行（NBP）の正統派の金融政策が大きな論争を巻き起した点で、またその政策が支出を膨らませる傾向のある諸政府に対抗するものであった点で、チェコのそれを思わせるものである。NBPの独立性と物価安定への集中は、「加盟交渉の開始前に実施されたポーランド政治の「先行的」欧州化の一部として」1997年の憲法によって保証されていた[77]。NBPはこの権限を非常に厳粛に受けとめていた。NBPはまた迅速なEMU加入を選好し、実体経済の収斂よりも金融上のそれを望んでいた。

　中央銀行の抑制的な金融政策の周囲で発生した最初のあからさまな対立は、2001年から2002年にかけて、レシェク・ミレル率いる発足当初の左派連立政権が、急激な経済減速を理由としてNBPを責め、NBPの独立性を制限し権限を変更すると脅したときに起きた。チェコにおける事例のように、このイニシアティブは失敗した。それ以後、いくつかの後続政府は、迅速なEMUへの収斂と、それに付随した財政調整のNBPの要求に応じるよう圧力にさらされた。

　2001年から2004年において、ミレル政権は繰り返し、公的支出を削減する野心的な試みに取り組んだ。2001年には、内閣は、政府が中期的に財政規律を順守するような財政協約について協議した。しかしながら、財政安定化のコンセンサスは早くも破られた。財政規律を維持する公約が、急速な人気

---

[76] Václav Klaus, "The Future of the Euro: An Outsider's View," *Cato Journal* 24, nos. 1-2 (2004): 176.

[77] 以下の議論については、Radoslaw Zubek, "Poland: Unbalanced Domestic Leadership in Negotiating Fit," in Dyson, *Enlarging the Euro Area*, 201 ならびに Radoslaw Zubek, "Poland: From Pacesetter to Semi-Permanent Outsider?" in Dyson, The Euro at Ten, 292-306、および Rachel Epstein, *In Pursuit of Liberalism: International Institutions in Postcommunist Europe* (Baltimore: Johns Hopkins University Press, 2008) も参照のこと。

247

の低下の主要な理由とみなされたこともあり、財政規律のための措置に関して SLD の中で意見が分かれた。最終的に、ミレル首相は、財政安定化プログラムを支持する立場を取り下げ、成長に親和的なスタンスで知られるコウォトコを新しい財務相に任命した。

　彼についての世評とは異なり、コウォトコ財務相は 2007 年を視野に入れた EMU への早期加入の利益をミレル首相に確信させ、包括的な安定化パッケージを準備した。先行例と同じく、このパッケージは、党内の強い抵抗と、さらなる政府への支持の低下のために、まもなく破綻した。労働組合と経営者団体もまた、急速な財政調整という考えに反対した。再度、ミレルは財政問題に取り組もうとしていた財務大臣への支持をやめた。新しく任命されたハウスナー経済労働大臣は、迅速なユーロ導入の必要性はないとみており、名目的な収斂よりも実質的な収斂を好んだ。にもかかわらず、急速に累積する公的債務により、彼も新たな安定化パッケージの起草を強いられた。ハウスナー・プランは、以前よりも多くの協議を経て準備されたものの、同じ運命をたどった。

　一方、政策上の論争および大きな汚職スキャンダルのために、SLD は分裂し、2005 年の議会選挙で破滅的な敗北を喫した。あとを継いだマルチンキェヴィチ首相そしてヤロスワフ・カチンスキ首相の率いた民族主義的なポピュリストの諸政権は、もはや財政安定化に関心をもたず、迅速な EMU 加盟へのいかなる野望も諦めていた。さらに、彼らは、金融機関の民営化における中央銀行の役割について調査する委員会を立ち上げることによって、NBP とその総裁に対し攻勢を仕掛けた。チェコにおける場合と同じように、この攻勢を止めるためには、憲法裁判所の介入を要した。しかしながら、バルツェロヴィチ総裁の任期が満了したとき、レフ・カチンスキ大統領は、彼の親密な仲間の 1 人であるスクシペクを新たな総裁として指名した。スクシペクは、ユーロ圏加入を遅らせるという政府の立場を支持した。

　隣国と同様に、ハンガリーのユーロ圏への道筋は、国内の選挙リスクと機会を反映した党派的観点に左右された。財務省と中央銀行に対するコントロールをめぐる政治的な争いは、転換期全体を通じて繰り返された。この争い

によって、浪費を行なう諸省庁へのコントロールをこれら健全財政の守護者たちが確立することが妨げられた。同じく、財政・金融政策の調整も困難であることが明らかになった。

　財政集権化のための権力移譲や合理化、調整は、〔歴代の〕首相がどの程度、立法府における多数派の結束を維持し、また財務大臣たちを政治におけるライバルではなく戦友として考えることができたかに、決定的に依存していた。後者の場合には制度改革は進展しうるが、前者の場合では、制度改革は弱まり、行き詰まった[78]。同様に、ハンガリーにおける中央銀行の独立性をめぐる混乱は、党派の影響を及ぼそうとする試みを反映したものであり、これは、EU加盟後でさえも、財政政策と金融政策の調整を不可能にした。MNBの新しい総裁の任命と中央銀行の独立性を強化する諸措置は、以下のはっきりとした筋道をたどった。「信頼できない」総裁は、しだいに欧州基準に近づいた中央銀行法によって保証されている任期の延長、地位の法的保護、政策決定権限の強化のいずれも享受することを許されなくなった。それとは反対に、中央銀行の独立性の強化の進展は、主として、党に忠誠を誓う彼らの後任者らを利し、その権限を強化した。

　EMUへの準備期間における福祉支出と財政安定化との間の緊張は、ポーランドとチェコよりもハンガリーのほうがずっと際立っていた。1998年には、左派主導政府とそのボクロシュ・パッケージへの大衆の失望が、選挙での青年民主連合-ハンガリー市民連合（FIDESZ-MPSZ）の勝利の原因となり、オルバーン首相にいくぶんかの信認を与えた。あとになって、オルバーン首相は社会福祉の点でさえも彼の政策が左派の政策よりも優っていると主張した。

---

78) Stephan Haggard, Robert R. Kaufman and Matthew Shugart, "Politics, Institutions, and Macroeconomic Adjustment: Hungarian Fiscal Policy Making in Comparative Perspective"; and Béla Greskovits, "Brothers-in-Arms or Rivals in Politics? Top Politicians and Top Policy Makers in the Hungarian Transformation," both in *Reforming the State: Fiscal and Welfare Reform in Post-Socialist Countries*, ed. János Kornai, Stephan Haggard and Robert R. Kaufman (Cambridge: Cambridge University Press, 2001), 75-110, 111-41.

国際的な景気後退に対抗するため、1998年から2001年にかけて、財政的措置により国内の生産と消費が刺激された。このような財政的措置は、最低賃金の全体として80％の引き上げ、輸送インフラ、観光施設、公的建造物のための大規模な開発プログラム、住宅建築と改築のための補助金付き融資、国内の中小企業へのインセンティブなどを含んでいた。2006年の速やかなユーロ加盟の準備として、MNBは、ユーロに対する中央平価を基準として変動幅30％の変動相場制をとることを認めた。インフレ・ターゲッティング策が導入され、為替レートはインフレ抑制の手段として用いられた。しかし、2006年までには、かつての先導的なハンガリーは遅れた走者になっていた。その理由と関連する事柄は、主に、政党間競争の特殊な性格である。

　2002年までに、ハンガリーの政治システムは、本質的には二大政党制として地歩が固まっていた。その中で、フィデス（FIDESZ-MPSZ）とハンガリー社会党（MSZP）の双方は、社会福祉とEU加盟問題という、〔有権者の〕大多数にとって重要に思われた二つの問題についても外見上信用されるものになる必要があった。そのことは、競合する要求の間で折り合いをみつけるハンガリーの能力を大きく損なうことになった。ある意味で、ハンガリーの政党システムは一つのパラドックスを提示している。ハンガリーは長い間、中東欧地域でもっとも安定した国の一つであった。ハンガリーには大きな選挙連合に結集可能な二つの大政党とそれらのパートナーの小政党があった。同時に、この二つの選挙連合は、経済改革、西欧との統合、福祉諸政策という多くの問題において、〔その立場が〕収斂していた。しかし、政策問題における〔立場の〕収斂が、けっして、政党間競争の勢いを削ぐことはなかった。票を獲得するための闘いは過剰となり、闘いは政策パッケージの相違をめぐるものではなくなってきた。諸政党はむしろ、「望ましい成果を達成できるか、それぞれの力量について争うことになった[79]」のである。その結果、両陣営が原則としては同意している目標についても、野党は、政府が成果を上げることを阻止するためにそのすべての努力を傾けていった。

---

79) Grzymala-Busse and Innes, "Great Expectations," 66-67.

第 4 章　工業化の奇跡と福祉国家の諸問題——ヴィシェグラード・グループ

　ユーロ加盟戦略もそのような力量争いの場の一つであり、結果は長く続いた。2002 年に政権を取り戻した社会党は、低利子率と弱いフォリント、いくぶん高水準のインフレ、力強い経済成長が漸進的な調整を可能にし、EMU への道筋において国民に大きなショックを与えないでおくことができると主張した。彼らは、金融政策緩和という条件の下では、必要な財政調整がより達成しやすくなると考えていた。対照的に、下野したフィデスは、インフレ抑制を優先し、金融政策の緩和を実施する条件は、緊縮財政が確たる結果を出すことであるとする MNB 総裁（第 1 次オルバーン政権によって任命された人物）の立場を支持した。結局は、中央銀行の立場が優勢となった。2000 年代を通じて、MNB は高水準の利子率を維持したが、それはハンガリー・フォリントの通貨高と、頻繁なフォリントへの投機を招き、輸出競争力の全般的な損失をもたらした。

　これらの国内における争いは、政策の変動性、一貫性のなさ、漂流の主要な原因であった。複合的な政治的および経済的圧力に直面して、メッジェシ首相と 2004 年秋に彼の後任となったジュルチャーニ首相は双方とも、いくつかのもっとも必要な改革を怠り、なんとか切り抜けることをその信念とした。2006 年春の選挙キャンペーンの際には、野党はさらに寛大な福祉給付を公約として打ち出し、政府もこの公約競争に加わった。ハンガリーの民主主義の歴史で唯一のことであるが、有権者は社会党 - 自由民主連盟（MSZP-SZDSZ）の現職連立政権が 2 期目を続ける機会を与えた。

　しかしながら、ハンガリーの福祉主義の契約は、期限切れになろうとしていた。欧州理事会は、より信頼しうる新しい収斂への道筋をつけるよう繰り返し要求した。これに対応して、ジュルチャーニ首相はその再任後まもなく、緊縮財政パッケージを打ち出した。それは長期的視野に立った国家行政、ヘルスケア、年金制度の構造改革とともに、財政赤字を取り除くための痛みをともなう短期的な措置も含んでいた。しかし、ハンガリー経済の実際の状況について有権者に嘘をついたことを認めた[80]、首相のこの不名誉なスピーチ

---

80) 詳細は http://www.timesonline.co.uk/article（2006 年 9 月 19 日アクセス）を参照のこと。

の漏洩は、激しい政治的競争の新たなラウンドの引き金となった。こうして、実質的に当政権のすべての任期は熾烈な選挙キャンペーンへと変貌し、ハンガリーがユーロ圏加盟に近づくことを妨げた。

後発者の利益──スロヴァキア

　他のヴィシェグラード諸国と対照的に、スロヴァキアはすべての条件を満たし、2009年にユーロを導入した。マクロ経済安定化へのコミットメントの信頼性を示すために、スロヴァキアは急激な福祉国家の再構築を行なった。二つの大きな要因が、これらの問題における他のヴィシェグラード3カ国との際立った相違と、遅れてきたスロヴァキアが地域の牽引役となったことを説明できよう。第一に、独立と新しい国民形成は、スロヴァキアにいくつかの重要な側面において、ヴィシェグラード諸国よりもバルト三国の立場に近い状況をもたらした。より顕著なナショナリスト的な要素をもつ政治的機会の構造、それと関連する安定的な通貨創造とその維持に対する関心が、これらの側面である。第二に、EU加盟をめぐる最初の局面で〔候補〕から外された国際的な恥辱は、スロヴァキア政治に重要な転換点をもたらした。

　スロヴァキアの政治は、マクロ経済安定化を国民が強く支持したことと、それと関連する──その後少なくとも短期間の間──福祉のうえでの損失に対して国民がかなり寛容であったことによって特徴づけられる。このことには以下のような一連の原因がある。第一に、共産主義体制が、かなり安定的なマクロ経済を残したことである。スロヴァキアもまた、物価が安定的であることを評価するチェコスロヴァキアの伝統を継承した。「ビロード離婚」のあとも、メチアルの壮大なプロジェクトや主権を有するスロヴァキア人の国民国家、その象徴である安定的な新しい自国通貨に対する人気が高かったために、この伝統は生きていたのである。このことは、スロヴァキア国立銀行（NBS）の地位を強化し、メチアルの時代でさえ、それが相対的な独立性を有していたことを部分的に説明できるだろう。その他のヴィシェグラード3カ国すべてにおいて、中央銀行をめぐる党派的な小競り合いが存在したのとはまったく対照的に、最初のNBSの総裁であるマサールは邪魔されず任

第 4 章　工業化の奇跡と福祉国家の諸問題——ヴィシェグラード・グループ

期をまっとうしただけでなく、当時の副総裁であったジュスコが 1999 年から 2004 年の間、スロヴァキアのユーロ加盟を準備するために、彼の後任として任命された。

　EU 加盟交渉の第一陣から外されるという屈辱的な結果によって、メチアルの体制は、スロヴァキア人のナショナリズムを動員し利用することで、みずからの政治的生き残りをはかるというその能力を、部分的に失ってしまった。外部からの圧力は、スロヴァキア国民の利益の真の代弁者だとするメチアルへの信頼性を、効果的に掘り崩す新たな機会の扉を野党勢力に開いた。1998 年、スロヴァキア・キリスト教民主連立（SDK）と、かつての共産党改革派である民主左翼党（SDL）、ハンガリー連立党（SMK）の異質な党の連合は、メチアルの人民党・民主スロヴァキア運動（HZDS）を打ち破り、ズリンダ首相の政権を成立させた。彼らの人気の源泉は、欧州化とエスニック集団の包摂、競争的な経済再構築といった価値観と一致する、新しいスロヴァキア国民の定義にあった。第一次ズリンダ内閣で市民権ならびに少数民族の権利を担当した副首相で SMK のパール・チャーキは「いまやわれわれは一つの政府を結成しようとしている。明日にはレジームの変革を開始する[81]」と主張した。

　古いレジームの新レジームへの置き換えは、漸進的でしかも特有の筋道をたどった。第 1 次ズリンダ内閣は、中道右派‐改革派共産主義者らによる異質な党からなる連立政府であったが、それは、国際舞台におけるスロヴァキアの地位を取り戻した。国際的な承認と受容を得るまでに長い期間待つ必要はなく、OECD と NATO そして EU 加盟国に加わることができた。「国際的統合はズリンダ内閣の最強の推進力であり、連立政権を一つにする目標であった。……スロヴァキアはその周辺諸国が先に喜んで受け入れられたクラブに参加するであろう[82]」。経済政策に関する限り、政府は、巨大な東スロヴァ

---

81) Steven Fish, "The End of Meciarism," *East European Constitutional Review* 8, nos. 1-2 (Winter/Spring 1999): 51.
82) Katarina Mathernová and Juraj Renčko, "Reformology: The Case of Slovakia," *Orbis* 50, no. 4 (Fall 2006): 633.

キア製鋼所のような大規模な会社などとともに、破産に近い状態の商業銀行を救済した。そしてそれらを国際的な戦略的投資家に売却した[83]。

　2002年の選挙後、より一貫性を増した中道右派の連立に依拠する形で、ズリンダは第2次政権を発足させた。そしてメチアルの遺産と手を切った。第一に、自動車部門の主要な海外投資をめぐる地域のライバルとの誘致戦争にスロヴァキアが勝てるように、継承された旧来の産業への寛大な補助金を超国家企業へ振り向けた。第二に、回復した同国の誇りを利用する形で、ミクロシュ財務大臣は福祉国家の遺産への攻撃を開始した。2002年から2003年以降、税制と並んで年金制度とヘルスケア制度の全面的改革を実行に移した。スロヴァキアの税制改革はチェコの2007年改革とハンガリーの2010年改革の、それぞれのモデルとなった。このようなストレスに加え、政府は家族政策や育児手当への支出をカットし、満額の失業給付の受給資格を積極的な求職者だけに制限した。このような変更は、スロヴァキア東部の窮乏したロマ住民による暴動を引き起こした。

　社会による改革の受容可能性について問われたとき、ミクロシュ大臣は「統合失調症の心地だ。一方で、国民の大多数が改革について批判している。他方で、国民の大多数は改革の揺り戻しには反対している。われわれを政権の座から下ろそうとする試みがあるが、国民は改革を望んでいる。代案はないのだ」と指摘した[84]。

　しかしながら、代案の欠如は、幻滅と無関心を醸成し、これらは2006年の選挙で改革者たちの敗北に寄与した。スロヴァキア市民が民主的政治〔への参加〕から退出したことは、2006年6月の議会選挙での急進派の勝利への道筋をつくるものであった。投票率は最低記録であった。投票した人々の多くは現政権を罰した。そのため改革者らは、彼らの徹底的に新自由主義的な改革路線を継続するための権限を奪われた。ロベルト・フィツォ首相の下で形成された新たな政権では、フィツォの政党である「方向・社会民主主義（スメル）」が、急進的ナショナリストであるスロヴァキア国民党（SNS）と、

---

83) *Ibid.*, 634.
84) Interview, *Die Welt*, September 15, 2005.

第 4 章　工業化の奇跡と福祉国家の諸問題——ヴィシェグラード・グループ

弱体化したメチアルの HZDS と連立を組んで、政権をつかんだ。メチアル主義の復活に懸念を示した EU レベルの関係者は、恥辱と孤立を感じさせることによってスロヴァキアの政治家を規律に服させてきたという過去の慣例に頼ることになった。反自由主義的なナショナリストとの連立のため、スメルは欧州議会の社会主義者グループへの加盟を当初拒否された。

　予想に反して、スロヴァキアの安定志向の政策方針は、新政権によっても大きくは変わらなかった。フィツォ首相の政権はその前任者の努力の果実を享受した。すべては急速な成長のおかげで、2009 年まで賃金、雇用、生活水準が上昇し、スメルの人気も上昇した。実際に、スロヴァキアがマーストリヒト基準に従うということは、ズリンダ政府から継承されたユーロ導入のためのプランであり、新政権もそれに一致した政策をとり、ユーロ導入は 2009 年 1 月 1 日に実現した。

第5章
ネオコーポラティズムと非力な国家——南東欧諸国

　南東欧諸国は、ある程度のまとまりのあるバルト三国やヴィシェグラード諸国のレジームとは異なり、異質性が大きいことに特徴がある。ポスト社会主義の世界において特異な存在として、スロヴェニアは西欧の小国の性質、すなわち、開放的な経済、保護的かつ効率を促進するような補償政策、マクロ経済の安定性、民主的かつネオコーポラティズム的な諸制度によりつくりあげられたガバナンス、以上のすべてを有している。対照的に、ブルガリア、ルーマニア、クロアチアでは、経済の開放や市場の制度構築、民主化については遅々として進まず、また対立をはらんだプロセスをたどり、他方で、コーポラティズムは体制において重要な位置を獲得することに失敗した。

　南東欧において、国家の能力の大きな差異や労働・資本・国家間での権力のシフトが時間と国境を越えてみられることは、新しいレジームが定着したり移り変わったりすることとともに、これらの国が多様であることを基礎づける重要な構造的要素である。具体的には、能力を有する国家についていえば、スロヴェニアの主導権を握る中道左派政府が、労働者を包摂するような体制転換を一貫して追求し、そのような道筋をたどる政策を実施することを可能にしたのである。逆に、全般的に〔能力に乏しい〕非力な国家は、中東欧の政治的アクターらとは異なり、ブルガリアやルーマニアの政治的アクターが、みずからの国のポスト社会主義の歴史を「選ぶ」ことを制限した。クロアチアではナショナリズムと戦争が国家を極度に弱体化させた。1990年代を通じ、不安定な制度編成と貧弱な成長実績、そして周期的に起こるマクロ経済の不安定化は、大多数の南東欧諸国にみられた非力な国家の証拠となっている。

　われわれのポランニー的な枠組みに従えば、資本主義的な発展を持続可能

な道筋に向かわせることは、究極的には、政治システム一般、とりわけ国家に左右されるのである。この枠組みからは、〔政治システムが〕必要とされる調整と誘導していく能力とを欠いているとするならば、経済の組織化や社会的統合の失敗、政治的危機が起きると予測できるであろう。1990年代が幕を閉じる時期までに、これらすべての危機が非力な南東欧諸国で現実のものとなった。

　転換が長引き、また部分的なものにとどまるなかで、政治的な変化と限定的な安定性とが、劇的に、かつ高いコストをともなって訪れた。ブルガリア、ルーマニア、クロアチアは、1990年代の後半までに、深刻な経済危機と民主主義的な正統性の危機が政治的な混乱を引き起こした点で類似している。この混乱は、改革派の連合が政策立案の中心となり、経済的ならびに政治的転換のペースを加速させるのを助けることになった。労働の包摂と排除の間、保護主義と自由化の間、そして国民資本主義と外国主導の資本主義の間でいずれを促進するかという点で揺れ動いていた先任者の実践と手を切って、新しい諸政府はそれ以前の経路を大胆に変更した。

　1990年代末から、ブルガリアとルーマニアは、新自由主義型の急進的な安定志向のマクロ経済調整の諸制度、最低水準の課税、貧弱な福祉国家に向かって進んだ。それとは対照的に、クロアチアは、市場化がもたらす予測のつかない変化から、いくつかの選ばれた社会グループと産業とを保護することに関心をもち、そのいくつかの制度的特徴を「埋め込まれた新自由主義」のそれと類似したものに変化させた。しかしながら、クロアチアは特殊な収入源、すなわち観光業への依存により、ヴィシェグラード諸国よりも、より国民的かつ内向きの資本主義的発展の経路をたどることになった。

　非力な国家という元来の経路はまた、「成功した後発者[1]」の国々で2000年代になって出現しつつあった社会的秩序に痕跡を残した。〔ブルガリア、ルーマニア、クロアチアの〕1990年代の危機は、国内の強力なグループによって

---

1) Gergana Noutcheva and Dimitar Bechev, "The Successful Laggards: Bulgaria and Romania's Accession to the EU," *East European Politics and Societies* 22, no.1 (2008): 114-44.

国家が捕獲されたため、国家の経済発展という利害に沿って行動できなかったことから発生した。同時に、危機以後に国家の非力さのまた別の側面が示され、強化されもした。すなわち、国内の政治経済への外部からの影響を濾過し、調整する能力の弱さが明らかになった。その結果、IMF の支援や圧力、また NATO によるユーゴスラヴィア空爆のあとになって、ブルガリア、ルーマニア、そして最後にクロアチアにも EU 加盟が提示されたことに示されるような、国際的アクターや国際的な展開が、新しいレジームの形成において、不釣り合いなほどの大きな影響を及ぼした[2]。

EU は、南東欧の地域の動態にも深いインパクトを及ぼした。南東欧地域の動態は、これら諸国の国内の課題よりも、EU 自身の安定性と安全保障上の関心をより多く反映しており、両者が矛盾することは、まれではなかった。不安定性の温床とみなされていたバルカン諸国を分断しつつ融和させることを決意し、EU は違った国を違ったテンポで欧州に統合させることを通じて、地域内の分断につながる論理を押しつけたのである。以下では、労使関係、産業の再構築、金融・財政的調整の分野における、レジームの成果に対する国家の強力さと非力さの影響、国際的ならびにトランス・ナショナルな影響を検討する。

闘争に勝利し戦争に敗れた労働者

南東欧諸国に結果として発生したレジームにおいてもっとも目を見張るのは、疑いなくスロヴェニアの民主主義的なネオコーポラティズムであろう。アナリストや国際機関の中には懐疑主義もあったが、スロヴェニアはポスト社会主義の労働政治学の専門家からの賞賛を得た。また、その民主主義的なネオコーポラティズムの起源についての研究を触発した[3]。スロヴェニアの

---

2) Vachudova, *Europe Undivided*.
3) Miroslav Stanojević, "Successful Immaturity: Communist Legacies in the Market Context," *South-East Europe Review for Labor and Social Affairs* 2, no. 4 (1999): 41-5.

労働組合は、社会的パートナーシップの諸制度を構築し、組合員のために物質的な利益を獲得し、転換の諸政策の方向性を共同決定するだけの力を有していた。とくに、この小国は、西欧の小国が世界市場に適応していった際の経路をうまくたどることに成功したようにみえる。そう仮定すると、以下のような疑問が発生する。スロヴェニアがとった選択肢は、他のポスト社会主義国にとっても可能であったのかという疑問である。

　近年、この問題に対し、クロウリーとスタノイェヴィチは否定的な回答を示している。彼らは、スロヴェニア・モデルを機能させるために一連の要素が結びつく必要があったと論じている。それらの要素とは、スロヴェニアの制度が構築されつつあった転換の初期における、輸出志向の産業の存在、自主管理という遺産、大規模なストライキの波である。これらの諸要素の結合が、スロヴェニアを例外としたのであり、これらの諸要素を他の場所で再現することは困難であった[4]。

　スロヴェニアの経路が実際に模倣不可能に近かったことの根拠が、その例外的な環境にあったというのは本当だろうか。南東欧諸国の類似点と相違点を考慮に入れると、これらの諸国はこの問題を分析するための有用な比較対象であり、また、分析を通じて社会主義体制崩壊後の労働側の運命についての広範な議論に貢献することができる。簡潔にいえば、われわれはポスト社会主義期の労働側の脆弱性につながるという単一の経路以外に、複数の経路があったこと、南東欧の労働組合は、それぞれの道をたどって力を失っていったこと、その点ではヴィシェグラード諸国やバルト三国のたどった道とは異なっていたことを以下で示す。

労働運動――南東欧のパターンと例外のスロヴェニア

　1990年代のはじめの数年間の体制形成期に、スロヴェニアだけでなく、南東欧諸国全体の労働側がある程度の強さと影響力をなお有していたと信じる

---

4) Stephen Crowley and Miroslav Stanojević, "Varieties of Capitalism, Power Resources, and Historical Legacies: Explaining the Slovenian Exception," *Politics and Society* 39, no. 2 (2011): 268-95.

だけの理由があることからはじめよう。その強さと影響力の程度は、これまででもっとも包括的なポスト社会主義期の労働政治の比較研究の著作が提案している一般化には反するものであった。その編者であるクロウリーとオストは、「東欧に関する重要な事柄は、1989年以降、労働側が**弱くなった**ということではなく、むしろ、弱いアクターとして**創出された**ということである。したがって、東欧の組合は、強い労組ではなく弱い労組という初期の位置から、新しいグローバル経済に直面している[5]」と主張した。

この評価はバルト三国やヴィシェグラード諸国のケースには当てはまりうるが、クロアチア、ブルガリア、ルーマニアに対して有効であるかは疑わしい。当地における労働側は、**はじめから**弱い状態であったという主張を実証するのは難しいため、その政治的影響力ならびに政策的影響力が、1990年代後期までに劇的に失われてきたことの要因をつかむことが重要である。実際には、クロウリーとオストの編著の各国研究を担当している著者たちは、体制転換初期の南東欧の労働組合を一様に弱いものとして描写することをためらい、むしろ強力だが同時に非力な、アンビバレントな存在として労働組合を特徴づける傾向がある[6]。

たとえば、コカノヴィッチは、戦争や経済・社会福祉インフラの崩壊にもかかわらず、フラニョ・トゥジマン大統領の準権威主義政権と頻繁に対立して、驚くべき反発を示したという点で、クロアチアの労働運動が強力であると描写する。同時に、「現実の社会の創造や、労働・福祉法制化、租税政策[7]」に対する組合の影響力の貧弱さによって、労働側の非力さが示される。キデ

---

5) Crowley and Ost, *Workers after Workers' States*, 228. 強調は原文。
6) 近年、クロウリーとオストの一般化に対して疑義を提示している詳細な研究がほかにもある。ポスト社会主義時代のルーマニアとウクライナの工場レベルでの労働組合の対立と交渉 (bargaining) に関するユニークな証拠に基づいて、この研究は、両国の間において労働側の強さと労働運動の成果とに重大な違いが存在することを実証している。具体的には、製造業の工場の現場レベルではウクライナの労働運動の「分配重視の」戦略よりも、全般的にルーマニアの「労働側利害代表的」な労働組合主義のほうが成功している。Mihai Varga, "Striking with Tied Hands: Strategies of Labour Interest Representation in Postcommunist Romania and Ukraine," (Ph. D. diss., University of Amsterdam, 2010).

ッケルは、ルーマニアの組合が、その組織的能力と動員能力を根拠にして、東欧においてもっとも強い力を有しており、それは組合の指導者らが国政において大きな役割を果たしていたことからも明らかであると示唆している。しかしながら、キデッケルは、ルーマニアの労働側の多くの闘争の勝利にもかかわらず、その「力は、雇用の維持や拡大、労働条件の改善、労働者の購買力の維持や拡大というもっとも重要な全面的な闘争においては、効果をもたらしていない[8]」と付け加えている。同様に、グラジェフの説明によれば、ブルガリアの労働組合は「特定の政策領域や個別事例ではいくつもの成功」を収めたものの、「三者協議制や社会的対話の仕組みが政府によって格下げされ、代議制民主主義の制度としてのその実質的な機能が執拗に取り除かれてきたため[9]」、そのような成果は「継続的な力の喪失」という文脈の中で起きたことであった。重要なことに、ポーランドとハンガリー、そしてバルト三国すべてと比較して、その組合組織率の減少が緩慢（とはいえ、なお劇的ではある）であったという統計データもまた、組織的な意味で南東欧における労働側が、体制転換の初期にはまったくもって非力ではなかったという考えを立証するものである[10]。

　ポスト社会主義の労働側の脆弱さの説明には、非物質的な諸要因を強調する説明も含まれていたため、その組織的な強さと同様、南東欧諸国の労働側の思想的な資産も、注意を向けるに値する[11]。南東欧諸国全域の労働組合が、スロヴェニアの組織された労働者と同じようなイデオロギー的ならびに行動

---

7) Marina Kokanović, "The Cost of Nationalism: Croatian Labor, 1990-1999," in Crowley and Ost, *Workers after Workers' States*, 141; Marko Grdešić, "Mapping the Paths of the Yugoslav Model: Labour Strength and Weakness in Slovenia, Croatia, and Serbia," *European Journal of Industrial Relations* 14, no. 2 (2008): 133-51.

8) David A. Kideckel, "Winning the Battles, Losing the War: Contradictions of Romanian Labor in the Postcommunist Transformation," in Crowley and Ost, *Workers after Workers' States*, 97.

9) Grigor Gradev, "Bulgarian Trade Unions in Transition: The Taming of the Hedgehog," in Crowley and Ost, *Workers after Workers' States*, 122; Iankova, *Eastern European Capitalism*.

10) Visser, ICTWSS. http://www.uva-aias.net（2011年9月9日アクセス）.

11) Ost, *The Defeat of Solidarity*, 193-96.

第5章　ネオコーポラティズムと非力な国家——南東欧諸国

上の遺産を有していたのだろうか。スロヴェニアにおけるネオコーポラティズムの勝利にとって、ユーゴスラヴィアの労働者自主管理と初期のスロヴェニアのコーポラティズムの経験がもつ重要性を否定することなしに、そのような豊富な資産それ自体がスロヴェニアを同地域の他の国と異なったものとしたかどうかを問うことにしよう。

明らかに、クロアチアはスロヴェニアと非常に類似した遺産を有していた。ルーマニアに関する限り、戦間期のマノイリエスクや他の思想家たちは、階級対立と従属を避けるための手段として、コーポラティズム的な体制を理論化・主張したパイオニアであった[12]（もっとも民主主義ではなく、権威主義、極右ファシスト体制の変種であったが）。興味深いことに、豊かな戦間期のこの伝統に言及しないまま、ルーマニアの初期の転換局面の主導的イデオローグであった旧共産主義者のブルカンは、「もし〔ルーマニアが〕西側によって搾り取られる半植民地となることを避けたいのであれば、韓国とオーストリアの〈社会的パートナーシップ〉制度を混合[13]」する必要性があると述べた。

出現しつつある新しい体制の視点からは、他の資産と同様に、労働者自主管理は、（スロヴェニアのように）遺産とも、（クロアチアやセルビアのように）脅威ともみなすことができるだろう[14]。この事実は、より重要だと思われる。したがって、スロヴェニアの労働運動における豊富な思想上の資産と、南東欧地域の他の国々の組合の非力な能力とを対比させることは真偽が疑わしく、スロヴェニアの謎のための解を提供しないように思われる。このことは、労働側の強さの構造的要因の探索から離れ、労働者の実際の政治的エージェンシーの役割を考察するよう、われわれを導く。もし、体制転換の始発期に、南東欧諸国の労働組合が資産の欠乏に直面していなかったとしたら、その後の違いを生み出したのは、その力の使い方が異なっていたからということはありえただろうか。

---

12) Schmitter, "Still the Century of Corporatism," Love, *Crafting the Third World*.
13) Berend, "Alternatives of Transformation," 131 の引用に基づく。
14) Grdešić, "Mapping the Paths."

この点において、クロウリーとスタノイェヴィチは、スロヴェニアのネオコーポラティズムのもっとも直接的な起源が、適切な歴史的瞬間において労働包摂的な資本主義体制をつくり出すという目標のために労働者を動員したことにあったと提唱している。労働者は、マルコヴィッチ首相の最後の連邦政府の安定化プログラムや、ユーゴスラヴィア経済の崩壊、そして独立後のスロヴェニアの最初の民主的な政権によるマクロ安定化のための新たな試みによって、おおいに打撃を受けた。しかし、労働者はそのとき、彼らの生活水準の急激な低下に対して集団的な攻撃で対応した。労働者らの抗議は時機にかなっていた。というのは、その抗議は新しい民主的制度や市場の制度が立案されるまさにその歴史的瞬間に、ピークに達したからである[15]。いくつかの成功要因のうち、クロウリーとスタノイェヴィチはまた、社会民主主義イデオロギーを忠実に支持する統一された労働組合の行動の重要性と、スロヴェニアの経営者が労働者同様に集権的に組織され、〔労使双方の〕トップ代表者の間で妥協が持続可能であったという事実も指摘している[16]。

　スロヴェニアにおける大規模な抗議の波は、労働者にとって有益な結果をともなわずに終わったわけではなかった。それは、右派連立政権を権力の座から排除し、10年以上に及ぶ中道左派のヘゲモニーの基礎を築き、私有化論争において実質的な被用者所有の受容へと導き、1993年の労働者の共同決定や1994年の労働組合・使用者団体・国家による三者協議評議会を確立する法律のために役立った[17]。このエージェンシー中心的な考え方は、妥当性を欠いてはいないものの、他の南東欧諸国の事例と比較する場合、スロヴェニアが例外であることを完全に説明することにはならないだろう。

　信頼できる統計データは入手することが難しいが、裏づけに乏しい証拠は、1990年代前半にブルガリアとルーマニアの労働者はスロヴェニアほど動員されていなかったという印象を与える（スロヴェニアを含むこれらすべての南東欧諸国において、ストライキの頻度は西欧・地中海岸の欧州諸国におけ

---

15) Crowley and Stanojević, "Varieties of Capitalism," 277-80.
16) *Ibid.*, 281.
17) *Ibid.*, 280-82.

る通常の水準を下回っていたが）。ブルガリアの労働組合連合のデータに基づいて、イアンコヴァは、1990年に1300件、1991年に850件、1992年には110万人の参加者を含む40件の大規模ストライキと1070件の地方でのストライキ、1993年から1995年にはそれぞれ750件、620件、538件の労働争議があったとしている[18]。同様に、キデッケルは、ルーマニアの組合の力を「不断の戦闘性によって強められて、地方規模のストライキから全国規模でのゼネラル・ストライキに至り、都市や街の安全を脅かすほどであった」とみなした[19]。

　クロアチアでは、とくに独立戦争中だけでなく戦後になってさえも、ナショナリストの体制がストライキは非愛国的であると非難したため、労働者の抵抗は最大の障害に直面した。にもかかわらず、ストライキは完全には脇に追いやられることはなかった。鎮圧されるリスクを犯しながら、労働組合はゼネラル・ストライキやその他の継続的な団体行動を含む毎年約300件の抵抗運動を組織することに成功した[20]。

　では、その〔スロヴェニアに〕匹敵する攻撃性にもかかわらず、ブルガリア、ルーマニア、クロアチアの組合は、スロヴェニアの事例とは異なり、深刻な政治的分裂により組合の協力関係が阻害されたという事実により、失敗したと断言できるだろうか。そう断言するのは難しい。というのは、入手可能な証拠は、はっきりとした対称性を想定することへの反証を示しているからである。スタノイェヴィチは、他の中東欧諸国の組合のように、1990年代初期、スロヴェニアの諸労働組合は、政治的・イデオロギー的に大きく分裂しており、競争が激しかったことを確認している。地域の他の国々と同様に、旧来の組合（しばしば改革された組合であったが）と新しい独立した労働組合との間に大きな分裂があった[21]。

　他の著者は以下のように記している。南東欧のすべての国々において、地

---

18) Iankova, *Eastern European Capitalism*, chap. 3.
19) Kideckel, "Winning the Battles," 97.
20) Kokanović, "The Cost of Nationalism," 143 ならびに 152-59、Grdešić, "Mapping the Paths," 146.

方レベルならびに全国レベルで、組合は政治的な分裂を乗り越え、一般組合員を共同で動員する方法をみつけた。組合間の協力は、クロアチアのような敵対的な政治的雰囲気の中でさえも可能であった。〔共産主義時代の〕旧組合連合は、みずからの改革に成功し、最多の組合員数を維持することに成功した一方で、政府に近い立場の新しい二つの主要な組合連合(うち一つはトゥジマンのナショナリスト的与党であるクロアチア民主連合〔HDZ〕により設立されたものであった)も、まもなく自律性を増し、政府の政策に繰り返し抗議し、集団協約実現のため他の連合と繰り返し協力した[22]。

　ブルガリア、ルーマニア、クロアチアの企業〔経営者〕が組織化されなかったというのもまた正しくない。むしろ、国有企業〔経営者〕は〔社会主義時代から〕継承された強制加入の団体、もしくは転換初期に新設された団体の、いずれかのメンバーであった。興味深いことに、組織的な資源が不足している場合には、共産主義時代の労働組合の継承団体が企業経営者を支援した。イアンコヴァは、ブルガリア全国経営者同盟 (Bulgarian National Union of Economic Managers) がブルガリア独立労組連合 (Confederation of Independent Trade Unions in Bulgaria, KNSB) の支援により、「社会的パートナーシップ構築のための努力の中で」1990年代に設立されたと記している。経営者団体は「主として国家の被用者として経済的指導者の利益を守護するよう設計されていたが、使用者の組織のための基礎をつくるうえで重要な役割を果たした[23]」。

　このような背景の中で、ブルガリア、ルーマニア、クロアチアの労働者の

---

21) Miroslav Stanojević, "From Self-Management to Co-Determination," in *Making a New Nation: The Formation of Slovenia*, ed. Danica Fink-Hafner and John R. Robbins (Aldershot: Dartmouth, 1997), 250; Miroslav Stanojević, "Social Pacts in Slovenia," in Pochet, Keune and Natali, *After the Euro and Enlargement*, 321-22.

22) Kokanović, "The Cost of Nationalism," 151, 150-56; Marko Grdešić, "Transition, Labor and Political Elites in Slovenia and Croatia" (M. A. thesis, Central European University, Budapest, Department of Political Science, 2006), 18-19. ブルガリアについては、Gradev, "Bulgarian Trade Unions"、ルーマニアについてはKideckel, "Winning the Battles"を参照のこと。

23) Iankova, *Eastern European Capitalism*, 56.

闘争が、スロヴェニアの組合の成功の事例を想起させるような結果を生み出したことは、驚くべきことではない。とくに、組合は政府に圧力をかけ、全国的な三者協議フォーラム設置と労働法改革を実施させることに成功した。労働側の圧力の下、ルーマニアにおける最初の三者協議制による協力の試みが1990年に開始された。最初の合意は1992年に調印され、1993年には社会的対話のための事務局が設置された。クロアチアにおいては、三者協議制による「経済社会評議会」が1993年に開催された。「転換期のコーポラティズム〔体制〕」であったブルガリアにおいては、1993年に全国三者協力協議会が「全国レベルでの労働と労使関係、社会保険、生活水準の諸問題の解決のために[24]」法をともなって設立された。1990年代の前半に政権の座についていたそれ以前のいかなる連立〔政権〕も、社会平和に関する協定の調印と三者協議主体の設立に失敗していた。

　では、三者協議制が真の意味で労働を包摂したスロヴェニアと異なり、残りの南東欧諸国においては、実態をともなわない「幻影のコーポラティズム」にすぎなかった、といえるだろうか。オストがこの言葉（「幻影にすぎないコーポラティズム」）を新しく用いたのであるが、それは改革エリートが労働組合に差し出すただの譲歩であることを描くためであった。改革エリートは「どこか別の場所で決定された新自由主義的な政策を形式的に承認し、正統化するために三者協議主体の利用を追求した[25]」のである。この見方は、もちろん、新自由主義的な転換戦略が実際に追求されたこと、そしてそれは正統化される必要性があったことを想定するものである。この見方を、ポーランドやハンガリーの状況の適切な解釈とみなすことができるとしても、南東欧諸国の事例への拡張には問題があるとわれわれは考える。

　ブルガリアとルーマニア、クロアチアの三者協議制は、形態と参加者が一定しておらず、移り変わり、また過重な課題を抱えており、オストが観察し

---

24) Youcef Ghellab and Marketa Vylitova, "Tripartite Social Dialogue on Employment in the Countries of South Eastern Europe" (Budapest, International Labour Office, 2005); Kokanović, "The Cost of Nationalism," 152; Grdešić, "Transition, Labor," 30; Iankova, *Eastern European Capitalism*, 188-93.
25) Ost, "Illusory Corporatism," 507.

たように不安定性と非効率性の症状を示したように思われる。けれども、コーポラティズムの約束が充足されなかったこと、あるいは麻痺状態にあったことについて、改革エリートの新自由主義的熱意を非難するのは難しいだろう。ブルガリアやルーマニアは、その限定的な改革やストップ・アンド・ゴー政策でよく知られていた。イリエスク時代のルーマニアやポスト共産主義のブルガリアにおける「マネタリズムの十字軍」の限定的な影響、あるいはユーゴスラヴィアのマルコヴィッチ首相の安定化・自由化プログラムの拒絶から生まれたトゥジマンの「クロアチア固有の転換プラン」、これらすべては、南東欧における三者協議制が、新自由主義を背後に潜ませる外見であるという考えの妥当性に関して疑念を抱かせるものである[26]。

　ブルガリアとルーマニアにおいて、急進的な市場主義を正統化するより、むしろ初期に労働側に譲歩したことは、初期の強力かつ攻撃的な労働者と、改革されていないポスト共産主義政党のヘゲモニーを組み合わせることによって、もっとうまく説明できる[27]。三者協議制を支持することに加えて、両国の政府は、労働側のその他の要求も受け入れる準備があった。こうして、1990年から1991年のブルガリアの最初のポスト共産主義政権の私有化計画は、「(その企業の株式の49%分を50%までの割引価格で売却するという提案を含んでいたなど)経営者と被用者の広範な特権を支持し」、反共産主義の労働組合であるポドクレパ（Podkrepa）にすら受け入れられたのである[28]。

---

26) Venelin I. Ganev, "The Dorian Gray Effect: Winners as State Breakers in Postcommunism," *Communist and Postcommunist Studies* 34 (2001): 3. 東側における新自由主義のヘゲモニーの概念へのシンプルな批判としては、Venelin I. Ganev, "The 'Triumph of Neoliberalism' Reconsidered: Critical Remarks on Ideas-Centered Analyses of Political and Economic Change in Post-Communism," *East European Politics and Societies* 19, no. 3 (2005): 343-78 を参照せよ。クロアチアのケースについては、Bićanić and Franičević, "Understanding Reform," 10 を参照せよ。

27) 1989年以降のルーマニアの最初の五つの政権は、共産党の継承組織によって形成された。ブルガリアにおいては、「旧共産党が1992年はじめまで、その絶対的に近い権力を維持し、その後も1997年まで、国内政治における覇権的な地位を中央・地方ともに（とりわけ後者で）全般的に維持した」。Venelin Ganev, *Preying on the State: The Transformation of Bulgaria after 1989* (Ithaca: Cornell University Press 2007), 43.

28) Andrew Barnes, "Extricating the State: The Move to Competitive Capture in Post-Communist Bulgaria," *Europe-Asia Studies* 59, no. 1 (2007): 80.

ルーマニアにおいては、最初のポスト共産主義政府は、「週40時間労働、インデックス賃金、より良好な労働条件」を追求するという労働組合の要求の受け入れを約束した[29]。

この点でクロアチアは異なっていた。右派の政権は否応なしに組合と対応しただけであった。ナショナリストの指導者は、ユーゴスラヴィアの遺産、とりわけ労働者自主管理を拒絶した。それはおくとしても、政権が組合と協力したがらなかったのは、HDZがポピュリスト政党であったという事実によって証明される。この政党は、三者協議の舞台で組合と交渉して、より広範な政治的・経済的解決を達成するのではなくて、むしろ声の大きい集団に直接報いることによって同意を生み出すことを希求していた。それゆえに、敵対的な政治的環境の中で、クロアチアの労働組合が一時的な譲歩を得ることができたという事実は、組合が強力であったとみなされていたということを反映している。そのことはまた、トゥジマン時代が終わりに近づくにつれて、組合が民主化運動をはじめることに役立った。そして、その行動は権力保持者にじわじわと恐れを植えつけたのである[30]。

政府が政治勢力としての労働者を恐れていたことは、ブルガリアとルーマニアにとって一つの考慮すべき要素であった。中東欧の他のどの国よりも頻繁に、これら2カ国のその時々の政権は、「労働者階級の握り拳」から破滅的な敗北を喫した。大規模で、時として暴力的な労働者による抗議活動がルーティンであるかのように引き起こされ、政治的な混乱を招いた。そしてそれは、政府の寿命を劇的に縮めた[31]。それどころか、1999年、ジン・バレーの鉱夫たちが首都をめざし隊列を組んで向かう5回目の抗議の行進を画策したときには、イリエスク・ルーマニア大統領は、それ以前に自身が民主主義の拡大を求めた抗議者らに対して機動警察隊のかわりに鉱夫たちを使ったこ

---

29) Kideckel, "Winning the Battles," 103.
30) Grdešić, "Mapping the Paths," 142.
31) 有名な（悪名高い）炭鉱労働者の累次にわたる武装抗議行動については、Ion Bogdan Vasi, "The Fist of the Working Class: The Social Movements of Jiu Valley Miners in Post-Socialist Romania," *East European Politics and Societies* 18, no. 1 (2004): 132-57 を参照せよ。

とがあるにもかかわらず、声明で「労働者が吹き込んだ反乱」の脅威に対する懸念を表明した[32]。

したがって、以下のような疑問が残る。労働者側の当初の強力さと組合の要求を聞き入れるブルガリアとルーマニアの政府の意志とに基づいて考えるならば、スロヴェニアのネオコーポラティズム的な秩序が他の南東欧諸国の経路と異なったものになったその要因を抽出するのは難しいであろう。では、スロヴェニア以外の南東欧諸国の事例においてはどのような労働包摂的なレジームの基礎的要素が抜け落ちているのか。

われわれは「国家を呼び戻す[33]」ことにより、この謎を解くことができる。検討されるべき主要な問題は、不安定性、流動性、機能不全といった症状が、三者協議制に限定されたものではなかった点にある。むしろ、1990年代前半の南東欧においては、上述の本質的な欠陥〔症状〕は、その課題が法や秩序の維持、私有化、FDIの促進、財政・金融政策、社会保護の何であれ、公的な政策決定機関や省庁を実質的に特徴づけるものであった。

したがって、ブルガリア、ルーマニア、そして程度は低いがクロアチアにおける三者協議制の興亡は、新自由主義的な政策目標を頑固に追求したからというよりは、国家が全般的に脆弱であったという症状に起因するものであった、とわれわれは主張する。国家の能力の欠落は、改革派エリートたちの政策選好よりも、もっと根本的なところでネオコーポラティズム的な枠組みの機能を妨げた。実際に、労働者の包摂と排除の間で改革派エリートが揺れ動いたことは、それ自体が国家の脆弱性の徴候であった。このことは、労働側に対し敵意をもっていた特定の政府が何らの役割を果たしていない、ということを意味しない[34]。その政策戦略の目標が、労働者を周辺的地位に追いやることではなく包摂することであったとしても、国家が能力不足であれば、あらゆる方面で政策戦略の実行を損なうことになることを、われわれは強調するのである。

---

32) Kideckel, "Winning the Battles," 99 を参照せよ。
33) Peter Evans, Dietrich Rueschemeyer and Theda Skocpol, eds., *Bringing the State Back In* (Cambridge: Cambridge University Press, 1985).

能力を欠いた国家は、民主主義的なコーポラティズム的秩序をも欠く

　スロヴェニアの労使関係がネオコーポラティズムに向かって舵を切った時点と、南東欧のその他の諸国において類似の発展が阻まれた要因とを再検討するには、英雄的な初期からあとの時期へ、また三者協議制の公式な設立からその強化へと分析の視野をシフトさせなければならない。メイアーによれば、「コーポラティズムの設立条件は、その維持条件とは異なる[35]」。興味深いことに、西ヨーロッパにおいて「コーポラティズムの制度を維持するために必要なエネルギーとコミットメントは、コーポラティズムをつくり上げるために必要なエネルギーとコミットメントよりも少ない[36]」という彼の観察は、南東欧に適用する場合は、逆になるようにみえる。ネオコーポラティズムの枠組みは、4カ国すべてで迅速につくられた。しかし、体制的な特性に適応するほど充分に頑健であったと証明されたのは、スロヴェニアだけであった。この違いを理解する鍵となるのは、社会的諸利害から相対的に自立して行動することができ、その目的と政策を実行かつ執行する能力を有する、能力を備えた国家が存在するか、あるいは存在しないのかである[37]。

　西ヨーロッパの労働政治学の研究者にとっては、国家の能力が重要であることはある程度は明らかであり、国家性をある水準に想定することは、コーポラティズムの定義やより広範な労働者の権利の定義の一部、あるいは一組

---

34) 皮肉にも、ブルガリアで短命に終わったディミトロフの新自由主義的な政権においてそうであったように、市場急進主義者らが優位であったときでさえ、IMFは介入し、政府に対しその社会的パートナーシップ政策を再考するよう求めた。その対応として「1992年初夏までに、政府は財務省と産業省を再編し、労働組合とのコンタクトの維持を任されていたヴァシリエフを新たに副首相として任命した」。Iankova, *Eastern European Capitalism*, 67.

35) Charles Maier, "Preconditions for Corporatism," in *Order and Conflict in Contemporary Capitalism: Studies in the Political Economy of Western European Nations*, ed. John H. Goldthorpe (Oxford: Oxford University Press, 1984), 50.

36) *Ibid.*, 56-57.

37) 国家の相対的な自律性や、国家の能力の起源と形態について述べている文献は非常に多く存在する。われわれの記述は、Michael Shafer, *Winners and Losers: How Sectors Shape the Developmental Prospects of States* (Ithaca: Cornell University Press, 1994) ならびに Evans, Rueschemeyer and Skocpol, *Bringing the State Back In*、そして注40〜43に挙げている文献に緩やかに依拠している。

の定義になっている。この点でメイアーによれば、コーポラティズムとは「通常、国家の後援の下に構築され、そしてときに継続的に監督される、さまざまな産業を超えた使用者と被用者の代表の間に存在する、より広範な協調関係」を意味する。「コーポラティズムは国民的交渉における協調であり、そこでは国家機関が主要な民間の団体に準公的な権力を与える[38]」。

　民主的なコーポラティズムの概念に関して、カッツェンスタインが提示するものは影響力を有している。彼は、民主的なコーポラティズムとは、特定の政府やエリートのことではなくて、世界経済においてその脆弱性と国内向けの補償の必要性を認識している小さな**国家**の中心性であると指摘している[39]。同様に、歴史を通じて見てみると、能力を備えた国家は広範な労働者の権利の執行には死活的なものであった。ティリーは次のように述べている。「失業保険だけでなく、健康・福祉の諸給付、職業訓練、安定的な雇用、最低賃金、組合の組織化、ストライキの権利など、労働者の権利の全領域の端から端まで、実際の権利の行使は資本側を統制する国家の能力と傾向に大きく依存している[40]」。

　ここから次のことが明らかである。ネオコーポラティズムが国家に依存する程度は、ステパンの定式化によれば、「「政府」以上のものである。政治領域における市民社会と公的機関の間の関係を構造化することだけでなく、市民社会の中で多くのもっとも重要な諸関係を構造化することをも試みるのは、〔国家の〕継続的な行政システムや法的システム、官僚的システム、強制的なシステムなのである[41]」。行政的、法的、官僚的、強制的な組織を有する国家の存在は、発展した資本主義諸国においては当然のこととみなしうるが、中東欧においてはそうではない。マックス・ウェーバーが指摘したように、産業「資本主義と官僚制度はお互いを確認し、親密にお互い寄り添っている[42]」。このことから、工業化が遅れ、資本主義システムよりはむしろ共産主義の保

---

38) Maier, "Preconditions," 40. Gerhard Lehmbruch, "Concertation and the Structure of Corporatist Networks," in Goldthorpe, *Order and Conflict*, 60-80 も参照せよ。
39) Katzenstein, *Small States*, 38-47.
40) Charles Tilly, "Globalization Threatens Labor's Rights," *International Labor and Working-Class History* 47 (Spring 1995): 13.

第 5 章　ネオコーポラティズムと非力な国家——南東欧諸国

護の下にある国では、国家がかなり非力になりがちである、と推論しうる。

　以上は、中東欧におけるレジームの多様さについての、キッチェルトと彼の共著者の見解の要旨である。ポスト共産主義国の制度的差異を形成する重要な一つの変数は、共産主義以前と共産主義国家の遺産が有している性質である。共産主義の出現以前に工業化と政治的動員があまり発達しなかった国々は、共産主義時代に官僚主義的な公式の国家機構を構築することにも失敗した。そのかわりに、「世襲による共産主義」のルールは、保護者と縁故政治に依存し、また「国家と〔共産〕党の指導者らと彼らの側近の間の個人的依存の垂直的な連鎖」のネットワークの存在に依存していた。結局、この種の遺産は、腐敗や政治家から支援者への利益供与の傾向をともなうポスト共産主義レジームに引き継がれた[43]。この分類の中では、ブルガリアやルーマニアは世襲による共産主義の遺産を共有している。対照的に、クロアチアはハンガリーやスロヴェニアとともに、強力な官僚制度を許容する共産主義秩序の一つの形態である「国家協調的共産主義」の遺産を共有している。

　これらの研究者の関心は、多くの場合、遺産とそれがさまざまな政党や政党システムにもたらした帰結についてであるが、ガネフは近年、初期の転換、とりわけ国家と共産党との分離の形態が、国家それ自体の組織的・制度的な特徴に深淵な影響を与えてきたと論じている。ブルガリアの事例を用いながら、ガネフは、エリートの戦略的な行動が、いかにして利用可能な国家構造の弱体化につながっていったかを示している。共産党が権力から長い期間をかけて撤退するなかで、ブルガリアの共産党エリートは、国家からもっとも

---

41) Alfred Stepan, *The State and Society: Peru in Comparative Perspective* (Princeton: Princeton University Press, 1978)、Theda Skocpol, "Bringing the State Back In: Strategies of Analysis in Current Research," in Evans, Rueschemeyer and Skocpol, *Bringing the State Back In*, 7 の引用に基づく。マイケル・マンによる国家の基盤権力 (infrostructual power) の概念を参照せよ。つまり「実際に市民社会に浸透し、その領域の隅々にまで政治決定を実行できる国家の能力」であり、この点は国家性の重要な局面を指し示している。Michael Mann, "The Autonomous Power of the State," *Archives Européennes de Sociologie* 25, no. 2 (1984): 190.

42) Max Weber, *Economy and Society*, ed. Guenther Roth and Glaus Wittich (Berkeley: University of California Press, 1968), 1395 n. 4.

43) Kitschelt *et al.*, *Postcommunist Party Systems*, 21-28.

価値のある資産を奪い去ったのみならず、彼らの資源再分配をめぐる試みは、国家統制やガバナンスのメカニズムや制度に影響を及ぼし、さらには行政の全体的な監視能力を弱体化させた。ガネフは以下のように記している。「国家性の破損へのこの一般的傾向の具体的表現は、政策を立案・実行する能力の欠如、組織的一貫性の著しい欠如、概して自生的な社会・経済的過程に対する健全な国家介入のためのインフラ欠如であると描かれるかもしれない」。ガネフの論文は中東欧諸国における、諸政党と政党間競争との関係、国家、そして改革能力に関する萌芽的な研究の一つである[44]。

まとめると、この文献は、ブルガリアとルーマニアがなぜ労働側と発生期の資本家階級との間の関係を構造化し、三者協議による交渉で合意された政策を着実に実行できる国家の建設に失敗したのか、そのやむをえない理由を示している。世襲的共産主義の遺産は、体制転換の開始時に、共産党とその後継者らに優位な状況を与えた。そこで、党エリートは「国家の捕獲」の機会を利用したが、こうすることで国家能力をさらに堀り崩したのである。要するに、勝ち組たちが「国家の破壊者」として行動したのである[45]。

世界銀行によるガバナンスの質の指標もこのことを示している。このデータによれば、ブルガリアとルーマニアは、政府の効力、規制能力、法の支配を維持する能力、汚職を制御する能力などの点で、スロヴェニアから（ヴィシェグラード諸国やバルト三国からも同様に）大きく遅れてきた[46]（**表1.6**）。しかし、クロアチアもまた国家が脆弱である国々に含まれることは難題となる。そもそも、クロアチアはスロヴェニアと同様の共産主義や国家の遺産を

---

44) Ganev, *Preying on the State*, 9. またこれにかわりうる概念として、とくに Anna Grzymala-Busse, *Rebuilding Leviathan: Party Competition and State Exploitation on Post-Communist Democracies* (Cambridge: Cambridge University Press, 2007); Timothy Frye, *Building States and Markets after Communism: The Perils of Polarized Democracy* (Cambridge: Cambridge University Press, 2010); Conor O'Dwyer, *Runaway State-Building: Patronage Politics and Democratic Development* (Baltimore: Johns Hopkins University Press, 2006); Roger Schoenman, "Networks, Uncertainty and Institution Building in Europe's Emerging Market" (manuscript, 2011) を参照のこと。

45) Ganev, *Preying on the State*, 95.

第5章　ネオコーポラティズムと非力な国家——南東欧諸国

有していた。さらにいえば、ブルガリアやルーマニアとは異なり、これら二つの旧ユーゴスラヴィア国家では、共産主義政党を継承した政党が最初の複数政党制選挙において敗北した[47]。

　クロアチアの非力な国家能力を説明するものは何か。すでにある先行研究に沿って次のようにわれわれは論じる。ブルガリアやルーマニアでは、ポスト共産主義の国家が非力な状態で生まれた（そして1990年代の初期にはさらに弱くなった）。それとは違い、クロアチアで元来能力を有していた国家を弱体化させたのは、バランスを逸したナショナリズム、そして戦争と戦争の余波、トゥジマン体制の準権威主義的な性格などが組み合わさったことの影響によるものであった[48]。一連の理由により、クロアチアにおいては、スロヴェニアと違って、その他のいかなる社会統合の形態をもやすやすと凌駕するほどに、ナショナリズムが支配的な役割を果たした。

　ユーゴスラヴィア共産党の指導者であるヨシップ・ブロズ・ティトーは、1971年に「クロアチアの春」を弾圧したが、弾圧後の野党勢力の復権と共和国におけるエスニック上の異質性、その一部が強硬なナショナリストとなった（クロアチアからの）大規模な移民者のコミュニティ、これらすべてが強いナショナリスト的な感情の表出のもととなった。しかしながら、クロアチアがナショナリスト的な方向性を強化させたもっとも重要な要因は、1991年から1995年までの独立戦争であったことはほぼまちがいない。一方では、「戦争の勃発以降、国民はトゥジマン大統領のリーダーシップを無条件に受け入れ、戦争はトゥジマンに広範囲にわたる権力を与えた」。まもなく民主

---

46) Patrick Hamm, David Stuckler and Lawrence King, "The Governance Grenade: Mass Privatization, State Capacity and Economic Growth in Post-communist Countries," Working paper 222 (Amherst: University of Massachusetts Amherst, 2010), table W1, 53 も参照のこと。異なるデータセットをもとに、本研究では、スロヴェニアとその他3カ国の南東欧諸国との間の、国家の能力に大きな差があることを確認している。

47) クロアチアの政党の分極化のあり方は、チェコやスロヴァキア、ラトヴィアのそれと類似しているため、政党の分極化が国家を弱体化させようというエリートの傾向を説明する、というフライの議論もまた、クロアチアには適合しない。Frye, *Building States and Markets*, 55.

48) Bićanić and Franičević, "Understanding Reform." クロアチアの脆弱な国家の起源を再検討することを迫ったヴィシュニュア・ヴコヴに多大な謝意を示す。

主義の諸制度はたんなる上辺だけのものに格下げされ、議会もトゥジマンの決定にたんに賛成するだけの機関となった[49]。他方では、労働組合は最初からこのような国の方向性に挑戦しなかった。主要な労働組合連合と政府は、いわゆる「戦時協定」を調印し、それによって組合は、社会的協議を社会的和平〔労使妥協〕と交換したのである[50]。

　民主主義を切りつめたこと、そしてネオコーポラティズム的な調整が恒常的ではなくむしろアドホックに行なわれたことが、負の影響を与えた。これに加えて、クロアチアの国家の自律性と能力は、HDZ の国民化政策からも多大な打撃を受けた。シェーンフェルダーが指摘するように、セルビア系住民は（HDZ への支持が疑わしいと思われたクロアチア人とともに）みずから離職するか、もしくは解雇されて公的部門を去った。そしてその職は、とくに出国歴があり、そこから帰国したナショナリストによって取って代わられた。公的行政機関、司法機関、国有企業の管理運営のいずれであれ、多くの地位が、忠誠心に富むが無能で経験のない人々で穴埋めされた。この事実は、元来は能力をもつ諸機関の劣化につながった[51]。戦争の影響と相まって、類似の選択的なアプローチは社会支出の膨張にもつながった。給付の大半は退役軍人や傷病兵、そして彼らの家族や戦争犠牲者の家族に当てられた。他方、人口増加政策に関わる支出もまた大きくなった[52]。民主主義の急速な劣化、ならびに忠誠と所属エスニック集団を根拠とする行政機構からのパージ、きわめて対象が限定され持続不可能な水準の社会支出、とくに（以下で論じる）私有化の特異な受益者、これらのすべてが能力を有していたクロアチア国家を、いっしょになって覆そうとしたのである。

　このような背景は、多くの南東欧諸国でなぜネオコーポラティズムが最終

---

49) Bruno Schönfelder, "The Impact of the War 1991-1995 on the Croatian Economy: A Contribution to the Analysis of War Economies," *Economic Annals* 166 (2005): 13.
50) Grdešić, "Transition, Labor," 33.
51) Schönfelder, "The Impact of the War," 21-22.
52) Paul Stubbs and Sinisa Zrinscak, "Croatian Social Policy: The Legacies of War, State-Building and Late Europeanization," *Social Policy and Administration* 43, no. 2 (2009): 121-35.

第5章　ネオコーポラティズムと非力な国家——南東欧諸国

的に根づくことができなかったのかをよく理解させてくれる。ブルガリアとルーマニアは、労働側と資本の間の関係を構造化できるだけの行政・官僚システムを単純に欠いていた。ゆえに、主要な問題は、初期の組織化され主張もする労働者と、弱すぎて社会的パートナーシップやその他の譲歩を拒絶することも受け入れることもできない国家の間のミスマッチであった。言い換えれば、労働側の強さは、転換の初期にはたしかに最大限に達したが、そのときにはまだブルガリアとルーマニアの資本主義の基本的な諸制度がつくり出されていなかった。この二つの国家は、その究極的目的が労働側の包摂であれ排除であれ、安定的かつ恒久的な形態を制度化することが単純にできなかったのである。

　このミスマッチを、スロヴェニアのバランスのとれた労働－国家の関係と対照するとき、その結果は明らかであろう。スロヴェニアに出現しつつあるネオコーポラティズムの一つの要因は、労働集約的であれ資本集約的であれ、輸出志向の産業の経営者が、管理フロート制という通貨体制によって促された持続不可能な賃金上昇を警戒するようになったことであった。経営者らは、中央に集約された交渉を、賃金抑制を強制させるための手段として受け入れた。三者協議制が制度化されたのは、このような背景があったからである[53]。

　さまざまな部門を横断した労働側の戦略を和らげた一つの重要な要因は、短期的にみた敗者が、スロヴェニア国家が階級間の妥協を受けてその義務を果たすだろうと認識したことであった。国家と政府が有する能力に対する信頼は、自分たちが将来の勝者となると敗者が考えることを容易にした。そしてそうした人々の長期的な視野は、社会的パートナーシップを支持する陣営に、彼らがとどまるようにさせた。そして、そのことがネオコーポラティズムの制度化に貢献したのである。

　これが、南東欧諸国における経路をくっきりと異なったものにする局面であった。すなわち、南東欧諸国において経路が分岐したのは、三者協議の諸機関がたんに公式に設立された局面ではなく、その安定化の段階であった。

---

53) Feldmann, "The Origins of Varieties," 346; Crowley and Stanojević, "Varieties of Capitalism," 276.

南東欧諸国において経路が分岐したのにはいくつかの理由がある。第一に、ブルガリアとルーマニアの社会的パートナーらは、自分たちが短期的に犠牲を払ったにもかかわらず、それに対して当局が将来の便益でもって社会的パートナーに報いることはできないということを学んだが、そのことを学んだあとになっては、穏健な戦略がブルガリアとルーマニアで支配的な位置を得ることは非常に困難となった。したがって、階級的妥協の内容を政策上の戦略に盛り込むということについての政権の能力不足がもっと明らかになってくると、経済アクターたちは、彼ら自身の長期的で包括的利害を含む公共財を供給する人々に対して、個別的（部門あるいは個別企業ベースの）戦術を追求するようになった[54]。

　国家機関のさらなる不安定化と断片化という犠牲を払ってはじめて、彼らの限りのない要求が満たされる程度に応じて、この追求が可能となった。それは社会的領域の断片化をありのままに映し出すものでもあった。しかしながら、「経済・社会政策において〔本来〕筋が通っているべき公的当局が断片化することを、国家以外のアクターへの意図された権限の移譲と誤解すべきではない[55]」。したがって、このようなダイナミズムは、ネオコーポラティズムのまさにその基盤を崩したのである。

　第二に、南東欧諸国の組合は、ときに権力保持者に挑戦するために自分たちの政治的影響力を行使する点で、はるかにいきすぎてしまった。たとえばキデッケルは、ルーマニアについて以下のように指摘している。「初期における成功と、組合に取り入ろうとする政治的指導者らの試みのために、労働側はまもなく権力について非現実的な感覚をもつようになった。かくして、組合の指導者らは、みずからの注意を労働問題それ自体から国レベルの政府の特徴や組織へとシフトさせた[56]」。これに対応して、政府は、非民主主義的

---

54) Aleksandra Sznajder Lee and Vera Trappmann, "Von der Avantgarde zu den Verlierern des Postkommunismus: Gewerkschaften im Prozess der Restrukturierung der Stahlindustrie in Mittel- und Osteuropa," *Industrielle Beziehungen* 17, no. 2 (2010): 192-231.
55) Maier, "Preconditions," 59.
56) Kideckel, "Winning the Battles," 103.

な手段により組合をコントロールしたいという誘惑に駆られた。

　ブルガリアとルーマニアの組織化された労働者は、ポスト共産主義の政治経済を構築するというハイポリティクスの権力保持者に挑戦した結果、彼らは決定的に重要である影響力を勝ち取ることには失敗した。この失敗は、1970年代になるまで対立が戦後西欧の労働包摂的な解決方法を徐々に解体していくその過程の結果を、いくらか思い起こさせるものである。ブルガリアとルーマニアの組合と西欧の組合ではすべてのことが明らかに異なっているが、少なくとも一つの点では、ブルガリアとルーマニアの組合は西側の先駆者たちの足跡をたどったようにみえる。そのときの西欧の労働組合は、1967年から1973年の大規模なストライキのうねりの中で、資本主義的な秩序が差し出すだろう以上のものを要求していたのである[57]。

　ネオコーポラティズムの採用にクロアチアが失敗したことは、これとは異なる。クロアチアでは、当初存在していた国家能力は戦争遂行と忠誠心のある同盟の醸成に向けられ、このことにより、政治における労働者の地位が大きく弱体化したからである。そうであっても、クロアチアの労働者は準民主主義的な政府に繰り返し挑戦し、最終的にはその崩壊に貢献した。

　三者協議制の強化は、もちろん、三者が取り組む一つのゲームである。強力な労働側は経営者の選択肢を制約するだけでなく、労働者をコントロールし、労働側の戦略をより穏健化することもできる。資本側は、労働者の要求を拒否することもできるが、それに配慮することもできる。国家は、社会パートナー間の相互作用を支援することもできるし、相互の義務の執行を手伝うこともできる。資本の役割は、ここまでのわれわれの分析からほとんど漏れていた。次に、私有化、外国投資、産業再構築のプロセスで出現したこの地域の有産階級に目を向けよう。

---

57) 西側における歴史的転換点については、Jonas Pontusson, "Introduction: Organizational and Political-Economic Perspectives on Union Politics," in *Bargaining for Change: Union Politics in North America and Europe*, ed. Miriam Golden and Jonas Pontusson (Ithaca: Cornell University Press, 1992), 1-41 を参照のこと。

強力な国家と非力な国家におけるポスト社会主義国の資本主義

　南東欧諸国の経営者は、いったいどのくらい労働組合に寛容で、彼らの要求に配慮する意志があったのだろうか。新しい資本家たちは国家の能力に対してどのような影響を与えたのか、またこの点について、転換の初期から後期にかけて、どのように変化したのか。まずは初期に南東欧諸国の政治経済を支配した、ポスト社会主義の「代用」諸階級に特有の特徴と政策上の選好に着目することから、答えを探していこう。第二に、産業再構築において1990年代末までに非常に重要な役割を果たすこととなった、トランス・ナショナルな投資家たちの特徴について詳しく述べていこう。

経済エリートの連続性

　先行研究によると、体制転換が社会主義の過去との徹底的な断絶をもたらしたかどうかに強く依存する形で、ポスト社会主義の資本家たちの特徴は多様となった。ブンツェは、経済エリートの特性について、その政治的連続性と非連続性の重要性を指摘した最初の研究者の1人である。彼女は、「経済改革のペースは、政治改革のペースと強く相関している」と論じた[58]。とくに、ルーマニアやブルガリアの事例のように、最初の選挙で旧共産主義者たちを権力の座から下ろせなかった場合、経済改革と同様、民主化も速度を落とし、私的部門の発展の遅さにもつながった。そのような「緩慢で、不均等で、妥協的な」移行から、どのような種類の「資本」が生まれうるだろうか[59]」。

　ブンツェのもともとの議論を実証的に研究し、フィッシュは、政治的領域

---

[58] Valerie J. Bunce, "Sequencing of Political and Economic Reforms," in *East-Central European Economies in Transition: Study Papers Submitted to the Joint Economic Committee Congress of the United States* (Washington, D. C.: U. S. Government Printing Office, 1994), 59. 政治改革のペースと経済改革のそれとの間の関係についての同様の議論として、World Bank, *From Plan to Market* も参照のこと。

[59] Bunce, "Sequencing of Political and Economic Reforms," 59.

においてエリートの置き換えが穏当にとどまるか、あるいは置き換えがなかったことは、同様に経済的エリートの連続性につながると論じた。新しい党の指導者や中央あるいは地方の官僚は、企業ロビーを代表する立場であれ、その支配下に置かれる立場であれ、受け継いだ地位を守るために奮闘した。他方、コインの片面をみると、「ブルガリアとルーマニアにおける私有化スピードの緩慢さは、裕福なビジネス階級と広い層の小企業家の層の成長を妨害したが、ビジネス階級や小企業家が育っていたら、改革派の政策とその候補者（あるいは少なくとも共産主義者でない者か反自由主義者でない者）に対する彼らの支持を当てにできる実例がいくつかあったはずである[60]」。

私有化スピードの緩慢さ、ならびに限られた程度のエリート交代は、（クロアチアという部分的な例外もあったものの）当初はすべての南東欧諸国を特徴づけていたが、そのことはどのようにして、組織化された労働側と国家に対する経済的エリートの影響力を形づくっていったのであろうか[61]。重大な結果をもたらしたのにもかかわらず、これまでの文献の中で無視されていたのは次の点である。公的な経済領域の民間の経済領域からの切り離しをためらったことによって、政治・官僚エリートはまた、資本主義を定義する諸階級の間の差異化のプロセスも遅らせたのである。

第1章において、われわれは中東欧の初期の資本主義が「資本家不在」のものであったという主張に触れた[62]。南東欧に関する限り、この議論をさらに拡大適用することができよう。適用された時期において、新しいシステムは資本家のみならず、その対抗者をも欠いていたのである。私有化の全体的に緩慢なペースと私有化の選択された手法の双方のために、生産手段に対するいかなる制御権も失ってしまう自由な賃金労働者の形成は、南東欧諸国ではヴィシェグラード諸国やバルト三国よりも時間がかかった。上で示唆したように、4カ国〔スロヴェニア、ルーマニア、ブルガリア、クロアチア〕すべて

---

60) Fish, "The Determinants of Economic Reform," 67.
61) スロヴェニアの事例によって示されているように、民主化のスピードが鈍いことが、経済エリートの再編が限定的であったことに機械的につながるわけではなかった。
62) Eyal, Szelényi and Townsley, *Making Capitalism*, 5.

が、GDP や雇用に対する私的セクターの貢献度の増加の点で、北西の近隣諸国から遅れをとった。より重要なことに、私有化のペースが穏健であったことは、主として企業のインサイダー、すなわち経営者に利益をもたらし、加えて経営者ほどでないにしても労働者にも利益をもたらした。

具体的にみると、スロヴェニアとクロアチアは、MEBOs を主要な手段として採用し、それに次ぐ第二の手法としてバウチャー私有化を採用した。他方、ルーマニアとブルガリアはそれぞれ、MEBOs かバウチャー私有化を、直接売却と組み合わせた[63]。このインサイダーに支配された民営化は、ハンガリーによって最初に採用され、後にはすべてのヴィシェグラード諸国とバルト三国で採用された（第3・4章参照）競争的な直接売却の手法とは異なり、きわめて分断的な所有構造をもたらした。それはまた、（主として外国の）戦略的投資家による買収の第二波も遅らせた[64]。そして「もつもの」と「もたざるもの」の区別のプロセスをも遅らせ、結果として階級形成を遅らせた。このすべてが、特有な形態の労使関係の持続につながり、組織化された労働側のいくつかの闘争における勝利を助けたが、このこともまた、労働包摂的な資本主義体制のための闘いにおける敗北への道筋を開くことにもなった。

もし、「経済を私有化すればするほど、組合の代表制が弱くなる[65]」という仮定が正しければ、組合は、彼らの組織的な強さを維持するために、国家所有（あるいは細分化されたインサイダー所有）によってもたらされる機会により長く依拠できるということになろう。このような背景の中で、転換初期の国有企業の経営者らが、とくに彼らの企業の労働者に対して敵対的でなかったことは驚くべきことではない。経営者らは、（ときに、あるいはまったく期日どおりに賃金が支払われたわけではなかったが）労働者の給与〔水準〕を維持しようとし、問題を抱えた企業が破産を回避するために国の補助金の獲得を労働者とともに要求した。

---

[63] EBRD *Transition Report 2000*.
[64] 最近の分析によれば、このことが、チェコ、ハンガリー、ポーランドがたどった経路と、スロヴェニア、ロシア、ウクライナのそれとの間にある大きな差異の主要因であった。Soós, *Rendszerváltás és privatizáció*.
[65] Crowley and Ost, *Workers after Workers' States*, 226.

なるほど、クロアチアのクローニー資本主義[66]〔縁故により競争を排除した資本主義〕ではこのようなタイプの経営者と労働者の同盟は、他の南東欧諸国ほど頻繁にはみられなかった。独立したクロアチアは、クロアチアが受け継いだ「社会的所有企業」の国家管理化を急速に進めた。1991年に導入した私有化プログラムでは、多くの最大規模の企業の即時国有企業化を見越していた。当初は私有化が予定されていたその他の企業もまた、政府の手中に収まった。これらの措置の合理性は、「かつての共産主義者の経営者と労働者の政治的・経済的な同盟を禁止すること」、そしてそのかわりに、将来の所有者・経営者の選択に対する堅固なコントロールをクロアチア民主同盟（HDZ）に与えることであった[67]。

　したがって、クロアチアのポスト社会主義経済において、多くの富をもたらす地位が、政権政党の政治的な友人たちの手にわたったことは驚くべきことではない。政府のねらいはまた、バウチャー私有化プログラムを通じて、退役軍人や難民、〔体制転換までに〕追い払われた人々、かつての政治囚など特別な社会集団に的を絞ることであった。これらすべての集団は、HDZの中核的な支持層だからである[68]。一部は紛らわしいものであったのだけれども、かつての共産党員の経営者が単純に忠誠心の相手を［HDZに］変えた例も多かったので、経営者の地位にあるエリートの転換は相対的に多かった[69]。しかしながら、最終的には、政治的に動機づけされた経営エリートの交代は、職場に存在した同盟諸関係を労働側から奪うことになった。

　対照的なのがブルガリアとルーマニアであり、そこでは、経営者たちは、組合の戦略の阻止や穏健化を図るよりも、たとえその経営者と労働者の同盟がときに非創造的な産業の破壊に繋がるとしても、当初、労働者たちの闘争

66）Bićanić and Franičević, "Understanding Reform."
67）Vojmir Franičević and Evan Kraft, "Croatia's Economy after Stabilization," *Europe-Asia Studies* 49, no. 4 (1997): 675.
68）Ibid. Vojmir Franičević, "Privatization in Croatia: Legacies and Context," *Eastern European Economics* 37, no. 2 (1999): 5-54 も参照せよ。
69）Bruno Dallago and Milica Uvalic, "The Distributive Consequences of Nationalism: The Case of former Yugoslavia," *Europe-Asia Studies* 50, no. 1 (1998): 85.

に参加するインセンティブを有していた。人目を引く一つの例は、ブルガリアのコンピューター産業の代表的企業、スタラ・ザゴラ DZU の事例であろう。1990 年、ポドクレパ労働組合の労働者らは非常に多岐にわたる要求項目をかかげ、経営者らとともに数週間にわたってストライキを行なった。要求の中には、「取締役に対する非難、財政面での経営失敗の責任追求、工場プラントの再構築要求、そして〔工場の〕諸ユニットを従業員が私有化できるようにすること」が含まれていた。結果として、「工場は多大な損失を被った。工場は完全に回復することなく、1999 年までに工場の従業員は 1000 名以下となった（当初は 6000 名近い労働者であった[70]）」。

しかしながら、最終的には、労働者の強さは、彼らがまさに頼りにしてきた同盟のパートナーによって切り崩された。ガネフは 1990 年代なかばのマルチグループの事例を示している。マルチグループはもともとガス貿易から鉄鋼、観光、複雑製造業に至るまでの多くの産業部門で経営を行なう「政治的資本主義」のコングロマリットであった。マルチグループは 1990 年代なかばにまず DZU 社をロシア市場向けの海賊版 CD の生産会社に格下げし、その後に破産させることによって、DZU のわずかな残存資産を効果的に略奪したのである。ガネフは次のような結論を引き出している。「DZU のケースは、勝者の行動は、ポスト共産主義国の国有企業の脱工業化として広範に定義しうるものと直接的に関係していたかもしれないことを示唆している[71]」。

上記の証拠は、ブルガリアに特殊なことではなく、南東欧諸国の大半を悩ませた症状を示すものである。すなわち、1980 年代末から 1990 年代末にかけて、支配的な国有セクターの「部分的改革の勝者」と萌芽段階のクローニー資本主義者らは、社会主義システムが残した資産と権力のかけらを拾いあげた。有力なアクターたちは、国家の脆弱さを利用し、国家能力のさらなる喪失をもたらしつつ、かつての国家資産を社会や経済全般のための富ではな

---

70) Gradev, "Bulgarian Trade Unions," 131.
71) Ganev, "The Dorian Gray Effect," 15. 政治的資本主義の用語については、Staniszkis, *Political Capitalism* を参照のこと。

第5章　ネオコーポラティズムと非力な国家――南東欧諸国

く、富を分割し蓄積するか、特別な利害集団の富のために蓄積するか、あるいは個人の富の蓄積のために利用したのである[72]。

したがって、1990年代の間、ブルガリアとルーマニアが、そして程度は少し落ちるがクロアチアも、転換のフロントランナー国以上に苦しんだことは、「資本主義的生産の発展によってだけでなく、その発展の不完全性によってであった。そして生けるものによってのみならず死せるものによっても」苦しんだ[73]。それは、マルクスが19世紀後半のドイツについて述べたことと同じである。

しかしながら、政治・経済エリートの連続性は、大半の南東欧諸国での転換の成功にとって障害であることが証明されたとしても、スロヴェニアが負の結果を免れたという事実は謎である。政治エリートの置き換えのダイナミズムも、経済エリートの変化のダイナミズムも、スロヴェニアが南東欧の近隣諸国とは明らかに異なっているわけではなかった。それどころか、リンドストロムとピロシュカが指摘するように、「旧ユーゴスラヴィアの社会主義者たちの「浄化」はスロヴェニアでは起きなかった。かつての社会主義政党の党員たちは、政府や産業における主要な地位にあり続けた[74]」。

これらに基づいて、この国に関する専門家のなかには、スロヴェニアの経路のメリットについて懐疑心を抱いており、スロヴェニアが政治的・経済的変化に対して、より急進的なアプローチを採用していたならば、もっとうまくやれたのではないかと主張する者もいる[75]。最近、旧ユーゴスラヴィアに関するハンガリーの主導的研究者であるショーシュは、スロヴェニアをもっとも西欧化された旧社会主義国の一つとしてカウントすべきかどうか、疑問

---

72) Joel Hellman, "Winners Take All: The Politics of Partial Reform in Postcommunist Transitions," *World Politics* 50 (1998): 203-34; J. C. Sharman, "Who Pays for Entering Europe? Sectoral Politics and European Union Accession," *European Journal of Political Research* 43, no. 6 (2004): 797-822.
73) Karl Marx, *Capital*, vol. 1 (New York: Vintage, 1977), 91.
74) Lindstrom and Piroska, "The Politics of Privatization," 120.
75) Adam Frane, Kristan Primož and Matevž Tomšič, "Varieties of Capitalism in Eastern Europe (with Special Emphasis on Estonia and Slovenia)," *Communist and Post-Communist Studies* 42, no. 1 (March 2009): 65-81.

を呈している。そして異例なことだが、彼はスロヴェニアとロシアやウクライナとの類似性を強調している[76]。

　ショーシュは次のように論じている。彼によれば、スロヴェニアは、実際には過去との中途半端な決別から損害を被り、外国投資家への魅力の喪失という点で、インサイダーに支配された民営化プロセスから高い対価を支払ったのである。そのことは、企業の経営者と組織化された労働者が、彼らの企業の所有権を外国の競争者から守るために手を組み、成功したという事実のためであった。同時に、収益を上げられる企業の利益を、損失企業に頻繁に再配分することを通じて、スロヴェニアの国家介入は不確実性をつくり出し、ビジネス運営の透明性を損ない、ゆえに、外国の投資家が参入するのをためらわせる原因をつくった[77]。ところで、これは本当に実際に起きたことなのであろうか？

外国資本フローの舵取り

　一見すると、上述した批判は、証拠により支持されているようにみえる。1990年代を通じて、外国資本はスロヴェニアを除く南東欧諸国よりも、ヴィシェグラード諸国とバルト三国を選好した。スロヴェニア国家が、外国資本によるとくに戦略部門の乗っ取りを制限するためにさまざまな保護主義的政策を用いたことも文献で明らかにされている[78]。そして、投資促進機関の地位やインセンティブ・パッケージの包括性から評価すれば、スロヴェニアのFDI誘致政策は、ハンガリーやポーランドのそれと比べて大きく遅れていた。実際のところ、インセンティブ・パッケージの点では、ルーマニアやブルガリアさえ、スロヴェニアを凌駕していたようにみえる。

　謎は次の点にある。経済エリートの継続性と保護主義、〔外資誘致のための〕不十分なインセンティブ、そして全体的に制限されたFDI流入という要

---

76) Soós, *Rendszerváltás és privatizáció*, 109.
77) *Ibid.*, 102-3.
78) Nina Bandelj, "Negotiating Global, Regional and National Forces: Foreign Investment in Slovenia," *East European Politics and Societies* 18, no. 3 (2004): 455-80; Lindstrom and Piroska, "The Politics of Privatization."

第5章　ネオコーポラティズムと非力な国家——南東欧諸国

因を所与とすれば、国際的な統合において、スロヴェニアはどのようにしてヴィシェグラード諸国と同様の準中心的な〔輸出製品の〕プロフィールを維持し、深化させることができたのか。また、ヴィシェグラード諸国に引けをとらない経済ダイナミズムを享受できたのだろうか。逆にいえば、スロヴェニアと非常に類似する南東欧の近隣諸国は、すべての面において大きく遅れていたことをどう説明すればよいだろうか。南東欧諸国の国際的な統合の特性は半周辺的であり、その成長やマクロ経済の安定性は大きく劣っていた。

スロヴェニアの発展モデルに対する批判者が二つの例外を示そうとする。その例外とは、スロヴェニアはよくない転換戦略の影響を打ち消すほどの例外的によい初期条件に恵まれていたことであり、もう一つは、そのために南東欧の近隣諸国と比べてネガティブな結果がよりマイルドな形で現れたこと、である。われわれは、スロヴェニアが継承した資産の一般的な重要性を否定するものではないが、ネガティブな影響を相殺した真の要因が何だったのか、見極める必要性があると主張する。三者協議制の確立について検討した場合のように、産業再構築におけるスロヴェニアの成功の背後にある支配的な変数は、優れた国家能力である。対照的に、国家能力の欠如は、産業の再構築やFDIの誘致においても、南東欧諸国が全般的に弱いパフォーマンスをもたらしたことを充分に説明する。このことは、FDIを通じたスロヴェニアの再構築、およびヴィシェグラード諸国と三つの南東欧諸国〔ブルガリア、ルーマニア、クロアチア〕の経験との間の重要な類似点と相違点を検討することによって示しうる。

外国投資家に対してスロヴェニア国家が全般的な敵意を有していたというショーシュの見解については、FDI流入ストックの構造の比較分析によって異議が唱えられている。超国家企業による買収にスロヴェニア政府が介入するときにはいつも、経済取引に全般的な不確実性と混乱をもたらすような不透明な措置が用いられたという見解にも、また疑問が投げかけられている。むしろ、スロヴェニアの産業政策の優先事項は、かなり合理的で一貫したものであったことが明らかである。したがって、スロヴェニアの国家介入は、同国において経済問題の一部になったのではなく、むしろ経済問題の解決策

287

の一部となったとわれわれは明示する。

　ヴィシェグラード諸国と比べて、FDI 誘致においてスロヴェニアのパフォーマンスが低調であったことを部分的に説明できる部門には、電力、ガス、水道、交通、〔石油などの〕貯蔵、通信などの主要な公益事業部門がある。これらのサービスへの FDI の浸透において、スロヴェニアは明らかに遅れていた。だが、利益の再分配、不確実性の創出、透明性の減少を通じて超国家企業を阻止したのではなく、スロヴェニア国家はその公益事業部門を管理する、多国籍企業よりももっと直接的で効果的な政策ツールを有していたのである。国家は、市場化や外国所有への私有化を単純に拒否するか、あるいは少なくとも延期させることが可能であり、このやり方がスロヴェニアで実際に進行した。にもかかわらず、多くの西欧諸国も同様に外国資本が公益事業を買収することを制限していたために、このような措置はとくにスロヴェニアを「非西欧」であるとみなすことにはならなかった。実際にみると、公益事業部門における外国資本主導の私有化の点で、近年もっとも進んでいるのはラテン・アメリカ諸国である。

　スロヴェニアはまた、伝統的な労働集約的な低賃金・低技能の製造業、すなわち繊維、アパレル、靴、製材、木材産業への FDI 導入においても、ヴィシェグラード諸国に遅れをとった（表5.1）。しかしながら、次のことは論証可能である。ポスト社会主義世界で群を抜いて最高水準であったスロヴェニアの全般的な賃金水準が、国家によるいかなる介入の脅し以上に、トランス・ナショナルな軽工業投資家にとって強い抑止力となったのである。概していえば、いくつかの部門ではスロヴェニアはたしかにヴィシェグラード諸国より FDI の誘致において魅力的でなかったが、それに関していえば、スロヴェニアに対する批判者が、そのことをインサイダー支配の私有化の帰結としてみるような、同国の国家介入のあり方とはほとんど関係がないように思われる。こうして、スロヴェニアへの FDI が限られていたことを、そのように説明することは説得力に欠けている。

　逆に、不透明でアドホックな国家による介入のほうが、化学、製薬、機械、自動車、電機など、物的・人的にみて資本集約的で複雑な製造業への FDI の

表5.1 スロヴェニアの経済再構築戦略（2000年代半ば）

国別	公益事業への FDI 流入ストック（%）[a]	伝統的軽工業への FDI 流入ストック（%）[b]	金融部門への FDI 流入ストック（%）	複雑製造業への FDI 流入ストック（%）[c]	対外／対内 FDI ストック比率
スロヴェニア	9.1	1.8	20.7	22.4	51.0
ヴィシェグラード諸国平均	11.7	6.9	16.2	16.7	11.1
バルト三国平均	16.6	7.3	22.8	4.2	16.5
ブルガリア・ルーマニア・クロアチア平均	12.5	7.8（ブルガリア除く）	26.2	9.3（ブルガリア除く）	3.7

（注）2005年が最新のデータであったスロヴァキアを除き、2006年のデータである。
  [a] 電気、ガス、水道、交通、備蓄、通信、教育、ヘルスケア、社会サービス。
  [b] 食品、飲料、タバコ、繊維、アパレル、皮革、革製品、木材、木材製品。
  [c] 化学、機械・機器、光学・電子機器、輸送機器。
（出所）wiiw の中・東欧 FDI データベースより筆者計算（Vienna: The Vienna Institute for International Economic Studies, 2008）。

流入にもっともネガティブな影響を与えるだろうと想定することは、筋が通っているようにみえる。それらの業種では通常、大規模で部門特殊的な投資が行なわれるが、大規模投資に関するリスクを最小化しようとすることと、不透明でアドホックな介入は相容れないからである。超国家企業は透明性があり、かつ予期できる産業政策を選好する傾向にある。驚くべきことに、スロヴェニアはその複雑産業への外国資本の誘致にはおおいに成功した。2000年の複雑産業部門の1人当たりFDIストックにおいて、スロヴェニアはハンガリーに次ぐ二番手であり、チェコやポーランドを凌駕し、またブルガリア、ルーマニア、クロアチアを大きく上回っていた（表5.1）。

事実はもう一つの批判への反論になっているようにみえる。ショーシュが主張したのは、「インサイダー所有者の視点からすると、公的経済と民間経済の分離が限定的であることが、私的な資本家のまさに資本蓄積という目的に疑問を投げかけている。すなわち、事業がより多くの利潤を上げやすくするために、利潤が事業に再投資されるべきであるということに疑問を投げかけているのである」ということであった[79]。しかしながら、この主張に対しては、スロヴェニアが資本蓄積の運動における一つの重要な指標、すなわち

対外直接投資（FDI）輸出において中東欧諸国のリーダーであるという事実から疑いが出てくる[80]。対外直接投資輸出においては、ハンガリーですら、スロヴェニアから大きく遅れをとっている。西欧の小国は近年、対内直接投資と強い外向きの投資活動とを選択的に組み合わせたスロヴェニアに類似した戦略を採用している。そうだとすると、この特徴もまた、スロヴェニアがもっとも西欧化されたポスト社会主義政治経済に属しているという見解を支持することになると思われる。

　最後に、商業銀行部門におけるFDIストックの比較分析もまた、興味深い観察結果をもたらす。スロヴェニアが初期に金融領域において外国資本による買収を制限し、欧州委員会の一部から不満が、そして継続的な批判までがなされたことはよく知られている[81]。2000年代はじめまで、スロヴェニアはFDIに制限をかけることを継続し、その結果、ヴィシェグラード諸国や南東欧諸国の銀行資産における外国銀行のシェアと比較すると、2000年の時点のスロヴェニアのそれは、ほんの少しにすぎなかった。この点にかんがみて、同年の金融部門における1人当たりFDIストック累積額でスロヴェニアが南東欧の他の3カ国やすべてのヴィシェグラード諸国を上回っていたという事実は驚くべきことである。このことについての妥当な説明は、スロヴェニアは周辺諸国よりも、その「家宝」のより小さな断片を、より高値で売却したからだというようになると思われる。

　以上に基づくと、トランス・ナショナル化を通じたスロヴェニアの経済再構築戦略についてのわれわれ独自の解釈は、以下のとおりになる。国家介入は、実際のところ、FDIの浸透を抑制した。しかし、それは漸進的な転換戦略に対する批判者が示すような部門においてでも、また批判者が示すようなやり方によってでもなかった。疑いなく、政府は公益事業や商業銀行、そしてその他の重要なインフラ分野における外国資本による買収を遅らせることを主導した。しかしながら、この抵抗は、アドホックでまちがった再構築戦

---

79) Soós, *Rendszerváltás és privatizáció*, 124.
80) スロヴェニアのFDI輸出は主として旧ユーゴスラヴィアの新たな国々に向けられた。
81) Lindstrom and Piroska, "The Politics of Privatization."

略というよりは、計算された戦略に基づいて行なわれたように思われる。スロヴェニアがこれら部門への外国資本の関与を認める準備をいったん整えたとき、加盟に先駆けた EU からの圧力により、外国資本の関与が結果的には行なわれたが、そのときに外資主導の私有化を行なう条件は、1990 年代の買い手市場と比べて、より良好なものになりえた。1990 年には、すべてのヴィシェグラード諸国が、それらの国の公的・私的なサービスの市場化でお互いを出し抜こうとしていたからである。

　複雑産業への FDI の誘致において、スロヴェニアはヴィシェグラード諸国、そしていうまでもなく南東欧の隣国諸国に遅れをとってはいない。また同時に、スロヴェニアの経営者たちは、労働集約的な活動を旧ユーゴスラヴィアの発展の遅れた地域へ移転させることにおいて、中東欧諸国のパイオニアであるように見えた。スロヴェニアの諸企業は、それら遅れた諸経済の金融やその他インフラ部門におけるプレゼンスも確立させはじめていた。労働に優先的な焦点を当てた産業政策のインパクトに関していえば、一方で、移転の恐れが、伝統的産業における労働者の組織化を強化し、より穏健な戦略の受容につながった。他方で、低賃金・低技能な活動を国外へ移転するということと結びついて、雇用を創出するような形で行なわれた複雑製造業のトランス・ナショナルな再構築は、その他の南東欧諸国の労働者階級が被ったような、賃金の劇的な崩壊と搾取の広がりを避けることに役立った。要するに、この多面的な戦略は、西欧の小国の再構築の経験と比較したときでさえも、注目に値する。裕福さと経済力では明確な違いがあるにもかかわらず、スロヴェニアは、たとえばかつてのオーストリアと類似した経路をたどっているようにみえる。

　ブルガリアとルーマニアそしてクロアチアの脆弱な国家の経路は、〔スロヴェニアとは〕著しく異なっているようにみえる。最終的には外資主導で実施された再構築は、いくつかの点で、国内の国家能力に対する国際統合の多様なチャンネルの影響に関する二つの重要な観察結果を確認しているように思われる。この二つの観察結果とは、世界の他の遅れた国々の研究者らが提供したものである。第一に、異なる資本流入のあり方は、異なる方法で国内

の国家能力に影響を及ぼす。投資の中には〔国家能力に対して〕逆効果をもたらすものもある。もっともよく知られた例は、もちろん石油産業であるが、ポートフォリオ投資や移動可能性の高い産業におけるFDIもまた、その非持続性が、国家の持続的な経済戦略を難しくさせうる投資に属している。対照的にその他の投資においては、——とくに複雑な工業においては顕著であるが——プロジェクトを交渉・管理し、インフラや教育を提供するため国家能力を強化するであろう[82]。

第二に、ショードリーによれば、初期の制度配置もまた問題となる。「集権的な諸機関をつくり出そうとしている国々は、国際経済の直接の産物である官僚制を生み出しながら、ほとんど単独に資本流入に対応して潜在的には進化する可能性を有する。……対照的に、東アジアのケースのように強力な諸制度が存在するところでは、国際資本が、経済諸目標の推進のために利用される可能性が高い[83]」。

南東欧の遅れた国に関する限りでわれわれが引き出すことのできる主要な教訓は、非力な国家は「忍耐強くはない」外国資本以外の何物をも引きつけることができないということである。ある国民経済に永続的に立地しようという意志が強い超国家企業、とくに資本集約的で複雑な製造業の投資家は、非力な国家が効率的に提供できない、さまざまな資源とサービスを、ホスト国に対して要求する傾向がある。他方、それほど複雑的でない活動がターゲットである移動性のきわめて高い外国の投資家の場合は、どのような新しい立地でもそこにとどまる時間があまりにも短いために、国家能力の改善に大きく貢献することもなければ、ましてやそれを評価することもない。「資本主義の多様性」アプローチの著者らが論じるように、「忍耐強い」資本こそが調整された市場経済にとって重要である[84]。「遊牧民のような」超国家企

---

82) Kiren Aziz Chaudry, *The Price of Wealth: Economies and Institutions in the Middle East* (Ithaca: Cornell University Press, 1997), 25. Michael Shafer, *Winners and Losers* も参照のこと。
83) Chaudry, *The Price of Wealth*, 27-28; and Terry Karl, *The Paradox of Plenty: Oil Booms and Petro-States* (Los Angeles: University of California Press, 1997).
84) Hall and Soskice, *Varieties of Capitalism*.

業は、戦略的な調整を彼ら自身がもたらすこともなければ、それらのホスト国にそれを期待することもない。そのため、忍耐強い資本の欠落は、企業もしくは国家による戦略的調整を損なうことになる。

　とくに1990年代以降、忍耐強くないトランス・ナショナルな資本が、大量かつさまざまな形態でブルガリアとルーマニア、そしてクロアチア経済に到達した。実際には、スロヴェニアとその他3カ国との間で、FDIストックの部門構造には明らかな非対称性がある。伝統的かつ労働集約的、低賃金で低技能な「搾取」産業で、FDI流入の魅力的な立地として、この三つの遅れた国々がスロヴェニアを上回っていることはたしかである。逆に、外国の投資家は概して、これらの遅れた諸国の複雑な産業部門を避けていった。興味深いことに、複雑な製造業の超国家企業に対する金銭的インセンティブの供与や、特別なサービスの提供に関するコミットメントは異なっていたにもかかわらず、三つの国〔ブルガリア、ルーマニア、クロアチア〕のすべてでこの共通のパターンがみられてきた。クロアチアは、その複雑産業をトランス・ナショナルな形での再構築を促進するような、いかなる措置の採用も本質的に拒絶した。ルーマニアに関していえば、中東欧の中でももっとも包括的なインセンティブ・パッケージの一つを企図した。この点で、ブルガリアの遅れは大きくなかった。

　この三つの国の中でのFDIに対するアプローチの違いは、概していえば、クロアチアがハード・カレンシーの獲得の主要な源泉として観光に依存したことで説明される。独立戦争前には、国外からの観光の寄与は、クロアチアのGDPの約10％に達していた。当時、クロアチアは、その大部分がユーゴスラヴィアとソヴィエト市場に〔製品が〕輸出されていた製造業部門によってではなく、観光によってプラスの外国通貨稼得者となっていた。1997年以降、観光がふたたび脚光を浴びはじめ、2000年までにはすでに社会主義の下でのGDPへの寄与水準を超えた。そのため、クロアチアは対外ポジション改善のために、それほどFDIに依存する必要がなかった。加えて、クロアチアの主要な複雑な部門である造船業は、国民的資本主義の擁護者であるとみなされており、これまでこの戦略的資産を外国人に売却することに熱心な政

府はなかった。EU は、クロアチア政府に造船所私有化のアイデアの受け入れを説得するため、多大な圧力をかけなければならなかった[85]。

クロアチアは、FDI に対してインセンティブを提供する必要性を感じなかった。他方で、いくつかの OECD の研究が指摘するように、ルーマニアとブルガリアの重要問題は、戦略的アプローチの一貫した遂行という点にある。ルーマニアにおいては「人を困惑させるほど頻繁に」税法が変更された。「インセンティブが導入されても、財政的制約が生じれば廃止され、また短い期間で新しいインセンティブによって置き換えられる。重複する多数のインセンティブとそれらの変更の頻度とは、ルーマニアの租税当局にさえ、ある時点で、ある納税者の状況に対してインセンティブが適用されるかどうか確信させることを難しくした[86]」。同様に、「1990 年以降、ブルガリアは、「当惑させるほど」多様な租税インセンティブを導入し、無効にしてきた。1990 年以降、ほぼ毎年、租税インセンティブを規定するルールは変更されてきた[87]」。このような産業政策は、その真の目的に沿って運用されなければならないことは明らかである。しかし、産業政策はその不確実性を長期化させることで、明らかに投資家——すなわち投資家のリスクに対して補償することによって誘致しようとした、ますます必要度が増している複雑部門の超国家企業——を躊躇させてきた。

上述した三者協議制の浮き沈みを思い出させるような、産業政策における諸措置のぶれは、別の重要領域においてもまた、南東欧の国家が明確かつ安定的なゲームのルールを構築・実行する能力を備えていないことを示している。その結果、この地域の大部分で行なわれた外国主導の経済再構築は、同等でない者同士が交渉するという問題を残した。つまり、その交渉は、非力

---

85) Economist Intelligence Unit, September 2009; and Darjan Dragičević, "The Political Economy of Shipbuilding in Post-Socialist Transition: A Comparative Study of Croatia and Poland" (M. A. thesis, Central European University, Budapest, Department of International Relations and European Studies, 2007).
86) *Tax Policy Assessment and Design in Support of Direct Investment: A Study of Counties in Southeast Europe* (Paris: OECD, 2003), 141, 148。Cass, "Attracting FDI," appendix 2b, 49 による引用に基づく。
87) *Tax Policy Assessment and Design*, 121. Cass, "Attracting FDI" による引用に基づく。

な国家と、もっとも忍耐強さがなくてもっとも移動可能性が高い超国家企業との間で行なわれたものであった。忍耐強く、より質の高いFDIを引きつける戦略的な能力を欠いているが、他方で南東欧諸国は、忍耐強くないノマド（遊牧民）的な超国家企業の、国境および部門を越えることに対する統制なき移動と安価で未熟練な労働力という要求を充たすことができた。

このような背景とは食い違うが、驚くべきではない数少ない事例がある。複雑産業の超国家企業が、南東欧諸国に橋頭堡を構築しようとしたケースである。この場合すら、超国家企業はそのホスト国に大失敗するリスクが高い、怪しげなプロジェクトを売りつけようとした。その一つとして、母国〔韓国〕で破産する直前だった大宇社がルーマニアの自動車工場を取得した事例が挙げられる。もっと印象的な事例は、イギリスの自動車メーカーであるローバー社の賭けと失敗である。ローバー社は段階的に〔生産が〕終了したモデルの組み立てを、発展水準の低い国へ移転するという戦略をもった。これに従って、同社はイギリス市場では失敗した「マエストロ」モデルをヴァルナで生産するなら、より良好な業績を示すだろう、とブルガリア政府を納得させようと試みた[88]。

再構築プロジェクトのための資本が不足していたブルガリアの自動車会社は、老舗である西欧のパートナーの関心を歓迎した。国有のコングロマリットであるヴァモ社、その自動車部門テレム社、そして急遽設立された統括組織のダル自動車グループは、イギリス市場での失敗をブルガリアでの成功に変えるという見通しに対して、競って信頼と信認を表明した。「実際には、彼らの目的は、この取り引きから利潤を得ることではなく、ローバーのパートナーという特権を得ることだとわかった。このような協力関係は、ダル自動車のようなブルガリア企業のイメージにとっては、何にもまして有益でありえたのである[89]」。

---

88) Detelin Elenkov and Tonya Fileva, "Anatomy of a Business Failure: Accepting the 'Bad Luck' Explanation versus Proactively Learning in International Business," *Cross Cultural Management: An International Journal* 13, no. 2 (2006): 133.
89) Ibid., 139.

しかしながら、イギリスの交渉者の楽観主義は、この表面上は確定した合意を順守するブルガリア国家の決心と能力に対する過大評価に基づくものであった。ブルガリアの私有化当局は、イギリス側のパートナーに伝えることすらせずに、繰り返し、しかも一方的に、取り引きの条件を変更した。また、政府はその約束の一部を撤回した。マエストロを数千台購入するという約束も、輸入ディーゼルエンジンに対する10％の事業課税やその他の輸入関税の免除をローバーに与えるという約束も実施されなかった。こうして、ローバーのヴァルナ工場は早期に閉鎖された[90]。

　これまで述べたことの目的は、自暴自棄なパートナーがとった行動を問う（あるいは正当化する）ことではない。短命で不幸な婚姻関係は、トランス・ナショナルかつ複雑産業の投資を交渉しアシストする能力に乏しかったブルガリアの非力な国家能力のために、最初から失敗することが宣告されていた、と論じることが目的である。

　首尾一貫した産業政策の追求において、ブルガリア、ルーマニア、クロアチアの国家能力が非力であったことを示す最後の重要な指標は、これら諸国のFDI流入ストックのかなりの部分が、特定の投資元からであったことに見出される。これら諸国への外国投資をスロヴェニアやヴィシェグラード諸国、バルト三国のそれと比較してみると、大きく上回る割合の投資が、ヴァージン諸島、リヒテンシュタイン、マン島、キプロス、マルタなど、よく知られているタックスヘイブンからの投資となっている。1990年代の初期から2000年代後期まで、この類のFDIは、これら3カ国の流入FDIストック全体の12％以上に達した。この数値は、大規模投資国の個別1カ国からの直接投資量を超えていた。

　この特徴の存在だけでは、もちろん、以下のことを説明するに充分ではない。つまり、FDI流入のうちの大きな割合が、ポスト共産主義の初期の勝ち組に割り当てられ、その勝ち組が利益を最大化できたのは、最初に自分たちが得た富を極小国家に隠蔽し、そしてそのあとになってその富を母国経済に

---

90) *Ibid.,* 135-38.

第 5 章 ネオコーポラティズムと非力な国家――南東欧諸国

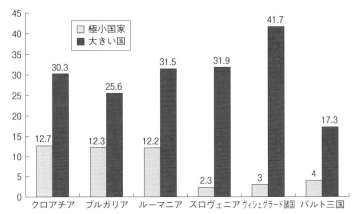

図 5.1　南東欧諸国とその他の中東欧地域の FDI 流入ストックの投資元
（出所と注）1990 年代はじめから 2000 年代末までの総 FDI ストックの平均的な割合である。wiiw の中東欧 FDI データベース 2008 に基づいて筆者が計算。極小国家の投資家（準国家やタックスヘイブン含む）には、アンドラ、バハマ、ベリーズ、バミューダ、ケイマン諸島、キプロス、ジブラルタル、ガーンジー、マン島、ジャージー、リヒテンシュタイン、ルクセンブルク、マルタ、マーシャル諸島、オランダ領アンティル、パナマ、サンマリノ、セントビンセントおよびグレナディーン、セーシェル、タークス＝カイコス諸島、ヴァージン諸島が含まれる。

タックスヘイブンよりもよい条件で再投資したからである、と説明するには充分ではない[91]。しかし、おそらくあまり意欲的ではないが、かなり自明な次のような主張をすることは可能であろう。すなわち、タックスヘイブンに出入りをするような資本（投資家）は、国の経済の再構築と発展のための信頼できる資産としては、ほとんど機能しないであろうということである。そのかわりに、そのような投資家は、それほど不透明ではないとしても、同様に移動性の高い他の超国家企業がもたらす危険性を増幅しそうである。つまり、それら〔他の超国家企業〕は、たとえその投資がホスト国の長期的な発展見通しを改善するものであったとしても、好ましくない政策に直面すると、早期の撤退をするとの脅しをかけることによって、公的機関を（捕獲という

---

[91] しかしながら、ブルガリアのマルチグループが、マルタ、リヒテンシュタイン、スイスのツークでその事業をはじめたことも事実である。Ganev, "The Dorian Gray Effect," 6-7.

よりも)「窮地に追い込む」ことが容易に可能なのである。

　最後に、関連する重要なポイントを指摘したい。資本が忍耐を失えば失うほど、労働者に友好的でなくなる傾向があるということである。つまるところ、超国家企業と国民国家のパワーバランスが、前者に有利な方向にシフトする傾向にあるのと同様に、高い移動可能性は、労働者よりも資本家に力を与える。その結果、次のようなことが起きた。まだ南東欧へのFDI流入が控えめであった時期には、労働者はかつての使用者側から何らかの形態の誠意を当てにできた。他方、1990年代後半までには、事業再構築を主導するようになった移動可能性の高い資本は、組織化された労働に対して恐るべき挑戦を行なった。

　事態をより悪化させたのは次のことであった。すなわち、いくつかの南東欧諸国では、1990年代後半から、非常に制限的なマクロ経済調整の諸制度が採用され、それが組織化された労働と国民全般を犠牲にしながら国家能力を強化した。〔本物より粗悪な〕「代用的」な資本家と、改革に遅れた公的行政とは、労働者にとって信頼できないものの二つの同盟者であった。だが、2000年代に入ると、それにかわって南東欧の労働者が直面しなければならなかったのは、忍耐強くない(部分的に外国の)資本と、市場急進的な転換を進める国家という、より強力な二つの敵対者の連合であった。これにより、資本主義のネオコーポラティスト的形態や他の労働包摂的な形態の実験は、スロヴェニアを除くすべての国で終わりを告げた。

ネオコーポラティズムによる均衡維持か危機主導の経路の修正か

　コーポラティズムの諸制度は、財政的調整の効果に寄与することができるというカッツェンスタインの先の主張に沿う形で、アイバーセンとポントゥソンは、「金融政策の効果は、賃金交渉の構造とプロセスが条件付けとして働くような影響を有していることに注意することなしに、理解できない」と論じた[92]。もし賃金交渉が集権的に調整される場合、インフレや失業の水準に関心を有している社会的パートナーたちは、中央銀行の賃金抑制の警告シ

グナルに強く反応する。そのような反応は、次には、過度の金融引き締め政策の必要性を先取りする。そして、このようにして、理想のマクロ経済的目標がより少ない社会的コストで達成されうる。

対照的に、意図的な新自由主義的なデザインであれ、三者協議制の機能不全や退化であれ、そのいずれに由来するものであっても、高度に分権化・断片化された労使関係のシステムがそのような解決をもたらすことはありそうにない[93]。このような場合、中央銀行の政策は、ばらばらに断片化された賃金交渉の関係者によって考慮されない。そして、このことは、金融安定化政策のいきすぎというリスクを増加させる。

上述のことと矛盾しないことなのだが、1990年代のユーロ導入の準備期に、西欧諸国は構築されたネオコーポラティズム的な実践と慣例に依拠しながら、マクロ経済的な調整と適応という新たな挑戦に応えようとした。ネオコーポラティズム的な制度が、それ以前に存在しなかった国々の多くでは、使用者と労働組合、政府が包括的な社会協約に参加した[94]。

同様に、1990年代から2000年代までの全期間に、スロヴェニアは、マクロ経済的な安定性を維持するという挑戦的な課題に直面し、西欧の小国のたどった経路を踏み出した。われわれは、スロヴェニアの調整の特殊性に焦点を当て、最初に、スロヴェニアと、それとは異なる驚くべき手段によって同様にマクロ経済の安定化に成功したクロアチアの経験を比較する。第二に、スロヴェニアの経験を、マクロ経済の安定性をもたらそうとし、その実験が失敗に終わったブルガリアとルーマニアの初期の努力と対照する。

---

92) Torben Iversen and Jonas Pontusson, "Comparative Political Economy: A Northern European Perspective," in *Unions, Employers, and Central Banks*, ed. Torben Iversen, Jonas Pontusson and David Soskice (Cambridge: Cambridge University Press, 2000), 12.

93) Robert J. Franzese and Peter Hall, "Institutional Dimensions of Coordinating Wage Bargaining and Monetary Policy," in Iversen, Pontusson and Soskice, *Unions, Employers*, 178-79.

94) たとえば、Bob Hancké and Martin Rhodes, "EMU and Labor Market Institutions in Europe: The Rise and Fall of National Social Pacts," *Work and Occupations* 32, no. 2 (2005): 196-228 を参照のこと。

マクロ経済安定化と社会的パートナーシップ——スロヴェニアとクロアチアの比較

　スロヴェニアとクロアチアの双方は、三重の転換に直面した。すなわち、国民国家への転換と民主主義への転換、資本主義への転換である。この課題はまた、バルト三国でも共有された[95]。したがって、バルト三国の中央銀行家に権限を与えることになったいくつかの要因は、スロヴェニアやクロアチアでも影響を及ぼしてきた。新たに導入されたそれら諸国の通貨は、国家イメージを通じてアイデンティティを醸成し、ユーゴスラヴィア・ディナールとドイツ・マルク、米ドルという複数通貨の不協和音を「経済言語」の統一でもって置き換えた。そして「通貨を発行し価値を守護する機関の信頼性」を強化した[96]。しかしながら、スロヴェニアの中央銀行もクロアチアの中央銀行も、バルト三国諸国の中央銀行のような侵しがたい主導権をついぞ獲得できなかった。スロヴェニアにおいて、金融政策は、広範な社会・経済的目標に貢献することを意味しており、それゆえ調整された政策決定の網の目に埋め込まれていた。他方、クロアチアにおいては、アイデンティティ構築と政策決定の双方で、戦争とカリスマ的なポピュリスト的指導者が中央銀行を打ち負かしていた。

　スロヴェニアの転換における主要な政策設計者の１人であり、当時の副首相であったメンツィンガーは、マクロ経済的な独立は「プラグマティックな経済政策と新しい通貨で運用された変動相場制」を通じて追求されたと記している。「そのような政策は、いくらかのインフレを許容することによって、より小さな生産上の損失と、より低水準の失業という結果を生むと期待された[97]」。同じ精神が、企業部門に対するマクロ経済政策にもまた通底していた。銀行や企業は、それらが真の市場アクターへと漸進的な転換ができるように、

---

95) Offe, "Capitalism by Democratic Design?"
96) Eric Helleiner, *The Making of National Monery: Territorial Currencies in Historical Perspective* (Ithaca: Cornell University Press, 2003), 101, 112-13.
97) Jože Mencinger, "Transition to a National and a Market Economy: A Gradualist Approach," in *Slovenia: From Yugoslavia to the European Union*, ed. Mojmir Mrak, Matija Rojec and Carlos Silva-Jáuregui (Washington, D. C.: World Bank, 2004), 78.

調整と再構築のための猶予期間、補助金、融資を与えられた。

　正反対の戦略を主張する国外からの声にもかかわらず、政府は方針を変えなかった。スロヴェニアは、エストニアと同じアドバイザー・チームの訪問を受け、非常に類似した勧告、すなわち固定相場制と急進的な安定化、自由化、民営化の勧告を受けたことは興味深い。しかし、サックスと彼の同僚たちの提案が実施されることはなかった。「われわれは彼らに耳を傾けたが、彼らのアドバイスに従わなかった。彼らの計画はイデオロギーに基づいたものであり、経済学に基づいたものではなかった。また、アメリカのアドバイザーらは、スロヴェニアとモンゴルとの違いをみていなかった」とメンツィンガーは回顧している[98]。スロヴェニアの政策立案者が、自分自身の意見を信頼した一つの理由は、彼らが社会主義体制の終焉に先駆けて、重要な経済的能力を構築していたことにあった。ハンガリーやポーランドの同僚たちと同様に、旧体制の最後の20年ほどの間、多くのエコノミストが国外で勉強し、その領域の到達水準を完全に理解していたのである。したがって、彼らは西側のアドバイスをあまり必要だと思っていなかった[99]。

　商業銀行部門への国による統制もまた、漸進的かつマクロ経済的に均衡のとれた転換戦略の実現可能性にとって重大な問題であった。EUからの繰り返される圧力によって、スロヴェニアが同国銀行への民間・外国資本の自由なアクセスを最終的に与えることを強いられたあとでさえ、商業銀行のトランス・ナショナル化に対する警戒は、なおも通常の事柄であった。また、準備金についての必要条件も、1990年代とそれ以降も、スロヴェニア銀行（SB）の裁量であり、金融安定化の効果的なツールであり続けた。EU加盟プロセスの最中においても、銀行部門の欧州化を急がす外国からの圧力が存在したが、皮肉なことに、この圧力に対する抵抗は、マクロ経済収斂化のためのマーストリヒト基準への準拠という、EU加盟後の欧州化の主要な課題

---

98) ニコル・リンドシュトレームとドーラ・ピロシュカによるヨージェ・メンツィンガーへのインタビュー（2006年9月13日、リュブリャナにおいて実施）。Lindstrom and Piroska, "The Politics of Privatization," 121 を参照せよ。
99) Mencinger, "Transition to a National," 76.

をスロヴェニア中央銀行がうまく果たすのに役立った。

　マクロ安定化に際して、漸進的かつ調整された経路をスロヴェニアがとるに当たっての重要な資産は、それに固有の社会主義の遺産であった。メンツィンガーの言葉を借りれば、スロヴェニアの漸進主義者らは全般的に「過去の遺産を利用可能な長所だと考えていた[100]」。独立したスロヴェニアは、ユーゴスラヴィアの労働者自主管理の遺産を取り入れ、その他の中東欧諸国においてはみられない、それなりの水準の参加的な意思決定を組み入れて、それを交渉型の労使関係システムへと発展させた。転換初期の不況により、最初の議会選挙で勝利した右派の連立政権は政権から脱落したが、その後、「中道左派の政府と組織化された経済的利害関係者の間の政治的な取り引きは恒常的な特徴となり、それは市場諸改革に社会的正統性を付与する利害協調の主要な様式となった[101]」。

　スロヴェニアの漸進主義者の戦略は、複合的で対立する政策問題の調整で、社会的パートナーたちが意見を述べることを許容したが、その戦略に沿って、中央銀行の独立性や効果的な財政当局が誕生したのは、その他の重要な経済的利害や諸機関との権限共有の取り決めという文脈の中であった。バルト三国やヴィシェグラード諸国では、マクロ経済政策決定者のトップは、国家建設を行なう者として誉めたたえられるか、党派心を理由に繰り返し疑念の目を向けられ非難されたりするかであったが、スロヴェニアではそうではなかった。スロヴェニアの中央銀行家や財務大臣たちは、社会的パートナーとの交渉で構築された関係に基づき、正統性を得ることができた。

　新しい国民通貨とその安定化に向けてのクロアチアの経路は、スロヴェニアとは驚くほど異なっていた。1990年代はじめ、戦争遂行と、深刻な不況を克服するためのケインジアン的需要刺激策とは、激しいインフレを生み出した。クロアチア国立銀行の総裁は、経済を破綻させないために通貨の増刷に反対した。彼は、新たに導入されたクーナ〔クロアチアの新通貨名〕の安定化

---

100) *Ibid.*
101) Miroslav Stanojević, "Workers' Power in Transition Economies: The Cases of Serbia and Slovenia," *European Journal of Industrial Relations* 9, no. 3 (2003): 290.

を自分の職務とみなしていた。そしてこの見解を理由に更迭された[102]。安定化をめざす真摯な取り組みが行なわれたのは、ようやく1993年になってからであった。固定相場制に近い通貨体制を選択することで、クロアチアは国際的主流派に従った。それまで流動性不足に苦しんでいた市民の側から、新しい通貨への旺盛な需要が生まれ、クーナの価値を高めた。これは、安定化の成功に寄与し、インフレをスロヴェニアの水準以下に引き下げたが、そのコストは甚大であった。

クーナの実質的通貨高は、クロアチアの製造業部門の対外競争力をいっそう低下させた。さらに、安定化だけでは経済成長の停滞や工業生産と賃金の劇的な低下、失業の高止まりという諸問題を解決できなかった。しかしながら、スロヴェニアの政策決定者とは異なり、クロアチアの政策決定者らは、安定化という目標を、国のもっと広い経済戦略に埋め込まず、また安定化にともなうコストを緩和しようともしなかった。

たしかにクロアチアの公的支出は、戦争の間も、そして戦後になってからでさえも、著しく増加した。戦後の時期には、とりわけ社会的保護に対する支出が空前のものとなった。しかし、上述したように、市場を埋め込もうというスロヴェニアの包括的な戦略とは対照的に、クロアチアで実施された補償の大部分は、政権与党の仲間や中核的支持者に選択的に向けられていた。戦争によって徴収された莫大な人頭税は、戦争の英雄や犠牲者への補償の手段として正当化された。そうであるものの、われわれの議論のポイントは、社会支出の構造がナショナリスト的な政治的考慮のために左右されていた、という点にある。結局のところ、転換期のクロアチア社会が被った苦痛は、戦争に関連したものばかりではなかった。1993年の実質賃金は、1990年の

---

102) クロアチアは、戦争における最初の大きな成果が達成されたあとの1991年末になって、ようやく独自通貨を導入した。初期の戦時経済は、クロアチア中央銀行が溜め込んでおり、しだいに流通させていったユーゴスラヴィアの紙幣によってファイナンスされていたため、通貨の導入は安定化という課題をいくぶん容易にするはずであった。1992年からのインフレの第二波は、政府の経済政策の選択の結果であった。Schönfelder, "The Impact of the War," 27-28 および Franičević and Kraft, "Croatia's Economy," 670-71 を参照せよ。

水準の50%を割り込んでおり、この水準は後年、緩やかにしか回復しなかった[103]。

スロヴェニアとのさらなる違いとして、クロアチアにおけるエリートがユーゴスラヴィアの自主管理の遺産に対して敵意を抱いていたことが挙げられる[104]。過去の遺産のすべてを乗り越えようという権力保持者の強い意志と、定期的な三者協議制による交渉から発生した義務を充たす能力とスキルの衰退とが相まった結果として、賃金決定は早々に分権化された。その結果、ユーゴスラヴィアのこれら二つ〔スロヴェニアとクロアチア〕の後継体制がたどる経路の間の違いが拡大した。

新しい通貨の制度化と経済の安定化に関する対照的な戦略から、国家能力の強化に対するネオコーポラティズムの寄与に光を当てることができる。国家がある程度の能力を有することは、三者協議による合意の強化のための必要条件であっただけではない。その反対の関係も成り立つ。ネオコーポラティズムは、中東欧でもっとも能力を有する国家機関の構築に寄与するスロヴェニア特有の資産であり、ネオコーポラティズムの構造は、財政、金融、労働市場諸政策、福祉支出に対する要求を調整し、安定化と転換の負担を広範かつ多様な関係集団の間で平等に再分配し、そしてコンプライアンスを醸成することを容易にしたからである。対照的に、クロアチアにおける〔政権政党の〕支援者のネットワークは、安定化と労働市場、均衡のとれていない福祉国家などの問題に対して、それぞれの問題にとって有益な解決策をクロアチアが見出すことを妨げた。採用された政策の多くが長期には持続不可能であることが明らかになったことは、驚くべきことではない。

スロヴェニアの包括的な社会的パートナーシップが、欧州化され、かつ包摂的なナショナリズムの表現であることも同等に重要である。このスロヴェニアのナショナリズムは、国の内外の敵を恒常的に探すというクロアチアの排他的なナショナリズムとは、はっきりとした対照をなしている。

社会的パートナーシップの伝統は、スロヴェニアが中東欧のEU加盟国の

---

103) Franičević and Kraft, "Croatia's Economy," 672; Schönfelder, "The Impact of the War."
104) Grdešić, "Transition, Labor."

中で 2007 年に最初にユーロ圏に加盟することに役立ったこともまた重要である。2003 年 4 月にこの地域で唯一、スロヴェニアの社会的パートナーは、将来の賃金と所得政策についての包括的な協定に調印した。この協定は多くの旧加盟国の政府、労働組合、使用者団体が、通貨同盟が設立されるまでの間に調印した協定を模倣したものであった[105]。クロアチアでは、深刻な経済と政治の危機により、HDZ が政権の座から引き下ろされたあとになってはじめて類似の計画の検討がなされた。だが、パートナーの間での信頼の欠如、必要な改革の範囲に関する対立、クローニー資本主義を制御するための政府の力の限界、高すぎる組合要求などが重なって、トゥジマン後のクロアチアでは社会協定の締結は失敗することになった[106]。

　概していえば、そのような固有の事情にもかかわらず、クロアチアは、経済と財政、金融の諸政策の調整されていないアプローチという点で、ブルガリアやルーマニアと同じであり、経済的・政治的なトラウマが生まれ、社会的にコストのかかる経済安定化の方法の採用という結果に至った。

調整を欠いた資本主義の失敗──ブルガリアとルーマニア

　1990 年代の大半の時期にブルガリアとルーマニアの政府が対応しなくてはならなかったのは、もし達成されれば効果的ではあるにしても、実際には達成不可能なマクロ経済調整を求める相対立する諸圧力であった。ブルガリアの主な課題は、予算とインフレへのコントロールを回復させるという至上命令と、社会福祉の諸給付によって敗者を補償するコスト（初期の寛大さはヴィシェグラード諸国に比しても大きく遅れてはいなかった[107]）と、転換の初期の勝利者を「国家を破壊する」活動から遠ざけて生産的な活動に仕向けることの（三者の）間でバランスをみつけることであった。ルーマニアのほうは、窮乏に導いたニコラ・チャウシェスクのレジームの終了直後に、企業

---

105) Stanojević, "Social Pacts in Slovenia."
106) 2000 年に HDZ から政権を引き継いだ新しい中道左派の連立政府は、組合と協約を結ぼうとしたが、その試みは失敗した。たとえば Grdešić, "Transition, Labor" を参照せよ。
107) UNICEF, *Children at Risk in Central and Eastern Europe*, 135.

と市民の充足されてこなかった保護要求の噴出を経験した。ところが、その要求を充たすことはマクロ経済安定性の必要条件と恒常的に対立するものであった。

　インフレを誘発するような賃金・物価スパイラルを打ち破るため、これらの国々は集権的な（たとえば賃金の増加に法外な課税をするなど）賃金統制を一方的に押しつけるか、そうではなく賃金決定での三者間協議と（あるいは）二者間協議の仕組みに頼ることができたが、それを機能させるためには労働側の自発的な抑制が必要だった。政府は、労働組合の声を労働市場政策や社会政策、そして労働包摂的な私有化スキームに生かすことで、労働組合の協力を引き出そうとした。しかしながら、そのような譲歩が労使対立を宥めるには至らなかったので、政策決定者らは交渉による賃金決定と行政による賃金決定との間で揺れ動くことになった。

　不運なことに、社会主義〔時代〕から継承された分権的財政制度と自律性を欠く金融上の権限が、初期の三者協議制と同様、マクロ調整の手段として非効率であることがわかった。もっとも印象的なのは、ブルガリアの事例である。ディミトロフが指摘するように、「共産主義末期の財務大臣の地位は、1987年にトドル・ジフコフが、それを省ごと廃止したほど非常に弱かった」。社会主義体制崩壊後、財務省は再度設立されたが、強力な行政的「影響力」を獲得することには失敗した。「それぞれの閣僚は、財政状況に及ぼす結果とあまり関係なく、彼女ないし彼〔の省庁〕の支出をおおまかに決定できた。財務大臣は予算の準備のみならず、その執行もコントロールできないことが明らかになった[108]」。さらに、たえまなく不安定な政党システムは、1997年まで、短命かつ実権に乏しい政府が連綿と続いた原因であるが、そのことがより集権的な財務省への変化を実質的に不可能にした。政府に従属するブルガリア国立銀行は、通貨を増刷し、国に貸し付けることにより無謀な支出問題を深刻化させる以外の代案をもたなかった。

　1980年代を通じて対外債務の完全な返済を自国に強いたチャウシェスク

---

108) Veselin Dimitrov, "From Laggard to Pacesetter: Bulgaria's Road to EMU," in Dyson, *Enlarging the Euro Area*, 150.

の決断の莫大なコストによって財産を搾り取られたルーマニアもまた、効力をもつ財政・金融当局を欠いていた。イリエスクの救国戦線に主導されたさまざまな連立政府は、1990年代にいくつかの安定化プログラムを開始した。しかしこれらの努力は、持続性のある結果をもたらさなかった。典型的な安定化措置は、当局が社会的な抗議を受けると、水で薄められるかのように緩められた。これらのプログラムには、高いインフレと財政不均衡の背景にある主要な問題の一つに取り組むことが欠けていた。すなわち、「実質的な準財政赤字の問題である。赤字は産業界と国内消費の双方向けの政府の燃料費補助だけでなく、国有企業と税の未払いによる不良債権によっても、増加した[109]」。財政の過剰支出をさらに勢いづかせたのは、ルーマニア国立銀行の運営への政府による持続的な介入であり、それは国民通貨の信認を損なった[110]。

　労使関係および産業政策と産業再構築、そして財政・金融ガバナンスの領域における国家諸制度の質の点で、スロヴェニアとブルガリア、ルーマニアとの相違は、きわめて大きい。資本主義の多様性アプローチの期待どおりに、スロヴェニアの経済の調整は、補完的な諸制度の相互強化作用に利用された。他方で、1990年代の大半を通じて、ブルガリアとルーマニアの諸制度の相互作用は、むしろお互いに効率を損ない、逆の形態の補完性を生み出したように思われる。

　三者協議制の枠組みへの不信は、賃金抑制を妨げ、集権的に適用される財政・金融の統制を選択の余地のないものとした。これらの手法が生み出した苛酷な社会的帰結は、補償への要求を強くし、それがまた財政・金融の不均衡を永続的なものにした。そして次には、安定性を取り戻すための福祉給付の残酷なカットが新たな不満を引き起こすというような悪循環がはじまる。南東欧諸国の国家の能力不足と国際的な信頼の低さが、これらの諸国の経済

---

109) Dimitris Papadimitriou, "Persistent Laggard: Romania as Eastern Europe's Sisyphus," in Dyson, *Enlarging the Euro Area*, 220-21. パパディミトリオによれば、準財政赤字の量はGDPの50％を超えると推計された。

110) *Ibid.*, 221.

安定化と活性化に役立ちうる外国の資源を、融資の形であれ忍耐強い FDI の形であれ、確保する見通しを減じたことも重要である。いくつかの政治・経済領域をまたぐ介入を同時的に行なうことなしには、この悪循環の問題には対処しえなかった。1990 年代が終わったあと、大規模な制度的再構築のための新たな機会の窓が開かれたが、それには深刻な経済危機と民主主義的正統性の危機が必要であった。

国家の再形成と象徴的な見取り図の再描写

迅速に経路の修正が必要であるという政治的な認識が、ブルガリアに最初に届いたのは、1996 年から 1997 年のはじめにかけてであった。それは、ジャン・ヴィデノフのブルガリア社会党政権が、急速に進行するインフレの悪夢と天井知らずの財政赤字、大規模金融機関の破綻、食糧不足への暴動や抗議活動と結びついた労働側の攻撃性にブルガリアを導いたときであった[111]。経済と民主政治の双方が制御不能に陥ったため、「選挙革命」を発生させ、ポスト共産主義者の継承党を権力の座から引き下ろし、新しい右派政権をもたらした[112]。

ルーマニアの政治エリートに正念場が最初に訪れたのは、1996 年 11 月の選挙がポスト共産主義政党であるルーマニア社会民主党（PDSR）の支配に終止符を打ち、ルーマニア民主会議（CDR）に主導される保守的な連立に権力がもたらされたときである。新しい政府は急進的な経済改革プログラムを始動させたが、その実行に失敗し、そしてすぐに危機に直面した。それは「デフォルトが寸前で回避された 1999 年」の危機である[113]。

最後に、クロアチアの野党はトゥジマンの死去によりもたらされた政治的好機を摑み、2000 年に選挙による革命を成功させた。新しい中道左派の政府は、準権威主義的かつ反市場的な過去の遺産を打破するという約束を表明し

---

111) Iankova, *Eastern European Capitalism*.
112) Veselin Dimitrov, "EMU and Fiscal Policy," Dyson, *Enlarging the Euro Area*, 261-78. 選挙による革命については、Bunce and Wolchik, "Favorable Conditions and Electoral Revolutions" を参照のこと。
113) Papadimitriou, "Persistent Laggard," 221.

第 5 章　ネオコーポラティズムと非力な国家——南東欧諸国

た[114]。インフレの抑制に成功した一方で、1990 年代末までに、クロアチア経済はブルガリアやルーマニアとほとんど同じように、難局（dire straits）にあった。もっとも重要な航空業、造船業、観光業を堅調に保つためのコストは莫大な財政負担となった。だが一方で、それらの再構築はさほど進まず、経常収支にも穴が開いた。また、年金制度は破綻間近であり、これも莫大な財政負担となった。さらに、1990 年代前半の銀行制度の自由化にともなって起きた信用ブームは、1990 年代の末に大きな銀行危機を引き起こした[115]。

　これらの危機のあと、3 カ国〔ブルガリア、ルーマニア、クロアチア〕すべてが逆境を乗り切り、制度構築、国家の能力、経済戦略などの点において、その他の中東欧諸国とのギャップを縮小しはじめた。2000 年代のなかばまでに、ブルガリアの制度編成はバルト三国のそれに類似するようになった。またルーマニアも、ブルガリアほどではないにしろ、そうであった。他方で、クロアチアの資本主義はヴィシェグラード・レジームと多くの特徴を共有していった。このキャッチアップにおける成功はどのように説明できるだろうか。遅れてやってきたこれらの国々のモデルは、中東欧を先導した国々の資本主義とどのようにして異なったものなのか。

　これら三つの南東欧諸国の、より強い国家性のための重要な第一の前提条件は、〔上述した〕経済・政治危機が、ごくごく少数の経済集団にのみ利益をもたらす国家資産の捕獲のパターンを修正したという点にあった。そのかわり、バーンズが「競争的捕獲」と名づけた、新しい種類の利益集団の政治が現われた。この主要な属性は、誰がさまざまな国家の政策と影響領域をコントロールするか（と同時にそこからの利益を得るか）をめぐり、官僚的政治と民主政治の特定の利害の間で競争が生まれ、その利害の代表者の間で競争が進行した点にある。

114）選挙による革命の基礎の準備における、労働組合の役割とクロアチアの転換点についてのさらなる詳細については、Sharon Fisher, "Contentious Politics in Croatia: Civil Society and the 2000 Parliamentary Elections"（paper prepared for the 50th Annual Conference of the U. K. Political Studies Association, London, April 10-13, 2000）参照。

115）Bićanić and Franičević, "Understanding Reform."

バーンズによると、ブルガリアでは、2000年代半ばまでには競争的捕獲は脆弱だが均衡に到達した。これはルーマニアとクロアチアにも当てはまる。新しい均衡は、経済成長と国家能力に重要な帰結をもたらした。その帰結は、利害集団間の競合を、一度に、しかも完全に終焉させることはなかった。いくつかの勝者が思いどおりにできることを可能にするような、だが「総取り」でないある程度の調停と妥協をもたらした。それゆえに、2000年代前半から後半にかけては、競争的捕獲は「経済成長と両立可能となり、そしてシステムを部分的に監視するのに充分な国家の自立性とも両立可能となった」のである[116]。

　その他の重要な要因は、外部からの改革アンカーかつ制度構築者としての活動を増加させた国際機関の役割である。ごく初期の例は、危機に悩まされたブルガリアに対するIMFの役割であろう。ブルガリアのインフレが1997年初期にコントロール不能となると、政府はIMFに支援を求めざるをえなかった。IMFは厳しい緊縮パッケージを課したのみならず、経済的難局に対するバルト的な解決策、つまりカレンシー・ボード制を採用させた。ブルガリアで危機が噴出したときには、国際金融機関はカレンシー・ボード制が中央銀行の独立性へのたんなる「風変わりな」代替策にすぎないとは、もはやみなしていなかった。むしろ、カレンシー・ボード制は、国民通貨の安定性を維持し、経常収支と財政のインバランスを統制下に置くことができる最低限の能力すら欠落している国々に対する、IMFの標準的な対処法となっていったのである。ディミトロフが論じているように、「カレンシー・ボード制は、……ブルガリア政府が金融政策を運営できないことを最終的に示している。ボード制は、通貨の増刷による財政赤字のファイナンスを不可能にし、ブルガリア中央銀行の政府に対する貸付を禁止することによって、財政政策における裁量を実質的に制限したのである[117]」。

---

116) Barnes, "Extricating the State," 71, 92. クロアチアのクローニー資本主義における変化については、Vojmir Franičević and Ivo Bićanić, "EU Accession and Croatia's Two Economic Goals: Modern Economic Growth and Modern Regulated Capitalism," *Southeast European and Black Sea Studies* 7, no. 4 (December 2007): 645.

117) Dimitrov, "EMU and Fiscal Policy," 273.

第5章　ネオコーポラティズムと非力な国家——南東欧諸国

　国際金融機関の関与が強まることと並行して〔EU への〕加盟プロセスがはじまると、とたんに欧州委員会が、強化された調整能力を有する新たな国家諸制度の主たる枠組みの提供者となった。ルーマニアとブルガリアの乏しい実績のために、欧州委員会は当初はこれら諸国との加盟交渉を開始したがらなかった。そして加盟交渉を開始した唯一の理由となったのは、これら諸国の中道右派政権がコソヴォ紛争の中で西側への支持を表明したことであった。交渉開始はそれへの報奨であった。しかしながら、その結果、ルーマニアとブルガリアは、EU の通常でない厳しいコンディショナリティと厳格な監視に服従することになった[118]。この点で、クロアチアについても同じことがいえる。クロアチアは、その実績水準が控えめなものであったとしても充たすことを求められる「厳しい国際的なコンディショナリティが必要とされるような、のけ者で見捨てられた者」という地位から、かろうじて抜け出すことができていた[119]。

　EU のコンディショナリティの主な焦点であり、また多くの対立の源泉だったのは、行政機関と司法の改革であった。この国家の重要な構成要素を改革するようにという EU の主張、そして国家改革が予定どおりに実施されなかった場合には EU 加盟を延期させるという、実際にありそうな、繰り返される脅し、加盟後にも行なわれた改革の進捗状況に対する徹底的な監視、これらはまちがいなく、3 カ国〔ブルガリア、ルーマニア、クロアチア〕すべてが国家能力を増大させる主要な要因となった。親欧州の国内エリートは、押しつけられた条件を内部化した。そして、それらの国家は「バルカン化された」権威と政治の遺産を断ち切る力をいったん身につけると、そのエリートは正規加盟の約束を利用していった。「バルカン諸国」から離れることと欧州へ回帰することのもつ魅力と、〔EU のルールを〕順守できていない場合の厳しい制裁との双方は、国内〔政治〕領域で、これらの欧州化賛成の連合論者らが、ナショナリストの競争相手に勝利することを支援した[120]。

　財政赤字とインフレ、FDI 流入、ガバナンスにみられた諸指標の改善によ

---

[118] Noutcheva and Bechev, "The Successful Laggards."
[119] Bićanić and Franičević, "Understanding Reform," 18.

311

って確認されるように、ブルガリア、ルーマニア、クロアチアのマクロ経済調整能力は実際に強化された。他方で、異なるスピードの統合論理の強制は、地域の細分化を増大させた。というのは、「西バルカン」の縮小しつつある「隔離された地域」としてエコノミデスが表現した地域をまだ内部に抱える弱小国家もしくは準国家が背後に取り残されているという事実によって、EUのインサイダーになる国とアウトサイダーに留まる国との物質的・精神的な結びつきが部分的に弱まり、部分的に変容してきたからである[121]。

このように、新しいシンボリック地理学[122]に沿って、バルカン諸国の経済的・政治的境界線を引き直すことにより「分割して融和させる」というEUの努力は、コストがなかったわけではなかった。南東欧諸国安定協定と安定化・連合化プロセスの枠組みの中では、インサイダー国とアウトサイダー国とは同じ地域に所属しているとみなされ、その基盤の上に、欧州への道の途上で強い地域的紐帯を発展させることが望まれたが、EU加盟の見通しはこれとは異なる。「統合の精神、そしてより実際的な用語でいうと、地域市場と貿易の相互依存を創出する試みを行なうが、そうしながら、EUの最優先のアイデアは、EU加盟を達成できる（そしておそらく将来達成される）のは各国別々の基盤に基づく点にあり、それは地域協力にとって有害である[123]」。

最後に、ルーマニアとブルガリアの両国はまた、一方では洗練されコストのかかる行政機構の構築と維持の苦労を惜しんで、行政の効率性を高めるために多くの政策と制度とを採用した。ブルガリアのカレンシー・ボード制と両国の最低限の福祉国家が、これに該当する。ブルガリアとルーマニアの両

---

120) Noutcheva and Bechev, "The Successful Laggards," 128-139; Papadimitriou, "Persistent Laggard." 優れた分析として、Gergana Dimitrova, "From Bright Light to Blackout: The Influence of the Europeanization Paradigm on Bulgarian Foreign Policy and Transport and Energy Infrastructure Policy" (Ph. D. diss. Central European University, Budapest, Department of International Relations and European Studies, 2008) を参照せよ。
121) Spyros Economides, "Balkan Europe," in Dyson and Sepos, *Which Europe*, 112-25.
122) Todorova, *Imagining the Balkans*, 160.
123) Economides, "Balkan Europe," 123.

第5章　ネオコーポラティズムと非力な国家——南東欧諸国

国で取り入れられた一律税システムもまた、別のよい事例である。それは、公的機関の執行活動を効率的にみえるほど最小限に縮小させた。一律税を採用してきた国家の大部分が、効率的な税務行政機関をもたなくて、税制の法令順守が限定的である諸国であることは何ら不思議ではない。一律税はまた、「根本的なレジームの変化が起こり、より市場志向の政策にシフトしていることを残りの世界に[124]」示す合図のための用具でもあった。この文脈において、FDIの流入にそれほど依存していなかったクロアチアが、その南東欧諸国の仲間とは異なり、この単純な制度を導入しようとする熱意を共有しなかったことは興味深い。

　独占的というよりは競争的に実施された国家資産の捕獲、およびEUのコンディショナリティ、洗練された行政機構を必要としない制度選択の結果、2000年代半ばまでに、ルーマニアとブルガリアは新自由主義陣営の中にしっかりと根を張っているようにみえる。しかしながら、いくつかの重大な相違が残っている。まず第一に、バルト三国が採用した制度的な処方策は、エリートの意識的な選択を反映していた。つまり、エストニアのカレンシー・ボード制は、経済転換の課題を独立した国民国家の構築の課題と融合させてなしとげるという政治エリートの意識的な選択を反映していた。それとは対照的に、ルーマニアとブルガリアという後発改革国では、自分たちにとって開かれた代替策をとることをほとんど制限するような大規模なメルト・ダウンがあったときにはじめて、これらの政策を採用した。

　第二に、バルト三国の初期の選択は、制度的革新へのスキルと意思を示していた。最初に採択されたとき、カレンシー・ボード制も一律税もいまだ風変わりな解決策であり、それまでは滅多に実行に移されることはなかった。対照的に、ブルガリアとルーマニアが類似の制度を採用したときには、これらは国際金融機関が推奨する主流派の解決策となっており、どこでも試みがなされ、試験されていた。第三に、早期に改革を実施した諸国の場合、国内と国外の諸影響と諸課題は相互に強め合っており、そのため、相対的に頑健

---

124) Keen *et al.*, "The 'Flat Tax (es),'" 35. 中東欧における一律税革命についてのより詳細な議論については、第3章「初期の経済改革の政治学」を参照のこと。

313

な諸制度を生み出した。対照的に、改革が遅れた諸国では、同じ諸制度が外部から押しつけられ、深くは根づくことがなかった。

　これらすべてが次のことを示唆している。つまり、市場急進主義は、より複雑かつ社会的にバランスのとれた転換の諸課題の調整に劇的に失敗したあとで、もっとも非力ないくつかのポスト共産主義国家が採用した「**バックアップ・オプション**」でもあった。これら３カ国〔ブルガリア、ルーマニア、クロアチア〕のすべては、当初の非力な国家の経路を劇的に変えたあとで、純粋あるいは埋め込まれた新自由主義レジームに至ったので、彼らの経験は、南東欧や旧ソ連に位置する他の多くの非力な国家に妥当するかもしれない。この点については、結論のところでもう一度触れよう。

　最後に、クロアチアがその三重の転換を通じて混乱したことに関していえば、よりバランスのとれたスロヴェニアやヴィシェグラード諸国の経路との違いが重要である。もっとも重要なのは、クロアチアというバリアントの「埋め込み」の考えの基礎には、ユーゴスラヴィアの残した遺産の肯定ではなく否定があったことである。ユーゴスラヴィアの「**廃墟とともにではなく、その上での**」国民形成ということが、その継承物のすべてではないが、ネオコーポラティズムを拒絶したクロアチアを説明するのに役に立つ。それは同国が埋め込まれた新自由主義に向かって漂流していったことの説明にも役立つ。

　国民形成はクロアチアの特殊な「埋め込み」のパターンをもつくり出した。補償の寛大さはヴィシェグラード諸国の通常の水準を超えるものであったが、福祉の諸給付の提供は継承されたステータスに基づくものはなく、新たな国民国家への個人的な犠牲に報いるものであった。あるいはバルト三国の国家と同じように、国民化の大義に奉仕した者に与えられた。さらに、選択的ではあるが膨張したクロアチアの福祉国家は、輸出主導の経済に財政的に頼ったものではなかった。これまでのところ、輸出経済の名に見合ったものをほとんど発展させてこなかったからである。その理由をもう一度述べるならば、国民資本主義にとってもっとも重要な企業をコントロールしたいという、エリートの継続的な意思があったからである。

もっともなことだが、市場急進主義への道を下っていくことからクロアチアを救ったのは、何よりその自然の美しさである。観光業からの収入がなくては、クロアチアのような非力な国家が、選択的ではあるが過度に寛大な福祉と国内志向の資本主義制度との組み合わせを維持することは、ほとんど不可能であったであろう。

第6章
厳しい時代への回帰

　2000年代末期の危機の勃発とともに、新しいポスト社会主義諸国の秩序の危険性がふたたび表面化した。世界的な金融不安定性とリセッションによって、中東欧の資本主義のすべてのバリアントに対する困難な挑戦が引き起こされた。2009年までに、EU新規加盟諸国の多数は、巨大な経済的不均衡を蓄積するとともに、深刻なリセッションを経験し、いくつかの国ではそれが何年も続いた。ハンガリー、ラトヴィア、ルーマニアの3カ国は、みずからの通貨を防衛し、経済を破綻させないために、IMFとEUに援助を求めねばならなかった。それに加えて、政府は改革疲れと国民の幻滅感に直面してきたが、多くの場合それは世界的な危機が直撃するよりかなり前からはじまっていた。

　2000年代末期のグローバル金融危機とその余波は、それ以前の時期に発生した危機と同様に、地域の市場社会の多様な発展戦略と制度に重くのしかかった。国際的な信用の枯渇と輸出市場の崩壊によって、多くの国が急な修正を行なうことを余儀なくされた。痛みをともなう新しい一連の施策の中で、政府もまた支援を集める戦略を再考せざるをえなくなった。なぜならば、初期には合意形成を助けた主要諸機関が、危機管理にとっての重荷に変化したためである。

　世界的危機は、ポスト社会主義諸国がもたらした〔中東欧の〕数少ない成功物語をどの程度まで危機に陥らせたのであろうか。もっと正確にいえば、大不況の逆境の中で、経済の不安定化、社会の分裂、正統性の喪失、そして機能不全となった民主主義などの、みずからの新たな体制に対する主要な挑戦をはねのけることに、中東欧諸国はどの程度まで成功してきたのであろうか[1]。世界的危機がいまだ展開しているために、これらの疑問に対する最終

的な回答を与えることはできない。そのかわりにここでは、多様なレジームと多様な国々の特定の脆弱性と、それらが頼りうるかもしれない対処戦略の供給源について、詳しく説明することに努める。

　われわれの考える主要な前提は、中東欧の諸国とレジームが直面してきている経済的挑戦と、危機の副産物に対処する能力との間には、重要な関係があるということである。もっと具体的にいえば、われわれにとって重要な点は、さまざまな国が厳しい時代の中をくぐり抜けることができるかどうか、そしてそのためにコストがどれだけ必要かは、たんに危機の態様によるのではなく、究極的には政治分野の能力によるのだということである。このことは、資本主義の成功における政治システムの中心性という、われわれの考えにつながるものである。

　この議論を適用し実証するために、危機によってレジームがどのように影響を受けてきたのかに相違があることを示そう。この相違は、製造業の外国直接投資（FDI）および輸出あるいは金融部門を通じた、レジームに特有の国際統合のパターンに起因する。それと同様に、一度その原点（すなわちアイデンティティ・ポリティクスあるいは社会的・経済的保護主義）が有効でなくなるか、実施が財政的に困難であることが明らかになったときに、政府が正統性を維持しようとする特有の型にも起因する。このように、中東欧のレジームの多様な制度と成果は、厳しい時代に直面したときのそれらの強さと弱さに影響している[2]。

　第一に、統計的な証拠によれば、新自由主義のレジームの型に属するすべての国では、複合的な対外的不均衡が累積した。それはいったん危機が発生すると、それらの国々をひどく脆弱なものにした。とりわけ経常収支赤字、

---

1) Carmen Reinhart and Kenneth S. Rogoff, *This Time Is Different: Eight Centuries of Financial Folly* (Princeton: Princeton University Press, 2009). （村井章子訳『国家は破綻する――金融危機の800年』日経BP社、2011年）
2) 国際統合の経路と危機の特徴のリンクの重要性は、次の議論の基礎となっている。Joachim Becker and Johannes Jäger, "Development Trajectories in the Crisis in Europe," *Debatte: Journal of Contemporary Central and Eastern Europe* 18, no. 1 (2010): 5-27; Myant and Drahoukoupil, *Transition Economies*.

GDPに対する対外債務の割合、そして家計向けの外貨建て住宅ローンの高くかつ急速に増大するシェアは、2007年までに悪循環を起こして制御不能となった。

それと比較して、埋め込まれた新自由主義のレジームのクラスターでは、ネオコーポラティズム型のスロヴェニアと同様に、これらすべての次元で危機にさらされている程度が低かった。しかしこのグループの中で、ハンガリーは高い公的債務と対外債務、民間家計に対する総信用に占める外貨建てローンの高いシェアにおいて際立っていた。

第二に、すでに経済危機の前に、地域全体において抗議と忍耐の「新しい」政治経済を証明する社会的・政治的緊張が蓄積されていた。いくつかの発展によってこれが説明される。たとえば、暴力的なデモと暴徒の発生、急進的な反自由主義政党の台頭、かつての穏健中道政権の急進化、地域全体での投票率の急激な低下、そして世論調査で明らかにされた民主主義とその制度への信頼の欠如に対する強い不満がある。文献ではこれらの発展は地域の「後退」として描かれてきており、加盟後のEUの影響力の変化か、あるいは民主主義の政治文化の弱いルーツや新自由主義の転換戦略の負の効果のような国内要因と関連することが示されてきた[3]。

しかしながら、後退はこの地域に共通する傾向ではなかった。われわれは金融危機に先立って発生した、レジームの型、特定の社会的緊張、そして政治的急進化の間の、より密接な関係を探さなければならない。また、主流派の政治的アクターが不安定な傾向に立ち向かう能力に注意を払わなければならない。この能力は各レジームの中でも異なっており、繁栄の間に政治的資源を蓄積する異なる能力は、金融危機に対処する能力にも影響を及ぼしている。

---

3) たとえば、次を参照。"Is East-Central Europe Backsliding?" special issue of *Journal of Democracy* 18, no. 4 (October 2007): 5-63; Cas Mudde, "EU Accession and a New Populist Center-Periphery Cleavage in Central and Eastern Europe," Central and Eastern Europe Working Paper 62 (Boston: Harvard University Minda de Gunzburg Center for European Studies, 2004); Grzymala-Busse and Innes, "Great Expectations"; Ost, *The Defeat of Solidarity*.

簡単にいうと、新自由主義のレジームは、EU加盟と関連して急速な信用の拡大をおおいに利用していたが、国際的な信用の枯渇が発生したときに、もっとも苦しむこととなった。これらの国々の政府も、とりわけ困難な政策選択に直面した。既存の制度は痛みをともなう調整が要求され、国民にとって大きな負担となった。しかしながら、新自由主義のレジームは同じコースを保った。なぜなら政党システムが政策の代替案を生み出すことができなかったからである。国民が調整戦略を受け入れたか、それに異議を唱えたかは、義務が公平に共有されているかを政府が確認しているか、あるいは少なくとも致命的な状況を政府が制御できるのかについて、国民が信頼しているかどうかで大部分が決まった。さらにいえば、政府に対する信頼は過去の経験に基づいていた。
　ヴィシェグラード諸国も、突然の国際的な流動性の引き揚げにより深く傷ついたが、それらの信用への依存度は全体的にバルト三国よりも低かった。しかしながらその輸出依存度のために、これらの国々は主要な市場の崩壊に苦しむこととなった。加えて、2008年以前に、ヴィシェグラード諸国の人々は既存の社会的・政治的機会に対する幻滅をみせていた。当局が国民を宥めることができるかどうか、そしてどの制度的手段をその目的のために用いるのかは、危機の重大性に大きな影響を及ぼした。
　最後に、南東欧グループ内部の多様性は、危機の強さと危機の形態で表現される。スロヴェニアの主要な脆弱性は、輸出への依存度に基礎を置いている。新自由主義の陣営に加わったブルガリアとルーマニアが経験した困難が、ラトヴィアやリトアニアを思い起こさせるのは驚きではない。これはクロアチアの事例でも同じである。政府の政治的資源に関していえば、交渉による負担の共有に関するスロヴェニアのネオコーポラティズムの独特の能力は、危機が発生した前後で弱体化した。一方でその他の南東欧諸国の困難に対処する能力は、過去の国家の弱さの長い影によって、いまだ闇に覆われている。

第6章　厳しい時代への回帰

リセッションと財政緊縮、代替案の欠如──バルト三国

　バルト三国のすべては、グローバル金融危機に対してとりわけ脆弱となる発展パターンを共有していた。それらの国々の2003〜07年における年率約9％というめざましい成長率は、ほぼ完全に、銀行部門、建設部門、不動産部門における大量のFDIによって活気づけられた国内需要を基礎としていた。高い成長率は、高いインフレーションと実質為替レートの上昇とともに進行していった。これは輸出競争力を阻害したが、輸入は加速度的なペースで成長した。結果として、経常収支は近年の経済史に前例がないほどにまで悪化した。とくに2000年代の半ば以降、経常収支赤字は危険な短期資本の流入をさらに増加させることによってのみ賄うことができた[4]。

　バルト三国の成長パターンがとりわけ脆弱なものとなった理由は、それが信用ブームを加速する格好の土台を与えたことであった。1990年代の終わりまで、バルト三国の金融部門は企業と国民に対する信用を欠乏させたままであった。急速な外国からの銀行買収は、資本移動の自由化とEU加盟条件の一部である健全な金融システムについての、制度上および規制上の水準を採用することと相まって、このことを変化させ、急速な信用の拡張に導いた（**表6.1**）。スウェーデンの銀行にとって、バルト三国の経済空間は国際的拡張の歓迎すべき機会を与えるものであったが、それらは高い資本収益率によって動機づけられていた。スウェーデンの銀行は活発に新しい市場の成長に取り組み、そしてまたそれらの親銀行からの借り入れを通じて、容易に信用の拡張の供給源を利用することができた[5]。このように、これらの銀行は、ユーロ建ての住宅ローンの創設者でもあった（第3章を参照のこと）。

　政府には、信用ブームを制御することは困難であった。これは結局のとこ

4）比較の観点からのバルト三国の脆弱性の議論については、Becker and Jäger, "Development Trajectories" を参照。
5）信用ブームの創出における外国銀行の一般的役割については、たとえば次の文献を参照。Arcalean *et al.*, "The Causes and Nature," 23-24; Pistor, "Into the Void"; および第3章注95で引用した住宅ブームに関する文献。

表 6.1 グローバル危機へのリスク（2000 年代半ば）

	金融および不動産への FDI[a]	製造業への FDI[b]	経常収支[c]	対外債務[d]	民間部門への信用の拡大[e]	銀行の家計向け貸出に占める外貨建て貸出比率[f]	一般政府財政収支[g]
エストニア	60.6 (36.5)	14.4 (16.9)	−17.8 (−11.3)	119.3 (71.8)	285.0	82.4 (66.6)	2.6 (1.7)
ラトヴィア	46.5 (38.8)	8.8 (15.6)	−22.3 (−8.2)	135.4 (84.0)	221.9	87.4 (58.4)	−0.4 (−1.6)
リトアニア	25.6 (23.1)	36.3 (31.1)	−14.5 (−6.9)	76.9 (44.8)	263.2	61.6 (29.2)	−1.0 (−1.3)
ブルガリア	38.1 (28.2)	17.8 (34.8)	−25.4 (−5.1)	107.6 (67.2)	250.2	29.8 (5.6)	3.5 (−0.9)
ルーマニア	31.2 (16.1)	34.1 (50.9)	−14.4 (−5.8)	48.5 (37.6)	261.3	58.7 (29.3)	−3.1 (−1.5)
チェコ	31.1 (25.7)	36.1 (41.9)	−2.6 (−6.3)	44.4 (38.2)	233.6	0.1 (0.7)	−1.6 (−6.6)
ハンガリー	30.9 (27.0)	35.7 (45.7)	−6.9 (−9.4)	96.8 (61.6)	144.1	70.2 (5.0)	−4.9 (−7.2)
ポーランド	32.6 (28.2)	33.9 (35.9)	−2.8 (−2.5)	54.8 (49.5)	194.2	39.8 (29.7)	−1.9 (−6.3)
スロヴァキア	24.4 (26.5)	48.0 (35.8)	−4.8 (−4.3)	52.7 (39.5)	134.2	2.8 (0.5)	−1.9 (−2.8)
クロアチア	55.1 (26.2)	23.0 (34.9)	−7.5 (−6.3)	77.6 (66.3)	136.4	n.a.	−2.5 (−4.8)
スロヴェニア	36.5 (27.9)	37.1 (48.5)	−4.8 (−0.8)	100.6 (52.5)	190.8	n.a.	0.5 (−2.7)

a) 2005～07 年の金融および不動産部門への対内 FDI ストックの総対内 FDI ストックに対する割合（ただしデータ利用可能性に依存）。かっこ内は 2003 年のデータ。wiiw Foreign Direct Investment Database Central Eastern Europe（Vienna: The Vienna Institute for International Economic Studies, 2008）
b) 2005～2007 年の製造業部門への対内 FDI ストックの総対内 FDI ストックに対する割合（ただしデータ利用可能性に依存）。かっこ内は 2003 年のデータ。wiiw Foreign Direct Investment Database.
c) 2007 年の GDP 比でのデータ。かっこ内は 2003 年のデータ。EBRD, *Transition Report 2009*.
d) 2007 年の GDP 比でのデータ。かっこ内は 2003 年のデータ。EBRD, *Transition Report 2009*.
e) 民間部門に対する国内信用の GDP に対する比率（2007 年 3 月）。EBRD, *Transition Report 2009*.
f) 家計向け総銀行貸出に占める外貨建て信用の比率（2008 年）。かっこ内は 2003 年のデータ。National Bank of Hungary, *Report on Financial Stability*（April 2009）
g) 2007 年の GDP 比でのデータ。かっこ内は 2003 年のデータ。EBRD, *Transition Report 2009*.

ろ、EU の多国籍銀行業のガバナンスが、銀行にとって有利になるような数多くの抜け穴とあいまいさを残していたという事実によることであった[6]。しかしながら、バルト三国の政府もまた、信用ブームの制御にあまり関心がなかった。自由化された市場、低税率の課税、そして限定された所得再分配というバルト三国グループの選好を共有した世界中の多くの政府と同様に、とりわけ不平等が継続したり増加したりしている点をふまえると、信用緩和は、選挙民をその社会・経済状況に満足させ続ける方法であった。ラジャンが語るように、「政治家は銀行が住宅ローンの提供を拡大することを喜んだ。多くの目的を同時に達成できるからだ。住宅価格は上昇する。それによって住宅所有者は金を儲けた気になる。そしてより多くの金を借り、さらに消費する。金融、不動産仲介、住宅建設の分野で利益と雇用が増える。しかも、家と同じように、すべてが安全なのだ。少なくともしばらくのあいだは[7]」。

ナショナリストの社会契約から民営化されたケインズ主義まで

バルト三国では、安価な信用の存在は、予期しないが歓迎すべき手段であった。それは 1990 年代半ばから終わりにかけて悩まされてきた問題、すなわち新たな秩序への国民の支持と正統性を創出するための、ナショナリストの社会契約の能力の衰退という問題を解決した。初期の頃は、政治家たちは社会的・政治的排除によって少数派の影響力を弱めると同時に、国家のアイデンティティの潜在力の動員に頼ることができた。そのうえ、彼らの福祉国家を国民形成と国民化プロジェクトに服従させることさえできた。しかしア

---

6) Pistor, "Into the Void"; Mohácsi Nagy, "Financial Market Governance"; Claus Puhr, Markus S. Schwaiger and Michael Sigmund, "Direct Cross-Border Lending by Austrian Banks to Eastern Europe," in *Finanzmarktstabilitätsbericht* 17, (Vienna: Österreichische Nationalbank, 2009), 109-29; Claudio E. V. Borio and Ilhyock Shim, "What Can (Macro-) prudential Policy Do to Support Monetary Policy?" BIS Working Paper 242 (Basel: BIS Monetary and Economic Department, 2007).

7) Raghuram G. Rajan, *Fault Lines: How Hidden Structures Still Threaten the World Economy* (Princeton: Princeton University Press, 2010), 31. (伏見威蕃・月沢李歌子訳『フォールト・ラインズ――「大断層」が金融危機を再び招く』新潮社、2011 年、34-35 頁)

イデンティティ・ポリティクスは、1990 年代にかけてその魅力の大部分を失った。同時に、急進的改革と貧弱な福祉国家によって形成された社会的混乱——拡大した貧困、失業の多さ、大きくかつ増大する不平等——は、社会的緊張の可能性を増加させた。排除はエスニックの次元でも存在するが、それはエスニック集団の境界線を横切り、交差してもいる[8]。結果としてバルト三国の政府が直面せざるをえない主要な課題として、社会的課題はエスニック集団の分断と一部では重なり、一部ではそれに置き換わることとなる。

ラトヴィアでは、すでに 1990 年代半ばまでには、教師と医師がより高い賃金を求めてストライキをはじめた。新しい世紀の初期には、年金生活者、農民、医療従事者が街頭でデモを繰り広げた[9]。結局のところ、新しいシステムへの支持は非常に低いままであった。エストニアでは、多数の指導的な社会科学者が、その国にみられる政治的、民族的、そして社会的危機について嘆いている『二つのエストニア』と題する文書を 2001 年に発表して、不満感が広がっているという感覚が表面化した。この文書は、政治エリートが何よりも対外的イメージを気にかけ、世間一般の人々の問題を無視するようになり、もっとも緊急を要する社会問題をおろそかにしていると非難した。この文書は、西欧化を唯一の優先事項とすることをやめて、社会的不平等と貧困の問題も考慮に入れた、新しい国内のアジェンダを要求している。同時に、政府に対する信頼は、独立以来の最低水準に低下し、2001 年の大統領選挙ではかつての共産党の候補が権力につき、そしてその勝利は「第二のエストニア」の成功として解釈された[10]。

リトアニアでは、2004 年の世論調査が、1990 年から 2004 年の期間を国家

---

8) たとえば、次を参照。Aasland, "Citizenship, Status and Social Exclusion."
9) Diana Kalačinska, "Social Protest in Latvia 2006-2010: Political Disenchantment and Identity Formation" (M. A. thesis, Central European University, Budapest, Department of Political Science, 2010), 15; Smith-Sivertsen, "Latvia," 100.
10) Marju Laurisrin, "Social Contradictions Shadowing Estonia's Success Story," *Demokratizatsiya* (2003), http://findarticles.com/p/articles/mi_qa3996/is_200310/ai_n9310188/（2010 年 8 月 6 日アクセス）; Marju Laurisrin and Peeter Vihalemm, "The Political Agenda during Different Periods of Estonian Transformation: External and Internal Factors," *Journal of Baltic Studies* 40, no. 1 (2009): 14.

の歴史の中でもっとも不幸な時期と特徴づけているのが回答者の34％で、ソ連の時期を同じように考えている30％よりも多いことを示した。エストニアと同様に、知識人や政治評論家は次のように「二つのリトアニア」の言葉を使いはじめている。「西のほうをみている、経済的に力強いリトアニアは、そのダイナミズムを祝い、欧州連合とNATOへの加盟を喜ぶ。そして、エリートを嫌い、長い間苦しみ、分裂させられ、抑圧されたリトアニアは、ソ連においてみられたような、「貧困の中の平等」のような何かを望んでいる[11]」。

　これらの国々のとったコースへの大衆の不満は、ポピュリスト政党のアピールの増大によっても明らかとなっていた。そしてリトアニアの場合は、大衆の不満は二つの選挙ブロックによって形成された比較的安定した政党システムとみられていたものの崩壊と、市場改革によって取り残された市民を標的とした攻撃的なキャンペーンをとった大統領の急速な隆盛とその終焉によって明らかになった。

　ディーガン゠クラウスが論じているように、バルト三国のポピュリズムのブランド——ラトビアの「新時代」（党）、リトアニアの「新同盟」（党）と「労働」（党）、エストニアの「共和国」（党）——は、特定の政治イデオロギーをともなうポピュリストのアジェンダを組み合わせたものを表わしているわけではない。どちらかというと、「汚職に対する偉大なる闘いの一部として、もっぱら「政府における新しい顔」の必要性」、そして現職の権力の濫用を批判する、純粋に反エリートのポピュリズムとして描写することができる[12]。リトアニアの新同盟を例外として、これらすべての政党は2000年代初期に結成され、登場するとすぐに議会における最大政党となった。それらは新しい顔に対するアピールと新しく清廉な政治への約束に多くを依存しているのではあるが、避けがたいことには、一度政権につくと、指導者は他のすべて

---

11) Leonidas Donskis, "The Promise of Certainty, Safety and Security in an Uncertain, Unsafe and Insecure World: The Emergence of Lithuanian Populism," in *The Baltic States and their Region: New Europe or Old?* ed. David J. Smith（Amsterdam: Rodopi, 2005）, 146.

の政党の指導者と同様に汚職をし、不人気となる傾向がある。しかしながら事実は、これらの政党がそのように多くの支持を得たということが、反エリートの感情が——起源が経済的なものであれ政治的なものであれ——バルト三国の社会に深く浸透していることを示しているにすぎない。

 この状況に対して、民営化されたケインズ主義——所得と雇用を確保するために、民間信用をおおいに頼りにする——は、バルト三国の政府に、社会の不満に向き合う一方で市場への急進的志向とも両立できるような制度を提案している。バルト三国のすべてにおいて、積極的に拡大する銀行は、東西の近隣諸国よりも何倍も大きな住宅ブームを誘発するために政府と結託した[13]。これらのブームは、急速な賃金上昇と新たに獲得した移民の機会とともに、既存の社会の緊張を緩和するのに大きく寄与した。なぜなら、低い階層にも、賃金上昇、良質の雇用、新しい消費機会が与えられたからである。しかしながら不平等度は、バルト三国ではきわめて高い水準のままであり、ラトヴィアではそれが2000年代に拡大さえしていた。

 議論はあるが、ハーシュマンの有名な「トンネル効果」が、バルト三国の事例でも説明力をもつかもしれない。よく知られているように、トンネル効果は社会の寛容さを説明する。不平等度が高く、かつ上昇しているときに、発展から取り残された者が実際に他者の幸運に満足することがある。なぜなら、やがて彼らにも幸運の順番が回ってくるという希望を与えるからである。

---

12) Kevin Deegan-Krause, "Populism and the Logic of Party Rotation in Postcommunist Europe," in *Democracy and Populism in Central Europe: The Visegrad Elections and Their Aftermath*, ed. Martin Bútora, Oľga Gyárfášová, Grigorij Mesežnikov and Thomas W. Skladony (Bratislava: Institute for Public Affairs, 2007), 152. バルト三国の事例については、ディーガン゠クラウスは次に基づいている。André Sikk, *Highways to Power: New Party Success in Three Young Democracies* (University of Tartu: Doctoral Dissertation, 2006)。次も参照のこと。Peter Ucen, "Parties, Populism, and Anti-Establishment Politics in East Central Europe," *SAIS Review* 27, no. 1 (Winter-Spring 2007): 49-62. イデオロギー的なポピュリスト政党の欠如については、次を参照のこと。Daunis Auers and Andres Kasekamp, "Explaining the Electoral Failure of Extreme-Right Parties in Estonia and Latvia," *Contemporary European Studies*, 17, no. 2 (2009): 241-54.
13) バルト三国の住宅ブームに関するより詳細な議論は、第3章を参照のこと。

第 6 章　厳しい時代への回帰

　一見したところでは、バルト三国の社会風土は、「他者の進歩に対する満足」が広くいきわたっているとするのに賛意を示しているようにはみえない[14]。そのような認識が優勢となるためには、一時的な敗者の側が、勝者とみずからを同一視するような能力を必要とする。しかしハーシュマンは、そのような共感は、エスニシティ、宗教、そして地域で分断された社会においては不足しているのが当然であると議論する。しかしながら、多くの要因がトンネル効果を作用させるのに貢献しているかもしれない。

　第一に、EU 加盟の時点まで、エスニック集団の境界線を超えた社会的統合の措置が進行中であった——大衆の認識において、ロシア語を話す少数派を安全の脅威とみなすことが地域全体として減少していることが観察されている（**表 6.2**）。高い成長と労働移動の機会の増加のために、エスニシティ上の少数派も、労働市場によりよく統合されるようになった[15]。このことは当座の所得格差に対する寛容さの新たな源泉を生じさせた。なぜならそれは、経済的向上が、たとえば勤勉、長所、あるいは運によるものであるというよりも、たんにエスニック集団、言語、あるいは地域によるものだという認識を弱めたからである。ゆっくりした動きではあるが進行している市民権の拡

---

14) Albert O. Hirschman, "The Changing Tolerance for Income Inequality in the Course of Economic Development," in his *Essays in Trespassing: Economics to Politics and Beyond* (Cambridge: Cambridge University Press, 1981), 40.

15) たとえば次を参照のこと。Mihails Hazans, "Ethnic Minorities in the Latvian Labour Market, 1997-2009: Outcomes, Integration Drivers and Barriers," in *How Integrated is Latvian Society? An Audit of Achievements*, ed. Nils Muiznieks (Riga: University of Latvia Press, 2010), 125-58. これはエストニアとラトヴィアのエスニックな緊張が社会生活の主要な要因として残り、ときとして暴力に至ることを否定するものではない。両国は、5 月 9 日（ソ連戦勝記念日）や 3 月 16 日（ラトヴィア在郷軍人記念日）のような、エスニック共同体にとって特別に重要な日に基づいて組織された、彼らの新しい「デモンストレーションの日程表」をもっていた。さらには、エストニアの最初の大規模なエスニック暴動——第二次世界大戦で殺された赤軍兵士に対するモニュメントである「戦士の銅像」の 2007 年における移転を引き金とした——はエスニック統合がどれだけ不安定なものであるかをあらわにしてきた。われわれの論点はたんに、結局のところ信用・住宅ブームはすべてのエスニック集団によりよい生活を許し、それによってエスニックな緊張を軽減するということにある。エストニアにおけるアイデンティティの重要性の変化についての概観は、たとえば次を参照のこと。Martin Ehala, "The Bronze Soldier: Identity Threat and Maintenance in Estonia," *Journal of Baltic Studies* 40, no. 1 (2009): 139-58.

表 6.2　政治的安定性の供給源と危機管理の能力（2000 年代なかば～末）

	民族的少数派への恐れ[a]	失業率[b]	選挙での投票率[c]	議会への信認[d]	政府への信認[e]
エストニア	6 （60）	4.7 （10.0）	50.8	30 −	52 （66）
ラトヴィア	8 （44）	6.1 （10.6）	50.2	10 −	13 （34）
リトアニア	2 （40）	4.3 （12.4）	47.3	10	19 （29）
ブルガリア	25 （46）	6.9 （13.7）	55.8	10 −	22 （21）
ルーマニア	15 （60）	6.1 （6.7）	39.2	20	24 （34）
チェコ	32 （44）	5.3 （7.8）	64.5	10 +	26 （29）
ハンガリー	13 （26）	7.4 （5.9）	64.4	20 −	18 （35）
ポーランド	10 （35）	8.5 （19.3）	47.2	10	21 （17）
スロヴァキア	27 （53）	11.0 （17.4）	54.7	20 +	41 （19）
クロアチア	16 （57）	9.7 （14.4）	60.6	15	19 （20）
スロヴェニア	12 （14）	4.7 （6.7）	61.9	20 +	34 （29）

a）「社会の平和と安全に国内の少数派は大きな脅威か、いくらか脅威か、ほとんど脅威でないか、まったく脅威でないか」との質問に対し、「大きな脅威」「いくらか脅威」と答えた割合（2004 年）。かっこ内は 1992 年のデータ。Rose, "Diverging Paths"（p. 31）
b）2007 年における割合（％）。かっこ内は 2003 年のデータ。EBRD, *Transition Report 2009*.
c）2003～2008 年の国内議会選挙における投票率。ルーマニアは 2008 年の投票率。エストニアとラトヴィアは投票年齢人口に対する割合。IDEA Database, http://www.idea.int/vt/country_cfm?（2011 年 2 月 5 日アクセス）
d）「どれだけある機関を信頼しているか」との質問に対し、「完全にまたはいくらか信頼している」と答えた割合（2006 年）。EBRD, *Life in Transition: A Survey of People's Experiences and Attitudes*（2008）。
e）「どれだけある機関を信頼しているか。次の各機関について、信頼しがちであるか信頼しがちでないかについて答えてください」との質問に対し、2007～2009 年における国家の政府に対する平均的な信頼。かっこ内は 2003～06 年のデータ。Eurobarometer Surveys. http://ec.europa.eu/public_opinion/index_en.htm

大は、おそらくは同じような効果をもつ。第二に、急速な成長は、より容易に不平等への寛容さを生じさせるかもしれない。なぜなら「経済的変化と付随するその国および諸都市の物理的転換はより明白であり、改善への期待と可能性は、さまざまな集団と個人に説得的に伝わる」からである[16]。

これらの発展が結合された結果として、バルト三国の社会は、成長が推進した「ほとんど幸運な不平等[17]」に適応してきているものとして現われてい

---

16) Albert O. Hirschman, "The Turn to Authoritarianism in Latin America and the Search for Its Economic Determinants," in *Essays in Trespassing*, 130.
17) Hirschman, "The Changing Tolerance," 40.

る。しかしながら、永続する格差はまた、政治的無関心の増加（選挙への参加の劇的な低下によって立証される）と、それと並行する大規模な出国（たとえば移住を通じて）の増加にも貢献している。概していえば、社会の下層にまで急速に拡大した消費者の増加やトンネル効果、そして増大した出国の機会の結合は、バルト三国における相対的な政治的安定の期間を支えていた。それはのちに述べるように、エストニアの事例では、政治制度に対する信頼によっても支えられていた。

後知恵でいえることだが、バルト三国の2000年代の奇跡は、50年前にフアン・ペロンが当時のチリの大統領カルロス・イバニェスに行なった次のような助言が呼び起こす幻想のようなものの市場バージョンとして現われた。「親愛なる友よ。人民に与えよ……可能なものすべてを。すでに充分に与えたようだと思ったときには、さらに与えよ。あなたはその結果を目にすることになるであろう。誰もが経済崩壊の懸念であなたを怖がらせようとするに違いない。しかしこれはすべて嘘である。誰もがそれについて理解していないがゆえに、非常に恐れている経済ほど伸縮性のあるものはないのである[18]」。

ペロンの助言との相違は、バルト三国の事例では、「経済ほど伸縮性のあるものはない」という考えを抱いているのが、「保守派」のポピュリストではなく、新自由主義の政治的戦略家およびその外部の協力者だということである。差し迫った崩壊に関する警告は、ほとんどみられなかった[19]。重要なことは、欧州の諸機関もまた、マクロ経済上の不均衡が経済をハードランディングさせる結果になるかもしれないという事実について、真剣に考えることができなかったことである。この怠慢は、注意不足からくるものではない。バルト三国は早期のユーロ圏への参加を目標としていたために、欧州の監視の下に置かれていた。エストニアとリトアニアはERM II〔為替相場メカニズム。ユーロ未加盟国の通貨とユーロとの為替相場を一定幅内に安定化させる仕組

---

18) Hirschman, "The Turn to Authoritarianism," 102 による引用
19) そのような警告が起こったとき、それらは無視された。ラトヴィアの首相が経済学者から受けた警告にもかかわらず最高潮の成長を擁護したのが、まさにその例である。

み〕にEU加盟の直後に参加し、2005年にはラトヴィアもそれに続いた。

その後、バルト三国すべては、早期のユーロ採用という望みが打ち砕かれた。なぜなら、物価上昇をユーロ加盟目標に沿う形で維持することができなかったからである。リトアニアはとりわけ苦痛をともなう経験をした。なぜなら、リトアニア政府はユーロ導入への現実的なチャンスを得たと信じていたからである。リトアニアの物価上昇率は、バルトの近隣諸国と比べて望ましく、ユーロの参照値よりもほんのわずかに高いだけであった。しかしながら欧州委員会は、貧しく、急成長し、物価上昇の傾向がある国の承認について再考した。欧州委員会がリトアニアの申請を拒否したとき、それはまた、何であれ、どんな小さなものでさえも規則を曲げる意志はないという、強いシグナルを地域全体に送るものであった。

欧州委員会の決定は、急速に成長しキャッチアップする経済に対するマーストリヒト基準の妥当性に関する議論を引き起こした。そしてまた、EUが二重基準を採用していることも注目された。いくつかの旧加盟諸国では、政府が財政統計の粉飾をしていた事実にもかかわらずユーロ圏に入ることが許されたのに対して、新規加盟諸国は、それと比べると低い程度の寛容さに耐えなければならなかった。しかしながら、これらの議論はどれも、バルト三国において何が失敗したのかについての核心にまで至らなかった。物価上昇の利益と欠点は議論されたものの、これらの経済はEUの監視の下で資産バブルと持続不可能な経常収支の赤字をつくり上げた。バルト三国の成長モデルに付随して拡大する不均衡について、最初に批判した分析の一つは、IMFによるものであった[20]。

グローバル金融危機の結果として、バブルは突然に破裂して、桁外れの経済低迷がそれに続いた。2009年、危機がピークの年には、GDPはエストニアで16%減少、リトアニアでは15%減少、ラトヴィアでは19%減少した。工業生産はそれぞれ28%、16%、15%低下した。失業率は急上昇し、14%から18%の間に達した[21]。このようにバルト三国は、欧州全体の中でも運命の

---

20) "Republic of Latvia: Selected Issues," IMF Country Report 06/354, http://www.imf.org/external/pubs/cat/longres.cfm?sk=19984.0（2009年2月20日アクセス）

もっとも急激な反転を経験した。なおそのうえに、それらの国々はとりわけ困難な政策選択に直面した。工業基盤をほとんど失った国々は、輸出によって危機から脱することはきわめて難しい。ペッグされた通貨はさらに問題を増やした。同時に、危機は、構造的に資本および財の輸入に依存するあらゆる戦略を、事実上不可能にした。

バルトモデルにおける信頼と不信

　これを考慮すると、おそらくバルト三国の対処戦略の中でもっともめだった特徴とは、それらが新自由主義とその中核的制度に対するあらゆる代替物を創出しなかったことである。西欧諸国のほとんどは、危機に対する反応は初期には財政拡張によるものであったのに対して、バルト三国のすべては、極端に高いコストにもかかわらず、当初から内的減価〔国内の賃金・物価の圧縮〕を開始した。これは『フィナンシャルタイムズ』紙の論説によれば、「ベルトを締めるのではなく、〔腹を〕切断すること[22]」であった。それらの調整パッケージには同じように、大幅な公共部門の賃金削減とレイオフ、さらには福祉プログラムの縮小、そしてわずかだが増税も含まれていた。

　1年の間に、エストニアはGDP比9％以上に相当する公共部門の支出を削減した。この切断に至るようなベルトを締めた決定は成果を上げた。2010年5月、欧州委員会は、この国が今やユーロ圏に加盟する資格があると裁定した。リトアニアとラトヴィアの経済緊縮政策の努力もまた、可能な限り早期にユーロを導入したいという主たる願望に動機づけられており、緊縮政策の努力はエストニアと同じ程度であった。どれだけバルト三国の緊縮政策パ

---

21) 欧州連合統計局（ユーロスタット）の2009年第3四半期の対前年度比のデータを参照した。http://epp.eurostat.ec.europa.eu/tgm/table.do?tab=table&init=1&plugin=1&language=en&pcode=tsieb020（2010年10月23日アクセス）

22) "Estonia Shows the Euro is Not Doomed Project," *Financial Times*, May 13, 2010. バルト三国の調整プログラムと、その労働市場と不平等への結果に対する優れた議論として、次を参照のこと。Jaan Masso and Kerly Krillo, "Mixed Adjustment Forms and Inequality Effects in Estonia, Latvia, and Lithuania," in *Inequalities in the World of Work: The Effects of the Crisis*, ed. Daniel Vaughan-Whitehead (Geneva: International Labour Office, 2011), 35-94.

ッケージが尋常でない重荷であったかについて強調するには、ある比較が有効であろう。西欧諸国のもっとも厳しいパッケージの中で、イギリスのデービッド・キャメロンの保守党－自由民主党の連立政権により明らかにされたものは、2010年に予測された公的支出の削減が5年以上にわたりGDPの8％に相当するというものであった。バルト三国では単年度のうちにそれ以上のことが行なわれた[23]。

　苛酷な調整プログラムは、固定為替相場制を手放さないというバルト三国の決定と密接に結びついていた。ラトヴィアとIMFとの交渉におけるあるエピソードが、興味深い詳細を明らかにしている。バルト三国の中で、ラトヴィアは危機によってもっとも厳しい痛手を被った。2008年の秋には、その銀行システムと固定為替相場制は、どちらも強い圧力の下に置かれるようになった。スウェーデン所有の銀行はまだそれらの親機関からの貸し出しに頼ることができたが、投資家は国内所有のパレックス銀行への信頼を失い、パレックス銀行はすぐに深刻な流動性危機に見舞われた。政府のパレックス銀行への流動性の注入とその部分的な買収は、信頼を回復するのに失敗した。同時に、ラトヴィア中央銀行は固定為替相場制を守るために介入を強制され、それはラトヴィアの外貨準備の激しい流出を引き起こした。

　2008年12月には、ラトヴィア政府はIMFに不振にあえぐ経済への救済を求めた。交渉の中で、当初IMFの代表団は、通貨ラトの変動幅の拡大に寛容であった。しかしながら政府は、固定為替相場制の問題について決心を揺るがすことはなく、それよりIMF標準以上に厳しい調整プログラムを受け入れた。IMFのドミニク・ストロス＝カーン専務理事は、「当局の目標は、現在の為替レートの固定相場制を維持するということを中心に置いている。これには特別に強い国内政策と、幅広い政治的および社会的同意を必要としていると理解している」とだけ述べた[24]。

　ここにいくらかの謎がある。開発モデルの劇的な失敗のあとで、なぜバルト三国の政府はこのモデルを支持したまさに同じ考えから離れないのか。そ

---

23) Andrew Ward, "Baltic Trio Shows How Fiscal Medicine Tastes," *Financial Times*, June 24, 2010; Chris Bryant, "Daunted by Deficits," ibid., June 23, 2010.

して、彼らはそれが調整の痛みを激しくさせるのに、なぜその特定の制度を固く守るのかということである。一つの説明として、われわれは国内および国外の領域における政治的および経済的要因について、もっと立ち入って検討しなければならない。

国内サイドから見れば、バルト三国の政党システムは、経済問題に対する代替的解決策をもたらすのには充分に適切であるとはいえない。一方では、「(政党) システム」について語ること自体が誤りへと導くようにみえる。「政党システムに言及するということは、ある程度の安定性と予測可能性を関係している政党間の相互作用に帰するもののはずである[25]」。政党はつねに分裂し、連合し、再建し、新規に設立され、そしてもっとも極端な事例では過去の選挙のときにはなかった政党が選挙で勝利する。そのような中で自分の組織への最小限の忠誠心をみせることを拒むような政治家によって特徴づけられるような政界から、一定の計画に従う代替案が創出されることはありえない。他方では、経済的自由主義と国民形成と国家形成における緊密な結合のために、左派のイデオロギーをもつ政党は不足するか、ラトヴィアの事例のように政権に入ることができない。

政治的競争が、支配的な経済パラダイムに対する代替物を生じさせる方法

---

24) ストロス゠カーンの言葉は次から引用した。Edward Hugh, "Why the IMF's Decision to Agree a Latvian Bailout Programme without Devaluation Is a Mistake," posted December 22, 2008, http://www.rgemonitor.com/euro-monitor/254854/why_the_imfs_decision_to_agree_a_latvian_bailout_programme_without_devaluation_is_a_mistake (2009年1月23日アクセス). 初期のIMFのポジションについては、次を参照のこと。Nina Kolyako, "IMF Initially Demanded Widening Lat Peg Corridor," *Baltic Course*, January 13, 2009.

25) Mair, *Party System Change*, 175. バルト三国の統合されていない政党システムの論点については、次を参照のこと。Evald Mikkel, "Patterns of Party Formation in Estonia: Consolidation Unaccomplished"; Artis Pabriks and Aiga Stokenberga, "Political Parties and the Party System in Latvia"; and Aine Ramonaite, "The Development of the Lithuanian Party System: From Stability to Perturbation," chaps. 2 to 4 in *Post-Communist EU Member States: Parties and Party Systems*, ed. Susanne Jungerstam-Mulders (Aldershot: Ashgate, 2006). しかしながら、不安定性のシステム的な特徴の説明については、次を参照のこと。Kreuzer and Pettai, "Patterns of Political Instability."

でないとしても、進路を変化させる国民の圧力がほとんどなかったことも付け加えられなければならない。この観点からいえば、エストニアはその顕著な例である。欧州において、ほかではみられなかったことだが、エストニアでは緊縮パッケージのあとに一つの抵抗イベントも発生しなかった。さらにエストニアの民衆は、危機の間を通じて、政府に高い水準の信頼をもち続けた（**表6.2**）。このようにエストニアの国民は、危機前よりも望ましくない経済状況にあると判断しはじめているが、どのように状況を取り扱うべきであったのかについて、政府に異議を唱えなかった。

　この観点からいえば、ラトヴィアおよびリトアニアは異なっていた。両国とも、一部では暴力的な反政府抗議行動が噴出した。抗議行動は緊縮削減をきっかけとしていたが、それらは敏感に反応しない、腐敗した政府に対する、それまでに蓄積されていたより広い欲求不満の一部であった。これはとりわけラトヴィアの事例に当てはまる。そこではEU加盟の結果として反汚職の努力が行なわれ、政党と、金融、石油および輸送において裕福となったオリガルヒ（新興財閥）との上層部での共謀が明らかになった。多くの事例では、政党はたんにオリガルヒの利益を促進する手段にすぎなかった[26]。

　これらの事実の発覚、そしていくつかのオリガルヒに対する法的措置によって、EU加盟後になって政府の公正さに対する信認が傷つきはじめた。それらはまた、オリガルヒとその政治的協力者による反発のきっかけも与えた。後者の一部でもっとも論争の的になる動きには、国家の保安調査における情報のアクセスを規制する多くの法律変更と、反汚職機関の長の解任の試みお

---

[26] これとそれに続く部分については、次を参照のこと。Kalačinska, "Social Protest in Latvia"; Iveta Kažoka and Akule Dace, "Latvia: Extreme Political Turbulence," European Policy Institutes Network, Commentary No. 3 (February 2009); Rasma Kārkliņa, "Latvia: A Model of Political Integrity?" in *Latvija 2020*, ed. Žaneta Ozoliņa and Inga Ulnicāne-Ozoliņa (Riga: LU Akademiskais Apgads, 2008). 初期の政党とオリガルヒの関係についての説明については、次を参照のこと。Marja Nissinen, *Latvia's Transition to a Market Economy: Political Determinants of Economic Reform Policy* (New York: St. Martin's Press, 1999). ラトヴィアの政党システムがつくった特定の特徴は、とりわけビジネスに進出しがちだったことであった。政党への直接の形態での国家資金提供はなく、政党収入と支出に対する実質的な制約はほとんど存在していなかった。

よびその成功が含まれる。両方の出来事は、抗議、デモ、そして多くの訴訟につながった。2007年の「雨傘革命」は、アイガルス・カルヴィーティス首相の政権を辞任に追い込んだ。この成功をふまえて、ラトヴィアの抵抗者は第二の段階、すなわち2009年1月のいわゆる「ペンギン革命」をやってのけて、イヴァルス・ゴドマニスの政権の崩壊を引き起こした[27]。

　この一連の出来事が示していることは、ラトヴィアでは（そしておそらくリトアニアでも同様に）社会の不満を基礎として、政治家が限られた少数者の利益のためにみずからの権力を濫用し、説明責任を果たすことができなかった事実への不満があったことである。この点では、問題を起こしたパレックス銀行の、なかば秘密裏に行なわれた買収という危機管理の主要な最初の動きは既存のパターンを確証しただけであり、再度オリガルヒと政治階級との緊密な相互のつながりを証明したものであった。政府が実質的に議論することなく、議会を通じてその最初の緊縮政策パッケージを押し通したことも状況を悪くした。

　「彼らとわれわれ」を二分する別の徴候は、「太った猫ども」である役人に対する反乱を呼び起こし、国家の給料を開示するためにハッカーが何百万の税記録にアクセスすることを望んだことである。月3万ユーロ以上の中央銀行の気前のよい給料は、ペンギンのようにともに群がり抗議を行なう国民には受け容れられなかった。また経済的および社会的問題に対する歴代政府のまったくの無能力に対する欲求不満の高まりがあった。その無能さについて、たとえばアティス・スラクテリス財務大臣が2007年のブルームバーグテレビのインタビューにおいて、ラトヴィア経済の状況について「特別なことは何もない」と述べたことが証拠となる。

　このように、社会経済的な不満がペンギン革命のきっかけとなったのであるが、真にその核心にあるのは、支配階級全体の説明責任（アカウンタビリティ）の欠如と無能力で

---

27) 雨傘革命という言葉は、単純にデモのときの天候が雨であったことからそう呼ばれる。ペンギン革命は、冬の厳寒の間、お互いに接近して寄り集まることを南極のペンギンから学んだ人々を指し示したゴドマニス首相の2008年の大晦日の演説からきっかけを得た。

ある。経済危機に責任があるのは、固有の経済モデルではなく、この支配階級であった。みずからの経済状況に抗議する者に関していえば、そのほとんどが究極のところ政権を崩壊させることを望んでいた。

概していえば、国内政策によって、なぜ劇的な緊縮政策と既存の制度について代替物が創出されなかったのか、ある程度説明が可能になる。しかし国際的なアクターもまた主要な役割を果たしていた。IMFがラトヴィアの通貨変動幅を拡大することを示唆した一方で、欧州委員会とスウェーデン政府はその問題について異なるスタンスをとり、バルト三国にそれを伝達した。スウェーデン人たちは、平価の減価が非常に悪いニュースとなるほどひどく危機にさらされた自分たちの銀行を守ろうとした。同様に欧州委員会は、IMFに反対したといわれている。なぜなら欧州委員会もまた、ラトヴィアに対するEMU参加の迅速な準備を推し進めていたからである[28]。

ユーロ圏の危機に起因して、マーストリヒト基準のルールにより物事を運ぶというEUの決意は、可能な限り強化されてきた。一つの問題が残されている。それに対してはEUによっても、危機から脱出する方法としてベルトを締めるというバルト三国の決定によっても、答えが出されていない。その問題とはどのように成長と競争力を回復し、そして長い間住宅バブルの中で人々が暮らしてきた国々においてどのようにして社会的分裂を避けるのかということである。

---

28) Becker and Jäger, "Development Trajectories"; Hugh, "Why the IMF's Decision"; IMF, "Republic of Latvia: Selected Issues," 10. ラトヴィアへのIMFのミッションを率いたクリストファー・ローゼンバーグは、IMFと他の援助資金供与者の間に固定相場制とユーロ圏加盟に関する論点で、そのようなスタンスの相違があることを否定した。しかし交渉時期の頃の多くの新聞記事は、そのような相違を指摘している。次を参照のこと。"Latvian PM Rules out Currency Devaluation," http://www.eubusiness.com/news-eu/1238067121.77/（2009年1月9日アクセス）; Kolyako, "IMF Initially Demanded."

準中心への特化と分極化した民主主義と緊縮政策──危機に瀕したヴィシェグラード・モデル

　ヴィシェグラード・グループは、複雑製造業の輸出産業に頼り、バルト三国と比べて信用および住宅金融を基礎とした国内市場成長が果たす役割が小さかったので、金融化は危機をもたらす規模にまでは達していなかった。したがってハンガリー、チェコ、そしてスロヴァキアをリセッションに導いたのは、大部分が輸出市場の崩壊であった。さらにヴィシェグラード諸国ではドイツの工業生産の比較的急速な回復によって、経済のハードランディングは現在まで回避されてきた。

　しかしながら、ヴィシェグラード諸国では別の脆弱性、すなわち国家財政をコントロールする相対的に弱い能力が注目を集めるようになった。ユーロ圏の危機が緊縮政策の新時代をもたらすにつれて、EU の全加盟国は不断に財政の状態、マクロ経済の調整、そしてとくに福祉国家の支出のコントロールについて厳密に調査されてきている。財政のコントロールは長くヴィシェグラード諸国の発展のアキレス腱であった。どれだけ多くの、そしてどのような政治的コストをともないつつ、財政コントロールに関係する問題を 2008 年以前に解決できていたかが、各々の国の課題に影響を及ぼした。

　この点では、ハンガリーは際立っている。スロヴァキア、ポーランド、チェコがすべてその財政赤字と公的債務について 2000 年代の間にコントロールできていたのに対して、ハンガリーは、財政赤字も公的債務もコントロールできず、グローバル金融危機の危険地帯となり、また政治的不安定に至った。どうしてハンガリーは周辺諸国から例外的なものになったのであろうか。

責任のある政府の困難

　ヴィシェグラード諸国の政府は基本的なジレンマに直面してきた。一方で、政府は、発言(ボイス)を発する集団をなだめるために、そしてもっと一般的には新しいシステムの正統性をたしかなものにするために、福祉主義の社会契約に依

存している。他方では、寛大な福祉国家の維持は、マクロ経済の不均衡を繰り返し起こさせることとなり、社会保障システムを賄う人々の間で消極的な抵抗を引き起こし、そしてやがて積極的な抵抗をも引き起こした。また政府とマーストリヒト基準に忠実であるよう新規のEU加盟諸国に圧力をかけ続けている欧州のアクターとの間で軋轢をもたらした。

　それゆえ、他の中東欧諸国以上に、ヴィシェグラード諸国の政府は、メイアーが名づけたところの敏感に反応する政府と責任のある政府との間の高まる緊張にさらされてきている[29]。メイアーによれば、最近では有権者や世論に関わり敏感に反応する政府と、法手続きとルールおよび慣例に従い国際的義務を守る責任のある政府との間での伝統的なギャップが拡大している。これには多くの理由が存在している。

　第一に、政党が市民社会へ積極的に関与することが減少し、選挙で示される大衆の声がますます分散するにつれて、政府が世論を読み、利益をまとめることが徐々に困難になってきている。第二に、政府は、ますます多くなる制度と機関に自分自身が制約を受けていると考えている。グローバル化と欧州化はこうした制約の多さの点で大きな役割を果たしてきた。政府はいまや広い範囲のプリンシパル〔支配者〕に対して責任を負っているが、その多くは政府の支配のまったく外側に存在している。第三に、政府は政策の遺産（つまり新しい決定の余地を狭める過去の政策および関与の蓄積された効果）の罠にはまっている。最後に、政党構成員の急速な減少にともない、諸政党は選挙に対する支配力をほとんど失った。

　かつては、熱心な支持者の忠誠心に訴えることで、敏感に反応する政府と責任のある政府との間の（より狭い）ギャップを埋めるのはもっと簡単なことであったが、もはやこれは事実ではない。それゆえ分裂し、幻滅した選挙民からは、それぞれの新たな選挙ごとに〔票を〕容易に獲得できる。この背景に反して、メイアーはまた、多くの政党システムが「主流派」政党と新たな形態の反対政党に二分されるともみている。一方では、「主流派」政党は

---

29) Peter Mair, "Representative versus Responsible Government," MPIfG Working Paper 09/8 (Cologne: Max-Planck-Institut fur Gesellschaftsforschung, 2009).

彼らの統治能力と才能を強調し、それをもとに議席を得る。他方では、新政党は、しばしばポピュリストの修辞を用いて、支配したいのではなく代表になると主張して出現する。これらの「無責任な、あるいは中途半端にしか責任を負わない」反対政党は、政府に外側から挑戦する。

　西欧の文脈から考案されてはいるが、メイアーの二分法は、われわれの探求にも役に立つ。とりわけ彼が観察した展開のいくつかは、ヴィシェグラード諸国においてより鋭い形で現われている。中東欧全体の政党システムは、「空虚な中核」、すなわち大衆支持の部分の弱さの蔓延とともに生まれている。選挙民は西側よりも分裂しており、気まぐれである。恒久的な分裂によっては構造化されていないので、世論を読むのがより難しく、ましてや統合するのはさらに難しい。仮に責任のある政府が支持を徐々に取り込むようになるとすれば、今度は、国民国家を超える制度とアクターが選出された指導者の手を縛るようになる。そのあとになると、東側の責任のある政府は、EUコンディショナリティと自身の経済的従属性により、彼らの手が西側の交渉相手よりもさらにきつく拘束されていることに気づくことになる。

　政策の遺産──政策の自律性と革新の余地を著しく狭める財政上の約束の蓄積──は、ヴィシェグラード諸国においても重要である。それらは西側とは違ったように展開するのではあるが。ヴィシェグラード地域の社会プログラムは、変化の影響をより受けやすく、債務返済は予算に対する圧力にはあまりなっていない（ハンガリーを除く）ものの、租税徴収能力の低さとFDI導入競争による歳入圧力は、ヴィシェグラード諸国の「財政民主主義」に対して、西側諸国が直面したのと同様の制限を課した[30]。

　しかしながら「主流派」と「無責任な」政党の二分法は、ヴィシェグラード諸国においては特徴的ではなかった。ここでは反自由主義政党およびポピュリスト政党が容易に与党や野党になるために、野党の立場のときの主流派政党は無責任に行動しがちであった。一つには反自由主義の競争相手をかわ

---

30) 政策の遺産と財政民主主義の操作可能性については、次を参照のこと。Wolfgang Streeck and Daniel Mertens, "An Index of Fiscal Democracy," MPIfG Working Paper 10/3（Cologne: Max-Planck-Institut fur Gesellschaftsforschung, 2010）

すために、そして一つには、政権にある政党に挑戦するためである。これらの条件の下では、責任のある政府は報われない。そのかわりに政権政党は、しばしば責任を犠牲にして人気を維持する気になった。ヴィシェグラードの4カ国すべてが敏感に反応する政府と責任のある政府の要求を調和させるという挑戦に直面し、ある程度の政治的不安定性がどこででも生じたが、それが完全な政治危機にまで到達したのはハンガリーだけであった。

政治的および経済的不安定性

　何がハンガリーを際立たせたのだろうか。二つの展開が結合して、敏感に反応する政府と責任のある政府の間のギャップを拡大し、それを埋めるのを難しくした。一方では、ハンガリーは、世界的危機の発生よりもかなり前に、すでに経済が低迷する多くの徴候をみせていた。中東欧で唯一、EU加盟後にその経済の年平均成長率が低下していた。それは、国内成長にとってもまた輸出競争力にとっても有害なハンガリー中央銀行（MNB）の高金利政策のためだけではなかった。

　成長の鈍さは、今度は重い負担を国家に課す。とりわけ福祉主義の社会契約と対応して、公的社会支出は新ミレニアムの初期の年に増加し続け、過度の財政支出と債務膨張に大きく影響した。さらに、いくつかの左翼とリベラルからなる連立政権は大きな福祉プログラムを維持しただけでなく、中産階級が所得よりも多く消費できるようにするために、民間で発行する融資と住宅ローンに依存した。

　他方では、高度に多極化した政党システムと熾烈な政党間競争は、責任のある方法で反応する政府の能力を大きく損ねた。そのかわりに、「競売で高値をつける政治学」が出てきた。そこでは、各政治陣営が選挙でよりよい分け前を約束することによりライバルを倒そうと試みた。一度政権に入ると、政党には以前の選挙公約から外れる余地がほとんどなかった。多極化と熾烈な競争はまた、通例、野党が公然とまたは暗黙のうちに、政権与党の改革主義的イニシアティブを拒否することを意味していた。結果として、歴代の政府は国家財政の悪化に立ち向かうことができず、またその意志もなかった。

ペーテル・メッジェシ内閣と第1次ジュルチャーニ内閣は、医療、年金および行政の改革を撤回したが、それはハンガリーのマクロ経済バランスにとって悲惨な結末を招くことになった。

　決定的な瞬間がやってきた。2006年の選挙運動における二度目の競売で高値をつける政治学により再選されたとき、ジュルチャーニ首相はよい時代は終わったことを認めた。彼は、既存の税に新しい税と歳出削減を結合した厳格な緊縮政策パッケージに、行政、教育、医療そして年金の包括的な構造改革を見越した新しいEMU収斂プログラムを合わせて発表した。その結果、政府の人気は急速に下降した。支持の喪失はそこでは止まらなかった。

　2006年9月、ジュルチャーニ首相の悪名高い「うそつき発言」がリークされた。そのときから政府は、反対派からの永続的で大規模な抗議に直面しなければならなかった。それは新しいハンガリーの民主主義でそれ以前にはみられなかった、急進的極右グループにより組織された暴動が頻発した。急進化はまた、ハンガリーの政治状況に極右の新参者を登場させた。深刻な政治危機の徴候にもかかわらず、社会党‐リベラル連立政権は改革推進を決定した。社会党政権は、残る労働組合とのつながりを断つことにより市民社会との関与を減らし、前例なき有権者の支持低下に目をつぶり、民衆の抗議を無視した。社会党‐リベラル政権はその運命を、厳しい経済改革を継続することを望む国内および多国籍アクターの狭い集団と結びつけていった。

　社会党が最終的に初期の無責任な経済政策を修正しようと試みると、主要野党フィデス（FIDESZ）は敏感に反応する〔活動〕の領域に進出してきた。フィデスは徐々に民衆の不満と抵抗の先頭に立つようになった。左派‐リベラル連立政権の緊縮政策の推進を繰り返し批判して、それゆえに高い社会的コストについて激しく議論を戦わせるすべての集団と協力すると同時に、フィデスはあらゆる信頼できる代替案の説明を手控えた。

　フィデスはまた、ハンガリーの中産階級の間で高まってきた不満を頼りにした。中産階級のメンバーたちは、彼らの向上は「多くの障害、硬直性、そ

31）Hirschman, "The Changing Tolerance," 46.

して差別の慣行」によって妨げられていると感じ、そしてそれゆえに「あらゆる努力と成果にもかかわらず、真に"成功"していない」と感じていた[31]。長年の鈍い成長、重税と限られた雇用機会は、西側の生活水準に追いつこうという多くの人の望みを挫かせた。仮に信用ブームと住宅ローンブームがそのような欲求不満を弱めていたとしても、野党のナショナリストと反共産主義のレトリックは格好の題材を与えた。外国の資本家たちと旧共産党の「オリガルヒ」が、多くの人の上昇志向を妨害しているという非難は、国家戦略が国内資本の援助よりも外国資本の導入に向けられ、億万長者に変化した旧共産党の党員が国家の指導的地位を占めることができた状況において信憑性の高いものとの評価を獲得した。

　しかしながら、ある者にとっては、フィデスの反対はまったく充分ではなかった。2009年6月の欧州議会選挙以来、極右の新規参入者がハンガリーの政治状況の中で躍進した。「よりよいハンガリーのための（ヨッビク）運動」（党）は、既成の政治勢力に衝撃を与えた。ヨッビクは国を上から亡ぼしてきたのが共産主義者とユダヤ人であるとし、説明もなしに攻撃するだけでなく、国家の資源を底から食い尽くすロマ人を憎悪し、攻撃の対象としている。これらの「福祉の寄生者」を標的にし、「ジプシー」の犯罪からの「真のハンガリー人」の保護を煽りたてることは、とりわけ雇用機会が少なく賃金が低く、そして貧困が蔓延しているハンガリーの地方の多くで支持を得ている。

　グローバル金融危機に襲われたとき、ハンガリーの経済的および政治的生活は以上のような混乱状況に置かれていた。緊縮政策の努力にもかかわらず、この国は大部分が過去の無責任な政府の結果である財政赤字と経常収支赤字の双子の赤字と闘っていた。中産階級をなだめるために、彼らの外貨建て債務の急上昇に目をつぶり、左派－リベラル連立政権はハンガリーの危機を悪化させた。驚くべきことではないが、政治の分極化と深刻な不安定性のため、外部のアクターが、困難を乗り切るハンガリーの能力に対し信頼の度合いを高めるようなことはなかった。

　これらの蓄積された問題によって、ハンガリーは2008年10月のグローバル危機の、東欧における主な犠牲者の一つとなった。為替と株式市場は下落

第6章　厳しい時代への回帰

し、外国からのファイナンスは困難となった。国家破産から逃れ、通貨に対する激しい投機を食い止め、〔通貨〕フォリントの信認を回復し、信用収縮を和らげるために、ハンガリーは IMF と EU によって考案された協調的な救済パッケージに頼らざるをえなかった。救済パッケージに付された条件には、いっそう多くの緊縮政策が規定されていた。

　危機はハンガリーの民主主義に対する手ごわい挑戦であった。責任のある政府への要求は、社会が受け入れ可能なものをはるかに超えていた。2010年春の選挙での社会党およびリベラル政党の衝撃的な敗北がその証拠である。〔フィデスの〕ヴィクトル・オルバーン首相の新政権は、敏感な反応性のよさと責任のいずれをも放棄することで、両者のジレンマを回避すると決心して対処してきた。

　オルバーン政権が急進的な新自由主義の課題を追求する決意を強めたことは、原則として市場と主要な EU のアクターを満足させたに違いない。他方で、それを外国資本に対する国内資本強化の政策と結びつけ、そしてその政策をしばしば民主主義の原則とほとんど相容れない方法で実施したことは、オルバーン政権の国際的な評判に傷をつけた。オルバーン政権は過去の福祉主義の社会契約を終わらせることを決意していたので、民主主義システムのすべてのチェック・アンド・バランスを取り壊すことに努めた。だが、その取り壊しが、愛国心の強さを有権者に訴えるというもう一つの取り組みよりも、権力を強化するためには重要だということが明らかになったかもしれない[32]。

　経済的および政治的不安定性の長い前史がハンガリーをとりわけ危機に陥りやすくした一方で、他のヴィシェグラード諸国はそのような悲惨な運命か

---

[32] ハンガリーの急進的な改革は、均一課税、福祉国家の急進的な縮小、そして特定のワークフェアプログラムへと向けられた。民主主義の原則は、現政権に有利になる選挙法の変更、憲法の広範囲にわたる変更、憲法裁判所の権威の法的制限、そしてマスメディアの自由の制限ならびに政権に批判的な人あるいはたんに無党派のメンバーのマスメディアやその他の公共団体からの一掃によって抑圧されてきた。アイデンティティを基礎とした支援を動員する目的の方策には、周辺諸国のハンガリー人少数派への市民権付与を提案する新法、外国銀行および外国所有の独占体を標的とした経済的なナショナリストの政策、そしてロマ人少数派に不均衡に影響する福祉国家の縮小を含む。

ら逃れることができた。ポーランドとスロヴァキアでも、政治的不安定とマクロ経済不均衡および福祉国家の問題に取り組もうとする政府に対するポピュリスト的反動の時期があったが、その混乱はグローバル危機が直撃したときまでにはほとんど解決していた。
　一方では、経済のバランス回復が、両国ではハンガリーよりも早期に起きており、経済の脆弱性を小さなものにしていた。他方では、あまり統合されていない政党システム及びイデオロギー的に異質な連立政権が、反自由主義の与党が長い間無責任に行動することを困難にした。なぜなら、そのような政権は永続的ではない傾向があったからである。最後に、チェコ共和国が直面した問題はもっとも軽いものであった。1990年代末の銀行救済以後、政府の財政はおおかた正常だった。これは適度に統合され、過度に分極化していない政党システム、そして注目すべきことだが政党の無責任性の欠如によって――それは政府も反対勢力もそうであった――おおいに助けられた。
　ポーランドの「加盟後の危機[33]」は、2005年の共産党の後継政党SLDの選挙での劇的な敗北と、ナショナリスト‐ポピュリスト連立政権として現われた。それは数年後にハンガリーで起こる政治的混乱をいくつかの点で予期させるものであった。ハンガリーの第1期と第2期のジュルチャーニ政権と同様に、歴代のSLD‐PSL連立政権は、EMU参加の準備のために要求される財政削減と福祉改革の必要性と、そのような方策に対する大衆の反対を考慮に入れる必要性の間でうまく立ち回るという、容易ではなく、究極的には不成功に終わる試みを行なった（第4章を参考のこと）。その結果として起こる対立は、一連の深刻な汚職スキャンダルによって激化した。その結果、SLDは急速に分裂し、議会で過半数を失い、暫定政権を形成することによってのみ政権を延命することができるありさまとなった。ポーランドの社会主義者にとって、2005年の選挙は、「勝つための真剣な争いというよりは、議

33）ポスト加盟危機の用語を生み出したのは、アーグ（Ágh, Attila）である。彼の次の論文を参照。"Instability and Extremism in the New Member States: A General View and the Hungarian Case," paper presented at the workshop "Political Turbulences in Central Europe: Symptoms of a Post Accession Crisis?" Friedrich-Ebert-Stiftung. Budapest, January 25-27, 2007.

会での生き残りを賭けた闘争となった[34]」。ポーランドの社会主義者の選挙での敗北は、ハンガリーの社会主義者の2010年の敗北よりもいっそう壊滅的であった。

　ハンガリーと同様に、右翼ナショナリスト政党は、社会主義者と自由主義者がかつて占めていたポーランドの政治的空間にうまく入り込んだ。選挙での選択の枠組みは、ポーランドを初期の転換の前進から汚職と窮乏への道へ向かわせてきた「自由主義」と「連帯」との間に選択肢が存在すると主張することで、「法と正義（PiS）」（党）は驚くべき勝利を記録した。それも左派に対してだけではなく、穏健な右派-自由主義の競争相手「市民プラットフォーム（PO）」（党）に対しても勝利した[35]。

　ハンガリーの展開とパラレルであったのはここまでである。安定した3分の2の過半数ではなく、PiSは投票総数の27％を得ただけであった（きわめて低い投票率のために、支持者は有権者の11％であった）。単独で政権を確立するに充分でなかったため、「法と正義」は、それぞれ左派と右派のポピュリストで、ゼノフォビア〔外国人嫌い〕の二つの政党、「自衛（SRP）」（党）と「ポーランド家族連盟（LPR）」（党）に頼らなければならなかった。PiSが無責任な野党のせいで勝利を記録したのにとどまらず、SRPおよびLPRと提携したことによって、今度は無責任な右派が政権を掌握したのである[36]。こうして、PiSの政権運営においては、連立相手から彼らのプログラムを乗っ取り、実行する試みが支配的となった。その結果、政府は、歴史的な恨みを癒すべく攻撃的な外交政策を反民主主義と反多元主義とに結びつけ、さらにはそれを労働者寄りおよび社会寄りの政策姿勢と組み合わせる類のものにしていった[37]。

---

34) Radoslaw Markowski, "The Polish Elections of 2005: Pure Chaos or a Restructuring of the Party System?" *West European Politics* 29, no. 4 (September 2006): 824.
35) PiSの候補者レフ・カチンスキもまた、同日に行なわれた大統領選挙で勝利した。
36) マルコフスキによれば、2005年の選挙の前段階で、「PiSは、めだつが弱いナショナリストでポピュリストの傾向をもつ、まったく典型的な保守政党から、急進的なナショナリスト、そして明白にポピュリスト-社会主義者のそれへと、目を見張るような変化を経験した」（Markowski, "The Polish Elections of 2005," 820）。

PiS が、政界における右翼の全体的支配の野望を募らせていったことにより、2007 年に前倒しで選挙が行なわれることとなった。よく知られているように、このステップは裏目に出た。選挙を通じて PiS は得票を増やしたものの、連立相手を失うこととなった。同時に、PO は支持を大幅に増やし、「農民党（PSL）」との連立政権を樹立することになった。興味深いことに、PO は前の政権の労働者寄りおよび社会寄りの政策課題に挑みかかることはせずに、公共部門の労働者と貧困階層に対して明確な約束をした。

　マルコフスキが観察したように、「今日のポーランドの諸政党の有権者はすべて、左派的で、社会的に繊細な社会経済的態度と政策選好を示す[38]」。ハンガリーと同様に、2000 年代前半には政党は経済的な論点よりも社会文化的な課題と政策姿勢について論戦した。しかしながらハンガリーの例が示すように、政権の運命は、社会経済的約束に関して、実際にそれを提供できるかどうかに強く依存する。この観点からいえば、PO‐PSL 連立政権は、第 2 期ジュルチャーニ政権や現在のフィデス政権よりもより好ましい条件の下で活動した。ポーランドの EU 加盟に付随して、経済成長の急加速と失業の減少が生じた。失業の減少は大量の移民流出によるところでもあった。加えて、EU の基金は、ポーランドの農民の状況の改善を大きく助けることとなった。

　これらの理由により、グローバル危機が直撃したとき、ポーランドの状況はハンガリーよりもよかった。急速な成長と大きな国内市場のために、ポーランドの経済は比較的良好だった[39]。福祉主義の社会契約が優勢な状況が、ほとんど遮られることなく続いたにもかかわらず、ポーランドの公的財政はおおかた正常だった。また、ポーランドでは、中東欧の他の諸国と比べて、

---

37) Guglielmo Meardi, "More Voice after More Exit? Unstable Industrial Relations in Central Eastern Europe," *Industrial Relations Journal* 38, no. 6 (2008): 510.
38) Radoslaw Markowski, "The 2007 Polish Parliamentary Election: Some Structuring, Still a Lot of Chaos," *West European Politics* 31, no. 5 (September 2008): 1065.
39) Becker and Jäger, "Development Trajectories"; Joachim Beck, "Osteuropa — das neue Argentinien? Der halbierte Kontinent in der Wirtschaftskrise," *Blätter für Deutsche und Internationale Politik* 6 (2009): 97-105.

第 6 章 厳しい時代への回帰

信用の拡大は遅かった。政府は危機の前に住宅ローンにそれまでより厳しい貸出基準を課すことを試みていた。それは完全に成功したわけではなかったが、住宅ローン貸し出しの拡大を鈍らせた。最後に、利子率と為替相場の変動もまたポーランドを有利な位置に置いた。

危機の間、ポーランド政府はいくつかの反景気循環的方策を実行するためにうまく立ち回れる余地を利用した[40]。それに加えて、〔ポーランド中央銀行の〕金融政策委員会は金融緩和政策を持続的に追求した。IMF が与えた〔危機を予防する〕「フレキシブル・クレジット・ライン」を頼みの綱として、ポーランド政府は、財政刺激策の結果として大きな財政赤字を出し経済を頓挫させることはしないというシグナルを市場に送った。さらに、ポーランドの回復は、危機の初期における通貨ズウォティの激しい減価によっても助けられた。このすべてが他のヴィシェグラード諸国と比べてもっと容易に、グローバル金融危機の嵐からポーランドを耐えさせた。とはいえ、政府は増加する財政赤字と政府債務に起因する課題に直面することとなった。ドナルド・トゥスク政権はしばらくの間敏感に反応する政府と責任のある政府のギャップをうまく埋めていたが、それはふたたび大きく広がることになるであろう。

スロヴァキアでは、新自由主義の政策への民衆の不満が湧き上がり、左派ポピュリストの「方向（スメル）」（党）が 2006 年に政権についた。スメルは急進的反ハンガリーおよび反ロマの SNS（党）と、ヴラジミール・メチアルの名残りの HZDS（党）と連立政権を組んだ。ロベルト・フィツォ首相はかつてのミクラーシュ・ズリンダ政権の実施した改革のほとんどを逆転させると約束したが、最終的にはそれらのほとんどに手を触れずに残すか、ほんの周辺部を修正しただけであった。前政権との主な相違は、フィツォ政権が積極的に労働組合との協調に努力したことである。これはスロヴァキアのユーロ圏参加だけではなく、危機管理においても最後の障壁を取り除く、よく調

---

40) たとえば、次も参照のこと。Becker and Jäger, "Development Trajectories"; "Republic of Poland: Staff Report for the 2010 Article IV Consultation," IMF Country Report No 10/118 (2010), http://www.imf.org/external/pubs/ft/scr/2010/cr10118.pdf（2010 年 10 月 1 日アクセス）.

整された政策決定に道を開くものであった[41]。

　フィツォ政権の予期されていなかったような責任のある政策実施は、スロヴァキアの分配をめぐる闘争について、彼が政権を担う以前に大筋片づいていたという事実によって可能となった——たとえ、2004年の食料暴動が示すように、その結果がロマにとって犠牲の大きいものであったとしても。2006年以後、スロヴァキア経済は拡大しはじめた。そのペースはバルト三国の輝かしい数字に近いものであったが、スロヴァキアでは対外債務や社会的格差の著しい増大はなかった。ズリンダ政権の財政政策および社会政策の遺産は、成功した輸出主導の高度成長期と同様に、当初はグローバル金融危機に対するこの国の脆弱性を小さいものにした。この国の主要な輸出市場が崩壊し、スロヴァキア経済をリセッションに落ち込ませたときが、政府が挑戦に応えるときであった。フィツォ政権は適度な経済刺激策、自動安定化装置、よく調整された政策アプローチ、そして輸出市場の回復に対する支援によって、何とか危機から脱出する道を探った。否定的な側面では、失業率が急上昇し、高止まりした[42]。

　危機の間中、フィツォ首相は人気を保った。また、彼の人気は連立相手の急進的ポピュリストとの「文化論争」に彼が参加したという事実によって上昇した。その主要な論点は、どの政党が国内および国外の領域で、スロヴァキア国民のアイデンティティと利益をより多く代表しているのかというものであった。度重なるスロヴァキアのハンガリー人政党との衝突、そして頻発するハンガリー政府とのいざこざは、観念上の領域でフィツォにすべての戦

---

41) Dorothee Bohle and Béla Greskovits, "Slovakia and Hungary: Successful and Failed EMU Entry without Social Pacts," in Pochet, Keune and Natali, *After the Euro*, 345-69; Lajos Héthy, "Tripartite Answers to the Economic Downturn in Central and Eastern Europe: Social Dialogue and the Crisis — the Situation in Central and Eastern Europe," paper prepared for the conference "Negotiating out of the Crisis," Turin, November 25-27, 2009 (Turin: International Training Center of the ILO, 2009).

42) "Slovak Republic: 2010 Article IV Consultation — Staff Report; and Public Information Notice on the Executive Board Discussion, International Monetary Fund Country Report No. 10/290 (2010), http://www.imf.org/external/pubs/ft/scr/2010/cr10290.pdf (2010年10月11日アクセス); Héthy, "Tripartite Answers."

いで勝利をもたらしたが、それはまた敗北の種もまいた。2007年のポーランドのPiSと同様に、2010年の選挙の結果はスメルにとってとてもよいものであった。しかし、SNSへの支持は急落し、HZDSは実質的に政治の領域から一掃された。新政権を確立したのは、まとまりのない、分裂した反対勢力であった。ヴィシェグラード諸国でこれまでにもっとも信頼された政権の指導者フィツォは在野に追いやられた。

新スロヴァキア首相イヴェタ・ラジチョヴァーの下で、経済的新自由主義者が権力に復帰したことは、ポーランドと同様、スロヴァキアでも社会的安全と保障を求める大衆の要望と対立する財政削減と自由主義な改革のサイクルが再開され、新しい政治的混迷の領域に入る可能性があることを示している。

チェコ共和国はヴィシェグラード諸国の中で2000年代の最初の10年の間に政治的困難を逃れた唯一の国であった。もっと一般的にいえば、ハンガリー、ポーランド、そしてスロヴァキアの政治がしばしば激しく熱狂的になりがちだったのに対して、チェコではその傾向は少なかった。

チェコとハンガリーはもっとも対照的である。チェコはハンガリーに次ぎ二番目によく統合された政党システムをもち、政党の分断の減少と二極間政党競争によって特徴づけられる[43]。しかしながら、チェコとハンガリーの間には重要な二つの相違点がある。第一に、チェコの政党は社会経済的問題について論争し、ハンガリーの場合と比べて、社会諸集団をもっと代表する用意があった。ハンガリーではそのような基礎をもつ政党の競争状態はほとんどない[44]。第二に、ハンガリーの選挙システムは、強い政府をつくるために鋭い政党一極化を生み出している一方で、チェコの比例投票システムは、弱い、そしてしばしば少数与党の政権を生み出しがちである。このことは対抗する陣営のエリート間での協力を促進したが、そのようなことはハンガリーでは考えられない。ハンガリーは、政党間競争が並はずれて厳しいだけでは

---

43) たとえば、次を参照のこと。Petr Kopecký, "The Rise of the Power Monopoly: Political Parties in the Czech Republic," in Jungerstam-Mulders, *Post-Communist EU Member States*, 125-45.

なく、エニェデイによって示されたように、対立が極端なほど利用され、「政権与党の政治家は野党を（そしてお互いに）同僚とは考えないで、敵とみなしており、敵の公的領域からの一掃は無理でも、試してみる価値のあるプロジェクトであると考えている[45)]」。

チェコにおける政府の弱さと政党システムによるチェック・アンド・バランスの制度化はまた、スロヴァキアの第2次ズリンダ政権によって導入されたようなタイプの急進的な自由主義的改革を止めることになった[46)]。チェコでは中道右派政権でさえ、改革に対する急進的アプローチよりも漸進主義をとる傾向があり、バランスのとれた経済状況のおかげで、漸進主義をとる余裕があった。比較的高い経済成長率のため、政府が減税を実施しつつも財政規律を守る一方で、政府が寛大な福祉国家を持続させることは容易であった。それはチェコ中央銀行が同国の利子率をユーロ圏の利子率よりも低く保つことを可能にした。おおげさにいうと、この結果として、チェコは外貨建て民間借入の罠を避けることができた。また、保守的な銀行の融資政策が信用の膨張を限られたものにすることに貢献した。チェコの経済が輸出市場の崩壊、FDI の減少、そして信用収縮に苦しみはじめたとき、政府は適度な財政刺激で反応し、中央銀行の金融緩和政策がそれを補強した。

しかしながら、危機とその管理は財政赤字と公的債務の増加をもたらし、そのことが 2010 年 5 月の選挙において、主要な争点となった。ギリシャとユーロ圏の危機と EU がチェコに対して行なった過剰財政赤字是正手続きと

---

44) *Ibid.*, 128-29. 次も参照のこと。Kitschelt *et al.*, *Post-Communist Party Systems*: 309-17; Geoffrey Evans and Stephen Whitefield, "The Structuring of Political Cleavages in Post-Communist Societies: the Case of the Czech Republic and Slovakia," *Political Studies* 46, no. 1 (1998): 115-39. 仮にわれわれの議論が正しければ、最近の発展は、多極化した民主主義の危機に関するフライの議論にいくらか疑問を呈することになる（Frye, *Building Society and Markets* を参照のこと）。彼は、社会・経済問題の周囲における政党の多極化は、経済改革の妨げになると議論する。それとは対照的に、チェコの社会経済問題に関する政党間競争が、その国によく役立った一方で、ハンガリーの社会経済問題以外のすべてにおける競争が、改革の主要な障害であった。

45) Zsolt Enyedi, "Party System Concentration in Hungary," in Jungerstam-Mulders, *Post-Communist EU Member States*, 191.

46) O'Dwyer and Kovalcik, "And the Last Shall be First."

いう背景の中で、福祉支出を増加させるというチェコ社会民主党の選挙公約は物議をかもすものとなった。この党はその選挙では最大政党となったが、その選挙民の支持（投票の22％）はそれほど印象的なものではなかった。チェコ社会民主党が適当な連立相手を欠いていたこともあり、中道右派の三党が連立して政権についた。

　この三党のすべては財政支出削減と「福祉国家乱用」の問題を解決する必要性を掲げて選挙を争った。そのうえ、連立与党の三党のうち二党はチェコの政治舞台においては新参者であった。「公共の物（VV）」（党）と「伝統・責任・繁栄 09（TOP09）」（党）は、反エスタブリッシュメント、反汚職、緊縮政策支持を掲げて選挙を戦い、予想外にも、それぞれ10％と17％の得票率を収めた。急進的な新自由主義の傾向をもつ反エスタブリッシュメント政党の台頭は、チェコの政界における騒々しい時代到来の前兆かもしれない。

　全般的にみて、ヴィシェグラード諸国の政府にとっての主要な挑戦は、グローバル危機から直接生じたものというよりも、むしろ危機後に現われた「持続的緊縮政策」に適応する必要に由来するものであった。すべての政府がこの問題に取り組んでいるが、過去の経験からいえることは、福祉主義的契約の大幅な削減が、多くの人々を疎んじ、ひどい政治的帰結というリスクなしに達成できるということには疑いがあるだろう。

危機とネオコーポラティズムと非力な国家――南東欧

　南東欧諸国経済の脆弱性は、大部分がヴィシェグラード諸国経済およびバルト三国経済のそれとよく似たものであった。2008年以降、スロヴェニアはその複雑製造業の輸出製品の需要の減少に苦しみ、そのことは産業競争力への新たな懸念を生じさせた。また、スロヴェニアはヴィシェグラード諸国の大部分と比べてもっと大きな打撃を受けた。それは危機が銀行部門に波及したためである。他方で、ブルガリアとルーマニア、そしてある程度はクロアチアにおいても、「バルト病」の多くの症状がみられた。それらの国の経常収支は危機的状況にあり、それらの金融に頼る発展の道は、国際的に流動性

が消えうせるという条件の下では持続可能ではないことが明らかになった。同時に、これらの国々の全体として弱い産業基盤は、リセッションに対して輸出実績の拡大で対抗する能力の制限となってきた。

　危機管理のための政治的能力に関していえば、ヴィシェグラード諸国と同様に、南東欧諸国も、危機に先んじて、政治的混乱から逃れていなかったということを心にとめておく必要がある。しかしながら、南東欧諸国の対立の中心は、ヴィシェグラード諸国やバルト三国とは異なり、それらの国々に特有なガバナンスの型にあった。具体的にいうと、スロヴェニアの政治的闘争の中心は、直接的には（政党システム構造というよりは）ネオコーポラティズム構造のレジーム調整によるものであり、他方で、ブルガリア、ルーマニア、そしてクロアチアの政治的不安定性は、弱い国家の現われであった。

スロヴェニアのネオコーポラティズムの侵食

　ヴィシェグラード諸国、とりわけチェコとスロヴァキアのように、2009年にスロヴェニアは直接的にはその輸出市場縮小と関連するリセッションに突入した。加えて、スロヴェニアの銀行部門はおおいに危険にさらされるようになった。経営者・従業員による買収（MEBOs）を通じた私有化の新しい波は、私的セクターへの銀行融資を急速に成長させたが、銀行融資は危機によって強く影響を受けた部門〔不動産や建設部門〕に集中していた。これらの部門は外貨建ての、ほとんどが短期の金融に依存していたので、スロヴェニアの銀行は信用の質の劣化に直面した[47]。危機がスロヴェニアを直撃しはじめてすぐに政権についたボルト・パホルの中道左派連立政権は、困難な課題に直面した。さらに、当政府はそれに先行する諸政府ほどには民主主義的コーポラティズムを頼りにすることができなかった。一方では、1990年代の中道左派が優位な状況は、2000年代の間になると、もっと多極化した政治的競争に移行していた。他方では、ネオコーポラティズムは、使い尽くされた徴候をみせはじめていた。

---

47) EBRD, *Transition Report 2009*, 224.

スロヴェニアの政治において、政治対立と市民間の紛争の激化という新しい時代の前兆となったのは、2004年に行なわれた議会選挙であり、選挙の結果スロヴェニア民主党（SDS）が主導する中道右派連立政権が形成された。フィンク゠ハーフナーが指摘するように、それはスロヴェニアの政界においての転換点であった。1990年代においては、「二つのイデオロギー的集団の間の競争はゼロサムゲームとは思われていなかった」。むしろ、競争はまだ動員されていないか代表されていない有権者の獲得に向けられていた。しかしながら、2004年までに、「新たに設立された中道右派諸政党が統合し、充分にそして完全に政治的過半数を達成するための政治的ゲームのルールを学習し」、中道左派の優位を覆すことまでできるようになっていた[48]。そうであったとしても、イデオロギー的な競争は中道派の枠内での出来事であり、ヴィシェグラード諸国において観察されたような政治的な急進化をともなうものではなかった。たとえばスロヴェニアでは、欧州懐疑主義政党や急進的ポピュリスト政党はきわめて限定的な影響しかもたなかった。

　しかしながら、イデオロギー的な振り子の揺れから、体制転換戦略における新自由主義のブレイクスルーが起きた。ヤネス・ヤンシャ内閣は、税体系、労働市場、福祉国家の改革を進め、私有化成就に向けて進んだ。これらすべての方策は、資本と労働の間の勢力均衡を塗り変える脅威になるものとして労働組合から猛烈に異議を唱えられ、政府はそれらを部分的に取り消さざるをえなかった。だが2006年における経営者の商工会議所への義務的加盟制度の廃止は、ネオコーポラティズムに対する手ごわい挑戦となった[49]。

　スタノイェヴィチによれば、右派政権によるスロヴェニア・モデルの主要な諸要素への攻撃は、ネオコーポラティズムの侵食という、より広い傾向と

---

48) Danica Fink-Hafner, "Slovenia: Between Bipolarity and Broad Coalition Building," in Jungerstam-Mulders, *Post-Communist EU Member States*, 223.
49) 新自由主義の諸改革とそれらのコーポラティズムへの影響については、次を参照のこと。Stanojević, "Social Pacts," and Miroslav Stanojević, "The Europeanisation of Slovenian Corporatism," paper presented at the Industrial Relations in Europe Conference, Oslo, September 8, 2010; Igor Guardiancich, "The Uncertain Future of Slovenian Exceptionalism," *East European Politics and Societies*, online publication, July 29, 2011, doi: 10.1177/0888325411415518.

一致している。それは、西欧のコーディネートされた市場経済において観察される労使関係の自由主義的なシステムへ向かう、漸進的であるが根本的な変化過程を連想させるものである[50]。とくに、私有化の加速、多国籍化、そして全国組織への経営者の義務的加盟から自発的加盟への変化は、スロヴェニアの経営者の優先順位を一変させた。多くの構成員の喪失が、商工会議所に根本的な影響を及ぼした。商工会議所は労働者との交渉においてより厳しい立場をとりはじめた[51]。また、競争圧力の増加が、保護されている部門の経営者と輸出部門のそれとの間で政策選好に相違を生み出した。とりわけ「本道 (high road)」の輸出志向部門の経営者は、柔軟な品質重視の生産に依存しているのであるが、彼らはネオコーポラティズムを拘束服のようにみなし、個別企業ベースの労使関係に転換した。

　それに加えて、組織化された労働のほうでも、労働組合員数の減少と労働者の間での選好の分岐の過程が進んでいた。それは部分的には構造的な原因によるものであった。たとえば、柔軟な生産方法の採用によって、不安定雇用の労働者の一群が生まれた。スロヴェニアのコーポラティズムが育ったのは、スタノイェヴィチの見方では、アルプス山脈山裾の小丘の渓谷にある共同体の伝統的なネットワークと連帯であったのだが、上記のことはそれを崩すものとなった。また、労働組合組織率の急激な低下は、部分的にはスロヴェニアがEMUに入る準備段階で増えた社会的協定の結果のせいかもしれない。所得、雇用、公共部門改革における一連の協定は、組合幹部と、高賃金と安定雇用を望む一般組合員との間に緊張をもたらした。義務を守る責任ある組合からの労働者の脱退、山猫ストライキの発生、戦闘的な労働組織の発生が、その結末であった[52]。

---

50) Stanojević, "Europeanisation." 漸進的転換的変化の概念については、次を参照のこと。Wolfgang Streeck and Kathleen Thelen, eds., *Beyond Continuity: International Change in Advanced Capitalist Economies* (Oxford: Oxford University Press, 2005). ドイツのコーポラティズムの崩壊については、次を参照のこと。Streeck, *Reforming Capitalism*.
51) Stanojević, "Europeanisation," 11-14.
52) *Ibid.*, 4, 13-15.

第 6 章　厳しい時代への回帰

　グローバル危機の到来により、スロヴェニアにおける政治的競争は以前と比べてもっと分極化が進むようになった。一方で、危機への対処を調整するネオコーポラティズムの能力は弱まった。結果として、大規模ストライキ、それに対する厳しい経営者の反応など政治対立が危機への対処よりも顕著となったが、それは、スロヴェニアの政治の調整能力を掘り崩す脅威となった。

　スロヴェニアのコーポラティズムに対する重圧の時期はまだ終わっていない。中東欧のほぼすべての諸国と同じように、公共部門の赤字は危機と危機管理のために大きく増加し、政府は現在、さまざまな財政刺激策からの出口戦略をみつけるよう圧力をかけられている[53]。政府は構造改革を、とりわけ年金制度と医療制度において計画している。スタノイェヴィチの評価によれば、将来の政策において、何らかの形態の調整が残るであろう。しかし本格的なネオコーポラティズムにかわり、スロヴェニアは、加入者が大幅に減少した労働組合、あまり訓練されていない経営者、攻撃にさらされる政府という、もっと弱体のパートナーおよび（あるいは）以前に比べて拘束を受けることが少ないパートナーの間で社会的協定が結ばれることになりそうである。

国家の非力さの大きな影響——ブルガリア、ルーマニア、クロアチア

　ブルガリアとルーマニアは、1990 年代中頃から末頃にかけてのショックとそしてそのあとに続く欧州統合への道のりの中で、もともとバルト三国で生まれた中東欧新自由主義レジーム集団の仲間入りをした。危機以前には、比較研究のほとんどは、軌道修正した南東欧と、おおいに成功しているようにみえるバルト三国の間の経路の差異を過度に強調し、共通点を軽視した。しかし、グローバル危機は、「バルト－バルカン集団」が共通する重要な属

---

[53] スロヴェニアの刺激策は地域全体の中でももっとも気前のよいものであった。結果として、政府の赤字は GDP 比で 2008 年の 1.7% から 2009 年には 5.5% に拡大した。IMF, "Slovenia—2010 Staff Visit Mission Concluding Statement," http://www.imf.org/external/np/ms/2010/061110.htm（2010 年 10 月 10 日アクセス）; Republic of Slovenia, "Slovenian Exit Strategy 2010-2013," http://www.vlada.si/fileadmin/dokumenti/si/projekti/Protikrizni_ukrepi/izhod_iz_krize/SI_exit_strategy.pdf（2010 年 10 月 11 日アクセス）; Hermine Vidovic, "Slovenia: Catching Up Slowly," *wiiw Monthly Report*, no. 10 (2010): 21-23.

性をもって存在していることを明らかにした[54]。危機以前の軌道の特徴、特有の脆弱性、金融の不安定性とリセッションに対する政策および政府の反応、そして回復の持続に対する障害などのすべては、近年のブルガリアとルーマニアの発展がバルト三国の経験に酷似している諸側面であるとみなすことができる。

　同様に、クロアチアの2000年代を通じた成長の経路は、バルト三国の経路に似ている。産業構造、福祉国家、公共部門の規模、そして労使関係がヴィシェグラード諸国の埋め込まれた新自由主義に似ていたという事実にもかかわらずにそうなのである。クロアチアの危機以前の成長は、ほぼすべて国内消費に依存しており、建設部門が主導産業であった。FDIの大部分は金融と商業に向けられた。外国所有の銀行は、国境を越える借り入れに対して特権的なアクセスをもち、急速な信用の拡大に火をつけ、信用の大部分はサービス部門の活動のファイナンスに当てられた。クロアチアの通貨政策は、伝統的に通貨クーナの為替レートの安定性の維持に向けられ、それはユーロ建てによる金融化を促すものであった。このように、クロアチアの外貨建て債務は、バルト三国やブルガリアのそれと同等であった[55]（表6.1）。

　これらのバルト三国との類似性にもかかわらず、一つの重要な相違は明らかである。バルト三国は危機によって南東欧諸国を含めた他の中東欧の仲間よりも厳しい打撃を受けたにもかかわらず、社会にどれだけのコストがかかっても、危機の挑戦に真っ向から取り組んでいる。バルト三国の決意は国際的な称賛を得ており、学者たちは危機を取り扱うバルト三国の方法を南東欧の周辺諸国が従うべきモデルとして宣伝している。対照的に、南東欧の3カ国はそれらの政策反応においてなりゆきまかせで一貫性がなく、大規模な抗

---

54) Torbjörn Becker, Daniel Daianu, Zsolt Darvas, Vladimir Gligorov, Michael Landesmann, Pavle Petrovic, Jean Pisani-Ferry, Dariusz Rosati, André Sapir and Beatrice Weder di Mauro, "Whither Growth in Central and Eastern Europe? Policy Lessons for an Integrated Europe," *Bruegel Blueprint* 11 (Brussels: Bruegel Institute, 2010), 1.

55) "Republic of Croatia: 2010 Article IV Consultation," IMF Country Report No 10/179 June 2010, http://www.imf.org/external/pubs/ft/scr/2010/cr10179.pdf (2010年10月10日アクセス).

議行動の波に頻繁に見舞われた。このように政府自身が危機長期化の一因となった。

　ブルガリアのボリソフ政権は当初はリセッションに緊縮政策パッケージで反応したが、批判者によれば、それは危機に対する完全に誤った対応となった。緊縮プログラムは不必要な痛みを伴っただけではなく、その目標を達成できなかった。そのパッケージは、経済を「たいてい自分みずからに課した、経済の下降と財政不均衡の膨張の悪循環」の罠に陥らせた[56]。さらに、ボリソフ政権は、あらゆる一貫した現実的な長期の出口戦略を避けて、単純にその願望のすべてを早期のユーロ加盟に置いた。そのような希望は、ERM IIにすら参加していない国にとっては、バルト三国の事例と比べてほとんど現実的ではなかった[57]。

　結局のところ、緊縮政策自体が失敗に終わった。大衆の支持の喪失に直面して、政府は財政緊縮を放棄し、またすべての構造改革の前進を保留にした。賃金の上昇の阻止にはほとんど何もしなかった。賃金上昇は生産性の上昇をはるかに上回った。にもかかわらず、賃金・サラリーは上昇し続けたものの、国内需要は減少し続けたが、それは消費者と投資家の信頼の急激な落ち込みを示すものであった[58]。

　ルーマニアは危機に対する断固たる対処において、ブルガリアよりもいっそう厳しい苦境に陥った。ブルガリアがカレンシー・ボード制度と堅実な財政政策によって財政均衡を続けた一方で、ルーマニア政府当局は危機以前に公共部門の雇用と年金を著しく増やしていたので、その双方の方案が公的支出に重くのしかかった。ルーマニアの複合的なマクロ経済の不均衡は、この国をブルガリアよりも脆弱なものにした。2009年春、ルーマニアの急速な対外金融ポジションの悪化と通貨の脆弱性により、新たに選出された自由民主党政権のエミール・ボック首相は、IMFに救済を求めざるをえなかった。そ

---

56) Anton Mihailov, "Bulgaria: In the Trap of Macroeconomic Mismanagement," *wiiw Country Analyses and Forecasts*, no. 6 (July 2010): 63, 65.
57) *Ibid.*
58) *Ibid.*, 64.

の結果、スタンドバイ・ローン〔緊急融資による金融支援〕の合意では、厳しい調整政策が条件として課された。IMF が増税と支出削減の混合を好んだにもかかわらず、ボック政権は所得税の引き上げを躊躇し、かわりに厳しい道を選んだ。首相は、公共部門の賃金と年金の大幅な削減を提案した[59]。

ルーマニアの政治的アクターは抵抗で反応した。憲法裁判所は年金の削減は違憲であるとの判決を下した。野党は（国会）請願を実施するとともに、頻繁に少数派政権に対する不信任投票を（失敗に終わったが）繰り返した。同様に、大規模な労働者と一般市民の抵抗が存在した。同時にルーマニアの最悪のマクロ経済指標と IMF の緊急融資への依存は、ユーロの早期導入の望みに終止符を打った。全体としてみると、その後のルーマニアの諸政権は、政治的不満、不信、そして社会的抵抗の空気の中で行動せざるをえず、危機の間にうまく立ち回る技量をほとんどみせることがなかった。

また別の点からみると、ルーマニアとブルガリアの危機への政策対応は似通っていた。財政再建の試みの中で、両国は洗練された行政や政治的技量が必要とされる方策を実行することに怖気づくか、あるいは失敗した。ルーマニアの政策立案者は低い個人所得税の引き上げや、注意深く対象を定めたうえでの財政支出の削減の実施をためらった。ブルガリアでは、「危機時において巧妙な歳入構造と支出の再編によって、通例、着実な反景気循環的な効果を生じさせることができるが……この分野において政府は一連の大失敗を起こしてしまった[60]」。両国の政府が、適切な政策の企画に充分な時間と行政的努力を注ぐことに失敗したことは、持続可能な政策戦略を提案し実行する国家の能力の欠如が、国を悩まし続けることを確認しているように思われる。

すべての南東欧諸国中で、もっとも特有の複雑な挑戦に直面したのは、クロアチアである[61]。クロアチアの 2000 年代後半までの成長経路は、主要な

---

59) Joan Hoey, "Romania's Austerity Package and Public Finances after the Crisis," Economist Intelligence Unit, http://rbd.doingbusiness.ro/en/2/general-economic-trends/l/361/romanias-austerity-package-and-public-finances-after-the-crisis（2010 年 3 月 11 日アクセス）.

60) Mihailov, "Bulgaria," 64.

複雑産業が存在しているにもかかわらず、バルト三国の成長経路を連想させるものであった。過大評価された為替レートと、保護された部門を無防備な部門よりも優先させるクロアチアの賃金決定が、このことを説明しうる。2000年代の間、公共部門の給料は急上昇し、同時に民間部門の賃金を引き上げた。私有化の遅れのために、クロアチアは製造業部門に大規模なFDIを引き寄せることはなかった。

　しかしながら同時に、クロアチアの複雑産業の運命は、この国が新自由主義モデルからかなり分岐したことの実例となる。たとえばチェコやスロヴァキアよりも長期間であったが、大部分のヴィシェグラード諸国と同様に、クロアチアは国民資本主義の考えを大切なものとして保ち、経済の管制高地〔重要な産業部門〕の多くを国内のエリートの手に残すために、急速な私有化を拒絶した。とくに造船産業は、総輸出の15％を占め、約1万1500人を雇用し、2000年代末においても依然としてこの国の複雑製造業の中核をなしており、国家の援助、保護主義、そして豊富な補助金によって操業し続けていた[62]。さらに、クロアチアの寛大であるが不健全な状態の福祉国家が、この国を新自由主義モデルとは区別されるものにした。結局のところ、クロアチア国家は、新自由主義のクラスターよりも経済において重要な役割を担い続けている。その結果として、公的債務に関していえば、クロアチアはヴィシェグラード・グループに近い。

　クロアチアは、その独特の社会経済ミックスに加えて、EUに対する遅れたアプローチにおいても独特である。EUがクロアチアとの加盟交渉を開始したのは、ようやく2005年のことであった。そしてもっとも困難な領域の改革——競争政策と司法改革——についていえば、グローバル金融危機がはじまったときには、まだ実施されていなかった。それゆえ歴代のクロアチア

---

61) われわれのクロアチアの危機の評価は、次に基づいている。Vojmir Franičević, "Croatia: Prolonged Crisis with an Uncertain Ending," in Vaughan-Whitehead, *Inequalities*, 139-208.

62) *EIU Country Report Croatia September 2009*.　http://www.eiu.com/report_dl.asp?issue_id=1484828933&mode=pdf（2010年12月12日アクセス）; Dragicevic, "The Political Economy of Shipbuilding."

政府にとって危機管理を困難な課題にしたのは、リセッションの深刻さだけではなく、その遅れた発展と遅れた欧州化からくる課題の多重性と過度の負担という問題によるものであった。

結果として、ユーロ建ての金融化によって、クロアチアは競争力回復のための内的減価への経路をたどっている。それと関連して、公共部門の雇用と賃金への圧力が、公的債務と財政赤字の管理の必要によって強制されようとしている。EU は、造船産業に対する補助金を減額すべきと主張し、火に油を注いできた。EU のコンディショナリティは少なくとも三つのきわめてセンシティブと考えられる分野に拡大してきた。旧ユーゴスラヴィア国際戦犯法廷への協力、スロヴェニアとの領土紛争の解決、そして汚職との戦いである。

他の南東欧諸国と同様に、クロアチアの統治政党クロアチア民主同盟（HDZ）は、解決策を提案するというよりは危機の原因となっていた。反汚職の捜査の強化は、一連の注目を集める人物の逮捕をもたらしたが、それは HDZ の指導的高官が違法行為に手を染めていたことを示すものであった。経済危機にも増して汚職の副次的影響により、統治政党は多忙を極めた。長い間、HDZ は危機があることを単純にまったく無視し続けた。2009 年 7 月のイーヴォ・サナデル首相の辞職により、その後継者ヤドランカ・コソルが国家の経済問題への取り組みを断固としたやり方で行なうことになった。生産低下、失業増大、そして財政が手に負えない状況に陥るという圧力の下で、経済回復プログラムが示されたのは、ようやく 2010 年春以降のことであった[63]。コソル政権のこのアジェンダに関する進歩は、人々を納得させるものとはいいがたかった。

2009 年 12 月に、汚職スキャンダルへの有権者の不信、社会的条件の悪化、そして危機への政府による不適切な反応とおまけにその遅れが相まって、1

---

63) Zoran Daskalović, "Die Bilanz der Regierung Kosor," *Blickpunkt Kroatien* (Friedrich-Ebert-Stiftung), no. 10（August 2010）, 1; *EIU Country Report Croatia*, nos. 6-10,（2010） http:// www.eiu.com/index.asp?layout=displayIssue&publication_id=1210000921（2010 年 12 月 12 日アクセス）.

人の社会主義者〔イヴォ・ヨシポヴィチ〕を大勝させ権力の座につけた。それ以来、イヴォ・ヨシポヴィチ大統領と政府との間の経済問題に関する緊張は高まってきた[64]。クロアチアでは政権と労働組合の間でも厳しい緊張があった。公共部門の給料、造船所の私有化、新しい労働法に関する対立が存在している[65]。広範な大衆の不満、政党間対立、近づきつつある議会選挙などのすべてが、政権によるいくつかの危機管理計画からの撤退を招いてきた。

　要するに、クロアチアの経済危機に対抗する能力は、信じられるほどのものではなかった。前の政権が危機の事実自体を否定したあと、コソル政権が包括的な回復プログラムを考案するまでに10カ月を要し、この遅れた計画は激しい反対により数四半期の間頓挫させられている。社会経済問題に関していえば、クロアチア政府はヴィシェグラード・グループに劣らず、敏感な反応と責任との間の罠にはまっているように思われる。そして、ポーランド、スロヴァキア、そしてチェコとは対照的に、しかしハンガリーとは同じように、この罠の深刻さが、クロアチアの危機に反応する能力を損なっている。

責任ある政府か統治不能の恐れか

　これまでみてきたように、危機はポスト社会主義レジームの創設とさらなる発展の不可欠の一部であった。1990年代初期の転換不況は、早い時期の改革戦略の出現にとって重要であった。それはバルト三国において急進的な解決策の必要性に関するエリートの合意をもたらす役割を果たした。また、特定の社会集団の転換のコストを補償するヴィシェグラード諸国の改革者の努力を正当化した。ブルガリア、ルーマニア、そしてクロアチアでは、社会的混乱は、転換初期に労働者の戦闘性と政治的影響力の増大をもたらした。スロヴェニアでは、転換不況は、社会的パートナーと協力する用意のある政治

---

64) *EIU Country Report Croatia*, March 2010, http://www.eiu.com/report_dl.asp?issue_id=425289027&mode=pdf（2010年12月12日アクセス）.

65) Tihomir Ponoš, "Der Aufstand der Gewerkschaften," *Blichpunkt Kroatien*, (Friedrich-Ebert-Stiftung) no. 10 (August 2010); *EIU Country Report Croatia*, nos. 6-10 (2010).

勢力がヘゲモニーを握り続ける道を開いた。

　1990年代後半の危機は、これらの初期の選択を部分的には強化し、部分的には修正した。バルト三国では、ロシア危機によって引き起こされた厳しい時代が、社会的コストにもかかわらずエリートの市場急進主義に対する選好を強化した。ブルガリアとルーマニアでは、及び腰の改革以後のマクロ経済的不安定化から、結局新自由主義的ブレイクスルーが起きた。いくつかのヴィシェグラード諸国は、初期に着手した国民的資本主義の経路の限界を経験し、外国（外資）主導の発展戦略へとシフトした。

　起伏に富み、通行が容易でない資本主義と民主主義への道を歩み出してから20年後に、中東欧は再度厳しい試練にさらされている。グローバル金融危機の、中東欧地域への波及は遅れたものの、それが波及するやいなや影響力は甚大なものがあった。2008年から2010年の間、ポーランドを例外として、すべての中東欧経済は大幅なリセッションを経験した。中東欧の半分以上の国では、2000年代の経済の奇跡が依拠していたモデル自体が開発の罠に転じた。いく人かの観察者が、大不況という見晴らしの利く地点からみて、「転換の過程全体が失敗であったように思われた」と結論づけたのは驚くべきことではない[66]。

　しかしながら、最近では、中東欧は大不況から巻き返すめざましい能力の点で称賛されてもいる。危機は大きな衝撃であったが、多くの中東欧諸国では回復は早く訪れた。それは、ソブリン・デフォルトの恐れが現われたEU北西部と地中海の周辺とは対照的である。すでに、2010年のはじめに『エコノミスト』誌は「この大陸で最大の金融の大混乱はアイスランドで起きた……そして来年EUで最大の予算赤字が起きそうなのは、財政的苦境にある東の旧共産主義国ではなく、英国とギリシャであり、……EUに加盟した10の"東"のどの国も、そんな窮地に陥ってはいない」と述べた[67]。

　同様に、オスランドの最近の著書の中では、危機に直面したときの中東欧

---

66) Jens Hölscher, "Twenty Years of Economic Transition: Successes and Failures," *Journal of Comparative Economic Studies* 5 (December 2009): 10.

67) "Eastern Europe: Wrongly Labelled," *Economist*, January 9, 2010, 27.

地域の責任ある政策が称賛されている。彼の解釈では、中東欧の政府は、大胆な財政改革と限定された政府の介入というよい政策に従事してきた。そして全般的に、当地域の政府は、狭い短期的な利益を越えて、彼らの国の長期的な観点に関心を置く有権者に支持されている。分断された議会は、柔軟な政策的反応を可能にするので、資産というべきものでもあった[68]。

　まだ続いている危機に照らし合わせれば、中東欧地域の将来の軌跡を最終的に決定するのが、リセッションの深さか、めざましい適応の能力か、グローバル金融市場か、あるいはEUか、答えを出すのは早すぎる。本書で展開している理論的な観点が一般的に示唆するのは、現行の経済実績に関する指標は、あまりに部分的であり、また変動が大きいので、資本主義が成功しているのか、それとも脆弱なのか、そして資本主義の多様性という論点に関して信頼のおける判断を下すことができないということである。本書の最初に定義されたわれわれの成功の基準とは、政治システムの能力、すなわち市場の効率性と存続可能な方法での社会的保護を結びつけ、経済的自由と社会的結束と政治的自由を提供するためにネオコーポラティズム、純粋な新自由主義、そして埋め込まれた新自由主義のそれぞれの潜在的可能性を汲み尽くす政治システムの能力に関して評価を下すというものである。

　あらゆる危機後の解決策は、それゆえに、社会的統合、市場化、そして民主主義の間での再構成された全体のバランスに焦点を置いて評価されるべきであろう。とりわけポランニーの言葉を考慮すると、「進歩というものは、概して社会的混乱という代価によって購われるものである……。もしも混乱の程度があまりに大きなものであるならば、社会(コミュニティ)は混乱のために滅びてしまうに違いない[69]」。

　本章では、グローバル危機が――中東欧の資本主義レジームの存続可能性を完全に蝕むというほどのものではないとしても――すでに過去に構築されたバランスと社会契約を不安定にし、時には危険なまでにそうすることを示

---

68) Anders Aslund, *The Last Shall Be the First: The East European Financial Crisis, 2008-2010* (Washington, D. C.: Petersen Institute for International Economics, 2010).
69) Polanyi, *The Great Transformation*, 76.（『[新訳] 大転換』130頁）

している。四つの展開が際立っている。第一に、すべてのレジームにおいて、バランスが、市場の強化と社会的保護の減少へとシフトしている。試みられた新しい施策は、純粋な新自由主義のレジームでとりわけ厄介な特徴を示している。そこではグローバルな不況が、ほとんど和らげられないで大衆を直撃しており、以前よりも社会の結束が弱くなっている。

　第二に、経済的および社会的保護に残されている資金がどれだけ小さいものにとどまっているとしても、政府はそれらをきわめて不平等な仕方で再分配しがちであるということである。政府の動機は、選挙についての考慮および世代、エスニシティ、そして反貧困の傾向の混合物であり、その混合の仕方はレジームの相違および国別の特徴を反映しており、こうした相違は厳しい時代には強まる。資金は、貧困と不平等の軽減に重要だが、それは裕福な社会的・経済的な集団のところに向かう。クルトが、かつて第三世界の発展という異なった文脈において観察したように、貧しい者から裕福な家庭へ、そして労働者や小企業から大企業へと、逆の形態の所得再分配さえ起きるのである[70]。

　ハンガリーの事例のように、政府は少なくとも調整の負担の一部を、管理不行き届きの消費ブームからもっとも利益を得た巨大金融機関、商業、そして製造企業に背負わそうとしているのも事実である。他方で、政府はこれら企業の価格引き上げ、計画された投資の凍結、そして労働力削減の形での報復の危機に直面しているのも事実なのである。

　第三に、すべてのレジームが、社会の分裂を防ぐための能力を損なっていることに悩まされていることに注目すべきである。大衆の抵抗の発生、公的当局への信頼の喪失、頻繁な政府の交替は、資本主義社会を維持するために重要な政治的領域を弱めてきた。結果として、統治不能性の恐れが、各々のレジームに属する一連の国で現われつつある。政治的困難は、ここで終わらない。中東欧の全域にわたって、急進化する政治勢力も、絶望しているその支持者も、エスニシティの違いや階級的相違あるいはそれとは別のことを根

---

70) James Kurth, "The Political Consequences of the Product Cycle: Industrial History and Political Outcomes," *International Organization* 33 (Winter 1979): 1-34.

拠にして、ライバルや隣人をスケープゴートにする用意があり、少なくとも自分とは違う人々がそのような汚い仕事をしているのを傍観しているように思われる。しかし、新たな社会的困難の到来に責任があると決めつけた人々を罰することは、民主主義の機能不全というコストを支払うことになるのである。

　少なくとも一つの事例について、民主主義の崩壊が現実の選択肢となってきている。皮肉なことに、それはハンガリーである。ハンガリーはかつて民主主義システムと政党システムの強化ならびに福祉主義および外国（外資）主導の再産業化における中東欧地域のフロントランナーであった。その埋め込まれた新自由主義タイプの資本主義と民主主義は今や崩壊の危機に瀕している。この過程がハンガリーにおいてこれまで早く進行してきたことは、中東欧地域およびその他の地域に対する警鐘である。それは中東欧地域の危機を取り扱う「責任のある」政治という問題に心を奪われているようにみえる観察者を考え込ませるはずである。現在、市場経済のために責任をとっているとして称賛されているものが、将来の資本主義的民主主義の観点からは驚くべき無責任に転化することは容易に起こりうるのである。

　これらすべては、かなり弱体化した制度的基盤と能力を背景にして、中東欧地域が危機後の環境に立ち向かっていそうであることを暗示している。第四の展開がこれにつけ加わる。すなわち、各レジームが以前には資本主義的民主主義に内在する緊張を緩和するために見出していた制度的解決策が使い果たされたということである。バルト三国におけるアイデンティティ・ポリティクス、ヴィシェグラード諸国における福祉主義、そしてスロヴェニアにおけるネオコーポラティズムは、すべて崩壊の徴候をみせてきている。2000年代の間、国境を越えた資本流入とEU加盟の資格を形成する努力は、部分的にはこれらの制度を延命させ、そして部分的に市場ベース型の代替物を与えるのに充分であった。グローバルな緊縮政策の新しい状況がこれを終わりにした。そして市場と民主主義を調和させる問題に対する革新的な新しい解決策は、不足しているように思われる。

結　論
ポスト社会主義諸国の資本主義の 20 年

　20 年前、バレリエ・ブンツェは「ポスト共産主義は、一方で、それがどこに向かおうとしているのか（あるいは、より適切にいえばどこに向かうかもしれないのか）によって定義できるが、他方で、その出発点、すなわち国家社会主義とその崩壊によっても定義しなければならない」という事実を東欧研究者は真剣に考慮していると述べた。彼女はまた、「体制転換は決定づけられたものでない[1]」こと、それが多様で驚くべき帰結に至るかもしれないことを強調した。本書は、いうなら、こうしたずっと前の時期の重要な指摘に対して、社会主義と新興資本主義の間の錯綜した関係について新しい洞察でもって答えている。具体的にいえば、われわれの貢献は、新秩序の多様性のパターンを理論化した点、レジーム形成過程にはたらきかけてきた国内の遺産、選択、対外的リスクと機会を分析した点、少数のポスト社会主義の成功物語さえもがもつ脆弱性のシステム因子に光を当てた点にある。

　ここで、われわれにとって重要ないくつかの主題について一歩前に進み、われわれと異なる説明を検討し、いっそう広い理論的関心に基づく新旧の論争におけるわれわれの立場を明細に記す。われわれは、遺産、初期の選択と他の選択肢の抑制という論点、市場と福祉とアイデンティティの間の両立性とトレード・オフという論点、国際統合の長所と短所という論点、資本主義世界における収斂と分岐の過程などの論点を再度取り扱う。最後に、われわれの理論的枠組みの異なる事例に対する妥当性について述べ、われわれが提示している概念の意味を要約する。そして、進行中のグローバルな政治経済の転換についてのポランニーに刺激を受けた考察の長所と限界を評価するこ

---

1 ）Bunce, "Leaving Socialism," 36.

とを通じて、これらのすべてを関連づける。

遺産と初期の選択、他の選択肢の抑制

　本書が主に焦点を合わせているのは、社会主義以後の資本主義の多様性という事象である。この多様性は、社会主義システムはその構成国に対し一律の構造と諸制度を強いることに成功したという広く受け入れられている見解からすれば、驚くべきことである。一律であったといわれている社会主義の廃墟の上に、いかにしてそうした多様な社会経済構成体を打ち立てることが可能であったのであろうか[2]。

　われわれの解答は、自分たちの国を資本主義的民主主義への道に向かわせる際、政治家たちは、多数の多義的遺産に直面させられたという考えに基づいている。国民形成と国家建設における不完全性、包括的ではあるものの温情主義的な福祉国家、スキルと経験をもつものの効率性で劣る労働者の一群を創出した社会主義工業化などのすべては、転換を行なうアクターに対処しなければならない一連の負債と、建設のためのかなり大きい資産を残した。しかしながら、遺産が、資産とみなされるか、それとも脅威とみなされるべきかは、けっしてあらかじめ定められたものではなかった。むしろ、改革者たちが魅力的な政治的アジェンダ、あるいは少なくとも実現可能な政治的アジェンタの観点から、資産と脅威をどのように知覚するかが、社会主義的過去と社会主義以前の過去の、ポスト社会主義的未来にどのような影響を及ぼすかを規定した。

　バルト三国の改革エリートは、それらの国の戦間期の国民、国家、経済諸制度を理想化するビジョンの旗の周りに集まるように市民を駆り立てた。逆に、当諸国でソ連の遺産はみずからが設定したもっとも重要な課題に対する危険な障害として告発された。ソ連時代の工業、工業労働力のエスニックな構成、企業での現物供給を含むソ連時代から引き継がれた福祉国家は、バル

---

2) Stark and Bruszt, *Postsocialist Pathways*, 6.

ト三国の国民的自立と経済的分離に対する脅威として知覚された。こうして、バルト三国の政治家たちは、もっともラディカルに過去を断ち切った。そして、それにともなうコストにほとんど注意を払わなかった。バルト三国の人々は（排除されたマイノリティを除いては）、国民的自立と安全保障と、社会福祉および産業のグレード・アップとの間の取引〔後者をおろそかにするという取引〕を行なうエリートのプロジェクトをこれまで受け入れてきた。ただし、受け入れの熱意のほどは人によって異なり、時代とともに熱意は変化した。

　それとは対照的に、ヴィシェグラード地域の改革者たちは、社会主義工業の遺産と質の高い労働力を、再工業化の成功のための基礎として利用し、また市場改革を恐れる反対派を分断し、なだめ、社会を保護する手段として温情主義的福祉諸制度を活用した。すなわち、これらの諸国は、それほど急進的でない変化の道に乗り出したが、それが転換の極度の苦難から労働者と経営者を保護することを可能にした。ためらいがなかったわけでもなく、ときおり抵抗することがあったものの、ヴィシェグラード地域の社会は、選出した指導者たちが採用する社会的にセンシティブな新自由主義的資本主義形態の道に従った。

　バルトとヴィシェグラードというサブ・リージョンにおいては、軌道選択にとってもっとも重要であった知覚とは、政治エリートの知覚であった。これに対し、スロヴェニアの政治家は早くから強力な労働運動の挑戦を受け、それと協調することを学ばなければならなかった。労働運動は、社会主義からの継承物のうち、どの要素を生き延びさせるかについてそれ自身の見解をもっていた。労働組合、中道左派の政治家、経営者に支持された改革派官僚は、国家と強い結びつきを維持しており、ユーゴスラヴィアの自主管理と市場社会主義の遺産を受け入れ、やがてそれを持続可能なネオコーポラティズム的利害媒介制度に転換した。

　最後に、上の事例においては、知覚が重要な事柄となり、最初の選択は、調整されてはいるものの変更の余地を残す政策実験をもたらした。他方、ルーマニア、ブルガリア、クロアチアの中心的アクターは、どのようにして過

去と未来の間の橋を渡るかについてビジョンをもっていた場合も、あるいはもたなかった場合も、最初にロードマップをたどっていく能力と意志の双方を欠いていた。もしくはどちらかを欠いていた。これらの転換で遅れた国においては、弱い国家という遺産に加えて、1990年代前半に国家がいっそう弱体化し、それが重なって古い秩序から何らかの新しい秩序への移行を調整する機会が減少した。消滅した社会主義システムが秩序に乏しい優先順位と方策に取って代わったのは、それらが長い期間に及んでマクロ社会的変化の破壊的側面を表面化させることによってである。

　しかし、実際に改革エリートの知覚は、転換初期の重要な選択とどれほど関係があったのであろうか。われわれの研究から得られることは、何よりも社会主義の下での多様性と資本主義の下での多様性の様相の間には一定の関連があると思われるということである。われわれが、社会主義の遺産は一律であったという仮定を捨て、社会主義システムの枠内での多様性を一度認めるならば、改革急進主義かそれとも漸進主義か、福祉主義的政治かアイデンティティ政治かという選択、そして各々の選択がもたらす社会的政治的な帰結は、知覚や選択とほとんど関係がなくなり、大半は社会主義から引き継いだものの「客観的」な相違から生じたということになる。

　この見解においては、選択の自由の付与よりも、異なる遺産が政治家たちに厳格な優先順位を課したということになるであろう。バルト三国が、われわれが検討する事例の中でもっとも不利な遺産、すなわちソ連の占領、浪費的かつ従属的工業化、移民による植民地化に立ち向かわなければならないという責務に迫られ、国民形成と改革急進主義を「強いられた」というのはまちがいであろうか。そして、スロヴェニアの漸進的で包摂的でバランスのとれた経路は、引き継がれた資産の豊富で充分説明できるというのはまちがいであろうか。

　われわれは、たとえ遺産と帰結の間に関連が存在するとしても、引き継がれた構造だけからでは、その関連を説明するに充分でないとの見解をとる。もっとも重要なのは、ブリスが「構造は指示書を提供しない[3]」と述べている点にある。帰結と引き継がれた構造を説得的な方法で関連づけるためには、

アクターたちの遺産の解釈と、これらの知覚が選択に形を与える、したがって政治的機会とリスクを形づくる態様とを考慮しなければならない。このことは、とくに極度の不確実性という状況において真実である。極度の不確実性は中東欧で多く存在した。アクターたちは消滅したシステムについてはっきりとは知らなかったし、その崩壊もアクターの大部分にとっては驚きであり、彼らにとって崩壊は「すべての秩序の崩壊がそうであるように」、「部分的」にのみはじまったのであった[4]。そしてアクターたちは出現する新たな秩序の特性を見通すことはできなかった。このような状況にあっては、アイデアは、不確実性を減じ集合的行為のガイドラインを提供する「指示書」であった。

　われわれはこれについて多くの例をみてきた。バルト三国の制度選択の例について取り上げてみよう。実際のところ、これらの国の過去は、非常に困難な諸課題を残した。他方で、これらの諸国は、当時の新自由主義のコンセンサスよりもはるかに急進的なカレンシー・ボード制や低い水準の一律課税レジームのようなアイデアと施策が、「バルトの奇跡」をもたらすとはほとんど予想できなかった。それとは対照的に考慮すべきは、過去の工業的遺産の価値に対するチェコの改革者の最初の確信であり、そしてこの確信が、改革者が理念としての新自由主義と経済的・社会的保護を結びつけることに役立つ道筋となったことである。

　われわれは、始発点で構想されたが、のちに捨てられるか、もしくはまったく実施に移されなかったが、潜在的にはありえた転換の道にも注意を払ってきた。すなわち、選択された道にかわりうる「抑制された歴史的選択肢[5]」についても注意を払ってきた。転換にとって重要な最初の数年間に、多くの政治的・政策的実験があった。たとえば、バルト三国の最初の改革構想は、まだ地域を基礎とするシチズンシップの権利、福祉国家の拡大、漸進的な新

---

3) Blyth, *Great Transformatons*, 7.
4) Bunce, "Leaving Socialism," 37.
5) Barrington Moore, Jr., *Injustice: The Social Bases of Obedience and Revolt* (London: Macmillan, 1978), 376.

国民通貨への切り替えなどを含んでいた。ヴィシェグラード4カ国のすべては、労働を政治に実質的に包摂する形態をとるか、それとも形式的に包摂する形態をとるかで改革者が迷っていたときには、ネオコーポラティズムの契機を有していた。また、このグループのうち3カ国は、はじめのうちは国民的資本主義、外国の競争者に対して土着のビジネスを強化する努力を選択していた。スロヴェニアの最初の短命な保守政権は、漸進主義を拒絶し、急進的な改革をはじめていた。

　改革過程の運命は定められておらず、レジーム形成のコースはさまざまな方向転換をすることがありうるというわれわれの主張に対しては、地理的決定論の支持者が挑戦するであろう。われわれは、こうした主旨のポスト社会主義国の多様性の体系的な見解を知らないけれども、地理が（ほとんど）すべてを決定するという見解を、たんに物理的ロケーションだけでなく文化的影響も根拠にして展開することは可能である。

　物理的距離が超国家企業の活動配置の要因の中で一つの役割を果たすのはたしかである。それでは、なぜわれわれは複雑製造部門のヴィシェグラード地域とバルト地域の発展の相違を、ドイツとラトヴィアの間よりもドイツとチェコの間でのほうが、装置や部品の輸送コストが安価になるという事実から単純に説明しないのか。われわれは、西側市場と資本が豊富な国々からの距離だけが説得力のある説明となりうるということについて懐疑的である。バルト三国はドイツから遠いけれども、フィンランドやスウェーデンはそれらの国の隣国である。しかし、フィンランドの携帯電話の製造業者のノキアも、家電製品の製造業者のエレクトロラックスも、その最大の生産プラント（そして、ノキアのかなり大きな研究・開発設備）を近くのバルト三国よりも、むしろ距離の遠いハンガリーに設置したからである。

　われわれは、隣国および近隣地域の共有される文化的状況に関して似たような例外に出くわす。たとえば、もし文化的近接性がレジーム選択における実際に重要な要因であるとしたら、新自由主義的経済諸制度や制限された民主主義諸制度という点で、バルト三国はもっとも「ノルディック」ではなくて、すべての中東欧諸国の中でスロヴェニアがもっとも「ノルディック」な

社会民主主義的で、かつコーポラティスト的であるという事実は、どのように理解されるのであろうか。

　要約してみよう。引き継がれた資産と負債の型、あるいは物理的および文化地理的な特徴が、他の選択と比べ特定の選択を、いっそう容易にしてきたかもしれないとしても、継承された制度と、輸入ないし発明された諸制度とを結びつける大規模な実験とイノベーションが観察されるということは、レジームの重要な性質を引き起こすうえで知覚とエージェンシーが特別の役割を果たすことを示している。次に、ハガードを引用していえば、新しいレジームの出現が「過失、試行錯誤、妥協を通じてであること、〔新しいレジームが〕明確な形をとるまで長い時間がかかること、またそれが、しばしば内在的な非整合性によって悩まされてきた[6]」という事実は、包括的変化の複雑性と、その真のリスクと機会の極度の不確実性から説明できるのである。

市場と福祉、民主主義、アイデンティティ——両立性とトレード・オフ

　われわれの概念に関わる二つめの問題は、市場、福祉、民主主義、アイデンティティの間の関係である。明らかに、1990 年代の体制形成期に、ほとんどどの国も、経済的に新自由主義的であり、完全に民主主義的であるが、社会的に保護されていないというようなレジームを形成するようなことはありえなかった。したがって、われわれは、転換の期間において経済的自由と政治的自由の相互作用は、新自由主義的ビジョンが予想したよりも複雑であり、転換の帰結は市場急進主義的なアジェンダの範囲外の諸要因によって左右されたと主張する。そのことが、体制転換と体制の地固めについてわれわれに語るものは何であろうか。

　新自由主義的ビジョンの楽観主義に疑問を呈しながら、転換初期の文献が示した主な懸念は、転換にとって重要な諸側面と諸過程の間の非両立性であった。クラウス・オッフェは、市場経済と民主主義と国民国家を創設すると

---

6) Haggard, *Pathways*, 23.

いうアジェンダが密接に結びつけられているが、それらは相互に対立すると主張したことで有名である[7]。オッフェと他の懐疑論者は、三重の転換は、効果的な調整をともなわない弱い経済をもたらすか、民主主義の弱体化ないし崩壊、あるいは諸危機の結合をもたらすと考えた。

　本書は、中東欧の市場社会は危機的諸傾向に対して予想された以上に、弾力的に対応することを証明し、それは政治家たちが緊張を取りなし、新しい秩序の支持を得るために特定の資源に頼ったからであるとしている。単純化していえば、時には不完全な民主主義という状況があったとしても、比較的安定した状況の中で、これらの国家が市場化と経済再編成を追求することを可能にする2種類の資源があったのである。政治エリートは、社会主義的福祉国家の遺産、もしくは過去の体制においては抑圧されていたイデオロギー的伝統の再活性化に頼った。そのもっとも重要なものはナショナリズムであった。福祉国家と経済的保護主義は、物質的補償の配合によって社会的混乱を直接的に和らげた。ナショナリズムは、市民にアイデンティティ、帰属、プライドの感覚を与えたが、その感覚はある程度、物質的損失や不安感に対する補償となりうるものであった。時には、福祉主義とアイデンティティ・ポリティクスは代替可能な選択肢としてよりも、むしろそれらを結合する形をとった。

　われわれがみたように、ナショナリズムへの依存はバルト三国とクロアチアでもっとも顕著であり、そこでは国民的生存が脅威にさらされているという鋭い感覚が、政治エリートと人々の間の強い紐帯を形成し、国民形成と国民化プロジェクトを具体化させた。ナショナリズムが中東欧地域の他の諸国で欠如していたと述べているのではない。たとえ、ヴィシェグラード・グループとスロヴェニアにおいてナショナリズムが役割を果たしたとしても、それは新秩序を正当化するための単一の主要な力として発動されてきたわけではないと述べているのである。もし、政治エリートが福祉主義的社会契約の言質をも与えてこなかったとすれば、ヴィシェグラードとスロヴェニアの民

---

7) Offe, "Capitalism by Democratic Design?"

主主義は、生き残りのために、よりいっそう困難な時期を有したであろう。

　ユーゴスラヴィアおよびポストソ連の分離戦争の印象から、領土回復主義、ゼノフォビア（外国人嫌悪）のような病理を強調するようなポスト社会主義転換初期の文献のナショナリズム解釈と、われわれのナショナリズム解釈は異なる。国民形成という未完の課題がすべての国につきまとったこと、ナショナリストが市民的自由やマイノリティの権利に異議を申し立てたのはたしかである。しかし、われわれは、戦間期とは異なり、明白な反民主主義、反資本主義プロジェクトという病理への凝結がほとんど起きなかったことを考慮に入れると、ナショナリズムの転換に対する一律にネガティブな影響というよりは、むしろナショナリズムの多義的な影響を強調する理由があると考える。一方で、「想像の共同体」は連帯の新しい絆を生み出すか、現存する連帯の絆を強め、そのことは市場の拡張から生じる原子化への対抗を容易にしうる[8]。他方で、中東欧諸国がFDIとEU統合を求め相互に競い合うという新しい環境においては、国民的プライドに訴えかけることが、西側にキャッチアップするための中東欧諸国の広範な戦略の中での共通の要素となった。

　これらの考察から、いくつかの一般化できる主張が生じる。第一に、社会的保護に依拠するか、ナショナル・アイデンティティに依拠するか、さらにこの二つの結合に基づくかのいずれであっても、何らかの連帯を首尾一貫して追求するアジェンダは、資本主義的民主主義の生存の可能性にとって必要条件であると思われる。なぜなら、それなしには、どのポスト社会主義国も首尾よく新秩序の受容を成就できなかったからである。第二に、政治的影響の動態的インパクトの観点から、われわれは福祉主義とアイデンティティ・ポリティクスの間にトレード・オフを見出す。社会的保護の配置の中へ新自由主義を埋め込むことができなくなると、民主主義政治はバランスを失う可能性がある。そして、安定化は多くのアイデンティティ・ポリティクスの服用を通じて起きるかもしれない。しかし、それは、最悪の場合、民主主義の質を犠牲にすることにつながるであろう。

8）この議論については次の文献を参照されたい。Tom Nairn, *Faces of Nationalism: Janus Revisited* (London: Verso, 1997).

実際のところ、福祉もアイデンティティ・ポリティクスのいずれも永遠の安定措置として頼りにできなかったので、トレード・オフは二つの道をたどった。2000年代半ばまで福祉主義的社会契約は、繰り返し国家財政危機による挑戦を受け、制度改革が徐々に進み、不人気な縮減に至った。これとは逆に、アイデンティティ・ポリティクスは、その大衆に訴える力の多くを使い果たし、国民的政策争点よりもむしろ、社会的争点を前面に押し出した。一度オリジナルな資源が使い果たされたとき、どのようにして正統性は維持されえたのか。その答えの一部は、国際システムの役割の中に存在する。

国際統合深化の長所と短所

　1990年代の終わり頃から、ポスト社会主義諸国の資本主義に対する国際統合の深化の影響についての関心が強まった。新自由主義のヘゲモニーの下での収斂の主唱者にとって、新興資本主義の多様性の出現は驚きであったに違いない。この立場からすれば、ソ連帝国が分解するや、その構成国は小難を恐れて大難に陥った。すなわち、グローバル経済に入ったが、収斂理論の支持者の意見によれば、グローバル経済は、過去のソ連型社会主義に劣らず、同質化の強力な動因である。しかし、厳しい対外的制約が地球全体でローカルなエージェンシーの選択の余地を狭めてきたというなら、なぜ対外制約は、欧州でもっともその影響にさらされやすい後発の社会において、かなりの規模の制度的実験を許してきたのであろうか。

　われわれは、中東欧が均一なグローバルな圧力を受けてきたという想定は疑わしく、問題があるとすることで、後発資本主義の多様な経路を説明する。第一に、事例ごとに機会とリスクは異なる傾向にあった。中東欧諸国の政治経済は、それぞれが同一とは言えない世界市場のセグメントとニッチとなり、異なる部門の超国家企業を呼び寄せ、いくつかの事例においては、国際的ないしは超国家諸制度からの特殊な要請に直面したので、多くの新しい差異化の諸要因の影響を受けた。そして、そのような要因は、当該諸国の遺産と政治的選択との相互作用の中で、異なる形態の発展に影響を及ぼしてきた。

第二に、時間の経過とともに対外的要因の影響は異なっていた。多く分析者は、悲観的な予測が失敗したことを示す際に、中東欧の転換の成功を国際金融諸機関、EU、超国家企業の役割をもち出して説明する傾向にあった。とくに、EU加盟の展望が重要であったとみなした。加盟交渉とコンディショナリティ、社会経済的アクターと政治アクターとの超国家的なつながり、中東欧経済への直接投資の深い浸透などが結びついたおかげで安定性がもたらされた。

欧州化に関する文献の信憑性を確信させる多くの事例がある。EU加盟は、ポスト社会主義諸国の転換に大きな正統性を付与した。それは、中東欧地域の西側への復帰のための具体的な展望を与えたからである。EU加盟はまた、とくに国民的人気が衰え、転換施策において後戻りしたかもしれない政治家に対して、時間的余裕を与えた。スロヴァキア、ブルガリア、ルーマニア、クロアチアのEU加盟は、民主的で親市場的な勢力に有利な影響を及ぼした。さらに、EU法、規制、規範と一致することへの圧力と、EUから与えられた援助は政府の実効性を強化した。

にもかかわらず、グローバル金融危機の勃発が光を当てることになったのは、欧州化が短期的な経済的政治的安定性を促すが、中期的にはこの安定性に挑戦することになるような、さまざまな論争の的となる諸要素であった。グローバル金融危機は、豊富な外国資本がレジーム特有の社会的緊張を緩和するうえで果たしてきた重要な役割を気づかせた。中東欧諸国のEU加盟は、超国家企業一般の大量の投資を促すとともに、とくに超国家的銀行を（すべてではないが）多くの新規加盟国の国内市場にかなりの量の流動性を注入する気にさせた。

外国金融〔機関〕への容易なアクセスは、急速な成長に火をつけ、外貨建ての貸し付けは、新しい体制の富に占める家計のシェアを大きくした。しかし、それは重いコストとなった。危機はバルト三国、ハンガリー、ルーマニアにひどい打撃を与えた。純粋な新自由主義レジームは世界でもっとも険しいリセッションを経験したが、それはかなりのところ、極度に厳しい調整プログラムに起因した。事態をいっそう悪くしたのは、金融的成長の期間に、

それでなくとも強くない工業の競争力がほとんど破壊されたことであった。

　新自由主義レジームの悲惨な運命は、欧州に広がる深い断層、EUの経済と政治を脅かす一つの「隠れた裂け目[9]」の表現でもある。グローバル危機以前の10年の間に、マーティン・ウルフが適切にも「蟻」と「キリギリス」の経済と呼んだものの間の険しい分断が出現してきた[10]。欧州のいくつかの経済は、根気よく賃金抑制と輸出競争力強化の戦略を追求し、他の経済は安価な信用への容易なアクセスに依存し、資産バブルを引き起こし、その過程で経済の競争力を失った。金融部門、とくに顕著なのはドイツとフランスの銀行であるが、それは「過少消費」の欧州の中心と「過剰消費と過剰刺激」の欧州の周辺の間の溝に橋を架けた[11]。

　ユーロ圏の危機は断層線を明確に示した。それ以降、EUエリートは、経済不均衡と国家債務危機のリスクを減少させるために、欧州連合の社会経済ガバナンスの原則と制度の改革に取り組んできた。ガバナンス改革の中心は、緊縮と金融規律への再度の傾倒と、連帯に対する厳しい制限である。その帰結として、調整のコストは多くの負債を抱える社会に対して、最大級の負担を課す可能性がある。

　したがって、われわれが気づいている危険とは、以前のEUの肯定的な影響が、中東欧が立ち向かわなければならない既存の困難な課題に付け加わる拘束服に変身している、このことである。（少なくとも何人かの経済学者によれば）自滅の見込みのある、外から課される正循環的な債務管理政策は国民の支持を得ないだろう、そして政府は再起のための正統派の学説から離脱する誘惑が増えるかもしれない。人参がないのに、なぜ鞭をとるのか？　そのようなことをすれば、社会経済的争点が全般的に再政治化し、以前に懸命にして得られた国家能力面の成果がリスクにさらされる可能性がある。

　自国内での民主的正統性の衰えと政治化の強まりという挑戦を受けると、

---

9) われわれは隠れた裂け目という述語を次の文献から借用している。Rajan, *Fault Lines*.
10) Martin Wolf, "The Grasshoppers and the Ants — a Contemporary Fable," *Financial Times*, May 26, 2010.
11) *Ibid*.

以前と比べて外国では欧州の諸政権も民主的価値の強化に傾倒しないようになるかもしれない。これらの新しい対外制約の下で、中東欧の民主主義と資本主義の短期的展望を左右するはずのものは、各国政府が正当性を失うことなく緊縮を課す能力である。われわれの分析が示すところ、そのような能力は、レジームよりも国によって異なる。

グローバルな収斂か資本主義の多様性か

また、われわれの知見は、グローバル経済における収斂か、それとも分岐かという大きな論争の中でわれわれの位置を明確にすることに役立つ。ポスト社会主義諸国の分岐は、VoC アプローチに触発された東欧研究者を当惑させるものではない。彼らは、LME（自由市場経済）か CME（コーディネートされた市場経済）かの特質を、すでにはっきりと示す事例を発見してきたと主張する。効率のよさによって、これらポスト社会主義国におけるLME か CME かに一致する資本主義市場経済はグローバルな圧力にもちこたえることができ、明確な選択肢として生き残ったので、かつて流行した**歴史の終焉**という主題に対する新しい一つの変種として中東欧地域をもち出してよいであろうと主張する。すなわち、すべてが終わるときに、単一の「最後の人間」ではなくて、生存可能な双子、自由なコーポラティズムと民主主義的なコーポラティズムがあるはずであると主張するのである[12]。

しかし、われわれは転換が多様な帰結をもたらしたことを、中東欧固有の歴史の終焉を刻印する重要な事象であるとはみなさない。むしろ、われわれの探究が示すのは、多様性の持続と、すべての新しいレジーム、全体としての中東欧地域の政治経済の新自由主義的方向への明確な移動である。最初は、純粋な新自由主義と呼んで正しいのはバルト三国のレジームだけであった。1990 年代の前半には、他のすべての国はまだ西側小国モデルの種々の側面の実施を試みていた。その試みには、諸市場の開始、福祉国家、それにある

---

12) Francis Fukuyama, *The End of History and the Last Man* (New York: Free Press, 1992).

種の民主主義的コーポラティズムが含まれていた。1990年代の末から、制度配置に関わる重要な変化によって中東欧地域のマクロ社会的風景が変わってきた。純粋な新自由主義も、埋め込まれた新自由主義のグループも、南東欧諸国から新しいメンバーを受け入れた。ヴィシェグラード諸国のネオコーポラティズムの以前からの実験は続かず、スロヴェニアだけがカッツェンスタインの小国モデルを代表するものとして残った。

2000年代になると、漸進的な、そしてときおり急激な変化がみられた。スロヴァキアが福祉国家を改革し、それを縮小し、一律課税にしたうえで、税率を引き下げた。これらの点でスロヴァキアは純粋な新自由主義に近づいた（これ以外の点で近づいたのではない）。同じときに、ハンガリーは過度に寛大な福祉主義と、その病理によって身動きがとれなくなったが、他のヴィシェグラード諸国では福祉の削減がしだいに標準的傾向となっていった。最後に、グローバル危機の到来とともに、スロヴェニアのネオ・コーポラティズムもまた弱体化した。

概していえば、動態的観点からみて、われわれの類型論のネオ・コーポラティズムの端は「閉じられ」、それは2000年代の末にはほとんど空席になり、純粋な新自由主義という反対の端は広く「開放され」、しだいに席が混んできたように思われる。この非対称性は、われわれの類型論を他の事例に適用し、類型を同定する時に役立つ。二つの国の集団が思い浮かべられる。一つは、南東欧とCISの多くの弱い国家であり、別のものは危機に悩まされているEUの地中海および北西周辺部の国家である[13]。

2000年代に遅れて新自由主義に向かって変化したほとんどすべての中東欧諸国は、もともと、弱い国家の経路からやってきたとわれわれは論じてき

---

[13] われわれは、われわれの多様性論がアゼルバイジャンあるいは中央アジア諸国に妥当するかどうかについて懐疑的である。なぜなら、ソ連の体制は、総じてこれら諸国を、相応の製造業と熟練労働力、福祉編成、充分な国家能力をもたない、前工業段階に置き去りにしたからである。それが、これらの国が資本主義へのブレイクスルーに失敗したことの説明になるが、われわれの類型論は資本主義が生成していない場合には効力をもたない。これらの国は天然資源依存状態にある点でロシアと同じであるが、本書は資源に乏しい小国を対象とし、資源があることで問題を有する大国を対象としていないためロシアに関する検討は行なっていない。

結論　ポスト社会主義諸国の資本主義の20年

た。したがって、いまなお弱い国家能力に悩まされている他の小国も、将来的に同じ道を歩むであろう。たとえば、アルバニア、モンテネグロ、マケドニア、セルビア、グルジア、アルメニアは秩序のとれた新自由主義形態を受け入れる可能性を秘めているように思われる。

　新自由主義レジームのグループに入ると目される国でそれが実現されるためには、その近隣国および国境内部のエスニック・マイノリティとの持続性のある安定した状態が築かれていなければならない。これは、それらの国が過去に解決してきてこなかった問題である。それらの国はまた、少なくとも市場化、安定化、汚職のコントロールなど最小限のアジェンダを、以前と比べ、もっと首尾一貫して遂行する行政能力を（再）形成するか、輸入しなければならない。

　ブルガリア、ルーマニア、クロアチアで行なったように、外国のアクターは、この限られた性質の国家形成において中心的役割を果たす必要がある。しかし、EUの拡大の決意が弱くなるにつれて、上記の新自由主義の形態を受け入れる可能性を秘めている国々は、新しいどんな秩序を受け入れることにも失敗し、それにかわってほとんど国家能力のないボスニア・ヘルツェゴヴィナ、コソヴォ、モルドヴァの陣営に加わるかもしれない。

　われわれの類型論が包摂する範囲は、外国のアクターの好意的な影響のおかげで国家能力の強化によって開発ヒエラルキーの底辺からはい上がってきた国々以外にまで広げられるかもしれない。新参者の別の集団は、経済進歩の階段の最上階に近い位置から急激に転げ落ち登場するかもしれない。この場合の転落は、国家能力の弱体化の結果であろうが、部分的には好意的でない国際的圧力に起因するであろう。

　そのような転落は、国家債務危機という不安材料がいったん、一連の西欧と南欧諸国の急激な転換を誘発したとき、現実的可能性をもつようになった。アイスランド、ギリシャ、ポルトガル、スペイン、アイルランド（そして直近ではキプロスと、実のところイタリアまで）は、グローバルな市場、国際金融諸機関、EUによる厳しい圧力にさらされ、福祉国家を劇的に縮小し、最近結ばれた社会契約を、社会的パートナーシップの制限を通じて終結させ、

381

公的機関と公益事業の規模を縮小しようとしている。緊縮政策は、これらすべての国で政治的不満と政治的不安定を引き起こしてきた。

EUの「古い」周辺資本主義が、一度は現在の混乱状態を脱するが、究極的には欧州の「新しい」周辺の脆弱な多様性を連想させる性格のものとなる可能性を排除できない。そのような帰結により、中東欧地域は市場を維持するために20年に及ぶ〔ギリシア神話の〕シーシュポスのような努力をするだろう。そして不利な条件の下での民主主義は西側諸国自身がそこに向かって進んでいる状況の前兆として現れてくるだろう。つまり、社会的・政治的基礎を弱める資本主義の傾向に対する終わりなき闘争の新たなラウンドである。

新たなグローバルな転換

われわれは、ポスト社会主義諸国の資本主義の多様性を理解するためにポランニー的枠組みの輪郭を描くことからはじめた。比較政治経済学の他のアプローチとは対照的に、この枠組みは、市場の深化と社会防衛の同時的圧力、資本と社会の諸力から政治に課せられる諸要請を和解させることの困難さ、資本主義システムの多次元的ガバナンスなどから起こる資本主義の対立的で紛争的な性格を看取することを可能にする。この枠組みに基づいて、われわれは、過去20年の間にそれぞれのレジームがこれらの緊張を取り扱うため、どのように固有の形態と能力を展開してきたか、資本主義のいかなる危機にも屈服することのないようにするためにどうしてきたか、すなわち社会の解体と経済無秩序と政治的崩壊、あるいはそれらのいずれかをどのようにして避けてきたかを示してきた。しかし、われわれはまた、新自由主義を埋め込む諸形態がますます弱まる方向へ進む流れや、大不況によって強まる流れが、現存の妥協にリスクをもたらしつつあることも示してきた。市場を生き残させることが社会や国家の安定に対して優先権をふたたびもつようになってきている国際環境の圧力の下で、社会的補償と民主主義的決定の余地は劇的に狭まってきている。

純粋な新自由主義は生き残ることができるのであろうか？　それは、グロ

ーバルな諸制度、欧州の諸制度、国民的諸制度の中で身を守ることができるであろうか？　西側、非西側を問わず、社会はグローバル金融システムが招いた破壊から、グローバル金融システムを救うコストに耐えることができるのか、あるいは耐える用意があるのだろうか？　社会は危機を解決するために提案されている治療を受ける用意、すなわち「金融危機は銀行とその行動が関係していた」という事実を考慮に入れずに、解決策に関しては「福祉国家と公的支出をきっぱりと削減する必要がある[14]」と再定義する用意があるであろうか？　それとも、われわれは運動と対抗運動の新たなサイクルがはじまり、そこから、いっそう埋め込まれた経済が出現するのをみる可能性があるのだろうか？　この終章の残りの部分で、本書で展開したポランニーの観点は、現代の資本主義に広がっているいくつかの緊張を探索するのを可能にはするが、他方で資本主義、社会保護、民主主義の新たなバランスを偶然みつけることは困難であることも指摘する。

　最近、純粋な新自由主義に対する三つの挑戦が確認されている。東側に限定されない展開として、大衆的抗議、広がるゼノフォビア、ナショナリズム・極右ポピュリズム政党の衝撃的な興隆などを指摘しながら、いく人かの論客はポランニーの1930年代「ファシズム的状況」を思い起こしている。当時、政府による市場システムの防衛と、政府の金本位制への傾倒は、失業と賃金下落にますます不満をもつ労働運動との究極的に和解不能な対立を引き起こした。これは、産業界に立てこもるビジネスと、議会を盾にしていた労働の間の克服できない緊張に導いた。膠着状態はファシスト独裁で「解決」されたが、それは民主主義とグローバルシステムの双方を捨てることの代償で、国民経済を救済するというものであった[15]。

　ポランニーの戦間期についての叙述と、現代のナショナリズムの傾向および民主主義の沈滞との間には一連の類似点がある。しかし、重要な差異もまた存在する。われわれは、敏感に反応する政府と責任を負う政府の間の相違、

---

14) Colin Crouch, *The Strange Non-Death of Neoliberalism* (Cambridge: Polity Press, 2011), viii.
15) Polanyi, *The Great Transformation*, 235-36.

およびそれと関連する、統治する無責任な政党と政権を望まないが敏感に反応する政党との間の分極化に関するメイアーの見解に依拠し、それらの差異のいくつかを捉えるよう試みてきた[16]。

メイアーにとって、ポランニーの記述にあるように、敏感に反応する政府の諸問題は国際的制約だけから生じているわけではない。彼はまた、政府が世論を読み、利害を統合するうえで直面している困難を強調している。なぜなら、政党と市民社会の繋がりが弱くなってきており、選挙民大衆の意見がますます分断されてきているからである。さらに、政党組織率の低下のために、諸政党は、ほとんど、選挙民に対する統御力を失ってきた。ポランニーの用語に翻訳すれば、メイアーの概念は、今や対抗運動の諸勢力は組織的でなく、分断されており、その優先度は不鮮明である。こうして、1920年代および1930年代とは異なり、対抗運動の諸勢力は議会に要塞を築くための組織的かつイデオロギー的資源がいまや欠如しているのである。

ここからいえることは、資本主義的民主主義への主な挑戦は、ポランニー型の膠着状態や、膠着状態が引き起こすファシストあるいは非リベラルな新しい集団による襲撃から起きるのではないかもしれないということである。そのような脅威もまた、中東欧地域および欧州の現実の一部であることを疑うわけではないが、われわれはむしろ、民主主義の乏しい成果に対する広範で慢性的な不満に起因する民主主義の基盤の浸食の中に差し迫った危険をみる。この不満が、公式の政治と現存の政党システムの枠内で、はけ口と治療法を見出すことができない結果、不満は政治的アパシーに変わりそうである。そのとき、最悪の場合は、T・S・エリオットを敷衍していえば、ポランニーのいうバンという爆発音ではなく、共産主義専制政治の多くの事例と同様に、泣き言とともに民主主義は亡くなるであろう。これが真実なら、存在する人々の不満と怒りが、どのようにして資本主義を再度埋め込むことを可能にするような効果的な対抗運動に高められるのかを知ることは困難である。

市場諸力を抑制する国民民主主義の限定的役割と、グローバルなレベルで

---

16) Mair, "Representative versus Responsible."

ますます組織されてきたアクターについての認識から、一連の著者は対抗運動の超国家的源泉を指摘する。たとえば、最近の論文でカポランとタロウは、EU レベルの干渉に起因する**超国家的に埋め込まれたリベラルな妥協**が展開しつつあると述べ、欧州裁判所が、しだいに、その重点を EU 域内における労働移動を強化する決定から、超国家レベルでの移民の年金、家族、市民に関する権利を強化することを目的とする脱商品化規制のほうに重点を移しつつあるという証拠を提示し、彼らの主張を立証している[17]。

欧州の諸制度をそれほど信頼せず、クラウチはむしろ「規制を、大企業によるよき行動を確実にもたらす軽い監視と取り換える」ような、「より交渉的で、自発的な規制システム」を構築し、グローバル法人に頼る必要性について熟考している[18]。企業の社会的責任面での改善への期待は、規制なき市場によって脅かされている企業と、利潤のみならず「社会的認知」も追求している資本主義的エリートの小集団が、対抗運動の勢力を補強する可能性があるとするポランニーの考えと両立する[19]。クラウチは、グローバル企業がいっそう責任ある行動に関心をもつようになるはずの理由として、消費者がグローバル企業に行使する圧力を指摘している。「巨大な超国家企業でさえも……それらが株主価値を最大にしなければならないなら、その製品を販売する必要があり、そのことは、巨大企業をある種の圧力に対して脆弱なもの、敏感なものにすることを可能にする[20]」。それは、企業に対して、多くの大切な人権と価値を尊敬することを強いる消費者としての市民に機会の窓を開き、結果として企業の純粋な利潤追求活動に対する制約をもたらすことになる。

ジョン・ラギーの最近の論文もまた、国民国家規模よりむしろ、グローバルな規模で自由主義を再度埋め込むため、グローバル企業と消費者を結びつけるという方策のほうを信頼するという、よく似た考えを示している[21]。人

---

[17] James A. Caporaso and Sidney G. Tarrow, "Polanyi in Brussels: Supranational Institutions and the Transnational Embedding of Markets," *International Organization* 63 (2009): 593-620. 強調は原著でなされている。
[18] Crouch, "What Will Follow," 485.
[19] Polanyi, *The Great Transformation*, 153.〔『[新訳] 大転換』279 頁〕
[20] Crouch, *The Strange Non-Death*, 138-39.

権と超国家企業に関する国連の特別代表に任命され、ラギーは「国連グローバル協定」の実施を通じて、超国家企業と市民社会の関係をいっそう実り多いものにする政治的機会とリスクの現場体験をしてきた。とはいえ、ラギーはまた、そのような新しい国際的構築物が直面する政治的制約についても述べている。第一の制約は、新しいビジネスと人権のアジェンダを国内舞台で実行する個々の国家の能力の限界である。あるいはまた、同じ目的のために国際レベルで相互に連携する点においても個別国家の能力には限界がある。第二に、「個別責任モデルは、グローバルガバナンスのシステムにおける大きな不均衡を解決できない」ということである。もっとも重要なことは、新自由主義を埋め込む再度の試みは、このアジェンダを支持する社会運動と包括的な政治的同盟がつくられなければ出現しないということである[22]。

これらのグローバルに飼いならされた自由主義という新たな時代のビジョンは、国内領域と国際領域の間のデリケートなバランスに基礎をおいていた戦後の埋め込まれた自由主義という妥協よりも、バランス・オブ・パワーと**国際金融業**（haute finance）によって保証されていた19世紀秩序と多くの類似点をもつ。〔つまり、新たな時代のビジョンと〕**国際金融業**——その主な動機は利益であるが、その目的を達成するためには責任ある方法で行為しなければならなかった結合した超国家的銀行エリート——の役割〔の間〕にいくつかの類似点を見出すことは困難ではない。ポランニーが主張するように、100年の平和は、利潤極大化の可能性を掘り崩す戦争を回避するための国際金融業の決意に由来するものであった。そして、その目的のために、国際金融業は諸政府に対してその力を行使し、必要とあれば、「もっとも平和が崩れやすい紛争地域のために事実上の行政を提供した[23]」。

---

21) John G. Ruggie, "Taking Embedded Liberalism Global: The Corporate Connection," in *Taming Globalization: Frontiers of Governance*, ed. David Held and Mathias Koenig-Archibugi (Cambridge: Polity Press, 2003); John G. Ruggie, "Business and Human Rights: The Evolving International Agenda," *American Journal of International Law* 101, no. 4 (October 2007): 819-40; and John G. Ruggie, ed., *Embedding Global Markets: An Enduring Challenge* (Aldershot: Ashgate, 2008).
22) Ruggie, "Business and Human Rights," 838-40.
23) Polanyi, *The Great Transformation*, 14.〔『[新訳] 大転換』21頁〕

しかし、社会的に責任ある超国家エリートによって保たれるグローバルなリベラル秩序の再形成が起きる可能性は少ない。これには二つの理由がある。第一に、ストリークが主張するように、新自由主義的なグローバルシステムを特徴づける著しい不平等が、事実上「エリートの「世話役」という伝統的考えを存在しないものにしている」ため、今日のエリートの関心は「体制の生き残りという関心とは切断されている」といっても過言ではない。かわりにわれわれが直面しているのは「金持ちがますます金持ちになり、彼らの消費が経済成長を持続させ、利潤はそれに依存しており、大衆消費者の貧困化が進行することに直面してさえも、そうした状況がある」ということである[24]。その結果として、企業と消費者が市場を社会に埋め込むことに貢献する度合いについては、いっそう綿密な検討が必要である。

第二に、たとえグローバルエリートが、いっそう大きな社会的責任の感覚を呼び起こされるようなことがあったとしても、エリートたちは体制の維持を可能にするために、大衆民主主義を事実上19世紀のレベルに引き下げる道を見出すことが必要となるだろう。大衆民主主義がますます掘り崩されたとしても、一国の政府の運命は、なお選挙民に依存する。社会の重要な構成員は、人権と消費者主義の拡大に頼るアジェンダに満足する可能性は小さく、実質的な社会保護の点でみるべきものをほとんどもたないだろう。こうした論点は、国民国家政治のレベルにおいてそのまま重要なものとしてあり続けるはずである。政府の運命は、こうした論点と関連する事象に対する政府のスタンスと密接に結びついている。こうして資本主義ガバナンスの複数レベルの間の軋轢は深刻となり、ガバナンスの崩壊という危険がいつか現実となる可能性がある。

このような考えに沿って、いく人かの観察者は、超国家的ガバナンスやエリートをそれほど信頼せず、むしろ国際的バランス・オブ・パワーの新しい時代を指摘し、それが長期的には資本主義を埋め込む可能性となるとする。とくに、中国と他のBRICsメンバーの興隆はアメリカ型自由主義に対する

---

24) Streeck, "Taking Capitalism Seriously," 15.

挑戦となる。製造業製品輸出と外資の取り込みに頼る国家主導工業化という明らかに成功した現代の波は、中国資本主義を世界規模の買収を行なう地位へと移動させてきた。中国の台頭は、アメリカの覇権が金融的溶解と国内の政治的苦境によって脅かされるのと同じ歴史的瞬間に展開しているように思われる。この展開は次のことをよく示しているかもしれない。「過去20年のグローバル金融の拡大は、われわれが覇権の危機の最中にいることのもっとも明白な兆候である。多かれ少なかれ、西側諸国が世界資本主義システムの管制高地から転落する日が来る可能性は差し迫っている。まさに起きそうである……。もし、〔世界資本主義〕システムがいつか崩壊するなら、それは主に調整と適応に対する米国の抵抗から生じるであろう。逆にいえば、東アジア地域の経済力の台頭に対する米国の調整と適応が、破局的でない新たな世界秩序への移行のための本質的条件なのである[25]」。

　これらのすべてが、ポランニーの一つの力強いメッセージをわれわれに思い起こさせる。われわれによるポランニーの読解においては、市場の拡張と市場の規制は厳密に一対のパターンで展開するわけではなく、ときおり両者の間ではかなりのタイムラグがあった。いずれかの側の挑戦がすべて、適切なときに、そしてそれに匹敵する力をもって、もう一方の側によって対処されるというわけではないので、二重運動の振り子の論理が、いずれかの方向へ極端な揺れを生み出すことがありうるであろう。すなわち市場拡張の諸力によって促される極端な揺れもか、その逆〔市場の規制による〕の極端な揺れもあるだろう。大不況、ファシズム、第二次世界大戦をみたという有利な時点で書かれたポランニーの著書は、政治的に扇動された大衆社会によっては、市場経済が機能するために基本的に必要なものをバランスよく規制することの困難と、そして時にはそれが不可能となることについてみごとに説明して

---

25) Giovanni Arrighi and Beverly J. Silver, *Chaos and Governance in the Modern World System* (Minneapolis: University of Minnesota Press, 1999), 273-74, 287-88. これらの主張が1999年に提起されていたことに注目すべきである。晩年のアリギは、最近の次の著書で中国に関する諸問題を詳細に検討している。*Adam Smith in Beijing: Lineages of the Twenty-first Century*, London: Verso, 2007. 〔『北京のアダム・スミス——21世紀の諸系譜』上野友也ほか訳、作品社、2011年〕

いる。

　これらすべてにかんがみると、ここで示されている展開の何らかの結びつきが、正しくもグローバル的埋め込みかあるいは欧州的埋め込みと称される一つの包括的な秩序の成立に結局なっていくのかどうかが検討される必要がある。もし、それが起きなければ、新しい超国家的運動と対抗運動の間の部分的な妥協の緩やかなパッチワークや、そしてまた衰退する覇権国と新しい覇権国の間のそれも、国民的舞台で観察される分裂を反映するものになるであろう。そのような帰結は「新しい中世」という形に似たものになるであろう。「新しい中世」という形は、カッツェンスタインの解釈では、「多様な地域的背景の中で、集団的な権威とアイデンティティが、入れ子状態の複数の中心に向かって進む動き」のことであり、そしてそれが挑戦を受けるアメリカの覇権と、どちらにしても現われる挑戦者の対抗的覇権と相互に作用し合うことである[26]。

　グローバル危機がまだ展開しており、資本主義的発展がとる経路については大きな不確実性がある。このため、過度に確信をもつような予想を急ぐべきではない。しかし、われわれは、次のことを示してきたと願っている。われわれが適用してきたポランニーの枠組みは、市場社会の諸経路の分析にとっていまも妥当であること、たとえ市場社会の経路が、福祉主義以前の、そしてまた民主主義以前の新しい中世という将来に至るとしてもそうである。重要な点で、われわれの世紀はまだ大転換の世紀なのである。

---

[26] Katzenstein, *A World of Regions*, 245, citing Hedley Bull, *The Anarchical Society: A Study of Order in World Politics* (New York: Columbia University Press, 1977), 254-55.

訳者あとがき

　一つの政治経済システムの転換の構造的でダイナミックな過程を描きだすには強力な理論と大きな構想力が必要である。それは知の巨人でしかできないかもしれない。本書は、Dorothee Bohle and Béla Greskovits, *Capitalist Diversity on Europe's Periphery*, Cornell University Press, 2012 の全訳であり、ボーレとグレシュコヴィッチの2人は知の巨人ではないかもしれないが、強力な理論と大きな構想力の持ち主であろう。ドロテー・ボーレとベーラ・グレシュコヴィッチの共同著作である本書は2013年比較社会科学研究のためのスタイン・ロッカン賞を受賞している。スタイン・ロッカン賞とは、国際社会科学評議会（ISSC）、欧州政治研究コンソーシアム（ECPR）、ノルウェー・ベルゲン大学よりあらゆる領域分野の社会科学の比較研究における極めて優れた独創的な著作に対して与えられる賞である。

　著者の2人の経歴を簡単に紹介しよう。ボーレはベルリン自由大学で学位を取得したのち、ベルリン自由大学、ベルリン社会科学研究センターを経て、ハンガリー・ブダペストにある中欧大学CEUに2000年に移ってきている。この間、イタリア・フィレンツェの欧州大学院（フェルナン・ブローデル研究員）など多くの大学と研究機関で客員研究員などを務めている。現在、CEUの政治学科教授（2013年以降）である。研究分野は東欧の比較政治経済で、福祉レジーム、労使関係、小国研究である。これに対してグレシュコヴィッチは同大学の国際関係・欧州研究部門と政治学部門の教授である（1999年以降）。彼の研究テーマは、社会運動、抵抗運動、政治改革の政治経済学、東欧のトランスナショナルな統合である。ボーレとグレシュコヴィッチの共同執筆論文は、2001年のGreskovits B, Bohle D., "Development Paths on Europe's Periphery: Hungary's and Poland's Return to Europe Compared," *Polish Sociological Review* に始まるので、2人はCEUに着任直後から共同研究が開始され、私生活でもパートナーの関係であると聞いている。その意

味でここ 10 年以上に及ぶ共同研究の成果が本書で実を結んだとみることができるだろう。本書の翻訳はボーレ、グレシュコヴィッチと翻訳者（主として堀林）との長年にわたる研究交流の結果として実現したものである。

　政治経済学は、長期の視角からみると、一つの経済社会システムの内的仕組みや成長あるいはその変動を解明するだけではなく、一つの経済社会システムから他の経済社会システムへ発展、転換や進化を解明することも重要な課題としている。古典的経済学はそれを発展段階論や、封建制から資本主義へ、資本主義から社会主義への転換（過渡期）問題として取り組み、現代の政治経済学は開発経済論、世界システム論、新興経済論として挑戦してきている。1990 年代に旧社会主義圏が旧体制からの転換を本格的に開始したとき、一方では、社会主義経済研究者やソ連東欧の地域研究者はどのようなタイプの西側資本主義に類似した資本主義になるのだろうかと予想・議論したが、他方では、その体制転換が経済学の発展のための豊かな経済学的素材を提供する壮大な実験室となるのではないかと経済理論系の研究者は期待した。極端な比喩で表現すれば、人類史で 2・3 世紀前に展開された資本主義の誕生と生成の再現を実地に目の当たりにすることができるのではないかと予想した。

　しかしながら、実地での目前の観察だけでは、一つの経済社会システムから他の経済社会システムへ発展、転換や進化について説得的な解明、豊かな経済学的素材の提供を必ずしももたらさなかった。そのようななかで移行経済論が誕生し、何から何への移行なのか、どのような経済システムに「取り替える」のか、その移行の政策的手段は急進主義的かあるいは漸進主義的か、どのようなタイプの民営化が移行に最適なのか、が重要な争点となり、豊かに提供されるはずの素材は既存の経済学の諸理論と諸研究の中に吸収されていった。では、既存の政治経済学は体制転換の現実をその理論的射程に収めることができたのか。例えば、制度的補完性を前提とする資本主義の多様性論（VoC）は制度的不安定性・変動を前提とする体制転換途上の経済分析には不十分であった。必要なのは、目前に観察される豊かな素材を「料理」するための強力な理論と大きな構想力であった。本書はそれらを提供し、単線

的な研究姿勢への核心的批判となり、そのオールタナティブともなっている。

　オールタナティブとしての強力な理論とはカール・ポランニーの『大転換』論であり、それを「欧州の周縁」である中東欧全体に拡張し、そのポスト社会主義のわずか2・3カ国ではなく、その11カ国の体制転換に適用して、その体制転換を現代の世界経済・欧州（EU）・国民経済という多層的な空間の中で歴史的に制度化される過程として解明している。ここにその構想力の大きさが現れている。大きな構想力となっているのは、ポランニーのトリアーデスキームと、それを拡張した六角形の制度配置のスキームである。

　トリアーデスキームとは、『大転換』研究のなかで解明した「二重運動」を自己調整的市場に向かう持続的圧力と、市場諸力への従属に対する社会の自然発生的な抵抗との間の緊張、それらの二重運動の緊張とは自律的に展開する広義の政治システムの動態、この三つ巴の相互作用を示すトリアーデである。拡張した六つの制度的配置とは次の六つの制度化のプロセスを指す。六角形の一つの目の頂点とは、（1）完全に自立化しようとする市場諸力や経済的自由化であり、それに対抗する（2）大規模な体制転換コストの補償と社会結束（国家による福祉給付と産業政策の実施）との相互関係に、（3）マクロ経済的調整とそれがもたらす経済的安定性が相互作用的に影響する。自律的に展開する広義の政治諸制度の動態は、（4）民主主義的決定と統治、（5）政府の全般的行政能力、そして（6）コーポラテズム的な社会的パートナーシップが相互作用的に影響を与え、転換を実行する政治経済システムの全体的潜在力を規定する。この六つの関係をレジーム形成の最初の局面（90年代前半）、第二局面（90年代後半〜2000年代末）、第三局面（2000年代末以降の大不況期）を区分しながら分析している。本書の中東欧の資本主義の特徴は二つの局面、つまり国際的な局面と一国民族的（ナショナル）な局面から押さえられ、そこでの資本主義の異なるタイプの出現を、一方では政治的意思決定と過去の遺産と、他方では国際的な行為者の、この三者の相互作用を通じて説明している。さまざまな要素と諸理論を一つの理論的に一貫した枠組みのなかに統合することに成功している。

　この強力な理論と大きな構想力そして三者の相互作用の分析で解明されて

いるのは、ポスト社会主義国が三つのタイプの資本主義政治経済へ進化する過程である。三つのタイプとは純粋な新自由主義型、埋め込まれた新自由主義型そしてネオコーポラティズム型である。小国であるバルト諸国は旧社会主義の遺産を全面的に否定して、新自由主義的処方箋に従い、純粋な新自由主義型へと転換した。ポーランド、ハンガリー、チェコ共和国、スロヴァキアの中東欧諸国は輸出産業の育成のために外資の直接投資を利用し、同時に前体制から受け継いだ福祉レジームや、産業政策を実施するための政府の力量を保持した。その結果、埋め込まれた新自由主義型となった。これに対して、スロヴェニアは新自由主義型からは乖離して、競争的産業とネオコーポラティスト的な社会包摂を組み合わせるのに成功している。この7カ国以外に、ルーマニア、ブルガリアは国家の転換能力の不足ゆえにバルト諸国に近い、純粋な新自由主義型になり、残るクロアチアはバルト三国の成長経路に類似しているが、ヴィシェグラード諸国のタイプに接近している。この三つのタイプの資本主義は、08年世界金融危機の直接的影響とその後の波及効果的影響のもとでも、その多様性を維持しながらも、すべての中東欧諸国が新自由主義的方向に明確に移動していることがまとめの箇所で指摘されている。それは広義での国家の組織能力の低下と好意的でない国際環境のためである。

　ボーレとグレシュコヴィッチが欧州周縁国の多様性とその変化についての分析に成功しているのは、政治システム、とくに政治エージェンシーの中心性にあるだろう。初期の社会主義の遺産と脅威をめぐる改革の政治的アジェンダ、極度の不確実性・包括的変化の複雑性と異なるリスク、経済統合の深化や多国籍企業の影響など時間の経過とともに異なる対外的要因の影響を政治的エリート自身がいかに判断するのか、つまりその「知覚（perception）」に特別の役割を本書は与えている。さらにその背後には民族意識（national identity）や社会的保護（social protection）の観念が横たわっている。この政治システムの中心性の強調は、反対に、経路依存論、地理的近接論の役割を相対化している。

　ここでは第1章から第6章までの内容の要約は行なわないが、2点だけそ

訳者あとがき

の強みを指摘しておこう。第一に、本書の最大の強みは、一国政治経済の研究者とは異なり、中東欧の11カ国の国内政治経済の重要事件だけでなく、政治的アクター、歴史的遺産、イデオロギー的諸潮流、政策選択についての豊かな知識をもち、それを変化する国際的脈絡と切り離さないで分析している点にある。中東欧の新しい資本主義の研究は魅力的なテーマであり、特定の国や特定のテーマそして特定の期間に限定した研究は沢山発表されているが、国・テーマ・時期の点で包括的な研究はいまだ発表されていない。その意味で本書はこれからの研究の参照必読文献となるだろう。第二に強力な理論と大きな構想力に関連した第1章の位置づけである。この章はそれ以降の各章の理解にとって決定的に重要な章となっている。エリアスタディとして本書のなかで自分の興味・関心ある章だけを読むこともできるが、その場合でもまずもって第1章を読んでもらいたい。さらにいえば、第6章とともに、現代資本主義論のなかで欧州の資本主義の多様性論、資本主義的民主主義論の研究としても大きな貢献を果たす可能性を秘めている。また、本書では分析されていない旧ソ連加盟の体制転換や中国などの研究に参照されるべきものである。

　これまでボーレとグレシュコヴィッチの仕事に注目していたわれわれは、以下のような不十分さを指摘してきた（堀林巧『自由市場資本主義の再形成と動揺』2014年）。一つは従属的資本主義に関わる。中東欧の資本主義の共通性として外資依存型資本主義あるいは超国家トランスナショナルな資本主義として評価するとき、その否定的側面を軽視できないものとして理解するのに対して、2人は外資による構造改革の側面を重視し、その改善の度合いと中東欧の資本主義の多様性を結びつけて、むしろ肯定的に評価してきている。

　この点は二つ目の指摘にも部分的に重なり合う。本書では、中東欧の多様な資本主義への移行の際に、転換国家やそれを構成する政治的エリートなどの決定的役割を重視しているが、その場合でも中東欧の諸国家を重視しているというよりもむしろ、より強力なアクターとしてEUや欧州の大国そして多国籍企業の力量を軽視しているように思われる。欧州化・EU化の影響や特定のEU加盟国（例えばドイツ）の特殊な影響、多国籍企業の影響の分析が

平板的である。もちろん、本書の後半に行けばいくほど、そして現時点に接近すればするほど、トランスナショナルな側面、EU 統合と超国家企業の影響が色濃く分析に反映している。それでも、第三局面の中東欧の資本主義の特徴をいかに理解するのか、それを欧州資本主義の危機の局面の中に置き直して考察することが望まれるのではなかろうか。例えば、ギリシャなどの南東欧とヴィシェグラード諸国の相違は欧州の周縁国の危機のあり方として興味深い。

　この包括的研究には強力な理論と大きな構想力をもっているがゆえに、様々な不十分な面も指摘されるであろう。政治システム・政治エージェンシーの中心性が謳われながらも、転換期における国家の機能と役割についての分析は十分ではない。体制移行を左右する各国の選挙制度の果たす役割について体系的な分析がなされていない。財政資源の移転のみに合わせた福祉国家の評価は分析が狭い。複雑製造業の分析はされているが、経済統合におけるサービスセクターの分析が是非必要だと思われる。市場経済化を表現する本書の諸指標は 11 カ国の市場経済の実態と十分にかみ合っているのか、などがそれである。しかしそれらは本書の学術的価値を決して下げるものではない。移行経済研究者と東欧地域研究者にとって必読文献である。

　最後になったが、本翻訳の出版にあたっては多くの方々のご助力を頂いた。原著者のボーレとグレシュコヴィッチさんには、不明な用語や翻訳箇所については直接の面談やメールでの意見交換で、丁寧な説明を下さった。わざわざ日本語版のための序文もいただいた。ナカニシヤ出版と編集部の酒井敏行さんには本書の意義を理解して、本書の翻訳出版を快く引き受けていただいた。酒井さんからは編集過程ではきめ細やかな助言を数多くいただいた。翻訳の話は 2013 年 9 月ごろからはじまり、2014 年の春から実際の翻訳の本格的な作業と打ち合わせを開始し、2015 年秋には出版をめざした。だが、翻訳者のそれぞれの個人的事情により出版が予定より大幅におくれてしまったことを深くお詫びしたい。本書の刊行がわが国の比較政治経済研究、欧州研究、この地域のエリアスタディに貢献できるようになれば、訳者一同大変光栄である。この場をお借りしてお礼を申し上げたい。

訳者あとがき

　翻訳の分担については、序章と第1章、結論を堀林巧、日本語版への序文と第2章を田中宏、第3章を林裕明、第4章と第5章を柳原剛司、第6章を高田公が担当した。

人名索引

あ

アイバーセン（Iversen, Torben） 298
アンタル（Antall, József） 209, 217
イアンコヴァ（Iankova, Elena） 30, 60, 265, 266, 271n
イェヌー（Szűcs, Jenő） 230
イバニェス（Ibánez, Carlos） 329
イリエスク（Iliescu Ion） 269, 307
イングロット（Inglot, Tomasz） 100, 213
ヴァグノリウス（Vagnorius, Gediminas） 154, 155, 166
ヴァシリエフ（Vassilev, Nikola） 271n
ヴァーノン（Vernon, Raymond） 125
ヴィデノフ（Videnov, Zhan） 308
ヴェーバー（Weber, Max） 23, 38, 106, 272
ヴリーゲンタート（Vliegenthart, Arjan） 19-21
エヴァンズ（Evans, Peter） 241
エグリティス（Eglitis, Daina） 162, 168n
エスピン゠アンデルセン（Esping-Andersen） 28
エニェディ（Enyedi, Zsolt） 350
エイアル（Eyal, Gil） 16
エリオット（Eliot, T. S.） 384
オスト（Ost, David） 30, 60, 168n, 261, 267
オスランド（Aslund, Anders） 68, 82, 110n, 112n, 362
オッフェ（Offe, Claus） 101, 146, 373, 374
オルバーン（Orbán, Viktor） 210, 249, 251, 343
オレンステイン（Orenstein, Mitchell A.） 116

か

ガーシェンクロン（Gerschenkron, Alexander） 74, 76n
カーダール（Kádár Janos） 76
カウフマン（Kaufman, Robert R.） 50
カッツェンスタイン（Katzenstein, Peter J.） 28, 31, 36, 55, 73, 74n, 76n, 92n, 93, 272, 298, 380, 389
カチンスキ（Kaczyński, Jaroslaw） 212, 248
カチンスキ（Kaczyński, Lech） 248, 345n
カッラス（Kallas, Slim） 151
ガネフ（Ganev, Venelin） 268n, 273, 274, 284
カルヴィーティス（Kalvītis, Aigars） 191, 335
カルドーゾ（Cardoso, Fernando H.） 21
キデッケル（Kideckel, David） 262, 265, 278, 279
キャス（Cass, Fergus） 238
ギルバート（Gilbert, Emily） 159
キング（King, Lawrence） 16
キッチェルト（Kitschelt, Herbert） 91n, 113, 273
グーレヴィッチ（Gourevitch, Peter） 85
クーロン（Kuroń, Jacek） 214, 217
クラウス（Klaus, Václav） 83, 110, 196,

399

203, 206, 207, 223, 245-247
クラウチ(Crouch, Colin) 189, 385
グラジェフ(Gradev, Grigor) 262
グラスマン(Glasman, Maurice) 111n
クルト(Kurth, James) 364
クロウリー(Crowley, Stephen) 260, 261, 264
クンデラ(Kundera, Milan) 230
ケンデ(Kende, Péter) 228
コウォトコ(Kolodkom Grzegorz) 248
コカノヴィチ(Kokanović, Marina) 261
コソル(Kosor, Jadranka) 360, 361
ゴドマニス(Godmanis, Ivars) 335
コルナイ(Kornai, János) 15n, 50, 199, 229
ゴルバチョフ(Gorbachev, Mikhai) 177
コレシャール(Kolesár, Peter) 238

さ
サックス(Sachs, Jeffrey) 13, 30, 68, 86, 118, 149, 301
サナデル(Sanader, Ivo) 360
サヴィサール(Savisaar, Edgar) 147
サライ(Szalai, Júlia) 220, 224
シーマン(Siimann, Mart) 165
シェーンフェルダー(Schönfelder, Bruno) 276
ジフコフ(Zhivkov, Todor) 306
シャルフ(Scharpf, Fritz) 121
ジャコビィ(Jacoby, Wade) 117, 118, 123, 132
シューラー(Schuler, Kurt) 150, 154
ジュスコ(Jusko, Marián) 253
シュチェーレ(Šķēle, Andris) 184
シュナイダー(Schneider, Ben Ross) 20
シュピドラ(Špidla, Vladimír) 246
ジュルチャーニ(Gyurcsány, Ferenc)

251, 341, 344, 346
シュレジェヴィチュス(Šleževičius, Adolfas) 154, 155
ショーシュ(Soós, Attila K.) 285-287, 289
ジョンソン(Johnson, Juliet) 148, 244
ジョンソン(Johnson, Paul M.) 99n
シンキー(Sinkey, Joseph) 154
スクシペク(Skrzypek, Sławomir) 248
スターク(Stark, David) 16
スターリン(Stalin, Joseph) 98, 137n, 228
スタノイェヴィチ(Stanojević, Miroslav) 260, 264, 265, 353-355
ステーン(Steen, Anton) 171
ステパン(Stepan, Alfled) 272
ストリーク(Streeck, Wolfgang) 29
ストロス=カーン(Strauss-Kahn, Dominique) 332
スラクテリス(Slakteris, Atis) 335
ズリンダ(Dzurinda, Mikuláš) 208, 221, 222, 243, 253, 254, 347-348, 350
ゼマン(Zeman, Miloš) 245
セルジン(Selgin, George) 150, 154
セレーニ(Szelényi, Iván) 16, 224
ソスキス(Soskice, David) 17

た
タウンズリー(Townsley, Eleanor) 16
タトゥーア(Tatur, Melanie) 30
チャーキ(Csáky, Pál) 253
チャウシェスク(Ceaușescu, Nicolae) 305
ディーガン=クラウス(Deegan-Krause, Kevin) 325
ティトー(Tito, Josip Broz) 275
ディミトロフ(Dimitrov, Philip) 271n
ディミトロフ(Dimitrov, Veselin) 306, 310

人名索引

ティリー（Tilly, Charles） 272
トゥジマン（Tuđman, Franjo） 261, 266, 268, 269, 275, 276, 305, 308
トゥスク（Tusk, Donald） 347
トショフスキー（Tošovský, Josef） 244, 245
ドプチェク（Dubček, Alexander） 215
トメシュ（Tomeš, Igor） 215
ドラホコ‐ピル（Drahokoupil, Jan） 17
ドレイフェルズ（Dreifelds Juris） 111
ドロウヒー（Dlouhý, Vladimír） 109

な
ネルケ（Nölke, Andreas） 19-21
ネルソン（Nelson, Joan M.） 41

は
ハーシュマン（Hirschman, Albert O.） 5, 124, 326, 327
バーンズ（Barnes, Andrew） 309
ハイエク（Hayek, Friedrich August von） 81, 84, 150, 157, 202
ハヴェル（Havel, Václav） 231, 245
ハヴェルカ（Havelka, Jan Amos） 110
ハウスネル（Hausner Jerzy） 212, 248
ハガード（Haggard, Stephan） 373
バルツェロヴィチ（Balcerowicz, Leszek） 82n, 84, 211, 244, 248
パレク（Parek, Lagle） 179
ハンケ（Hanke, Steve H.） 150, 154
ハンソン（Hansson, Ardo） 149, 165
ビボー（Bibó, István） 102n
ビルカフス（Birkavs, Valdis） 164
ファース（Fáth, Péter） 237
ファレット（Faletto, Enzo） 21
ファンハイセ（Vanhuysse, Pieter） 217, 218
フィツォ（Fico, Robert） 254, 255, 347, 348

フィッシュ（Fish, Steven） 280
フィンク゠ハーフナー（Fink-Hafner, Danica） 353
フサーク（Husák, Gustáv） 204
フライ（Frye, Timothy） 275n, 350n
ブラザウスカス（Brazauskas, Algirdas） 155
ブリス（Blyth, Mark） 370
フリードマン（Friedman, Milton） 81, 84, 157, 175
フリードマン（Friedman, Rose） 157
ブルカン（Brucan, Silviu） 263
ブルスト（Bruszt, László） 16
ブレジンスキー（Brzezinski, Zbigniew） 231
ブルベイカー（Brubaker, Rogers） 95n, 136
ブオロ（Vuolo, Lo） 164n
バンス（Bunce Valerie J.） 95, 280, 367n
ヘイ（Hay, Colin） 189
ベッカー（Becker, Uwe） 26n
ヘライナー（Helleiner, Eric） 159
ベレンド（Berend, Iván T.） 81, 97-99
ペロン（Perón, Juan） 329
ホール（Hall, Peter A.） 17
ホール（Hall, Robert） 157
ボクロシュ（Bokros, Lajos） 210, 249
ボック（Boc, Emil） 358
ポランニー（Polanyi, Karl） 4, 15, 22-24, 26, 28, 31-33, 38, 45n, 69, 84, 87, 88n, 89, 257, 367, 385, 386, 389
ホルン（Horn, Gyula） 236
ホワイト（White, Lawrence） 150
ボンチュコフスキ（Baczkouski, Andrzej） 212
ポントゥソン（Pontusson, Jonas） 124, 298

401

ま

マサール（Masár Vladimir） 252
マゾヴィエツキ（Mazowiecki, Tadeusz） 211
マッキーバー MacIver, Robert M. 45n
マノイリエスク（Manoilescu, Mihail） 263
マヨーネ（Majone, Giandomenico） 120
マルクス（Marx, Karl） 285
マルコヴィッチ（Marković, Ante） 264, 268
マルコフスキ（Markowski, Radoslaw） 346
マルチンキェヴィチ（Marcinkiewicz, Kazimierz） 248
マレル（Murrell, Peter） 30
マン（Mann, Michael） 273n
ミウォシュ（Miłosz, Czesław） 230
ミクロシュ（Mikloš, Ivan） 254
ミャント（Myant, Martin） 17
ミラノヴィッチ（Milanovic, Branko） 162
ミレル（Miller, Leszek） 247, 248
メイアー（Mair, Peter） 143, 338, 339, 384
メチアル（Mečiar Vladimír） 105, 120n, 204-208, 221, 222, 235, 252-255, 347
メッジェシ（Medgyessy, Péter） 210, 251, 341
メンツィンガー（Mencinger Jože） 300, 301

や

ヤーライ（Jarai, Zsigmond） 244
ヤンシャ（Janša, Janez） 353
ヨシポヴィチ（Josipović, Ivo） 361

ら

ラール（Laar, Mart） 109, 110, 139, 149-151, 159, 160, 167, 174-176, 180
ラヴ（Love, Joseph） 79, 102
ラギー（Ruggie, John G.） 28, 386
ラジチョヴァー（Radičová, Iveta） 349
ラジャン（Rajan, Raghuram G.） 323
ラダーニ（Ladányi, János） 224
ラツェ（Lace, Tana） 162, 168n
ラブシュカ（Rabushka, Alvin） 157
ランズベルギス（Landsbergis, Vytautas） 145
ランデス（Landes, David） 88
リテニス（Ritenis, Jānis） 164
レオンチェヴァ（Leontjeva, Elena） 154
レプセ（Repse, Einars） 152
ローズ（Rose, Richard） 170
ローゼンバーグ（Rosenberg, Christoph） 336n
ロードス（Rhodes, Martin） 225

事項索引

あ

IME プログラム（エストニア）　147
IMF　199, 317, 347
アイスランド　362, 381
アイデンティティ・ポリティクス　89, 90, 373-376
アジア、新興工業諸国（NICs）　50, 54, 196n, 240, 241
アゼルバイジャン　380n
アトラス経済研究基金　174
雨傘革命（2007年）　335
アルバニア　381
アルメニア　381
EBRD　40, 81, 82, 233
EU 拡大　10, 62, 122, 130, 181, 243
EU 加盟
　　ヴィシェグラード諸国と——　212, 227, 231, 235, 238, 243, 244, 247, 249, 252, 253
　　グローバル経済危機と——　319, 325, 327, 330, 334, 340, 344, 346, 359
　　南東欧諸国における——　259, 291, 301, 311, 312
　　バルト三国と——　185-187, 191
　　深い国際統合と——　377
　　ポスト社会主義の資本主義の経路と——　8, 48, 62, 119-123, 129-133
EU コンディショナリティ　119-123, 311, 313, 339, 360, 377
依存的市場経済　19
一律（フラット・タックス）課税
　　バルト三国における——　157, 158
　　ブルガリアとルーマニアにおける——　313

ヴィシェグラード諸国　6, 9, 20, 34-37, 39-44, 47, 49, 50-53, 57, 58, 60, 62-66, 70, 73, 82, 86, 90, 106, 107, 113, 126-130, 132, 133, 164, 169, 172, 181, 193-196, 201, 202, 204, 205, 211-217, 220, 222-228, 231-244, 252, 257, 260, 261, 274, 281, 282, 286-291, 296, 302, 305, 314, 320, 337-339, 343, 347-349, 351, 352, 356, 359, 361, 362, 365, 372, 380
ヴィシェグラード宣言　230, 231
ウクライナ　102, 138, 199, 261n, 282n, 286
埋め込まれた新自由主義
　　ヴィシェグラード諸国における——　6, 227
　　クロアチアにおける——　35, 258, 309, 355, 359
　　グローバル経済危機と——　318, 320, 322, 342, 347, 348, 351, 355
エストニアの奇跡　177
FDI　123-129, 133, 199, 202, 226, 234-237, 239, 242, 286-298, 339, 350
エレクトロラックス　372
円卓合意（1989年の）　198, 150
欧州司法裁判所　385
欧州復興開発銀行（EBRD）　40, 81-82, 233
欧州連合（EU）
　　2008年のグローバル危機と——　317, 329-331, 337, 339, 343, 346, 350, 359, 360
　　ヴィシェグラード諸国と——　193, 227, 230, 233-235, 243-265, 317, 337,

403

339, 343, 344, 350
　　南東欧諸国と──　305, 311-312, 317,
　　　354, 356-357, 359, 360
　　バルト三国と──　136, 156, 157, 182,
　　　185-187, 317, 329, 330
　　深い国際統合と──　367-379
　　ポスト社会主義の資本主義の経路と
　　　──　3, 9, 43, 62, 75-78, 103,
　　　119-123, 129, 130-133
　　──における民主的ガバナンス　62
　　──への法と規制の準拠　43, 49
オーストリア　63, 93, 97, 100, 102, 109,
　　130, 263, 291

か

外国商業銀行
　　南東欧諸国における──　308, 356
　　バルト三国における──　187
　　──による市場浸透　48, 49
外国直接投資（FDI）
　　EU加盟交渉が奨励する──　124
　　ヴィシェグラード諸国における──
　　　123-129, 133, 199, 202, 226, 234-237,
　　　239, 241, 242, 339, 350
　　グローバル経済危機の間の──　318,
　　　319, 322
　　南東欧諸国における──　124-128,
　　　286-298, 311, 356, 359
　　バルト三国における──　124-129,
　　　135, 187, 321-323
　　深い国際統合と──　377
　　──で測定される国際経済統合
　　　63-67
　　──に中東欧の工業化は依存していた
　　　96
　　──のタイプの多様性　20
　　──の中東欧における流入の格差
　　　124-129, 133
　　──を基礎とした類型理論　17
カザフスタン　83

カレンシーボード
　　世界経済危機と──　357
　　南東欧諸国における──　310, 313
　　バルト三国における──　146-155,
　　　157, 160, 166, 180
　　ポスト社会主義の資本主義の経路とし
　　　ての──　43, 49, 118, 119
　　──と、厚生、市場、民主主義、アイデ
　　　ンティティとの間の相互作用
　　　371
為替相場メカニズム（ERM）　244, 329,
　　357
企業所得税の削減
　　ヴィシェグラード諸国における──
　　　237
　　バルト三国における──　158
北大西洋条約機構（NATO）　253, 259,
　　325
旧ユーゴスラヴィア国際刑事裁判所
　　360
教育
　　社会主義レジームにおける──　99,
　　　111
　　バルト三国における──　170, 172
競争的捕獲　310
ギリシャ　350, 362, 381
キルギス共和国　83
金本位制　22, 28, 150-152, 383
グダンスク合意　211
グルジア　83, 381
クローニー資本主義　283, 284, 305
経済協力開発機構（OECD）　191, 253,
　　294
経済・社会協定評議会（RHSD）
　　206-208
経済相互援助会議（CMEA）　228-230
経済通貨同盟（EMU）　122, 188, 189,
　　194, 244-251, 305, 336, 341
経済問題研究所（エストニア）　174
ケインズ主義　29, 118, 189, 190, 302,

326
合法的復古主義　140-142
コーディネートされた市場経済（群）
　（CME(s)）　18, 19, 379
国際通貨基金（IMF）
　2008年のグローバル危機と——　317,
　　332, 336, 347, 357, 358
　ヴィシェグラード諸国と——　199,
　　317, 347
　南東欧諸国と——　271n, 310, 317,
　　357, 358
　バルト三国と——　146, 153-155, 157,
　　181, 317, 332, 336
　ポスト社会主義の資本主義の経路と
　　——　118, 119
国際連盟　152
国民通貨　→「カレンシー・ボード」も見
　よ
　金本位制　22, 28, 150, 151, 152n, 383
　南東欧諸国における——　300, 303,
　　307, 313
　バルト三国における——　146-157,
　　160, 331, 332
国民的資本主義　197, 200, 201, 204, 205
国有企業（SOEs）　82, 199, 224, 276,
　282-284
国連グローバル協定　386
コソヴォ　311, 381
国家構築　→「国民ならびに国家構築プ
　ロセス」を参照せよ
国家のガバナンス能力　53-62
　ヴィシェグラード諸国における——
　　53-62, 337-339
　——への2008年の世界経済危機の影響
　　363-365
　——の間の緊張、責任ある即応型の政
　　府　337-339, 383, 384
　南東欧諸国における——　53-62, 56,
　　271-279, 287
　ネオ・コーポラティズムと——
　　277-279
　バルト三国における——　53-62
　労使関係と——　271-279
コンディショナリティ　119-123, 311,
　313, 339, 360, 377

さ
産業革命　67-70
産業家連盟　166
三者協議制
　ヴィシェグラード諸国における——
　　205-213
　南東欧諸国における——　262-270,
　　249, 299, 301-308
失業、所得格差、貧困　67, 70, 130, 173,
　187, 216, 324-326, 364
　ヴィシェグラード諸国におけ——
　　125-127, 230, 234, 238-244
　ブルガリアにおける——　294-296
資本主義の多様性（VoC）アプローチ
　17-22, 292, 293, 307, 379
社会主義の遺産　368-370
　南東欧諸国における——　262-263,
　　301, 303-305
　福祉国家の終焉と——　99-101
　ポスト社会主義資本主義発生への経路
　　と——　76, 79, 80, 90-93, 97-99,
　　104-115
社会的結束／緊張　67-70, 172, 173, 187
社会的動員論　104
社会的パートナーシップ
　ヴィシェグラード諸国における——
　　205-213
　南東欧諸国における——　263-271,
　　279, 299-308
社会保険機構（ZUS；ポーランド）
　214
私有化
　ヴィシェグラード諸国における——
　　171, 199, 202, 203

405

南東欧諸国における—— 268, 282, 352
バルト三国における—— 171-172
——におけるロシアのオリガルヒの搾取 199
自由銀行業 150
自由市場機構（リトアニア） 154, 166
自由市場経済（群）（LME(s)） 18, 19, 379
自由主義のグローバル転換 382-389
従属的市場経済（DME） 19-21
『自由の条件』（ハイエク） 157, 175
準中心対準周辺的な国際経済統合 63-67
所得不平等、失業、貧困 67, 70, 130, 173, 187, 216, 324-326, 364
新自由主義 4-8, 29-31, 34-37, 62, 67, 69, 70, 78, 80, 81, 83-85, 88, 107, 108, 113, 114, 112, 129-132, 135-137, 149, 150, 152, 157, 173, 174, 180, 182, 193-196, 198, 199, 213, 214, 221, 235, 236, 254, 258, 267, 268, 270, 271, 299, 314, 318-320, 329, 331, 343, 347, 349, 351, 353, 355, 356, 359, 362-365, 369, 371-373, 375-383, 386, 387
埋め込まれた—— →「埋め込まれた新自由主義」を見よ
グローバル経済危機と—— 319, 320, 322, 355, 363
市場、厚生、民主主義、アイデンティティの間の相互作用 373-376
純粋な新自由主義への挑戦 382-389
深い国際統合と—— 377
バルト三国における—— 5, 9, 135-192
ブルガリアとルーマニアにおける—— 6, 35, 257, 309, 356
——へのグローバルシフト 379-382
信用へのアクセス 129-131
ヴィシェグラード諸国における—— 129
南東欧諸国における—— 133, 356
バルト三国における—— 30, 133, 185, 188-190, 321-326
スウェーデン 13, 82, 130, 164, 165, 187, 219, 321
政治的エージェンシー 7, 75-78
政治的混乱 384-385
2008年のグローバル経済危機と—— 318, 333-336, 340-351, 360, 361
政党
ヴィシェグラード諸国における—— 198, 202, 226, 245-251, 253, 254, 341-351
南東欧諸国における—— 266, 269, 276, 283, 305, 308, 353, 360
バルト三国における—— 142-146, 324-326
世界銀行 58, 164, 199, 219, 242, 274
『選択の自由』（フリードマン） 81, 84, 157, 175
ソヴィエト連邦 94, 95, 97, 98, 138, 139, 228, 229

た
第一次世界大戦 94, 102
大韓民国 239, 263, 295
大恐慌 9, 24, 152n
退職年齢前の年金受給者 52, 216, 219
『大転換』（ポランニー） 15, 45n, 82n
第二次世界大戦 24, 94-96, 100, 228, 327n, 388
脱産業化 127, 130, 168, 176, 184, 284
ダル自動車グループ 295
チェコスロヴァキアのチェコとスロヴァキアへの分離 197, 204, 206
中欧自由貿易地域（CEFTA） 230, 232
中央銀行 42-44, 146, 147
ヴィシェグラード諸国における—— 244-251

事項索引

　　南東欧諸国における――　299-302,
　　　311
　　バルト三国における――　146, 147,
　　　150-155, 159, 243-246, 335
中国　149, 240, 388
賃金格差、失業、貧困　66, 70, 130, 173,
　　187, 216, 324-326, 364
テレム社　295
転換コストの補償　44-53, 89
電気機器および電子産業
　　ヴィシェグラード諸国における――
　　　125, 229, 233, 241
　　エストニアにおける――　176, 178
電子産業　125, 229, 233, 241
ドイツ　82n, 94, 97, 98, 100, 102, 103,
　　130
投資インセンティブ　47, 48, 133,
　　236-238
独立国家共同体（CIS）　17, 380
トランス・ナショナル企業　48, 372,
　　373, 377
　　ヴィシェグラード諸国における――
　　　20, 193, 195-196, 203, 236-240
　　南東欧諸国と――　287, 288, 292, 293,
　　　295, 297
　　ポスト社会主義資本主義発生への経路
　　　と――　75, 78, 123-130, 132
　　――の社会的責任　385, 386
トンネル効果　326, 327

な

南東欧諸国　6, 39, 57, 86, 113, 126, 129,
　　131, 132, 257-315, 351, 358, 360, 380
　　1990年代の危機と――　9, 10, 361,
　　　362
　　西側の新自由主義的国家　78, 79-81,
　　　101-103, 232, 300-302, 381
二重運動　22-23, 26, 77, 388
2008年のグローバル経済危機　342
　　欧州連合と――　317, 329-331, 337,

　　　339, 343, 346, 350, 359, 360
　　南東欧諸国における――　351-361
　　バルト三国における――　321-336
ネオコーポラティズム　5, 9, 276
　　グローバル経済危機と――　319, 320,
　　　322, 351-355
　　国家のガバナンス能力と――　276-
　　　279
　　スロヴェニアにおける――　6, 9, 36,
　　　37, 257, 259, 264, 277, 304, 352-355
　　マクロ経済安定性と――　300
年金
　　ヴィシェグラード諸国における――
　　　163, 214-223
　　概念的な確定拠出制度　165, 166
　　年齢以下年金生活者　52, 216, 219
　　バルト三国における――　163, 187,
　　　219
　　賦課方式の計画　165, 219, 237
ノキア　372

は

ハブ・アンド・スポーク　227, 233, 234
ハプスブルグ帝国　91, 94, 100, 228
バルト三国　3, 6, 34-37, 39-44, 47,
　　49-53, 55, 57, 58, 60, 62-66, 70-72, 86,
　　90, 105-108, 113, 124-130, 135-137,
　　140, 142, 145-147, 154, 157, 159-162,
　　166, 169, 171-174, 176, 177, 181-194,
　　214, 220, 244, 252, 260, 261, 274, 281,
　　282, 286, 289, 296, 300, 302, 309, 313,
　　320-333, 336, 337, 348, 352, 355, 356,
　　359, 361, 362, 365, 368-372, 374, 379
　　――における不動産ブーム　188, 189
パレックス銀行（ラトヴィア）　183,
　　187, 332, 335
ビスマルクの社会改革　100
貧困、失業、所得不平等　67, 70, 130,
　　173, 187, 188, 216, 324-328, 363, 364
ファシズム　24, 263, 383, 384, 388

賦課方式の年金計画　165, 219, 237
福祉システム　100
ブレトン・ウッズ会議（1944年）　28, 29
プロダクト・サイクル理論　125
ベラルーシ　110n
ペンギン革命　335
法人所得税率　236, 237
ボクロシュ・パッケージ　210, 249
ポスト共産主義経済研究センター　174
ポスト社会主義　3, 5, 6, 8, 10, 11, 13-15, 17-22, 27-31, 39, 48-50, 60, 74-76, 78, 84, 87, 89, 91, 96, 101, 103, 108, 116, 117, 119, 153, 181, 191, 199, 201, 216, 230, 235, 236, 260, 261, 262, 280, 283, 288, 290, 317, 368, 375-377, 379, 382
ボスニア・ヘルツェゴヴィナ　381
ボリソフ政権（ブルガリア）　357
ホロコースト　97

ま・や・ら・わ

マケドニア　381
ミュンヘン合意　103
民営化　171, 199, 202-204
民主主義、アイデンティティ、市場、福祉の相互作用　373-376
メキシコ通貨危機　180
モルドヴァ　83
モンペルラン協会（MPS）　150
ユーゴスラヴィア　40, 71, 72, 91, 103, 106, 150, 259, 285, 291, 303, 304, 314, 360, 369, 375
ユーロ
　グローバル経済危機と──　350, 378
　ブルガリアと──　357
　マクロ経済状態と──　299
　──圏加盟　305, 354
　──にペッグされたバルト三国の通貨　153, 189, 331, 332
　──へのヴィシェグラード諸国の動き　243-255
　──へのバルト三国の動き　156, 157, 329-331
ユダヤ人のホロコースト　97
ラテンアメリカ
　──の債務危機　180
　──におけるNICs（新興工業諸国）　50, 54, 194n, 240, 241
利害調整評議会（ET）（ハンガリー）　209, 210
連帯　198, 201, 211, 214
労使関係　205-213
　ヴィシェグラード諸国における──　271-279
　国家のガバナンス能力と──　259-270, 277-279, 298, 299, 302-308
　南東欧諸国における──　67-70
ローバー　295, 296
ロマの人々の周辺化　224, 342, 343n, 348
ワシントン・コンセンサス　78, 80, 180
ワルシャワ条約機構　225

【訳者紹介】
堀林　巧（ほりばやし・たくみ）
1951 年生まれ。大阪市立大学大学院経済学研究科後期博士課程退学。博士（経済学）（京都大学、2014 年）。金沢大学名誉教授、比較経済体制論専攻。著書に『中東欧の資本主義と福祉システム――ポスト社会主義からどこへ』（旬報社、2016 年）、『自由市場資本主義の再形成と動揺――現代比較社会経済分析』（世界思想社、2014 年）、『ハンガリーの体制転換――その現場と歴史的背景』（晃洋書房、1992 年）、『ハンガリーにおける改革の軌跡――経済分権化から政治的多元化へ（1968～1989 年）』（金沢大学経済学部研究叢書 5、1990 年）、ほか。

田中　宏（たなか・ひろし）
1951 年生まれ。立命館大学経済学部教授。経済学博士（京都大学、2006 年）、高知大学人文学部、各種客員研究員、在ブダペスト外務省専門調査員を経る。専門は比較経済論と EU 経済、中東欧経済。著書には『欧州新興市場国への日系企業の進出――中欧・ロシアの現場から』（編著、文眞堂、2015 年）、『ハンガリー経済図説』（東洋書房、2014 年）、論文には「ハンガリーが辿り着いた先――国家資本主義3.0」（『季刊経済理論』第 52 巻第 2 号、2015 年）などがある。

林　裕明（はやし・ひろあき）
1972 年生まれ。京都大学大学院経済学研究科博士後期課程退学。経済学博士（京都大学、2004 年）。立命館大学経済学部教授。ソ連・ロシア経済論、比較経済システム論専攻。訳書にレーン『国家社会主義の興亡――体制転換の政治経済学』（共訳、明石書店、2007 年）ほか。論文に「経済格差と階層化」（吉井昌彦・溝端佐登史編『現代ロシア経済論』ミネルヴァ書房、2011 年）、"Marketization and Reorganization of Lifestyle in Russia," (*The Journal of Comparative Economic Studies*, Vol. 6, 2011)、ほか。

柳原剛司（やなぎはら・つよし）
1975 年生まれ。京都大学大学院経済学研究科博士後期課程研究指導認定退学。博士（経済学）（京都大学、2010 年）。現在、松山大学経済学部准教授。社会保障論・比較経済システム論専攻。『ユーロ危機と欧州福祉レジームの変容――アクティベーションと社会的包摂』（共編著、明石書店、2015 年）、『体制転換と社会保障制度の再編――ハンガリーの年金制度改革』（京都大学学術出版会、2011 年）、ほか。

高田　公（たかた・こう）
1970 年生まれ。京都大学大学院経済学研究科博士後期課程修了。経済学博士（京都大学、2011 年）。現在、和歌山大学経済学部准教授。中東欧経済論、比較経済システム論専攻。著書に『躍動する中国と回復するロシア』（分担執筆、高菅出版、2005 年）、ほか。論文に、"Evolution of Banking Sector Structures within Central-European Countries during transition," (*The Journal of Comparative Economic Studies* Vol. 1、2005)、ほか。

欧州周辺資本主義の多様性
東欧革命後の軌跡

2017年1月31日　初版第1刷発行　　（定価はカヴァーに表示してあります）

著　者	ドロテー・ボーレ
	ベーラ・グレシュコヴィッチ
訳　者	堀林　巧・田中　宏
	林　裕明・柳原剛司・高田　公
発行者	中西健夫
発行所	株式会社ナカニシヤ出版

〒606-8161 京都市左京区一乗寺木ノ本町15番地
TEL 075-723-0111　FAX 075-723-0095
http://www.nakanishiya.co.jp/

装幀＝白沢正
印刷＝創栄図書印刷　製本＝兼文堂
© T. Horibayashi, H. Tanaka, et al. 2017　Printed in Japan.
※乱丁・落丁本はお取り替え致します。
ISBN978-4-7795-1127-1　C3033

本書のコピー，スキャン，デジタル化等の無断複製は著作権法上での例外を除き禁じられています。本書を代行業者等の第三者に依頼してスキャンやデジタル化することは，たとえ個人や家庭内での利用であっても著作権法上認められておりません。

ヨーロッパのデモクラシー［改訂第2版］

網谷龍介・伊藤武・成廣孝 編

移民とポピュリズム、政党不信と大連立——民主主義をめぐるさまざまな困難に立ち向かうヨーロッパ政治のいまを各国別に紹介。新たにEU加盟を果たしたクロアチアを加えるなど、最新の政治状況を反映した改訂版。

3600円

歴史としての社会主義
東ドイツの経験

川越修・河合信晴 編

社会主義とは何だったのか。農村や工場で働き、余暇を楽しみながら老いてゆく人々、彼、彼女ら東ドイツ社会を生きたごく普通の人々の日常生活の一面を掘り起こし、社会主義体験が現代に対して持つ意味を検証する。

4200円

連邦制の逆説？
効果的な統治制度か

松尾秀哉・近藤康史・溝口修平・柳原克行 編

連邦制は対立と分離をもたらす統治制度なのか。あるいは対立を解消し、統合をもたらすものなのか。統合と分離という二つのベクトルに注目しながら考察する。現代における連邦制の意義を再考する本格的研究。

3800円

ウェストファリア史観を脱構築する
歴史記述としての国際関係論

山下範久・安高啓朗・芝崎厚士 編

「ウェストファリアの講和」に現在の国際システムの起源をみるウェストファリア史観は、国際関係論にどのような認知バイアスをもたらしてきたのか。「神話」の限界を超え、オルタナティブな国際関係論の構築をめざす。

3500円

＊表示は本体価格です。